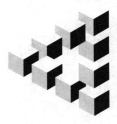

中学数学教学论

ZHONGXUE SHUXUE JIAOXUELUN

◆李求来 昌国良 编著

◈湖南师范大学出版社

图书在版编目（CIP）数据

中学数学教学论／李求来，昌国良编著．—长沙：湖南师范大学出版社，2006.1

ISBN 978 - 7 - 81081 - 559 - 8

Ⅰ. 中...　Ⅱ.①李...②昌...　Ⅲ. 数学课—教学研究—中学
Ⅳ. G633.602

中国版本图书馆 CIP 数据核字（2005）第 158182 号

中学数学教学论

◇编　　著　李求来　昌国良

◇责任编辑：徐江涛
◇责任校对：蒋旭东　胡晓军
◇出版发行：湖南师范大学出版社
　　　　　　地址／长沙市岳麓区　　邮编／410081
　　　　　　电话／0731 - 88873071　88873070　传真／0731 - 88872636
　　　　　　网址／https：www. hunnu. edu. cn/press
◇经销：湖南省新华书店
◇印刷：长沙鸿和印务有限公司
◇开本：670 × 960　1/16
◇印张：27.75
◇字数：426 千字
◇版次：2006 年 1 月第 1 版　2022 年 4 月第 6 次印刷
◇印数：10001—11000 册
◇书号：ISBN 978 - 7 - 81081 - 559 - 8
◇定价：38.00 元

内容简介

　　本书由三大板块构成：第一块是理论基础，包括数学教学所涉及到的课程论、心理学、逻辑学、教育学等相关的基础理论；第二块是分类教学，按数学教学内容的基本类型——概念、命题、演算、思想方法、解题等分章论述；第三块是教师工作，包括数学教学模式、技能、评价、教师职业素质以及教学研究等内容。

　　本书可作为高等师范院校数学与应用数学专业本科生教材，也可供在职中学数学教师和其他数学教学研究人员参考。

目　　录

绪 论

中学数学教学论是高等师范院校数学系的一门专业必修课,它有专门的研究对象与任务,也有自身的一些基本特征。为了学好这门课程,学习者有必要先弄清上述问题。

一、中学数学教学论的研究对象与任务

为了弄清楚中学数学教学论的研究对象和任务,不妨先回顾一下它的发展简史。

在我国,这门课程从萌生至今,还只有百余年的历史。

该课程起源于我国近代师范教育的产生。1897年清津海关道、大理寺少卿盛宣怀创办南洋公学师范院,首开"教授法",讲授"各科教授之次序法则"。1904年1月《奏定学堂章程》颁布,中国较为系统完备的近代新学制"癸卯学制"产生并推行,其中初级和优级师范学堂分别开设"教授法"和"各科教授法",此举可视为该课程萌生之肇始。1913年《高等师范学校课程标准》公布,"教授法"仍作为本科各部的公共学习科目,高师学堂数学系则开设"算学教授法"和"参观与实习"。这个时期该学科仍附属于教育学,并未独立,仅仅处于胚胎孕育阶段。

1918年秋,时任南京高师教务主任的陶行知先生提出以"教学法"代替"教授法",此举被政府接受。1922年《学校系统改革令》颁发,在中等师范分设"普通教学法"、"各科教学法"和"小学各科教材研究"。

20世纪30年代起,课程建设的突出特点是把教材研究的内容引进教学法学科。1939年颁布的《师范学院分系必修及选修科目表施行要点》将课程定名为"分科教材及教法研究",1949年颁布的《修正师范学院规程》进一步规定分科教材教法研究是专业训练项目,内容分教材选择、教科书批评、课程标准研究、教学研究、课程组织、教具设置及应用等部分。高师数学系的教学法学科,则增设"初等数学"作为其组成部分。

这段时期,"数学教学法"或"数学教材教法"已从教育学脱胎独立。

新中国成立后,上世纪 50 年代高师数学系开设"中学数学教学法"与"初等数学复习及研究"。60 年代课程又易名为"中学数学教材教法",这一课程名称一直延续至 80 年代。

1982 年我国学术界有人提出"数学教材教法"应向"数学教育学"发展。1985 年全国高师院校中学数学教育研究协作组学术会议纪要中明确提出:要建立中国特色的"数学教育学"。1987 年,国务院学位委员会发文将教育科学的二级学科"各科教材教法研究"更名为"学科教学论"。于是,"中学数学教材教法"课程也相应更名为"中学数学教学论"。

从国内提出建立中国特色的数学教育学至今,该学科建设有了很大的发展,已陆续出版多种数学教育学的著作。"数学教育学"作为一门发展中的学科,其内涵丰富,涉及面广,可以分成若干方向。比如:数学课程论、数学教学论、数学学习论、数学教育测量与评价、数学思维和方法论、数学教育心理学、数学教育比较研究、数学教育史等。目前,它的体系并没有完全定型,内容也尚未成熟,因此,只在"课程与教学论"专业的硕士研究生教育中作为课程开设,大学本科教育中,作为数学教育专业的必修课,一般只开设"中学数学教学论"。

从以上发展简史可知,"中学数学教学论"是"中学数学教材教法"的自然发展。在 20 世纪 50 年代以前,这个课程研究的对象是数学的讲授方法,其任务主要是针对既定的数学教学内容,怎样作教学法加工,使教师讲授的数学知识易为学生接受。自 20 世纪 50 年代以后,随着教育学、心理学的发展,随着社会对合格人才需求观念的改变,数学教学早已不能满足于单纯向学生传授数学知识了,开发智力、培养数学能力提到了更为重要的地位。数学教学任务的演变,使中学数学教材教法的研究对象和任务也相应有所扩大,但总的研究对象仍然是"数学教学",主要任务仍然是解决"教什么"和"如何教"的问题,当然也涉及"为什么教"和"教给谁"等问题,不过理论基础并不扎实,体系也不完善。近 20 年来,随着"数学教育学"的诞生与发展,作为其分支学科的"中学数学教学论"虽然继承了"中学数学教材教法"的研究对象,但由于"数学教学"这个对象的发展变化,因而其研究任务又有了明显变化。

"数学教学"这个对象的变化,关键在于对"数学教学"如何理解,这属于数学教学观的范畴。传统的观点,把数学教学理解为数学理论初步的教学。现代的数学教学观,则把数学教学理解为"数学活动"的教学。所谓"数学活动",按［苏］A·A·斯托利亚尔著《数学教育学》P108 中的说法,可以把它分为三个阶段:(1)借助于观察、试验、归纳、类比、概括积累事实材料;(2)由积累的材料中抽象出原始概念和公理体系,并在这些概念和体系的基础上演绎地建立理论;(3)应用理论。第一阶段可称之为经验材料的数学组织化(数学描述,也称为具体情况的数学化)。第二阶段称为数学材料的逻辑组织化。第三阶段称为数学理论的应用。

　　数学活动的教学指的就是在数学教学中应该让学生经历积极的数学活动。我国新制订的数学课程标准将这一现代数学教学观作为课程的基本理念之一。譬如,在义务教育阶段数学课程标准的基本理念 4 中提到:"数学教学活动必须建立在学生的认知发展水平和已有的知识经验基础之上。教师应激发学生的学习积极性,向学生提供充分从事数学活动的机会,帮助他们在自主探索和合作交流的过程中真正理解和掌握基本的数学知识与技能、数学思想和方法,获得广泛的数学活动经验。学生是数学学习的主人,教师是数学学习的组织者、引导者与合作者。"在高中数学课程标准的基本理念中也提到:"学生的数学学习活动不应只限于接受、记忆、模仿和练习,高中数学课程还应倡导自主探索、动手实践、合作交流、阅读自学等学习数学的方式。这些方式有助于发挥学生学习的主动性,使学生的学习过程成为在教师引导下的再创造过程。同时,高中数学课程设立'数学探索'、'数学建模'等学习活动……高中数学课程应力求通过各种不同形式的自主学习探究活动,让学生体验发现和创造的历程,发展他们的创新意识。"

　　新数学课程标准中的上述阐述不仅充分体现了"数学活动教学"这一现代数学教学观,而且对数学教学过程中师、生这两个主要因素的相互作用有了明确的界定。这种界定,与传统的师生关系说也有了本质的区别。

　　数学教学过程涉及的主要因素除了师与生之外,还有教学媒体。其中主要的媒体是数学教材。这三个主要因素的相互作用过程大致如下:"教师把他从大纲、教材、数学文献和教学法文献中得到的信息以及学生水平和思维能力的信息加以加工,并且使用一定的手段把教学的信息传输给学生,学生接收从教师、从教科书和从其他来源得来的信息并且加工,再按教师的要求用答问、练习和解问题的形式把关于掌握教材的质量和思维发展程度的信息传输给教师。"①

中学数学教学论主要从教师的角度来研究数学教学过程。其研究任务可划分为三个大的方面:一是数学教学的理论基础。包括数学教学所涉及的数学课程论、数学教育心理学、逻辑学、教育学以及数学教育评价等相关基础理论,主要解决数学教学为什么而教,教给什么样的对象,教什么样的内容等三个问题,同时也给出如何教的理论指导意见。二是具体数学活动的教学。按数学活动涉及的主要数学知识的类型来分,可分为数学概念的教学、数学命题的教学、数学演算的教学、数学思想方法的教学以及数学问题解决的教学等。三是数学教师的日常工作。包括数学教学的模式、技能、现代教育技术、备课和说课、数学教师的职业素质和教学研究等。以上三方面任务构成一个整体,第二方面是中心任务,第一方面为其提供理论依据,第三方面为其提供措施保证。

二、中学数学教学论的特点和学习方法

中学数学教学论的特点是由该学科的性质决定的。从前面阐述的课程发展简史及研究任务,即可看出如下几点:

1. 中学数学教学论是一门具有高度综合性的独立的学科。

中学数学教学论是在唯物辩证法的指导下,综合运用教育学、教育心理学、逻辑学、计算机科学等多学科的基本观点、基本原理和基本方法,根据数学学科的特点来研究中学数学教学的基本规律和基本方法的一门学科,它的内容与以上学科及其他许多学科(如数学史、数学教育史、数学方法论等)密切相关。由此可见,它确是一门综合性的学科。

但是,中学数学教学论并不是以相关学科的基本原理简单地加上数学实例而"凑成"的,它在发展过程中已经形成了自己独立的理论体系。它的根基稳稳地扎在数学这块土壤之中,因此,又是一门独立的学科。

2. 中学数学教学论与实践的关系十分直接。

如前所述,这门学科以中学数学教学为研究对象,它的理论必须能够直接指导中学数学的实际教学和研究工作,并受到检验。另一方面,数学教学是一种创造性工作,广大中学数学教师在数学教育的改革实践

---

① A·A·斯托利亚尔:《数学教育学》,中译本,人民教育出版社,第9页。

中定会不断探索和创造新的成功经验。这门学科又必须吸收这些新的实践经验并使之上升为理论。

3. 中学数学教学论永远处在发展过程之中。

这门学科的研究必然受到教育理论和心理学理论的指导,已如前述。教育理论具有社会性和时代性,这是人所共知的。心理学理论是研究人的心理活动规律的。人的心理活动太复杂了,何况人也是随着社会和时代的进步在不断改造着、进化着,因此,教育学和心理学的理论始终处在不断发展、不断完善的过程中,永无止境。自然,以其理论为指导的中学数学教学论更是如此。另一方面,上面已提到,它与实践的关系特别直接。数学教学的实践也是随着社会的发展和时代的前进而不断发展,与其共存亡的这门学科当然也处在永无止境的发展之中。

有了以上几点认识,我们来探讨学习该课程的方法就比较有"章"可循了。

第一,必须广泛地学习并运用有关学科的知识和方法。从这门学科是一门具有高度综合性的独立学科可知,要真正领会并掌握该课程的基本理论,必须以深入领会并掌握相关学科的基本观点、基本理论和基本方法为前提。因此,学习本课程就有必要广泛涉猎有关参考书和有关文献资料,多思考,并能自觉地运用于分析本课程的一些具体问题。

第二,理论联系实际。由于这门学科与实践的关系十分直接,因此,没有经过数学教学实践的高等师范院校数学系学生,单凭听课和阅读还不能真正掌握这门学科。必须通过教学观摩、模拟教学以及去中学参加数学教学实践等活动,并能自觉地、有意识地运用本学科的有关理论和方法解决实践问题,才能对本学科有较深入的领会。

深入调查,研究当前中学数学教学的现状,运用本学科的基本理论去分析教学中的问题,总结经验教训,这也是理论联系实际地学习本课程的一条必要途径。

第三,开展实验研究。中学数学教学论是处在发展中的学科,现有课程只能反映本学科已经达到的水平,因此,我们不能墨守成规,把它当作千古不变的教条看待,而应该在开展实验研究的过程中不断总结新的经验,并在此基础上进行理论上的深入探讨,以丰富和发展本学科的理论。

第一章 中学数学教学的课程论基础

绪论中提到,中学数学教学要解决"为什么而教"和"教什么"的问题,即数学课程目标和内容的问题,这既是数学教学论的基础理论问题之一,也属于数学课程论的研究范畴。

中学数学课程目标是中学数学教学的指南。它既决定中学数学课程的内容,又决定中学数学的教学模式和方法,同时也是评价中学数学教学质量的主要依据。中学数学课程的内容具体规定了课程目标的各个方面应达到的深广程度,并在一定意义上指明了实现课程目标的基本程序。因此,全面、正确、深入地理解中学数学课程目标,从全局上掌握中学数学课程内容,不仅对于教师深入钻研和处理教材,恰当地选择教学方法,从而有效地提高教学质量,全面完成教学任务至关重要,而且对于中学数学教学改革的继续深入开展,也是必需的。本章着重讨论确定中学数学课程目标的依据,课程目标的具体要求,中学数学课程内容的选定和编排原则,中学数学教学改革等问题。

§1.1 中学数学课程目标

为了全面、正确地理解中学数学课程目标,必须先了解中学数学课程目标是如何确定的,然后再来具体分析中学数学课程目标的方方面面。

1.1.1 确定中学数学课程目标的依据

中学数学课程目标,主要是根据国家的教育方针与基础教育的任务、数学的特点与作用以及学生的认知与心理特征等确定的。

一、国家的教育方针和基础教育的任务

教育是为社会培养人的,一定社会在一定时期内对人才的总要求集中反映在教育方针和其他相关政策里。教育方针规定着教育的性质、目标及实现其目标的根本原则。

我国社会主义建设时期的教育方针是:教育必须为社会主义现代化服务,必须同生产劳动相结合,培养德、智、体全面发展的建设者和接班人。这个方针确定了我国教育系统应该把青少年培养成什么样的人才这个总目标,各级各类学校都必须以这个总目标为依据,结合学校自身的特点来确定各自的具体培养目标。

按照我国的规定,基础教育包括九年制义务教育和后续的高中教育。义务教育是一种全民基本素质教育,应突出体现基础性、普及性和发展性。高中教育仍然是公民素质的基础教育,但受教育的面目前还不能遍及全民,因而暂不具备义务教育那样的普及性,至于基础性和发展性,则体现出高一层次的要求。

基础教育的共同任务是根据国家的教育方针,为现代社会培养符合基本素质要求的劳动后备力量,为高一级学校输送合格的新生。

2001 年 7 月国家颁布的《基础教育课程改革纲要》(试行)进一步明确规定:基础教育课程改革要以邓小平同志关于"教育要面向现代化,面向世界,面向未来"和江泽民同志"三个代表"的重要思想为指导,全面贯彻党的教育方针,全面推进素质教育。新课程的培养目标应体现时代要求。要使学生具有爱国主义、集体主义精神,热爱社会主义,继承和发扬中华民族的优秀传统和革命传统;具有社会主义民主法制意识,遵守国家法律和社会公德;逐步形成正确的世界观、人生观、价值观;具有社会责任感,努力为人民服务;具有初步的创新精神、实践能力、科学和人文素养以及环境意识;具有适应终身学习的基础知识、基本技能和方法;具有健壮的体魄和良好的心理素质,养成健康的审美情趣和生活方式,成为有理想、有道德、有文化、有纪律的一代新人。数学作为基础教育阶段的主要课程之一,在完成培养人的整体教育任务中,起到十分重要的作用。因此,确定中学数学课程目标必须服从上述总目标是理所当然的。

二、数学的特点和作用

为了实现上述基础教育课程的培养目标,各分科课程必须依据自身

的特点和作用确定各自的具体目标。

数学的特点应从两个角度来认识。数学既可以看作是人类进行数学活动的结果,又可以看作人类数学活动本身。作为数学活动的结果,指的是已经成熟的数学理论。它的基本特点是:严谨的逻辑结构,形式化的抽象内容,精确、简洁、通用的数学语言。由这些基本特点还派生出数学的其他一些特性。比如,由数学的严谨性派生出数学独特的逻辑系统性;由数学内容的形式化抽象派生出数学应用的广泛性,等等。

数学活动实质上就是指数学思维活动。因此,数学活动的特点即数学思维活动的特点,其中尤其是创造性数学思维活动的特点。

数学思维活动的第一个显著特点,就是思维对象的抽象性以及思维过程中抽象方法的特殊性。数学思维的对象不是客观实在事物的本身,而是形式化了的思想材料。比如"点"、"自然数"、"方程"、"函数"等,就是数学思维的思想材料,客观世界中并没有这样的实物。数学活动过程中抽象方法的特征是逐级抽象(层次性)和逻辑建构。比如,数、式、函数、关系等思维对象是经逐级抽象依次由前一个对象得到后一个对象的。所谓逻辑建构即指借助于明确的定义构造出相应的量化模式,而量化模式完全舍弃了实际背景的具体意义,只剩下纯粹的形式结构。

数学思维活动的第二个特点是严谨与非严谨的结合。一切数学结论都是经过严谨的逻辑建构或逻辑论证的,逻辑建构和逻辑论证的过程属于数学思维活动。但是,数学思维活动远不只单一的逻辑建构或逻辑论证过程,它还包括数学结论的发现过程以及寻求逻辑建构或逻辑论证途径的过程。在这些过程中需用到直觉、顿悟、似真推理、审美感、形象思维以及制订策略、发散探索等非严谨的数学思维活动。任何一个富于创造成果的数学家,其数学思维活动必然是严谨与非严谨的结合,由非严谨思维活动产生新的想法,设计新的策略,从宏观上把握新的数学理论,然后才是严谨的逻辑建构或逻辑论证。

数学思维活动的第三个特点是自然语言与数学符号语言相结合。在进行严谨的逻辑建构或逻辑论证时,使用数学符号语言;在进行非严谨的创造思维时,自然语言和数学符号语言结合使用。如果按绪论中关于数学活动的三个阶段的划分来分析语言使用的情况,那么,可以这样认为:在经验材料的数学组织化阶段,其任务是将自然语言转化为数学符号语言;在数学材料逻辑化阶段,其任务是数学符号语言的逻辑建构;

在数学理论应用阶段,其任务则是把数学符号语言又翻译成自然语言。总之,在数学思维活动中,这两种语言相互交替,结合使用,其中的核心是数学符号语言。

数学的上述特点是我们研究数学教育的一个重要基础,在考虑数学课程目标时,必须以它为依据,它决定着在哪些方面可以培养和发展学生的基本素质。

除了数学的特点外,数学的作用也是确定数学课程目标的重要依据。

数学和数学教育的作用在我国新制定的《普通高中数学课程标准》(实验)的前言中有简明的阐述:"数学是研究空间形式和数量关系的科学,是刻画自然规律和社会规律的科学语言和有效工具。数学科学是自然科学、技术科学等科学的基础,并在经济科学、社会科学、人文科学的发展中发挥越来越大的作用。数学的应用越来越广泛,正在不断地渗透到社会生活的方方面面,它与计算机技术的结合在许多方面直接为社会创造价值,推动着社会生产力的发展。数学在形成人类理性思维和促进个人智力发展的过程中发挥着独特的、不可替代的作用。数学是人类文化的重要组成部分,数学素质是公民所必须具备的一种基本素质。"

"数学教育作为教育的组成部分,在发展和完善人的教育活动中、在形成人们认识逻辑的态度和思想方法方面、在推动社会进步和发展的进程中起着重要的作用。在现代社会中,数学教育又是终身教育的重要方面,它是公民进一步深造的基础,是终身发展的需要。数学教育在学校教育中占有特殊的地位,它使学生掌握数学的基础知识、基本技能、基本思想,使学生表达清晰、思考有条理,使学生具有实事求是的态度、锲而不舍的精神,使学生学会用数学的思考方式解决问题、认识世界。"

三、学生的认知和心理特征

基础教育的对象一般是六七岁至十八九岁的儿童和青少年,他们正处在长身体的发育期,也是智、情、意发展的重要时期。不同年龄阶段,他们的认知和心理特征是有较大区别的,但符合一定的发展规律。就一般的心理特征而言,总的来说,他们都具有可塑性大、上进心强、求知欲旺盛、精力充沛、脑神经反应快而灵活等特点,但他们的思想情感容易波动,缺乏克服困难的信心与毅力,缺乏实践经验,而且年龄愈小,这些问题愈突出。从认知特点来看,集中表现在思维发展的阶段性特点方面。

根据皮亚杰的研究,青少年思维发展经历了感知运动、前运算、具体运算和形式运算四个阶段。小学阶段儿童的思维,一般属于具体运算思维,但已初步掌握了逻辑思维,能对具体事物的群集运算结构进行分析综合,掌握逻辑概念的内涵和外延。中学阶段的青少年思维,则属于形式运算思维,即命题运算思维,这种思维形式,可以在头脑中把形式和内容分开,可以离开具体事物,根据假设来进行逻辑推演。我国心理学者的研究也表明,小学儿童思维的基本特点是:从以具体形象思维为主要形式过渡到以抽象逻辑思维为主要形式,但整个小学期内思维仍带有明显的具体性。中学的青少年思维的基本特点是:整个中学阶段,思维能力迅速地得到发展,他们的抽象逻辑思维处于优势的地位,但初中生属于经验型,高中生属于理论型。

学生的上述认知和心理特征必然影响和制约着数学课程目标。一方面,考虑到学生思维发展的阶段性,我们的数学课程目标也应是分阶段的,不同阶段的数学课程目标应与学生可能的发展水平相适应。另一方面,考虑到学生可塑性大,智力发展有潜力,在同一个教育阶段又可以提出某些有弹性的要求。

1.1.2 中学数学课程目标分析

我国基础教育现行的数学课程目标是分为两个大的阶段分别阐述的。

一、义务教育阶段数学课程目标①

这一阶段的数学课程目标分为三个层次:总体目标、学段目标、各大块数学内容的具体目标。其中总体目标是:通过义务教育阶段的数学学习,学生能够:

· 获得适应未来社会生活和进一步发展所必需的重要数学知识(包括数学事实、数学活动经验)以及基本的数学思想方法和必要的应用技能。

· 初步学会运用数学的思维方式去观察、分析现实社会,去解决日常生活中和其他学科学习中的问题,增强应用数学的意识。

---

① 《全日制义务教育数学课程标准》(实验稿),中华人民共和国教育部制订,北京师范大学出版社,2001年。

　·体会数学与自然及人类社会的密切联系,了解数学的价值,增进对数学的理解和学好数学的信心。

　·具有初步的创新精神和实践能力,在情感态度和一般能力方面都能得到充分发展。

具体阐述如下:

知识与技能	·经历将一些实际问题抽象为数与代数问题的过程,掌握数与代数的基础知识和基本技能,并能解决简单的问题。 ·经历探究物体与图形的形状、大小、位置关系和变换的过程,掌握空间与图形的基础知识和基本技能,并能解决简单的问题。 ·经历提出问题、收集和处理数据、作出决策和预测的过程,掌握统计与概率的基础知识和基本技能,并能解决简单的问题。
数学思考	·经历运用数学符号和图形描述现实世界的过程,建立初步的数感和符号感,发展抽象思维。 ·丰富对现实空间及图形的认识,建立初步的空间观念,发展形象思维。 ·经历运用数据描述信息、作出推断的过程,发展统计观念。 ·经历观察、实验、猜想、证明等数学活动过程,发展合情推理能力和初步的演绎推理能力,能有条理地、清晰地阐述自己的观点。
解决问题	·初步学会从数学的角度提出问题、理解问题,并能综合运用所学的知识和技能解决问题,发展应用意识。 ·形成解决问题的一些基本策略,体验解决问题策略的多样性,发展实践能力与创新精神。 ·学会与人合作,并能与他人交流思维的过程和结果。 ·初步形成评价与反思的意识。
情感与态度	·能积极参与数学学习活动,对数学有好奇心与求知欲。 ·在数学学习活动中获得成功的体验,锻炼克服困难的意志,建立自信心。 ·初步认识数学与人类生活的密切联系及对人类历史发展的作用,体验数学活动充满着探索与创造,感受数学的严谨性以及数学结论的确定性。 ·形成实事求是的态度以及进行质疑和独立思考的习惯。

在上述总目标的框架下,学段目标再把四个方面的要求按三个学段分别进行分解,进一步具体化。而在教学内容目标中,则在每个学段按数与代数、空间与图形、统计与概率、实践与综合应用四大块细列出每一项具体内容的具体目标。

三个层次的目标构成一个完整的目标体系。这里有几点值得注意:

1. 关于目标体系的总体理解。目标体系是一个有机总体,它包含了四个方面,既体现了数学素质教育的全面要求,又体现了数学活动结果与数学活动过程统一的数学教学要求。知识与技能目标属于对数学活动结果的认知目标,数学思考、解决问题以及情感与态度三个方面的目标属于对数学活动过程的认知以及情意目标,也可把它们统称为过程性目标。知识技能目标与过程性目标合并起来,就是对整个数学活动的教学要求。

2. 关于具体目标的层次与水平的体现。目标体系中,就知识技能目标而言,不同的知识或技能,对学生的要求是不尽相同的,同一项知识或技能,在不同学段对学生的要求也是不同的,这种对学生要求的不同就体现出目标的层次性。为了刻画知识技能目标的层次性,课程标准使用了"了解(认识)、理解、掌握、灵活运用"等目标动词,这四个动词刻画的目标层次依次由低到高,具体涵义如下:

了解(认识)——能从具体事例中,知道或能举例说明对象的有关特征(或意义);能根据对象的特征,从具体情境中辨认出这一对象。

理解——能描述对象的特征和由来;能明确地阐述此对象与有关对象之间的区别和联系。

掌握——能在理解的基础上,把对象运用到新的情境中。

灵活运用——能综合运用知识,灵活、合理地选择与运用有关的方法完成特定的数学任务。

再就过程性目标来说,不同的数学活动过程对学生的要求不尽相同,同一(或类似)的数学活动过程,在不同学段对学生的要求也不相同,这种对学生的不同要求体现出数学活动水平的高低。为了刻画过程性目标中所体现出的数学活动水平,课程标准使用了"经历(感受)、体验(体会)、探索"等目标动词,这三组动词体现出的过程性目标水平也是依次由低到高,具体涵义为:

经历(感受)——在特定的数学活动中,获得一些初步的经验。

体验(体会)——参与特定的数学活动,在具体情境中初步认识对象的特征,获得一些经验。

探索——主动参与特定的数学活动,通过观察、实验、推理等活动发现对象的某些特征或与其他对象的区别和联系。

二、普通高中数学课程目标

与前述义务教育阶段数学课程接轨的普通高中数学课程,其课程目标在我国制定的课程标准①中有明确的规定。

高中数学课程的总目标是:使学生在九年义务教育数学课程的基础上,进一步提高作为未来公民所必要的数学素养,以满足个人发展与社会进步的需要。具体目标如下:

1. 获得必要的数学基础知识和基本技能,理解基本的数学概念、数学结论的本质,了解概念、结论等产生的背景、应用,体会其中所蕴涵的数学思想和方法,以及它们在后续学习中的作用。通过不同形式的自主学习、探究活动,体验数学发现和创造的历程。

2. 提高空间想像、抽象概括、推理论证、运算求解、数据处理等基本能力。

3. 提高数学地提出、分析和解决问题(包括简单的实际问题)的能力,数学表达和交流的能力,发展独立获取数学知识的能力。

4. 发展数学应用意识和创新意识,力求对现实世界中蕴涵的一些数学模式进行思考和作出判断。

5. 提高学习数学的兴趣,树立学好数学的信心,形成锲而不舍的钻研精神和科学态度。

6. 具有一定的数学视野,逐步认识数学的科学价值、应用价值和文化价值,形成批判性的思维习惯,崇尚数学的理性精神,体会数学的美学意义,从而进一步树立辩证唯物主义和历史唯物主义世界观。

随后,在内容标准中分知识块详细提出要求。

关于这一课程目标,有几点值得注意:

第一,高中数学课程目标与义务阶段数学课程目标在陈述形式上有区别。前者分总目标、具体目标以及各项数学内容的具体要求;后者分

————————

① 《普通高中数学课程标准》(实验),中华人民共和国教育部制订,人民教育出版社,2003 年。

总体目标、学段目标和各项知识内容的具体目标。其实,教学内容的具体目标与具体要求是一回事,只不过是用词不一样。至于义务教育有学段目标,这是必要的,因为三个学段的课程内容虽是整体统一设计,但要求是逐段提高的。

第二,两个课程标准对课程目标领域的划分有区别。义务教育阶段数学课程目标划分为知识与技能、数学思考、解决问题、情感与态度四个方面,并又将其归并为两大目标:知识技能目标和过程性目标;普通高中数学课程目标则划分为知识与技能,过程与方法,情感、态度与价值观三个方面。这种区别,其实也不是实质性的,大同小异而已。

第三,两个标准中使用的目标动词也不尽相同。义务教育阶段数学课程标准使用"了解(认识)、理解、掌握、灵活运用"四级刻画知识技能层次的目标动词,高中数学课程标准则将这一目标分成"知道/了解/模仿、理解/独立操作、掌握/应用/迁移"三级,并在每一级中列出刻画该水平的多个行为动词;义务教育阶段数学课程标准使用"经历(感受)、体验(体会)、探索"三级刻画数学活动水平的过程性目标动词,高中数学课程标准则将过程与方法分成"经历/模仿、发现/探索"两级水平,并在每一级中列出刻画该水平的多个行为动词,另外再将情感、态度与价值观分成"反应/认同、领悟/内化"两级水平,并同样列出刻画多水平的多个行为动词。

总的来说,高中数学课程目标与义务教育阶段数学课程目标虽有某些提法不同,但体现出的实质精神是一致的,即都是全面反映数学素质教育的要求,充分体现数学教学是数学活动的教学这一现代数学教学观念。

§1.2　中学数学课程内容

确定了中学数学课程目标以后,紧接着就要讨论如何选择和安排中学数学课程的内容,它涉及影响数学课程内容的因素,选择数学课程内容的依据和原则,安排课程内容的原则与方法等诸多问题。下面逐个作简要阐述。

1.2.1　影响中学数学课程内容的因素

数学课程内容是发展、变化的,受到许多因素的影响,归纳起来,主要是三个大的方面,它们构成促进数学课程发展的综合动力。

一、社会方面的因素

教育是一种社会现象,它作为社会大系统的一个子系统,必然要受到社会诸因素的影响。在影响课程发展的诸因素中,再没有比社会因素的影响更大的了。

1. 社会生产的需要。在古代,数学是生活、生产的产物。当时的数学只是一些简单的测量和计数法,数学是作为一种有助于解决各种实际问题的技术而传授给后代的。后来,由于思辨的需要,赋予数学以一定的逻辑内容,把数学作为训练学生思维的工具。直到 18 世纪中叶以前,由于社会生产基本上是以自给自足的小农经济为主,生产力的发展水平决定了对数学的需求极为有限,数学课程的内容一直很简单。第一次技术革命后,资本主义大工业代替了手工业生产,促使社会对劳动者的数学知识的要求相应提高,数学课程不仅成了主科,而且内容有了相应发展。在当今社会里,数学在生产领域的用途越来越广,这就要求数学课程的内容作相应的调整和改变,以便适应这种发展的需要。近 20 年来,国内有关学术团体曾先后组织了几次"社需"调查,结果表明,中小学数学课程中的传统内容在今后仍占有重要地位,但其中有些内容可以适当删减、削弱;同时应增加一些近代和现代数学初步知识,课程内容应有不同的层次,属于共同需要的部分可作为必修内容,只有某些领域需要的部分则可作为选修课或课外活动小组的内容。这些结论将是我国 21 世纪数学课程改革的重要依据。

2. 科学技术的发展。它在两方面影响着数学课程的内容:一是科学技术越是发展,应用数学的程度越高,人们就越是要通过数学才能掌握其他的科学和技术,数学课程就应当反映这一点。二是科学技术的发展直接或间接地影响着数学课程内容的改变。课程只能吸收最有价值的科学成果,而科学技术的发展,最有价值的标准也随之改变了,这是对数学课程内容的直接影响;科学技术的发展,现代教育技术与学科课程结合,也会引起课程内容的改变,这是对数学课程内容的间接影响。

3. 政治经济因素。这是制约数学课程的最根本因素。例如,我国现阶段实施九年制义务教育,初中数学课程就必须服务于培养合格公民这一总目标。

4. 社会文化、哲学思想的影响。数学是人类文化的一部分,数学课程必然注意本国文化背景和国情。社会文化对数学教育影响的典型例子是东亚考试文化圈中的数学教育。此外,从课程理论的产生背景分析,各种课程理论都是在一定的哲学思想指导之下提出的。

二、数学本身的因素

随着数学科学的发展,新的数学理论将不断充实到中学数学课程中,影响数学课程内容。

欧几里德几何的诞生,大大地冲击了欧几里德以前的数学课程,一直到17、18世纪还不能动摇欧几里德几何在学校数学课程中所占的主要地位。到19世纪末和20世纪初,数学有了很大发展,欧几里德几何在学校数学课程中的地位开始动摇,数学课程内容有了很大的变化。

20世纪,数学产生了惊人的变化。集合论成为各个学科的共同基础,纯粹数学转向研究基本的数学结构;数学抽象化的势头越来越大,分科越来越细,数学的内在联系揭露得越来越深;电子计算机进入了数学领域,大大推进了数学的发展;应用数学像雨后春笋一样蓬勃发展。随着数学科学内容和形式的发展,人们对"数学是什么"的认识也发生了变化,数学是模式的科学,数学也是一种交流形式,是一种语言,是一种文化。数学中观察、实验、发现、猜想等实践活动和任何自然科学一样普通,尝试和错误,假说和调研以及度量和分类是数学家常用的部分技巧。数学的这些发展,直接或间接地影响中学数学课程。现代数学的一些初步思想、内容和方法渗透到中学数学中,成为中学数学课程的有机组成部分,这是直接影响。高等学校数学课程改革,现代数学的基础课程逐渐替代古典高等数学课程,这种趋势必然导致中学数学课程作相应的变革,这是间接影响。

三、教育方面的因素

1. 教育理论的发展。新的教育理论是课程改革的动力之一,每一时期的课程内容及其体系安排是由相应的课程理论决定的。例如,20世纪60年代,布鲁纳提出"结构"的课程理论,西方国家的"新数学"就是按这种理论建构起来的。和布鲁纳同一时代的前苏联教育家赞可夫提出了"发展"的课程理论,在前苏联的数学课程改革中也产生了很深的影响。

在当今，"以人为本"、"素质教育"、"创新教育"、"建构主义"等教育理论，又是我国新一轮数学课程改革的重要指导理论，新的数学课程标准和实验教材中都有上述理论的反映。

2. 教师水平的改善。课程教材是教师教学的依据，教师是把课程内容转化为学生个体的知识经验的直接指导者，教师只有清晰地、深刻地理解课程标准和教材，才能真正贯彻实施课程的理念，加强教学的主动性。因此，教师的水平影响着中学数学课程内容的落实，这表现在两个方面：

（1）教师的知识水平。教师从事数学教育，其知识水平必须达到一定的要求。"新数学"运动失败的原因之一是师资水平跟不上，知识水平上有缺陷。这说明要进行课程改革，必须要和教师的知识水平相适应，否则课程改革就会落空。目前，我国的中学数学课程中逐渐增加了一些现代数学的初步知识和一些计算机科学方面的知识，相当一部分教师由于长时期没有接触这些内容，对它们感到生疏，教学时心中无底。为了适应课改的需要，近几年来国内开展了大规模的在职教师培训工作，而且在今后还将继续这种在职培训，以便教师在接受"终身教育"的过程中不断提高自己的知识水平。

（2）教师的教学水平。课程设置中，不仅课程内容的选择要与教师的知识水平相适应，而且课程内容的体系安排也要与教师的教学水平相适应。一般说来，教师的教学体系（经过处理后的知识体系）不同于课程教材中的知识体系，教师教学水平的高低决定了教材的知识体系转化成教学体系的难易。因此，在设计数学课程内容的体系安排上，应尽可能考虑一般教师的教学水平，以便有利于教师对内容作教学法加工，有利于实际教学。

3. 学生水平的发展。中学数学课程的服务对象是学生，学生主要是通过教材来获取知识的。因此，学生也是影响中学数学课程内容的重要因素。具体说来，涉及以下四个方面：

（1）学生已有的知识水平。影响学习的最重要的因素是学生已经知道的东西。在设计课程时，需要仔细地考虑学习者所具有的与新的学习任务相结合的概念和技能。学习的顺利进行受背景知识的强烈影响。

（2）学生的思维水平（能力水平）。课程教材是学生学习的依据，因此，在安排数学课程时，应考虑各年龄段的学生思维发展水平，既不要超出学生的思维发展水平,又不要迁就学生的接受能力。"新数学"中,把知识体系搞得过于抽象化和形式化,超出了学生的思维发展水平,这样的课程是达不到课程目标的。同样,课程内容过于简单、容易,也难以达到课程目标。

(3)学生的认识兴趣。兴趣是成功之母,学生的认识兴趣能大大促进学习。所以,要让学生学好数学,首先要激发学生的学习兴趣,而激发学生学习兴趣的最有效的办法,就是对于学习材料本身感兴趣。因此,在课程内容的选择和呈现方式上,应考虑学生的认识兴趣,加强趣味性,激发学生学习数学的兴趣。

(4)学生的认知特点。教学实践和实验表明,学生的认知结构有其固有的特点。如果课程内容和编写顺序符合学生的认知特点的话,无疑能促进学习。

影响数学课程内容的因素除了以上三个大的方面以外,还有数学课程的历史因素。中学数学课程有其发展的历史,至今已经历过多次改革。但是,这些改革都是渐变过程。每次新的数学课程都是在原有数学课程的基础上作相应的变革而产生的。因此,现在的中学数学课程内容必须继承传统数学课程内容的精华,去其糟粕,更新观念,适当增添适应社会发展需要的新内容。那种完全不顾历史因素的数学课程改革是行不通的。

1.2.2 选择中学数学课程内容的原则

根据中学数学课程目标和影响课程内容的因素,选择中学数学课程内容时应遵循如下一些原则:

一、基础性原则

这一原则指的是,选择的中学数学课程内容应是数学科学的基础知识。什么叫数学基础知识? 这是一个没有确切定义需要辩证地分析和理解的概念。它通常指的是数学科学的初步知识,即在理论上、方法上、思想上是最基本的知识,而不是指数学科学的逻辑基础。根据基础教育的培养目标,中学生必须掌握的数学基础知识应该包括以下几方面:第一,作为现代社会每一个合格公民都应具备的基本素质组成成分所必需的最初步、最基本的数学知识;第二,为基础教育阶段学习相邻学科提供工具的数学知识;第三,为进入高等教育阶段的学生进一步学习打基础的数学知识。

从以上关于数学基础知识的描述可以看出数学基础知识的概念是相对的、发展的。因此,中学生应该掌握哪些数学基础知识不是一成不变的,而是随着数学自身的发展,随着其他科学和技术的发展以及社会对人才要求的变化而发展、变化的。例如,20 世纪 50 年代初期中学还有算术,到 60 年代,算术全部下放小学,中学则增加了平面解析几何。从 70 年代后期开始,把过去作为高等学校数学基础课之一的微积分,也将其初步知识列为中学的基础知识。近百年内才发展起来的概率统计学的一些简单知识,由于在现代生产实际中经常用到,也放到中学学习。进入 21 世纪后,概率统计的一些初步观念,已经提前进入小学。中学数学基础知识的内容和范围都有新的进一步变化、发展。

还应值得注意的是,数学基础知识包括数学中常用的基本的数学思想方法。因此,根据这一原则选择数学课程内容时,不仅要考虑选用数学中哪些概念、性质、法则、公式、公理、定理,还要关注这些内容反映出来哪些数学思想和方法。

二、应用性原则

这一原则指的是,中学数学课程内容应精选那些在现代社会生活和生产中有着广泛应用的数学知识。

数学的源头本来就是人类社会的生活和生产实际。在埃及、巴比伦、中国和印度等古代文明国家,由于人们生活和生产的需要,最早产生了数学的一些初步知识。数学的发展历程,虽然不能说无处不与人类生活或生产相关,但总的来说,最根本的动力依然是社会的需要。而且今日数学应用的广泛性,已使得它渗透到了现代社会的各个角落,几乎无处不用数学,无人不用数学。基础教育阶段数学课程目标之一,就是要让学生逐步认识数学的应用价值,发展数学应用意识,并能运用数学知识分析和解决简单的实际问题。因此,在确定数学课程内容时,应从有利于落实这一课程目标考虑,选择适合于相应学段学习的数学建模、数学实验以及数学应用等方面的课题,同时还要提供抽象出数学概念、性质、法则、公式、公理、定理等数学基础知识的多样的、丰富的背景材料。这也是体现应用性原则的一个重要方面。

三、可接受性原则

这一原则指的是,所选择的中学数学课程内容应与中学生的认识水平和接受能力相适应。

根据这一原则,中学数学课程的内容必须难易适中,有一定的深度和广度,不论是必修还是选修的内容,既要确保学生能达到课程目标体系中预定的具体目标,又要适当留有余地,有利于学生追求更高目标,使得每一个学生尽可能地达到最大的发展。

四、教育性原则

这一原则指的是,选择的中学数学课程内容应该是对于发展学生的数学思维和数学能力,形成学生辩证唯物主义世界观有重要作用的数学知识;同时还要求体现数学的文化价值,即"数学课程应适当反映数学的历史、应用和发展趋势,数学对推动社会发展的作用,数学的社会需求,社会发展对数学发展的推动作用,数学科学的思想体系,数学的美学价值,数学家的创新精神。数学课程应帮助学生了解数学在人类文明发展中的作用,逐步形成正确的数学观。"①

五、衔接性原则

这一原则指的是,选择的中学数学课程内容应与本学科已学内容以及后继学习的内容衔接;所选内容之间衔接;与有关的相邻学科衔接。

数学是一门系统性很强的科学,中学只是学校教育的一个阶段,前有小学教育,后有大学教育。因此,必须使小学数学、中学数学、大学数学衔接为一个和谐的有机整体。中学数学内容又涉及数学的多个分支学科,无论是分科编排或是综合编排,都要注意各分支内容的相互联系与知识的综合运用。在中学教育阶段,物理、化学等自然科学的学科要以数学作为工具,因此,数学内容还必须与物理、化学的内容互相配合,协调一致。

六、灵活性与统一性相结合的原则

这一原则指的是,选择中学数学课程内容时,既要考虑到国家规定的所有中学生都必须达到的基本要求,又要有弹性,满足学生的不同数学要求,照顾不同地区的差别。

根据这一原则,义务教育阶段的初中数学课程可以在统一课程目标的前提下,允许有多种适合于不同地区的数学教材;在高中阶段,数学课

---

① 《普通高中数学课程标准》(实验),中华人民共和国教育部制订,人民教育出版社,2003年。

程则可以由必修课程和选修系列课程组成。其中必修课程满足所有学生的共同数学需求,选修系列课程满足就业意向有区别或升学系列各异的学生的不同数学需求。

七、可行性原则

这一原则指的是,选择的中学数学课程内容经过实践检验,应该被证实在中学教学计划规定的时间内,绝大多数学校能够按教学要求完成教学任务,达到课程目标。

根据这一原则的要求,当课程内容需要作较大调整时,必须先试行一段时期,经验证确实可行时,才能正式确定。

1.2.3　现行中学数学课程内容的框架

我国现行中学数学课程的内容,基本上是根据上述原则逐步筛选出来的。其中,初中数学课程内容统一为 2001 年 7 月由教育部制订的《全日制义务教育数学课程标准(实验稿)》所规定的第三学段(7~9 年级)学习内容;高中数学课程内容则有两种类型:一种为 2000 年教育部颁布的《全日制普通高级中学数学教学大纲(修订稿)》所规定的教学内容,另一种为 2003 年 4 月由教育部制订的《普通高中数学课程标准(实验)》所规定的教学内容。现将三种课程内容框架简介如下:

一、初中数学课程内容框架

初中数学课程内容是与小学数学课程内容通盘考虑的,统一安排了"数与代数""空间与图形""统计与概率""实践与综合应用"四个学习领域。课程内容的学习,强调学生的数学活动,发展学生的数感、符号感、空间观念、统计观念,以及应用意识与推理能力。

1. 数与代数

①数与式。包括有理数、实数、代数式、整式与分式等概念以及各自的运算性质的法则。

②方程与不等式。方程包括一元一次方程、二元一次方程组、可化为一元一次方程的分式方程、一元二次方程;不等式包括一元一次不等式以及由两个一元一次不等式组成的不等式组。

③函数。包括函数的一般概念(描述性)、一次函数(含正比例函数)、反比例函数、二次函数。

2. 空间与图形

①图形的认识。包括点、线、面、角、相交线与平行线、三角形、四边形、圆等基本图形的认识，以及尺规作图、视图与投影的初步知识。

②图形与变换。包括图形的轴对称、图形的平移、图形的旋转、图形的相似等变换的基本性质和应用。

③图形与坐标。包括平面直角坐标系的认识，感受图形变换后点的坐标的变化，灵活运用不同的方式确定物体的位置。

④图形与证明。包括了解证明的含义，掌握一些基本事实作为证明的依据，并利用它们证明一些简单的命题，通过对欧几里得《原本》的介绍，感受几何的演绎体系对数学发展和人类文明的价值。

3. 统计与概率

①统计。在小学已学一些初步的统计知识的基础上进一步学习下列内容：加权平均数、极差、方差、频数、频率、频数分布等统计量的意义、作用、扇形图、频数分布表、频数分布直方图和频数折线图等统计图表的制作，体会用样本估计总体的思想，用统计知识解决简单的实际问题。

②概率。了解概率、事件发生的频率等概念的意义，运用列举法计算简单事件发生的概率，知道大量重复实验时频数可作为事件发生概率的估计值。解答一些简单的实际问题。

4. 课题学习

在初中这一学段，"实践与综合应用"领域以"课题学习"的形式呈现，这种课题一般要求引导学生结合生活经验提出，因此在课程标准中没有统一列出。现有的不同版本的几种实验教材中各自列出了若干课题，它们的共同目标都是为了发展应用数学知识解决问题的意识和能力，同时，进一步加深对相关数学知识的理解，认识数学知识之间的联系。

二、高中数学课程内容框架（一）

（现行数学教学大纲中规定的内容）

整个高中数学课程分为必修课和限定选修课两大部分。其中必修课是全体高中学生共同学习的部分，限定选修课又分成供理科选用和供文科选用两个部分。学生按自己的意愿也相应地分成理科和文科两个选课方向，对于每一个选课方向的学生来说，该方向的选修内容也就成了必修内容。

1. 必修课

①集合、简易逻辑。包括集合、子集、交集、并集、补集、命题、逻辑联结词、四种命题、充要条件等概念的意义、有关术语和符号。

②函数。包括映射、函数、函数的单调性、函数的奇偶性、反函数、互为反函数的函数图象之间的关系,指数概念的扩充,有理指数幂的运算性质,指数函数,对数、对数的运算性质,对数函数,函数的应用举例。

③不等式。包括不等式、不等式的基本性质,不等式的证明,不等式的解法,含绝对值不等式。

④平面向量。包括向量,向量的加法与减法,实数与向量的积,平面向量的坐标表示,线段的定比分点,平面向量的数量积,平面两点间的距离,平移。

⑤三角函数。包括角概念的推广,弧度制,任意角的三角函数,同角三角函数的基本关系式,正弦、余弦的诱导公式,两角和与差的正弦、余弦、正切,二倍角的正弦、余弦、正切,用单位圆中的线段表示三角函数值,正弦函数、余弦函数的图象和性质,已知三角函数值求角,正弦定理,余弦定理,斜三角形解法举例,实习作业。

⑥数列。包括等差与等比两种数列及它们各自的通项公式、前 n 项和公式。

⑦直线和圆的方程。包括直线的倾斜角和斜率,直线方程的点斜式、参数式、两点式和一般式,两条直线平行与垂直的条件,两条直线的交角,点到直线的距离,用二元一次不等式表示平面区域,简单的线性规划问题,实习作业,曲线与方程的概念,由已知条件列出曲线方程,曲线的交点,圆的标准方程与一般方程,圆的参数方程。

⑧圆锥曲线方程。椭圆、双曲线、抛物线及它们的标准方程、几何性质,椭圆的参数方程,利用平移化简圆锥曲线方程。

⑨直线、平面、简单几何体。分(A)、(B)两种方案,教学时只选一个执行。其中方案(A)的内容是:平面及其基本性质,平面图形直观图的画法,两条直线的位置关系,平行直线,对应边分别平行的角,异面直线所成的角,异面直线的公垂线,异面直线的距离,直线和平面的位置关系,直线和平面平行的判定与性质,直线和平面垂直的判定与性质,点到平面的距离,斜线在平面上的射影,直线和平面所成的角,三垂线定理及其逆定理,两个平面的位置关系,平行平面的判定与性质,平行平面间的距离,二面角及其平面角,两个平面垂直的判定与性质,多面体、棱柱、棱

锥、正多面体、球。

方案（B）改用向量作为工具来处理上述内容。因此，增加了下述内容：空间向量及其加法、减法与数乘，空间向量的坐标表示，空间向量的数量积，直线的方向向量，平面的法向量，向量在平面内的射影。

⑩排列、组合、二项式定理。包括加法原理与乘法原理，排列、排列数公式，组合、组合数公式，组合数的两个性质，二项式定理，二项展开式的性质。

⑪概率。包括随机事件的概率，等可能事件的概率，互斥事件有一个发生的概率，相互独立事件同时发生的概率，独立重复试验。

⑫研究性课题。主要指对某些数学问题的深入探讨，或者从数学角度对某些日常生活中和其他学科中出现的问题进行研究。

2. 理科选修课

①概率与统计。包括离散型随机变量的分布列，离散型随机变量的期望值和方差，抽样方法，总体分布的估计，正态分布，线性回归，实习作业。

②极限、数学归纳法。包括数列的极限，函数的极限，极限的四则运算，函数的连续性，数学归纳法。

③导数。包括导数概念，几种常见函数的导数，函数的和、差、积、商的导数，复合函数的导数，对数函数与指数函数，函数的单调性、极值、最大值、最小值，微积分建立的时代背景和历史意义。

④复数。包括复数概念，复数运算，数系的扩充，作为研究性课题讨论复数与平面向量、三角函数的关系。

⑤研究性课题。参考课题：杨辉三角；极值问题在经济生活中的应用；统计方法在现实生活中的应用；数学软件的应用；复数的两种不同的表示及运算（包括向量表示）。

3. 文科选修课

①统计。包括抽样方法，总体分布的估计，总体期望值和方差的估计。

②导数。包括导数的背景、概念，多项式函数的导数，函数的单调性与极值，最大值、最小值，微积分建立的时代背景和历史意义。

三、高中数学课程内容框架（二）

（数学课程标准中规划的内容）

高中数学课程分必修和选修。必修课程由5个模块组成;选修课程有4个系列,其中系列1、2由若干模块组成,系列3、4由若干专题组成。

1. 必修课程

数学1:集合,函数概念及基本初等函数Ⅰ(指数函数、对数函数、幂函数)。

数学2:立体几何初步,平面解析几何初步。

数学3:算法初步,统计,概率。

数学4:基本初等函数Ⅱ(三角函数),平面上的向量,三角恒等变换。

数学5:解三角形,数列,不等式。

上述内容覆盖了高中阶段传统的数学基础知识和基本技能的主要部分,其中包括集合、函数、数列、不等式、解三角形、立体几何初步、平面解析几何初步等。不同的是在保证打好基础的同时,进一步强调了这些知识的发生、发展过程和实际应用,而不在技巧与难度上做过高的要求。

此外,基础内容还增加了向量、算法、概率、统计等内容。

2. 选修课程

系列1由2个模块组成。

选修1-1:常用逻辑用语,圆锥曲线与方程,导数及其应用。

选修1-2:统计案例,推理与证明,数系的扩充与复数的引入,框图。

系列2由3个模块组成。

选修2-1:常用逻辑用语,圆锥曲线与方程,空间中的向量与立体几何。

选修2-2:导数及其应用,推理与证明,数系的扩充与复数的引入。

选修2-3:计数原理,统计案例,概率。

系列3由6个专题组成。

选修3-1:数学史选讲。

选修3-2:信息安全与密码。

选修3-3:球面上的几何。

选修3-4:对称与群。

选修3-5:欧拉公式与闭曲面分类。

选修3-6:三等分角与数域扩充。

系列4由10个专题组成。

选修 4 - 1:几何证明选讲。

选修 4 - 2:矩阵与变换。

选修 4 - 3:数列与差分。

选修 4 - 4:坐标系与参数方程。

选修 4 - 5:不等式选讲。

选修 4 - 6:初等数论初步。

选修 4 - 7:优选法与试验设计初步。

选修 4 - 8:统筹法与图论初步。

选修 4 - 9:风险与决策。

选修 4 - 10:开关电路与布尔代数。

上述选修课程中,系列 1 是为那些希望在人文、社会科学等方面发展的学生而设置的,系列 2 则是为那些希望在理工、经济等方面发展的学生而设计的。系列 1、系列 2 的内容是选修系列课程中的基础性内容,凡选修其中一个系列的学生,该系列的模块都要学习。

系列 3 和系列 4 是为对数学有兴趣和希望进一步提高数学素养的学生而设置的,所涉及的内容反映了某些重要的数学思想,学生可根据自己的兴趣、志向选择其中一部分专题学习。

值得特别注意的是,高中数学课程要求把数学探究、数学建模的思想以不同的形式渗透在各模块和专题内容之中,并在高中阶段至少安排较为完整的一次数学探究、一次数学建模活动,高中数学课程还要求把数学文化内容与各模块的内容有机结合。

1.2.4 中学数学课程体系的编排原则与方式

课程内容确定以后,如何组织和安排这些内容,即按什么样的体系编排才符合数学教学规律,也是一个十分重要的问题。

美国心理学家布鲁纳认为:"一门课程不但要反映知识本身的性质,还要反映求知者的素质和知识获得过程的性质。"①这个论断无疑是正确的。就数学课程体系来说,反映"知识本身的性质",也就是要反映在前一节提到过的数学科学的基本特性;反映"求知者的素质",也就是要

---

① 《现代西方资产阶级教育思想流派论著选》,华东师范大学等编,人民教育出版社,第411 页。

反映学生的心理发展水平和规律;反映"知识获得过程的性质",也就是要反映学生的认识规律。因此,编排中学数学课程体系时,既要保持数学科学的基本特征,又要符合学生的认识规律和心理发展规律,这三方面的协调统一,就是中学数学课程体系的编排的基本原则。

根据数学科学的基本特性,编排课程内容时,必须尽可能保持数学知识之间的逻辑体系,保持数学科学的系统性,除了考虑学生认识上的原因而不得不作必要的调整外,不能随意改变知识的前后顺序;在讲完一项知识后,必须在随后的内容中安排它的广泛应用;必须逐步提高知识的抽象程度,不能老停留在具体的感性材料上。

根据学生的心理发展规律,课程内容的抽象程度要与中学生的思维发展各个阶段的特点相适应。在较低年级应安排那些与具体事物的形象或数量有直接联系的数学内容,在较高年级才安排那些经过多级抽象得来的数学内容。课程体系还要有利于发挥迁移效果,做到先行知识的学习与后继知识的学习能互相促进,即前者启发后者,后者巩固前者。

根据学生的认识规律,课程内容的安排要由浅入深,由易到难,循序渐进;要由感性到理性,由实践到理论再到实践。

除了遵循上述基本原则外,中学数学课程内容的编排还要照顾到初、高中的分段和同物理、化学等学科的相互配合。

关于中学数学课程体系的类型,国内外大致有以下三种:

第一类是以结构为基础的统一数学。这种类型完全打破传统体系,不分科,对传统内容用现代数学的结构观点重新处理。其优点是反映了现代数学科学的基本特性、基本精神和思想。但在考虑学生的心理发展规律和认识规律方面做得较差。与物理、化学等学科的互相配合也不理想。

第二类是基本保留传统体系的分科数学,其中渗透了一些现代数学的初步思想。其优点是既有利于数学知识的系统叙述,又比较符合学生的心理发展规律和认识规律,同时还兼顾了同物理、化学的相互联系。但体现现代数学的基本特性、基本精神和思想不如第一类体系。

第三类是混合数学(或称综合数学),既不分科,也没有真正统一。整个中学数学分成若干大块,各大块内的脉络清楚,但各块之间的联系却不明显。这种类型的数学课程体系,在有利于精简课程门类,有利于数学知识的综合运用方面体现了优越性,但系统性较差,现代数学的基本精神也体现得不够。

我国编写的中学数学教材,第二类和第三类体系都采用过。现行教材属于第三类体系。

体系编排问题除了分科与统一或混合的区别之外,还有对某项具体知识的所谓"直线式"或"螺旋式"安排的考究。直线式安排是指某项知识只集中于一处进行系统研究,一次完成。螺旋式安排则不同,对于同一内容,在中学的不同阶段至少两次研究它。第一次讨论它较容易的部分或是可以立即应用的部分。过了一定时期以后,学生知识增多了,再重新返回到这项内容作更进一步的研究,甚至以后还可以多次逐级深化。

我国现行数学课程的一部分内容是直线式安排的,例如立体几何、解析几何的知识基本上都是如此。这样做,有利于精简叙述,节省教学时间。另有一部分内容采取了螺旋式安排,例如函数、方程、不等式、概率、统计等知识。螺旋式安排有其优越性。首先,这种安排使得有可能照顾到学生的心理发展水平和认识水平,在不同阶段仅选择学生能接受的那些材料;其次,对于一些重要的数学理论,现代数学的一些基本思想,有可能尽早地引入或渗透,介绍简单的应用;还有一个好处是对同一知识项目的多次反复研究,有利于学生巩固地掌握这项知识。当然,这种安排也有不利的一面,其中主要是费时较多。此外,如果教学中考虑不周,有可能造成学生思想上的混乱,譬如对同一概念的不同定义感到难以理解,不懂得为什么要多次研究同一课题,等等。

关于现行中学数学课程内容的具体安排,见中学数学教材。

§1.3　中学数学课程改革简介

随着社会的发展,中学数学课程也随之演变。本节简要回顾一下中学数学课程的演变史。

1.3.1　古代的数学课程(19世纪以前)

数学教育起源于世界上文化发展最早的地区。埃及、巴比伦、中国、印度是世界上四大文明古国,数学教育最早在这些国家萌芽。

但是,就数学教育的影响和发达程度而言,应该首推古希腊和古中国。古希腊是现代西方文化的源头,古中国则是东方文化的源头。

古希腊人十分推崇哲学,而数学包含在哲学中。因此在教育中也对数学极为重视。毕达哥拉斯在教学中把数学分为算术、几何、天文、音乐四大科,这是人类第一次把数学按其研究内容进行分科。这一分科是对数学课程论的一大贡献,具有重要的教育意义,它一直延续两千多年,直到近代才有所改变。

古希腊的数学教育对象是奴隶主,教育内容分为三个阶段:第一阶段,7～14 岁,入文法学校学计算;第二阶段,14～18 岁,入体育馆学哲学,其中教授的数学有几何、算术、天文等;第三阶段,18～20 岁,入学园,主要学习哲学,包括较高的数学知识。

古希腊数学教育的鲜明特点就是强调"理念",强调训练人的思维,这在当时最有影响的代表人物柏拉图的教育思想里体现得最为突出。他认为学习数学不是为了实际应用,而是为了锻炼思维,激发学生对理念世界中的抽象而绝对的真理的兴趣。柏拉图的这种数学教育目的观深刻地影响着数学的发展和后世的数学教育。在他之后的欧几里德,把前辈数学家极端重视数学知识的理论化、逻辑化的观点发展到了顶峰,这在他的《几何原本》中得到了充分的体现。该书和尼可玛可的《算术入门》对后世数学教育产生了更为深远的影响,成为沿用千多年的权威教材。

此外,古希腊的数学教育方法对后世也有较深远的影响。柏拉图在他所创办的"学园"里,师生之间运用对话方式进行教学,这可以看作是近代和现代数学教学方法中"谈话法"、"问题教学法"的肇始。

古中国的数学教育早在奴隶制社会时期就有萌芽。据史书记载,夏、商之际,教育内容中就有计算的知识。西周正式提出"礼、乐、射、御、书、数"即六艺教育。其中排在末位的数即"九数",就是数学知识教育。可见当时数学教育的地位是低下的。

到了封建社会的鼎盛时期(唐朝),数学教育开始受到重视,出现了中国第一本系统的数学教科书,称为《算经十书》。此书在宋朝刻印成书,其中刘徽所注《九章算术》最为重要,涉及几何、代数、算术、三角等范围很广的数学知识,全书采用问题集的形式,按"问"、"答"、"术"的顺序编写。此书对中国后世数学教育的影响很大,成为历代数学教育的核心教科书。书中的一些术语至今沿用,如"几何"、"方程"、"开方"、"勾"、"股"、"弦"等。

宋、元时期,中国传统数学教育达到顶峰。由于发明了印刷术,使前朝传下的算学书籍得以广泛传播。这一时期出现了大批数学名家:贾宪、沈括、秦九韶、李冶、杨辉、郭守敬、朱世杰等。他们的成果在世界上领先一百年甚至几百年。到了明朝,中国传统的数学活动几乎停止,西方数学开始传入。

中国古代数学教育有与古希腊的数学教育不同的特色。中国古代数学教育重经世致用,而轻思维训练,重技术而轻理念,重归纳而轻演绎。古希腊的数学教育则恰好相反,这已如前述。

中国古代数学教育在教学方法上也有自己的特色,即采用个别教学。这种教学方法的最突出优点就是能因材施教。

1.3.2 近代的数学课程(19世纪—20世纪50年代)

进入19世纪,西方国家陆续开始了产业革命,科学技术迅速发展,科学教育得到了重视,传统的以人文学科为主的课程体系被新的以科学为中心的课程体系所替代。数学也因其与自然科学密不可分的联系,在学校教育中占了重要地位。

在19世纪的一百年内,尽管数学教育在古典数学教育的基础上发生了一些变化,但总的说来,仍然不能满足日益增长的社会需要,暴露出一系列共同的问题,其中主要的是:

教学内容贫乏。中小学的数学内容,基本上仍是传统的算术、代数、几何和三角,它们彼此独立分科,同学生的实际生活脱节,同当时数学科学的成就脱节。

教学方法呆板。小学的主要教学方法是利用经验引入计算法则,并解答各种算术应用题,其中不少是故意编造的"应用题";中学的主要教学方法则是形式地引入理论以及解答应用题,这些应用题大多数也是人为编造的。无论小学中学,学生掌握数学知识主要靠死记硬背,忽视了思维活动。小学与中学之间,教学内容和教学方法都存在严重的脱节现象。

数学教育的上述问题,引起了一些西方数学教育家的重视。19世纪末20世纪初,在数学教育领域掀起了一场近代化运动。这个运动是由德国的 F·克莱茵和英国的贝利发起并领导的。贝利特别强调实用的问题,他提出学校中只需学习"实用数学",并编写了"实用数学"课本。在他的倡议下,英国教育部曾经把实用数学列入考试纲目。这是由于在传统的数学教育中轻视数学实际应用的自然反应。克莱茵则侧重于引用近代数学的观点改造传统的中小学数学内容。他写了一套《高观点下的初等数学》。1908 年,在罗马召开了第四届国际数学会议,成立了以克莱茵为主席的改革数学教育的国际委员会。委员会就中小学数学教育改革问题拟订了如下基本方向:

小学:提高几何在小学算术课程中的作用;改变教科书中应用题的性质(使应用题的内容更紧密地联系周围实际情况);提高算术教学中直观性的作用,等等。

中学:在四门数学学科之间建立紧密联系,同时在数学课和物理课之间建立联系;增加高等数学(解析几何和微积分)的基础知识,加强初等数学和高等数学之间的联系;加强函数在算术和代数中的作用、运动在几何中的作用;改变教科书中应用题的性质和解法(加强分析和综合法的作用);在数学教学中更广泛地应用探索法,等等。

但是,这一数学教育的改革运动,当时并未得到绝大多数官方教育机关的承认。这一运动的思想,主要是依靠个别热心的数学教育家付诸实现,因而不能深入到广大学校中去。后来由于两次世界大战,又中断了这一改革工作。

这一历史时期,中国的社会、学校也发生了极大的变化。明朝期间,西方文化随着宗教的传播而输入中国。徐光启与意大利传教士利玛窦合译了《几何原本》前六卷,成为中国引进的第一本外国数学教材。

自 1840 年鸦片战争以后,西方文化大量输入中国。清朝数学家李善兰与英国传教士伟力亚烈合译《原本》后九卷,1866 年在北京设立算学馆,并以此为几何教科书。

在戊戌变法、洋务运动与辛亥革命期间,提出了废科举办学堂的口号,先后办起了学堂并引进了大量外国教材,其中主要的数学教材有:《笔算术学》、《代数备旨》、《形学备旨》、《八线备旨》、《代形合参》等。

民国时期,中国的数学教育模式基本上与西方国家类似,教材以自编课本为主、翻译课本为辅。20 年代,混合算学开始流行,但 30 年代以后,又恢复了分科数学。

1.3.3 现代数学课程(20世纪50年代以后)

从20世纪50年代开始,已经中断了的数学教育改革运动重又兴起,并以前所未有的速度向前发展。

首先,是由于布尔巴基学派对数学结构深入研究的影响。布尔巴基派的研究指出,数学是一门统一的科学,数学中不同的彼此独立地发展起来的分支,都是这个统一体的有机组成部分。他们以集合的概念和公理方法作为分类的基础,按照数学结构的原理对整个数学进行分类,发现组成各门现代数学的基础是数学的三大基本结构:代数结构、顺序结构和拓扑结构。受此影响,现代数学教育提出了加强中小学数学课程与数学科学之间的联系问题——中小学数学课程现代化:设想引进现代数学的某些分支的基础知识,删去"古典数学"的某些章节。

其次,是由于现代教育心理学的最新研究成果的影响。皮亚杰派在发展数学思维的心理学方面从事研究,发现数学思维的结构与数学科学的结构十分类似。实验表明,当儿童学习数学时,他认识数学是从一种思维结构过渡到另一种思维结构。自然产生如下想法:数学教育的任务是使学生形成这些思维结构,并借助这些结构去认识数学结构,也就是认识数学本身。

此外,各国教育家和心理学家的研究表明,小学低年级掌握数学抽象的可能性,在传统教育中没有充分地加以利用。这就为下述做法提供了依据:将大纲规定的学习内容按学年往前移,在低年级数学课程中以明显的形式引入某些最重要的数学概念。

最后,由于战后各国急需大批技术专门人才恢复和发展本国的经济,学生人数大增,升学和就业都要求更多的现代数学知识,这也是促进数学教育改革运动兴起的因素之一。

这场改革有两个基本方向。一个方向称"新数运动",是彻底改革数学课程内容体系,主张以现代数学的思想为基础重新建立数学课程结构。在数学内容方面增加集合、逻辑、群、环、域、矩阵、向量、概率统计、计算机科学等现代数学内容;运用集合、运算、关系和映射等把数学课程统一为一个整体;采用演绎法,强调公理方法,培养学生的抽象思维,使学生具有批判力,合逻辑的而又有创造性的头脑,严密的逻辑推理能力;废弃欧氏几何,将平面几何与立体几何合并,用变换或线性代数来处理,使几何代数化;忽视传统的计算,只强调运算的意义和方法。在教学方法上主张让学生在学习数学的过程中充分发挥个人的作用,提倡"发现法"。

另一个基本方向是逐渐更新中小学数学课程。办法是引入现代数学某些部分的基础知识,删去古典数学中失去意义的某些问题,加强各数学科目之间的联系和数学同实际生活的联系,而且对教法也作一定的改革。

70 年代以后,各国对改革进行了认真的反思与调整。数学教育现代化的大方向是对的,但前一个基本方向的具体做法走过了头,应该以稳妥的步伐前进,因此,提出"回到基础"的口号。多数国家在保留映射、概率统计、向量、矩阵、微积分、计算机的使用等初步知识的同时,对集合、数理逻辑、数学结构、公理化等严谨的抽象理论和符号不像过去那样过分强调,而是注重在数学中渗透这些思想。对于受改革冲击最大的几何,采取让直观几何、变换几何和经过精简的欧氏几何并存的折衷措施。教材的编排不再强求成统一体,但注意加强各科内容之间的联系。

80 年代,数学教育界又提出"大众数学"、"解决问题"和"服务性学科"三个口号。"大众数学"的提法是 1984 年在第五届国际数学教育大会上正式形成的;"解决问题"首先由美国全国数学教师联合会于 1980 年提出;"服务性学科"则是 1986 年第一次国际数学教育特别会议上的主题。这三个口号都深刻地影响着数学教育的目的、内容和方法。虽然对它们的理解至今还不尽一致,但是,20 世纪末至 21 世纪初,它们已成为数学教育改革的趋势。

新中国的数学教育,在这个时期也经历了多次改革。第一次是建国初期全面学习原苏联,重视"双基",同时注意思想品德教育,但与 50 年代以前比,教学内容的深度和广度有所降低。第二次是 1958 年的教育大革命,片面强调高、精、尖,强调为生产实际服务,对传统教材作了不恰当的评价与否定,结果反而破坏了正常的教学秩序,降低了教学水平。第三次是 1961 年开始实行"调整、巩固、充实、提高"的方针,修订了中学数学教学大纲,重新编写出版了全套中学数学教材,教学质量有了稳步的提高。第四次是 1966 年开始的"文化大革命",在实用主义思想指导下,各省自编的教材大大削弱基础知识,致使教育质量大幅度下降。第五次是 1977 年后的拨乱反正时期,教育获得了新生和较快发展。1978

年,教育部颁布了新的数学教学大纲,增加了集合、对应、微积分与概率统计初步等内容,但由于要求过高,后又作了几次调整。1989 年颁布了《九年制义务教育全日制初级中学数学教学大纲》,1993 年开始全国普及义务教育,1996 年又公布了与义务教育衔接的《全日制普通高级中学数学教学大纲(供试验用)》。这些新的教学大纲规定的教学目的比以前更加全面,教学内容也有了新的面貌。第六次是 2001 年启动面向 21 世纪新一轮数学课程改革,于当年 7 月颁布了《全日制义务教育数学课程标准(实验稿)》,同时对 1996 年的普通高中数学教学大纲进行修订,并据此编出修订后的普通高中数学教材,作为与新一轮改革衔接的过渡性教材来使用。2003 年,国家教育部又颁布了《普通高中数学课程标准(实验)》。目前,以义务教育阶段数学课程标准为依据编出的多套试验教材,正在全国各地普遍试用,按普通高中数学课程标准编写的教材,也即将在部分地区试用。预计到 2010 年,全国将全面实施新一轮数学课程。

思考题

1. 中学数学课程目标是由哪些因素决定的?

2. 你对我国现行中学数学课程目标所包含的几个方面是怎样理解的?

3. 当前中学数学教学中落实数学课程目标的情况怎样? 请你作一次社会调查,并写出调查报告。

4. 影响中学数学课程内容的主要因素有哪些?

5. 中学数学课程内容的编排应遵循什么样的原则? 你认为我国现行教材在这方面做得如何?

6. 我国面向 21 世纪的中学数学课程改革主要体现在哪些方面? 你如何看待这场改革?

第二章 中学数学教学的心理学基础

中学数学教学要实现既定的教学目的,取得最优的教学效果,其教学过程必须符合学生学习数学的心理活动规律。全面讨论数学学习与教学的心理问题不是本课程的任务。在这一章里,我们只就学生获取数学知识,形成数学技能,解决数学问题,培养数学能力等基本问题作扼要的介绍,为以后几章具体阐述数学教学提供必要的心理学基础。

§2.1 数学知识的学习

数学知识的学习主要是指数学概念和数学定理的学习,下面先分析数学知识的有意义学习过程,再分别对概念和命题的学习作些心理分析。

2.1.1 数学知识的有意义学习过程

一、数学认知结构

认知是认知心理学理论中的一个中心概念,它是为了一定的目的在一定的心理结构中进行的信息加工过程。其心理活动包括感知、记忆、思维、想象、判断、推理、解决问题、形成概念以及语言使用等。对数学教学而言,认知也可以说是掌握数学知识与技能的过程,其中包括知识的学习、记忆与提取以及知识技能的运用,简言之,包括获取数学知识与运用数学知识的过程。

认知结构①是人们在认知过程中组织起来的经验的整体,人们接触

----

① 认知结构一词英文是"Schema"或"Schemata",有的书译成"认知图式"或音译成"斯基姆"。

到外界事物,获得对外界事物的经验,从而形成关于该事物的概念,单个概念或若干个概念以及有关的认知因素按一定关系联结起来的构想,即所谓认知结构。

数学认知结构就是人们头脑里的数学知识,按照自己的理解深度、广度,结合自己的认知特点,组合成的一个具有内部规律的整体结构。

数学认知结构是数学知识结构和学习者的心理结构相互作用的产物,是学习者大脑中已有数学知识、经验经自主建构而形成的。因此,认知结构不同于它所包含的知识结构,学习同一数学知识的不同学习者,所形成的数学认知结构可能不同。

数学认知结构既可以是学习者头脑里所有数学知识、经验的组织,也可以是特殊数学知识内容的组织。每一个数学概念都可形成一个认知结构,它又是构成更复杂认知结构的基本成分。由于数学知识的逻辑性、层次性,人们的数学认知结构同样有一个层次的阶梯,最高层次是由所有数学知识经验有机结合而成的认知结构,不同层次的内容逐渐分化成不同层次的数学认知结构,如代数认知结构、有理数认知结构等。

良好的数学认知结构在教学上有两个显著的功能。首先,它能使已学的知识得到完整的组织,一旦完整的认知结构形成了,学习者获得的将不是支离破碎的知识系统。例如,学生学习有理数的概念,四则运算及有关知识,其中各项目之间的内在联系稳固地建立起来,使得有理数的大厦得以形成,学生有了这样一个完整的认知结构,在考虑关于有理数方面的问题时,它就能提供他们所需的一切。其次,它是继续学习新的数学知识、创造性地解决数学问题的基础和有力工具。例如,学习解整式方程必须以多项式的因式分解的认知结构为工具,没有它,对于解一元二次方程中广泛用到的十字相乘法就用不上,也不可能建立这种方程的求根公式。

人类的认知过程力求认知与现实的平衡,为了求得平衡,人们在认知过程中将经验转换成适合新情况所需的认知结构时必须作出适应。数学认知结构正是按照适应的需要来发展的。适应有两个途径:顺应(也称调节或调整)与同化。顺应是改变自己原有的认知结构以适应新的情况,同化则是融合新的情况于现存的认知结构之中。在适应的过程中,如果同化起主要作用,则过程容易完成。例如,把菱形同化到平行四边形,把直角三角形两锐角之和为 90° 同化到三角形内角和定理。如果是顺应起主导作用,则事情要困难得多。原因在于:第一,如果面临的新情况是学习者凭他们的生活经验易于理解的,他们情愿保留现有的认知结构而抗拒作出改变来适应新情况;第二,要建立一个新的认知结构并使原来的认知结构为其一个部分,需要作出很大努力,而且往往要克服一系列困难,才能完成。例如,当学生进入学习正负有理数时,他们认为"浪费 100 元"很好理解,不需把它说成"节约 – 100 元",因此觉得负数是没有必要的,特别是他们不理解为什么两个负数之积是正数,甚至到了高年级还怀疑在数学上是否需要和可能予以证明。

二、获得意义时新旧知识的相互作用

对于个体来说,数学知识的有意义学习,就是数学知识获得意义并保存下来的过程。在新知识的学习中,认知结构中原有的适当观念起重要作用,它与新知识相互作用;结果,将新知识固定到认知结构的适当部位,导致有潜在意义的新观念转化为实际的心理意义,同时原有的认知结构也发生变化。根据新知识与起固定作用的观念间的关系,可把有意义学习分为三种基本类型:归属学习(或称下位学习),总括学习(或称上位学习)与并列结合学习。

1. 归属学习。当起固定作用的观念与新知识之间是下位关系,即起固定作用的观念在包摄和概括水平上高于新学习的知识时,这种学习称为归属学习。归属学习又可分为两种不同的归属过程。当新知识作为已获得的概念的特例或作为已获得的命题的证据或例证而加以理解时,便产生了派生归属学习;当新知识类属于起固定作用的观念,使原有观念得到扩展、精确和限制而获得意义时,便产生了相关归属学习。在归属学习中,新的内容是直接从原有认知结构中处于概括水平较高的原有知识中分化出来的,所以适应过程以同化为主,这种学习比较容易。例如,先学习了一般三角形概念(原有观念),再学习等腰三角形、等边三角形、直角三角形等概念(新的内容),就是一种派生归属学习。学习了正整数指数幂概念(原有观念),再学习有理数指数幂(新的内容),就是一种相关归属学习。

2. 总括学习。当起固定作用的观念与新学习的知识是上位关系,即要在几个原有观念的基础上学习一个包摄和概括程度更高的概念或命题时,便产生总括学习。在总括学习中,新知识需由原有观念经过进一步的抽象和概括,综合出来,适应的过程以顺应为主,所以这种学习比归属学习困难些。例如,先学习了圆、椭圆、双曲线、抛物线的性质(原有观念),再学习一般二次曲线的性质(新的内容),就是一种总括学习。

3. 并列结合学习。起固定作用的观念与新学习的知识是并列关系,它们在有意义学习中可能产生联合意义时,便产生并列结合学习。并列结合学习的关键在于寻找新知识与原有认知结构中的有关观念的潜在联系(相拟性),使得它们能在一定意义下进行类比。因为新旧知识之间的联系并不是直接的,因而适应过程中有一定的顺应,相对而言学习比较困难。例如,在已有分数运算的基础(原有观念)上学习分式运算(新的内容),就是一种并列结合学习。

三、知识的保持和组织中新旧知识的相互作用

新的意义获得以后,新旧观念的相互作用并未停止,新意义的保持与遗忘则是同一相互作用过程的继续。奥苏伯尔的同化论假定,新的意义在保持初期,新旧观念间存在着可分离性,这种可分离性使新意义可以使用。在知识的组织过程中,原有较巩固的观念倾向于替代或者擦去新的不稳定的意义的痕迹(这一过程称为遗忘性同化)。新观念同起固定作用的观念建立实质性的与非人为的联系,既有利于保持便于检索的一面,又有被原有较稳固的观念替代或擦去痕迹的一面,因而能产生有意义的遗忘。

在归属学习与并列结合学习中,通过学习,新观念联系并同化于认知结构中的较巩固的原有观念。新旧知识相互作用的结果使原有观念更加巩固清晰,在新观念意义获得与保持初期,新旧观念的可分离程度较高,经过一定时期,这种可分离性逐渐丧失,最后新观念还原为发生变化了的旧观念。例如,学生知道对数的计算公式 $\log_a(M \cdot N) = \log_a M + \log_a N$ 后,要求计算 $\lg 6 = \lg(2 \times 3)$。通过学习,原有公式更加清晰,在刚学习之后,$\lg 6$ 的结果可直接用于其他学习情境,过了一段时间后,学生便只记住了该公式而忘掉这一具体例子。

在总括学习中,起固定作用的观念是概括水平较低的观念,而新观念的概括水平较高,但初期不稳定,新观念会向旧观念还原。以后当新观念进一步分化并巩固,还原方向开始逆转,旧观念向概括水平较高且变得较为巩固的新观念还原。例如,学生在学习了棱柱、棱锥、棱台的体积计算公式的基础上,概括出拟柱体体积的计算公式,在初学之后,新旧计算公式能清晰区分,拟柱体的计算公式能回忆和被利用。但经过若干

时间,若没有进一步学习,则拟柱体的计算公式可能被遗忘。以后通过进一步学习,当棱柱、棱锥、棱台等体积的计算公式又类属于拟柱体的计算公式时,这一新公式便进一步分化且巩固,经过若干时间以后,某些特殊形体的计算公式可能产生遗忘。

2.1.2　获得数学概念的心理分析

从新旧知识相互作用的过程来说,获得概念就是新概念的内容同原有认知结构相互作用,形成新的认知结构的过程。根据新概念与原有认知结构中的相关知识的作用方式的不同,获得数学概念可分为归属学习、总括学习、并列结合学习三种类型,这正如前所述。这里我们从心理活动过程方面作些分析。

获得数学概念,或称掌握数学概念,实质上就是掌握一类事物的共同本质属性,使符号代表一类事物而不是代表特殊事物。具体地说来,就是能够辨别概念的本质属性和非本质属性,能够概括表示为定义,能够举出概念的正反例子,并能由抽象回到具体,运用概念解决有关问题。

例如"三角形的高"这一概念,如果学生:①明白了三角形一边上的高就是从不在该边上的一个顶点向其作垂线,所得的垂线段就是该边上的高;②明白了高既可在三角形内又可在三角形外,只要是从一个顶点向对边所作的线段是垂直于对边的即可;③能说出三角形高的定义;④能在图 2－1 中指出哪些线段是高,哪些不是高;⑤能把高的概念应用于解决其他问题中去,这说明学生已经获得了"三角形的高"这一概念。

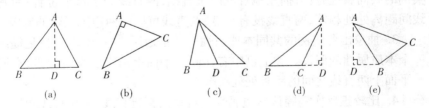

(a)　　　　(b)　　　　(c)　　　　(d)　　　　(e)

图 2－1

学生获得概念有两种基本的方式:概念形成与概念同化。奥苏伯尔详细分析了这两种形式所包含的不同心理过程。我们结合数学概念的特点来分析学生用这两种方式获得数学概念的不同心理过程。

一、概念形成

学生从大量具体例子出发,从他们实际经验的肯定例证中,以归纳的方式概括出一类事物的共同的本质属性,从而获得概念的方式就是概念形成。以概念形成的方式获得数学概念的心理活动过程大致可分为如下几个阶段(图2-2):

①观察……概念实例

②分析……共同属性

③抽象……本质属性

④比较……实例确认

⑤概括……概念定义

⑥形式化…符号表示

⑦具体化…概念应用

图2-2 概念形成的心理过程

1. 观察概念的不同正面实例。教学中这些实例大多是由教师提供的,是学生自己生活经验中所感知过的事物。例如要形成平行线这一概念,可举出一段铁路上两条笔直的铁轨,黑板的上下边缘,直走的拖拉机两后轮留下的痕迹等实例,给学生以平行线的形象。还可以在黑板上画出平面上一对平行直线可能出现的各种位置关系,带领学生一起观察图形。

2. 分析各实例的属性,并综合出各实例的共同属性。比如上例中各实例的共同属性有:可抽象地看成两条直线;两直线处于水平位置;两直线间距离处处相等;两直线没有交点;两直线可以向两边无限延伸等等。

3. 抽象出各实例的共同本质属性。严格地说,这一阶段还只是提出一个本质属性的假设。如上例中有在同一平面上两直线没有交点,在同一平面上两直线之间的距离处处相等。

4. 比较正反实例确认本质属性。可举出平行直线、相交直线和异面直线的例子确认并强化本质属性,排除非本质属性。

5. 概括出概念的定义。把本质属性从具体的实例中抽象出来,推广到一切同类事物并给出概念的名称,概括出概念的定义。这时还需要进一步区分各种本质属性的从属关系,找出关键的本质属性作为概念的定义。上例中可以选取"同一平面内两直线不相交"作为平行线概念的定义。

6. 用习惯的形式符号表示概念,如平行线用符号"∥"表示。

7. 具体运用概念。通过举出概念的实例或在一类已知事物中辨认出概念的实例或运用概念解答数学题等各种方式实际运用概念,使学生完成由抽象到具体的认知活动,自觉地把所学的概念及时纳入到相应的概念体系中去,使有关概念融会贯通形成整体结构。

概念形成是以学生的直接经验为基础,在教师指导下自行发现数学概念的本质属性的一种有意义学习。它对学生的心理水平要求不高,但比较费时。因此,这种方式较适合抽象层次较低,处于概念体系的基础、核心位置的少数重要概念的学习。

在概念形成的学习过程中,起主要作用的智力活动方式是观察、分析综合、抽象概括、比较、形式化和具体化。其中观察、分析综合是基础,抽象概括是关键。学生能否在观察分析的基础上抽象出概念的本质属性并概括出概念的定义,是这种学习方式成败的关键,也是区分学生的学习是否为有意义学习的关键点。部分学生由于没有成功地进行抽象概括,或因抽象概括能力不强而不能进行抽象概括,只好死记定义成为机械学习者。

为了提高学习的质量,教师应注意选择那些刺激强度大,具有典型性、新颖性的实例,引导学生进行深入细致的观察,进行科学的抽象和概括,避免非本质的属性得到强化,还应及时引导学生对新旧概念进行精确区分、分化,以形成良好的认知结构。

二、概念同化

利用学生认知结构中原有的概念和知识经验,以定义的方式直接向学生揭示概念的本质属性,从而使学生获得概念的方式叫概念同化。以概念同化方式获得数学概念的心理活动过程大致可分为如下几个阶段(图2-3):

①观察······ 概念定义

②分类······ 突出本质

③系统化··· 新旧概念联系

④比较······ 实例确认

⑤具体化··· 概念应用

图2-3 概念同化的心理活动过程

1. 观察概念的定义、名称和符号，揭示概念的本质属性。例如学习"一元二次方程"这个概念，首先观察它的定义——未知数的最高次数为 2 的一元整式方程叫一元二次方程。它的一般形式是 $ax^2 + bx + c = 0$ ($a \neq 0$)。其本质属性有：含有一个未知数，未知数的最高次数为二次，是整式方程。

2. 对概念进行特殊的分类。讨论各种特殊情况，进一步突出概念的本质属性。例如，可讨论一元二次方程的各种特例：

简化的一元二次方程：$x^2 + px + q = 0$。

不完全的一元二次方程：$cx^2 + c = 0$ ($a \neq 0$)，$ax^2 + bx = 0$ ($a \neq 0$)，$ax^2 = 0$ ($a \neq 0$)。

3. 把新旧概念系统化，把新概念同化到原认知结构中去。如上例，学生把一元二次方程同化到原有关于方程的认知结构之中，区分一元二次方程与方程、一元一次方程、分式方程、整式方程等概念，并形成一个关于方程概念的新系统。

4. 辨认、比较正反实例，确认新概念的本质属性，使新概念与原有有关概念精确分化。如让学生辨认 $x^2 - 5x + 6 = 0, 4a = 5, 3x^2 = 27, x^4 + 6x + 7 = 0, bx + c = 0, ax^2 + 7x = 9$ 等，并比较正反实例。

5. 具体应用概念。通过各种形式运用概念，使学生进一步加深对新获得的概念的理解，完成由抽象到具体的认识过程，使有关概念融会贯通形成整体结构。

概念同化是以学生的间接经验为基础，以数学语言为工具，直接接受和理解教师（或教材）所提供的概念的定义、名称和符号的一种有意义学习，它要求学生具备较为丰富的知识经验，并具有积极思维的能力和较高的心理活动水平，但比较省时，是学习一般数学概念的最主要的方式。

在概念同化的学习过程中，起主要作用的智力活动方式是观察、分类、系统化、比较、具体化，其中系统化是关键。学生能否在观察新概念的定义、名称和符号的基础上，明确新旧概念内在的关系并精确分化，建立起与原有相关概念的联系，融合到原有认知结构之中，形成一个新的知识系统，是学习成败的关键。这种学习必须以新概念对学习者构成潜在意义为前提，否则不能构成有意义学习。

在实际教学过程中，无论是在初中还是在高中，都不能单纯使用某一种方式来学习概念。只用概念形成方式来学习,显然时间上不允许;而仅用概念同化方式来学习,由于数学概念的高度抽象性和概括性特点,学生也难以把握形式化的数学概念背后的丰富材料,难以把握概念的本质属性。况且,概念形成中的智力活动是开发学生智力、提高学生数学素养的有效途径。因此,教学中应把两种获得概念的方式综合使用,扬长避短,互相补充,使教学效果达到最佳状态。

2.1.3　掌握数学定理的心理分析

为方便起见,我们可以人为地把掌握数学定理划分为两个阶段。首先是相应命题意义的获得,这一阶段的学习与概念的获得相似,只是复杂程度有明显增加。因此,有关获得概念的心理分析对获得命题意义也是大致适用的。其次是定理的证明,这一阶段的学习与下一节将要讨论的数学解题教学相似,数学解题包含解证明题,即定理证明这样一种特殊类型。因此,有关数学解题教学的心理分析对数学定理证明也是基本适用的。这里我们仅针对掌握数学定理的特殊性作一些分析。

一、获得命题意义的心理分析

获得命题意义其实质就是新命题的内容同原有认知结构相互作用,形成新的认知结构的过程,获得命题意义的过程同样可用新旧知识相互作用的有意义学习理论来解释。这里只对获得命题意义的心理活动过程作些分析。

奥苏伯尔根据学习进行的方式,把学习分为发现的与接受的学习。因此,有意义学习可区分为有意义的发现学习与有意义的接受学习。发现学习与接受学习的学习条件、心理活动过程和它们在认知功能中的作用均有不同,像概念形成属于发现学习而概念同化属于接受学习一样,对于数学命题同样可以发现也可以接受。

1. 命题发现。命题发现是学习者通过具体例子发现命题从而获得命题意义的一种学习方式。命题发现包括如下几方面的心理活动:首先是观察具体例子并辨别正、反例子的特征(实际教学时,往往是先明确学习任务,再进行观察)。其次是进行抽象概括,提出有关结论的假设。再次是进一步观察正、反实例,检验与修正假设,最后是发现结论,形成命题。例如学习二项式定理,学习任务是由学生自己找到把二项式$(a+b)^n$展开成标准多项式的方法。首先学习者通过观察$n=2、3、4$时的具体例子,分析多项式的项,包括项数、各项所含字母及字母指数、各项数字系数等的特征,找出其与具体指数 n 的初步关系。其次是由这种初步关系抽象概括出对于一般指数 n 的关系,提出关于项与指数 n 的关系的假设。再次是进一步观察如 $n=5$、6 时的情形,对假设加以检验、修正。最后猜想出 $(a+b)^n$ 的展开式及通项公式。紧接着下来的是完成对猜想的证明,使二项式定理获得心理意义。

2. 命题接受。命题接受是把命题的内容以定论的形式呈现给学习者,学习者结合实例接受新知识获得命题意义的一种学习方式。命题接受包括如下几方面的心理活动:首先是观察新命题,并在认知结构中找到同化新知识的原有有关观念。其次是分析新知识与原有起固定作用的观念的相同点,将新知识纳入到原有认知结构之中。再次是分析新旧知识的不同点,使新旧知识与原有观念之间有清晰的区别,发展原有认知结构。最后是结合观察实例(或证明)获得命题的完整意义。例如,学习平行线的判定定理,在教师讲述或教科书直接向学生呈现这一命题后,学生便在认知结构中找到平行线的定义,并分清判定定理与定义之间的相同点(都是揭示平行线概念的本质属性)和不同点(各自反映的侧重面不同),使原有关于平行线的认知结构获得发展。最后,结合教师或教科书提供的具体例子或证明过程,学生获得了这一命题的完整意义。为了使命题接受进行得顺利,学习者必须先掌握构成命题的有关概念。平行线判定定理中包括"平行线"与"三线八角"的有关概念。若学习者认知结构中已获得了有关概念,则能较容易同化这一新命题。若学习者认知结构中的有关概念模糊不清,甚至是错误的,或者根本不存在,则会带来机械记忆命题的危险,甚至无法使学习过程继续下去。

与概念学习一样,命题发现有利于培养学生发现性方面的能力,而命题接受则有利于学习者快速获取数学命题。在实际教学过程中,往往要把这两种学习方式搭配使用,充分发挥它们各自的作用,促进数学教育质量的全面提高。

对于命题(定理)的理解有一个逐步深入的过程。理解具有不同的层次,无论是命题接受还是命题发现,获得命题意义都只是初步的,随着命题的证明(成为定理)与定理的广泛应用,对命题的认识将会更加全面、准确、深刻。

由于命题意义的获得与概念的获得的相似性,获得命题意义的智力活动方式与影响其学习的主要因素都大致相同,这里不再重复。

二、数学定理证明的心理分析

前面已指出,数学定理证明可以归入数学问题解决,但由于定理证明在定理学习过程中处于核心的地位,我们还是先运用安德森(J. R. Anderson)提出的长时记忆的扩散激活理论对其作些心理分析。

从逻辑学的角度来看,对数学命题 A 的证明可以理解为找到一个满足下列条件的有限命题序列 $A_1, A_2, A_3, \cdots, A_n$。

1. $A_i (1 \leqslant i \leqslant n)$ 或是公理,或是定义,或是前面已证明过的定理,或是假设(命题 A 的条件),或是由前面的命题按照推理规则之一得到的结论。

2. A_n 是命题 A。由此不难理解,数学定理证明的心理过程就是把待证定理的条件与原有认知结构中的有关公理、定理、概念关联起来,通过对它们的重新组合,综合运用各种推理形式而使新定理的结论得以确立的过程。

从记忆网络激活的扩张模式来看,证明的机制就是学习者在论题的刺激下,记忆网络中某些知识被激活,并且不断地沿着接线向外扩展,依次激活相应的知识;学习者对被激活的知识进行选择、组织,经过推理又激活了新的知识并扩展开来;如此不断地继续下去,直到在定理的条件和结论之间出现了通道,建立了严密的推理关系为止。①

这里知识被激活是通过感知、识别、回想等心理过程来实现的,是指学习者在感知论题后,在论题的前提和结论的刺激下,经过识别、辨认其有关特征,回忆起已有认知结构中与之相关的知识。

在证明过程中,以下几个因素影响证明能否顺利完成:

(1)思路点的准确性。记忆网络中首先被激活的那些结点,叫做思路点。思路点是证明的开始,它决定着证明的方向。如果思路点正确,那么就能形成下一步该做什么的正确期望,在正确期望的指导下就有可能进一步搜寻到有用的信息,从而形成指导进一步行动的新的正确期望,如此继续,就有可能在前提与结论之间找到一条通道。反之,如果思路点不准确,那么就会形成不正确的期望,在不正确的期望指导下,搜寻到的信息很可能都是无用的,这样就难以在前提与结论之间形成通路。

---

① 参见毛鸿翔,季索月:《数学教学与学习心理学》,辽宁教育出版社,1988 年。

（2）扩展力。扩展力是指记忆网络中各结点之间的激活能力。扩展力反映在量和质两个方面。量的指标是指一个结点能够激活其他结点的个数。质的指标是指由一个结点激活其他结点的正确性、清晰性。如果扩展力愈强，那么被激活的知识就愈多、愈正确，就愈能满足信息的选择、组织和推理的需要。

（3）推理能力。证明是由一系列推理组成的，从心理学的角度看，推理的作用就是使记忆网络中的结点之间发生逻辑联系。推理能力强的学生，就能对处于意识状态之中的知识进行迅速的排列组合，推出新的结论，激活新的结点，并能不断地继续下去，直到定理的条件与结论之间出现通路。因此，推理能力是影响证明顺利与否的重要因素。

（4）证明的方法与思考的方法。证明方法与思考方法的作用在于使学生产生某种有效的期望，使他们据此去有计划地搜寻信息，激活思路点。例如，运用综合法思考证明途径，学习者就是从前提形成的期望出发激活思路点；采用分析法寻求证明途径，学习者就是从结论形成的期望出发去激活思路点；分解或扩充的思考方法，学习者可从新旧图形之间的联系出发去激活思路点。是否熟练地掌握各种证明方法和思考方法，也是影响学习者能否顺利进行证明的重要因素。

§2.2　数学技能和数学问题解决的学习

学生初步获得数学知识，即数学知识获得心理意义后，还须通过练习和解题来加深理解，使之巩固，使数学知识成为学生的有用的知识，与此同时形成相应的数学技能，发展相关的数学能力，提高数学素养。本节讨论与此紧密相关的两类问题：数学技能的形成过程与数学解题过程的教学心理。

2.2.1　数学技能的形成

一、技能的涵义

技能是通过练习而形成的顺利完成某种任务所必需的活动方式或心智活动方式。这里的"活动方式"是指一系列外部可直接观察到的操作的有序组合方式。"心智活动"则是指借助于内部语言在头脑中进行的认知活动,包括感知、记忆、想象和思维等,但以抽象思维为它的主要成分。技能是习得的,表现于迅速、精确、流畅和娴熟的身体运动之中。

　　数学技能是在数学学习过程中通过练习而形成的顺利完成数学任务的一种活动方式或心智活动方式。例如,根据运算法则进行运算,运用圆规、直尺、量角器、三角板等工具画图,使用计算器或计算机,按步骤进行推理、论证等,它们都可以按照一定的程序和方式一步步完成。这些活动方式都是数学技能,有了一定的数学技能,就能准确、协调、熟练地进行数学活动。例如,学习者掌握了解一元二次方程的技能后,解 $x^2 + 3x - 4 = 0$ 这样的方程,就根本用不着有意识的思考,就能准确迅速地进行了。

　　数学技能是一种复杂的技能,它含有较多的认知成分。因为数学技能所要完成的数学任务中认知因素的作用较大,所以完成这种数学任务不能单靠单纯的肢体动作,而需配以心理活动的指导。例如,解方程的技能就不是一种单纯用手书写的活动。这种手的书写活动包括活动的程序都需要大脑根据具体情况进行调节与控制。

　　数学技能与一定的数学知识相联系,表现为一定的数学知识的运用。例如多项式运算的技能与多项式的概念及其运算法则相联系,表现为多项式的概念及运算法则等知识的运用。证三角形全等的技能与三角形及其全等的知识相联系,表现为三角形全等的判定等有关知识的运用。

　　数学技能具有连贯系统性,表现为一系列局部技能的恰当组合。一项新技能的形成往往依赖于原有相关技能的发展水平。例如,复数的代数形式的运算技能以多项式的四则运算技能为基础,复数的这种运算技能表现为实部运算、虚部运算、对分母中复数的处理等一系列局部技能的恰当组合。

　　中学数学中有关的数学技能范围很广,可以说,凡是有学生参加、有数学活动的地方都有数学技能的体现。在中学数学中要求学生掌握的基本数学技能是能算(如数的计算、式的变形、解方程等)、会画(如运用作图工具作图、绘制图表等)、会推理(如逻辑论证中的简单推理、归纳、类比推理等)。

　　我们按技能本身的性质和特点将数学技能分为动作技能和心智技能两大类来加以讨论。

在完成一项任务中，所涉及的一系列实际动作，以合理的、完善的方式组织起来并顺利进行，就是动作技能。它表现为一系列可直接观察到的肢体动作，如运用工具绘画的技能、测量的技能、使用计算工具的技能等。

在认识特定事物、解决具体问题中，一系列心智活动以某种合理的、完善的方式进行，就是心智技能。它表现为一系列不可直接观察到的大脑活动，如数的计算技能，式的恒等变形的技能及推理、论证的技能，运用数学方法的技能等。

这两种数学技能既有区别又有联系，在数学活动中既有各自的功能，常常又必须联合发挥作用。例如，解方程 $7x + 5 = 4x - 14$，一方面头脑中需要按移项、合并同类项、用 x 的系数去除方程的两端的程序和步骤完成心智活动；另一方面需要用手按同样的程序和步骤在纸上完成实际动作。前者调节、控制后者，后者体现、反映前者，二者互相结合，共同完成解这个方程的任务。

二、形成数学技能的心理分析

新行为主义心理学的刺激——反应理论认为，形成技能的实质就是一系列的刺激与反应的联结的形成。例如，形成单项式加法的技能就是对于形如 $3xy^2 + 4xy^2$ 的刺激，学习者能迅速作出反应 $7xy^2$，形成刺激与反应的联结。技能(外部操作技能)的学习过程模式如下(图 2－4)：①

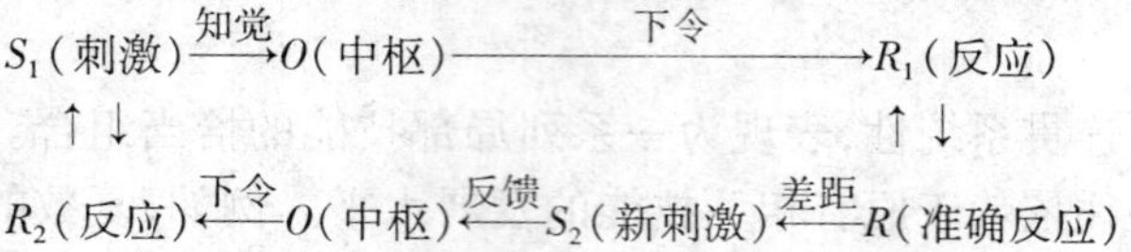

$$S_1(刺激)\xrightarrow{知觉}O(中枢)\xrightarrow{\quad 下令 \quad}R_1(反应)$$
$$\uparrow\downarrow \qquad\qquad\qquad\qquad\qquad \uparrow\downarrow$$
$$R_2(反应)\xleftarrow{下令}O(中枢)\xleftarrow{反馈}S_2(新刺激)\xleftarrow{差距}R(准确反应)$$

图 2－4

当刺激(S_1)被知觉后，信息传入神经中枢(O)，由中枢认知并下令作出动作反应(R_1)。这个反应与标准的反应(R)作出比较，若正确，则刺激与反应形成联结；若不正确，则找出差距。这个差距就变成新的刺激(S_2)，并反馈到中枢中去，经中枢校正，下令作出第二次反应(R_2)，再与标准反应(R)作出比较。这样经过一定的反复操作练习，直到接受刺激后能作出正确反应(R)，形成了刺激反应间的连接，即形成了技能。

1. 数学动作技能的形成过程

---

① 参见曹才翰，蔡金法：《数学教育学概论》，江苏教育出版社，1989 年。

数学动作技能的形成过程一般可分为如下四个阶段：

(1)认知阶段。即教师讲解示范,学生认真倾听和观察,然后记忆、想象的阶段。学习重点是注意应予反应的线索。这一阶段的学习也称为知觉学习,认知的内容包括知识和动作两方面。学生要了解与某种数学技能有关的知识、性能与功用,了解动作的难度、要领、注意事项及动作过程。例如,要形成解整式方程的技能,在认知阶段就是通过感知教师(或课本)的讲解示范,了解整式方程、移项、合并同类项、分解因式等概念以及相应的操作,了解解整式方程的步骤等。

(2)分解阶段。指教师把数学技能所包含的整套动作分解成若干个局部动作,让学生逐个学习。学习重点是使适当的刺激与反应形成联结。以上述解整式方程的技能为例,整套动作可分解为移项、合并同类项、分解因式、求解等四个局部动作,学生在这一阶段就是逐个学习(或复习),掌握这些动作,形成相应的刺激与反应的联结。

(3)动作定位阶段。在掌握分解动作的基础上,将整套动作的顺序通过多次练习和局部动作的协调使之固定下来。学习的重点是建立动作连锁。例如,学生分别掌握了解整式方程的四个局部动作后,通过练习协调这些动作,组成一个有顺序的整体。

(4)自动化阶段。使全套动作达到自动化的程度,根本用不着考虑每一个局部动作及其组合,无需特殊的注意和纠正,而是全套动作融为一体自动地完成了。学习重点是熟练性训练。例如,学生在解整式方程时,根本用不着有意识地考虑这一动作是移项还是合并同类项,而是自觉地知道怎样做,整套动作融为一体相当熟练,这时就称已掌握了解整式方程的技能。

动作技能的形成,是一系列局部的实际动作的掌握(或回顾)并将它们连接成完整的外部动作系统,使各动作之间的互相干扰现象逐渐减少直至消失的过程。它表现为动作速度的提高和准确性、协调性、稳定性、灵活性的加强,表现为视觉控制的减弱和动作控制的增强,表现为基本动作的自动化和动作紧张的消失。

2. 数学心智技能的形成过程

数学心智技能的形成过程也大致分为下述四个阶段：

(1)认知阶段。让学生了解并记住与技能有关的知识及事项,形成表象,了解活动过程和活动结果。在这一阶段实际上是知识学习,为形成技能奠定知识基础,并为形成外部技能的活动及其结果定向。例如,要形成用待定系数法分解因式的技能,必须先了解多项式因式分解的涵义、多项式恒等定理,以及了解用待定系数法分解因式的步骤等知识。

(2)示范、模仿阶段。学生在教师的示范下,领会与理解某项数学心智活动,并根据教师的示范模仿着进行该项数学活动。以上述用待定系数法分解因式为例,教师通过具体例子"用待定系数法分解因式 $x^2 + xy - 2y^2 + 2x + 7y - 3$"作示范,这是一个关于 x、y 的二次式,它可以分解成两个关于 x、y 的一次式的积,但一次式的系数是多少呢? 可用待定系数法来确定。教师一边用言语指导,一边在黑板上书写:

$$
\begin{aligned}
设\ x^2 + xy - 2y^2 + 2x + 7y - 3 &= (x + ky + l)(x + py + q) \\
&= x^2 + (k + p)xy + kpy^2 + (l + q)x + \\
&\quad (lp + kq)y + lq
\end{aligned}
$$

比较对应项的系数,即可得出

$$
\begin{cases}
k + p = 1 \\
kp = -2 \\
l + q = 2 \\
lp + kq = 7 \\
lq = -3
\end{cases}
$$

从而可求出待定系数的值,得到分解后的因式。

经过这样的示范,使学生明白用这一方法分解因式的活动过程,然后再模仿着这一数学活动做相应的练习。

(3)有意识的口述阶段。学生进行某项数学心智活动时自己进行言语表述,往往是边说边做,完成这项活动是处于有意识的言语指导下进行的。这一阶段的主要标志是学生不再依靠具体模式表象的依托就能应用待定系数法进行因式分解运算,并且由教师的言语指导转化成了学生自己的言语指导。学生在做课堂练习时明显地表现出这一阶段的特征。

(4)无意识的内部语言阶段。学生完成某项数学心智活动时,不再需要有意识的言语指导,而是刺激与反应几乎同时发生,即学生完成该项数学心智活动达到了熟练的程度。也就是说在后继的学习活动中,一旦遇到类似的数学活动,就能立即进行运算、运算过程的进行和运算法则的应用完全自动化了,这就标志着该项数学心智技能已经形成。

心智技能的形成是一系列心智活动的领会并将它们连接成内部心理活动系统,内部言语趋于概括化和简约化的过程。它表现为思维的敏捷性、灵活性的提高和思维的深度、广度、独创性等品质的改善,表现为心智活动和内部言语的熟练化,表现为主体意志的减少。

2.2.2 数学解题教学的心理分析

一、数学解题过程

要了解解题的心理过程并非容易,但对于数学教学这又是非常重要的。对于问题解决的复杂过程,许多研究者从不同角度,用不同方法进行了研究和探索,提出了各自不同的模式,企图将这一过程清晰地呈现出来。

1. 杜威的模式

美国心理学家杜威早在 1910 年就提出了解决问题过程的五步模式:感觉疑难、确定疑难(识别问题)、提出可能的答案(假设)、考虑各种结果(检验)、选择解答的方法(包括应用)。

2. 纽威尔和西蒙的模式

纽威尔和西蒙用计算机模拟模型研究人类解决问题的思维过程,提出了以信息处理系统说明问题解决的心理过程模式(图 2－5):

图 2－5 纽威尔、西蒙问题解决模式

(1)接纳者。感觉神经接受问题所产生的刺激,并将信息传递给处理者。

(2)处理者。处理者就是认知过程,它根据已有的学习经验所获得的解决问题的程式或策略对信息进行处理,需要所记忆的有关原理时则自动求助于记忆系统。

(3)记忆。在问题解决过程中,处理者从记忆系统中提取信息的活动是往返不停的活动。若现存记忆不敷所需或因遗忘而无法提取时,处理者或者停止解决问题,或者重新进行学习,以便继续解决问题。

(4)作用者。作用者将处理者提供的有效程式和策略付诸实施并求得问题的最终解答。

3. 奥苏伯尔和鲁宾逊的模式

奥苏伯尔和鲁宾逊以几何问题解决为原型,提出了一个解决问题的模式(图2-6)。这个模式不仅描述了解题的一般阶段,而且指出了原有认知结构中各成分在解决问题过程中的不同作用,为培养解决问题能力指明了方向。

这个模式表明,解决问题一般要经历下述四个阶段:

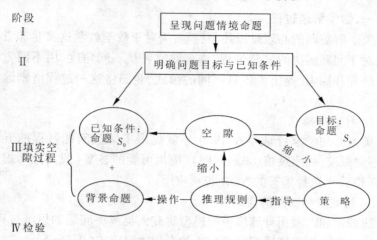

图2-6 奥苏伯尔、鲁宾逊解决问题模式

(1)呈现问题情境命题。

(2)明确问题的目标与已知条件。问题的情境命题,最初只是对问题的潜在意义的陈述,如果学生具有有关的背景知识(起固定作用的观念),就能使问题情境命题与认知结构联系起来,从而理解面临问题的性质与条件。

(3)填补空隙过程。这是解决问题过程的核心,学生看清了已知条件和目标之间的空隙或差距,并运用有关背景命题、推理规则和策略努力缩小填补问题的固有空隙。这里,有关背景命题是指学生认知结构中与当前问题的解答有关的事实、概念和原理。推理规则是指作出合理结论的逻辑规则。策略即解决问题的策略是指选择、组合、改变或者操作背景命题的一系列规则。策略的功能在于减小尝试与错误的任意性,节约解决问题所需的时间,提高解答的概率。

(4)解答之后的检验。问题一旦得到解决,通常便会出现一定形式的检验,查明推理时有无错误,空隙填补的途径是否最为简捷等等。

4. 波利亚的模式

著名数学家、数学教育家波利亚曾以数十年时间醉心于研究数学方法论和数学教学,在他著名的"怎样解题表"中提出了解决数学问题的四步骤模式:弄清问题、拟定计划、实现计划、回顾。

结合现代教学论与心理学的研究成果,较一致的观点是把解题过程分成四个阶段:理解问题、制定解题计划、完成解题计划、回顾。

二、数学解题过程的心理分析

学生在解数学题时,我们能看到题目和他们给出的解答结果。从解答中我们可以了解到学生在解题过程中应用的一些已有知识和方法,但我们不能从所给的解答完全了解实际的解题过程。当我们在观察解题过程时也可看到学生的一些行为反应以及情绪反应,有时还见到他们自言自语,可见从学生接受问题到提供解答结果之间,其心理活动和思维活动是相当复杂的。目前已有大量实验和理论研究探讨这些复杂的心理过程,且对解题行为已有一定的了解。这里我们仅对解题过程中的两个重要环节作些简要的心理分析。

1. 理解问题的过程

解题的第一步是理解问题。当解题者面对一个数学问题时,首先阅读它,通过感知题目的条件和目标,在头脑中形成有关问题初始状态的表象(问题表象),现代认知心理学家把这一过程称之为问题表征。表征是解题的一个中心环节,它说明问题与解题者认知结构中的哪些知识相联系,在头脑里如何呈现,如何表现出来。

一般说来,教师或课本提出的问题确定了一个任务领域,而解题者接受(感知)任务之后在头脑中形成的问题表象(问题空间)不一定与之一致,而这种不一致的效果是惊人的,它直接影响到问题的难度。例如,对于问题"把数 1,2,3……一直到 100 连加起来",不同的解题者接受的是同一任务,但在各自的大脑中这个任务可能已经不同了。有的人认为解题任务就是做连加法,而有的人头脑中的任务是求形如 $(1+100)+(2+99)+\cdots+(50+51)$ 的一些数的和。前者需要进行彼此不同的 99 次加法运算,因而解题需要的时间长且容易发生解题错误;而后者需要进行的是求 50 个相同加数(101)的和,运用乘法 101×50 很容易得出正确答案。由此可见,对于同一任务领域,解题者在脑中建立起来的内部表征以及表征的方式可能各不相同,而这种差别正是数学能力的差别的一种反映。因此,问题表征在解题过程中具有十分重要的作用。

任何一个数学问题,总是包含着有关问题的性质、涉及的范围、已知的元素和条件、要求的对象、指定的运算、初始状态、中间变化状态和最终状态等信息。零乱的信息收集不等于理解了问题,还必须在信息之间建立有机联系,形成一个有意义的整体,这便是信息的组织与加工。建立问题表征,就是观察问题特征,联想相关的已有知识将问题信息加以编码加工,以获得对问题的理解。这是解题中的一个重要过程,是解题者从问题陈述产生关于问题的内部表征不断变化的认知过程。通常对题意的理解有不同的水平,也不是一次完成的,一般要有一个逐步积累、逐步深入的过程,逐渐形成对问题的全面而深刻的认识。这往往贯穿在解题思维过程的始终,甚至在解题任务完成后还可能对题意产生新的理解。

对于算法式题(参见 9.1.1),建立正确的内部表征是最主要的智力活动。例如,已知 $y = \sqrt{3x-2} + \sqrt{2-3x}$,求 $x+y$。这里已知信息是给出的等式及根式的概念(这信息是隐含的),简单地应用这些信息还不能获得解题的方法,还必须对这些信息进行加工——把根式的性质和被开方数联系起来得到 $3x-2 \geqslant 0$ 且 $2-3x \geqslant 0$,即建立起正确的内部表征。问题的解答只需由不等式组解出 x,进而求出 y 和 $x+y$ 的值。这一过程是很容易完成的。

问题表征有各种各样的方式(布鲁纳的表征理论中提出了动作表征、图像表征和符号表征三种基本的表征模式),每一形式的表征依赖于个体不同的知识(包括经验),而且可引出不同的知识和策略,导致问题的不同解法。人们在解答复杂的数学题时,并不是只靠单一形式的表征,往往是选用几种或几种的组合形式来表述问题,直至最后解出。但对于某一特定的数学题,某一种方式的表征可能比其他种形式的表征更起作用。因为不同表征能唤起长时记忆中的不同事实和程序,结果会影响解题的成功的可能性。例如,历史上哥尼斯堡七桥问题,有类似的各种不同的表征方式,只有欧拉所形成的表征才是成功地解决问题的惟一表征。现在再看一个与中学数学有关的问题:

例 由相距 105 千米的两地 A 和 B 同时相向地驶出两个骑自行车的人,经过 1 小时 45 分钟后相遇,相遇后各人继续沿着自己原来的方向不停地前进。他们相遇后 3 分钟,以 40 千米/时的速度行驶的第一个骑自行车的人遇到了和他沿同一条路迎面驶来的第三个人。第三个骑自行车的人和第一个骑自行车的人相遇以后不停地继续沿着原来的方向行驶,并且在 C 点赶上第二个骑自行车的人。如果第一个骑自行的人的速度减少 20 千米/时,而第二个人的速度增加 2 千米/时,那么他们就在这 C 点相遇,问第三个骑自行的人以什么速度行驶?

图像表征

代数符号表征

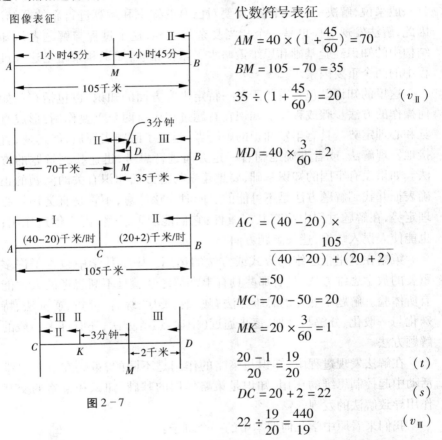

$$AM = 40 \times \left(1 + \frac{45}{60}\right) = 70$$

$$BM = 105 - 70 = 35$$

$$35 \div \left(1 + \frac{45}{60}\right) = 20 \qquad (v_{II})$$

$$MD = 40 \times \frac{3}{60} = 2$$

$$AC = (40 - 20) \times$$
$$\frac{105}{(40 - 20) + (20 + 2)}$$
$$= 50$$

$$MC = 70 - 50 = 20$$

$$MK = 20 \times \frac{3}{60} = 1$$

$$\frac{20 - 1}{20} = \frac{19}{20} \qquad (t)$$

$$DC = 20 + 2 = 22 \qquad (s)$$

$$22 \div \frac{19}{20} = \frac{440}{19} \qquad (v_{III})$$

图 2-7

这一简单问题有三种表征方式:非形式语言的、图像的和代数符号的(图 2-7)。虽然解题过程中所用知识和策略并不复杂,但信息关系不明显,单靠非形式语言表征,相应解法容易出错,因为这种解法对解题者工作记忆的负担很重,而人们的工作记忆的能力是相当有限的。因此不借助图像和符号表征,这道题很难解决。

2. 解法发现过程

对于开拓—探究式题(参见 9.1.1),尽管解题者能建立正确的表征,也有可能解决不了,这取决于解题者是否能找到一个合适的解题方法。在数学学习过程中,这些问题对于学生而言,都是合理的、可解的。也就是说,解题过程中所需用到的知识和运算都是在学生的长时记忆中可以找到的。即使这样,解题者也还要有相当多的搜索过程和发现过程,并且一般来说,解决一个数学题,需要对已有的知识和运算进行新的联结。因此,解法发现过程也是一个相当复杂的过程,这个过程与解题者认知结构中的知识经验基础和思维策略水平紧密相联,知识和策略是这一过程中的两个重要因素。

这里的知识既包含着关于某一特定内容方面的知识,也包括有关如何操作的方法步骤或程序。知识在解题过程中有两个重要作用:形成直觉和心理定势。具有丰富知识的解题者,建立了问题表征后,能迅速、直接地发现解法,或者准确地朝着一定方向进行思考,迅速找到解题的方法。如果没有牢固的知识基础,要想建立与这方面知识有关的问题的正确表征并找到解题方法是不可能的。同时应该注意,不管是直觉还是心理定势,在解题过程中都有其二重性:它们能启迪思路,富于创造作用;也能使人误入歧途,迷失解题方向。

策略在这里指思维的方式或方法的运用。中学数学中包含了许多重要的数学思维方法,只有那些具有丰富解题经验且不断思考的人才能有所体验。解题中熟知的思维方法有归纳、类比、综合、分析、逆推法、特殊化与一般化、分解与叠加、逐步逼近(中途点)等方法,还有许多一般的解题方法。

在解法发现过程中,知识与策略的作用是不同的,策略在解题思维活动中起控制思维的作用,知识是策略作用的基础,知识和策略的交互作用导致解法的发现。

我们来看原中学几何课本中的一个例子:

例 如图 2 - 8,$\angle AOB = 120°$,OC 是 $\angle AOB$ 的平分线,直线 PRQ 分别交 OA、OC、OB 于点 P、R、Q。求证:$\dfrac{1}{OP} + \dfrac{1}{OQ} = \dfrac{1}{OR}$。

证法一 由目标信息联想到相似三角形知识,由此联想到平行线。如图 2 - 8,作 $SR /\!/ OP$,得

$$\frac{OR}{OP} = \frac{SR}{OP} = \frac{SQ}{OQ} = \frac{OQ - OS}{OQ} = 1 - \frac{OS}{OQ}$$

$$= 1 - \frac{OR}{OQ}$$

由此即得求证的结论

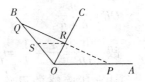

图 2 - 8

证法二 由图形特点试用翻折方法,可充分利用三角形内角平分线性质。

如图 2 - 9,以 OP 为轴,将 $\triangle POQ$ 翻折到 $\triangle POQ'$,得

$$\frac{OQ}{OR} = \frac{OQ'}{OR} = \frac{PQ'}{PR} = \frac{PQ}{PR} = \frac{PR + PQ}{PR}$$

$$= 1 + \frac{PQ}{PR} = 1 + \frac{OQ}{OP}$$

由此即得求证的结论。

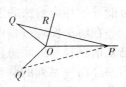

图 2 - 9

证法三 由平行四边形性质与和谐化原则相结合,如图 2 - 10 分别过点 P、Q 作 $RT /\!/ OP$,$QM /\!/ OP$,交 OR 的延长线于点 S,过点 P 作 OR 的平行线交 RT、QM 于 T、M,得

$$\frac{OR}{OQ} = \frac{PT}{PM} = \frac{PR}{PQ} \qquad \textcircled{1}$$

$$\frac{OR}{OP} = \frac{PT}{TR} = \frac{PM}{MQ} = \frac{QS}{QM} = \frac{QR}{QP} \qquad \textcircled{2}$$

$\textcircled{1} + \textcircled{2}$ 即得求证的结论。

证法四 用面积证题方法。

$$S_{\triangle OPR} + S_{\triangle OQR} = S_{\triangle OPQ}$$

$$\Rightarrow OP \cdot OR\sin 60° + OR \cdot OQ\sin 60° = OP \cdot OQ\sin 120°$$

$$\Rightarrow OR \cdot (OP + OQ) = OP \cdot OQ。$$

由此即得结论。

证法五 学过解析几何的学生用坐标法解,用到直线方程、两点间距离公式及线段定比分点公式等知识。如图 2 - 11。

令 $|OP| = a$,$|OQ| = b$,则有

$$P(a, 0), Q(\frac{b}{2}, \frac{\sqrt{3}}{2}b), R(\frac{ab}{2(a + b)}, \frac{\sqrt{3}ab}{2(a + b)}),$$

$$OR = \frac{ab}{a+b}$$

故 $\frac{1}{OR} = \frac{1}{a} + \frac{1}{b} = \frac{1}{OP} + \frac{1}{OQ}$

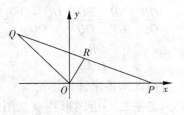

图 2-11

从上述简略的思路分析中可以看出,一定的策略与相应的知识相结合才可能导致相应解法的发现。

在解法发现过程中,有些问题一出现在我们眼前,就能通过问题的已知信息轻易地联想起相应的知识和解法程序。但另一些问题则不同,需要经历一系列的甚至艰苦的探索过程。探索的方式有试误式和顿悟式两种。所谓试误式是对由知识与策略的作用产生的解题途径进行尝试,纠正尝试中的错误,直至发现解题途径。这种方式在中学生中较为常见。在解法发现过程中,解题者一般是进行无定向的尝试,根据头脑中形成的假想进行检验,却不知道能否达到解答,或许一开头就错了,不得不变换思考方式和方向重新开始,放弃一些想法或吸收一些新的想法。在许多次无效尝试以后,思路走上正轨,发现了解题途径,试误成功。所谓顿悟式是经过长时间的激烈思考,由于受到某种情境的启发而突然出现灵感,一个仿佛偶然的思想在心里瞬时冒了出来,问题便不知起因地得到了解决。顿悟式解题要求问题的初始状态和目标状态与解题者的经验、认知结构有着非人为的、实质性的联系,这种联系建立得越牢固,顿悟越易产生,它是直觉思维能力在解题过程中的体现。

尝试错误与顿悟并不能绝对分开,在同一探索过程中,这两种方式常常交替进行,相互补充。波利亚的解题教学思想中,提出了一系列一般性的解题建议,正是为了减少试误,促使顿悟的产生,才形成系统的解题计划。

§2.3 数学能力

2.3.1 数学能力结构概述

能力是指人在实践活动中形成和发展起来的并在活动中体现的,直接影响活动的效率,使活动的任务得以顺利完成的个性心理特征。数学能力是指人在数学专业活动中表现出来并保证这种专业活动获得高效率的特殊能力。数学教育的目的之一就是要培养学生的数学能力。然而,关于数学能力应怎样理解、数学能力的组成及其内部结构等问题,国内外学者的看法还不完全一致。

一、关于数学能力的不同理解

对于数学能力,一种理解是专指从事创造性的数学科学研究的能力,或者说,专指数学家所具备的赖以发明创造新的数学理论的特殊能力。另一种理解是指包括学习数学的能力和创造性研究数学的能力。学习数学的能力水平层次较低,体现在学生学习数学的活动过程中,使学生能掌握已有的数学成果;研究数学的能力水平层次高,体现在数学家从事数学科学研究的创造性活动中,使他们不断发现或发明具有学术价值的新成果。

显然,第二种理解是合理的。问题是对数学能力两种水平的关系的理解有不同观点。

一种观点认为,两种水平的数学能力在性质上是不同的。例如,奥苏伯尔认为,尽管中小学生在其学习过程中也能表现出某种机动灵活性,不受固定程式的束缚,但这至多也只算作创造力的一种辅助能力而已,而与科学家的创造性活动具有质的区别。

另一种观点则认为,这两种水平的数学能力本质上相同,只是程度上的区别。例如布鲁姆认为,智力活动(当然也包括数学活动)到处都是一样的,无论在科学的前沿或是在三年级的课堂里都是一样的,其间的差别仅在于程度而不在于性质。数学家阿达码也持同样的观点,他认为,在试图解数学题的学生的活动和数学发现者的活动之间,仅仅只是程度上和水平上的差异——这两种活动在性质上是相似的。

还有一种观点,既不赞成把学习数学的能力同研究数学的能力截然分成两种不同形式的能力,也不同意将两者等同起来,而是把他们看作一个统一的整体。前者是发展后者的基础和条件,后者是前者的发展结果;前者是数学能力统一体的初级水平,后者是高级水平。克鲁捷茨基持这一观点。他在《中小学生数学能力心理学》一书中指出:"对数学的彻底的、独立的和创造性的学习,是发展创造性数学活动能力的先决条件——是对那些包含新的和社会意义的内容的问题,独立地列出公式并加以解答的先决条件。"

我们认为第三种观点更为合理,我们赞同这一观点。事实上,数学家在创造性地解决问题时,先也有一个学习和吸收前人成果的过程,缺乏学习数学的能力,就不可能有研究数学的能力。另一方面,学生学习数学时所面临的要解决的问题,虽说前人早已解决,但对于学生来说,却仍然是未曾认识过的新问题,他们独立地解决这些问题的心理活动过程也是一种创造性数学活动过程。当然,学习活动是在教学情景下进行的,不可能完全独立,因此,这种创造是较低水平的创造。我们讨论中学数学教学问题时,自然关心的是这种初级水平的数学能力。

二、关于数学能力的结构及其成分

对数学能力的结构及其成分,学术界有各种不同的提法。具有代表性的观点有如下几种:

瑞典心理学家魏德林运用因素分析数学能力的各种成分,在1958年出版的《数学能力》一书中指出:"数学能力是理解数学的问题、符号、方法和证明本质的能力;是学会它们并在记忆中保持和再现它们的能力;是把它们同其他问题、符号、方法和证明结合起来的能力;也是在解数学题时运用它们的能力。"魏德林的数学能力结构包括记忆、联想、概括、推理、迁移以及解决数学问题等成分,其中推理是数学能力结构中起决定作用的因素,即逻辑思维能力是数学能力的核心。

前苏联教育心理学家克鲁捷茨基系统地研究了数学能力的性质和结构,他在《中小学生数学能力心理学》一书(P96)中指出:"数学能力是一种结构复杂的心理形成物,它是各种心理特性的一种独特组合,是包括各个心理方面的一种整体的心理品值,它是在数学活动过程中发展起来的。这个组合是一个独特的与众不同的整体:仅仅为了进行分析,我们才分解出其个别成分,但绝不是把它们当作孤立的特性。这些成分密切联系、相互影响,并在它们的组合中形成一个单独的体系,其表现就是我们通常所称的数学才能的综合特征。"并进一步把数学能力的组成成分分解为九个方面,包括:(1)把数学材料形式化,把形式从内容中分离出来,从具体的数值关系和空间形式中抽象出它们,以及用形式的结构(即关系和联系的结构)来进行运算的能力。(2)概括数学材料,使自己摆脱无关的内容而找出最重要的东西,以及在外表不同的对象中发现共同点的能力。(3)用数字和其他符号来进行运算的能力。(4)进行"连贯而适当分段的逻辑推理"的能力。(5)缩短推理过程,用简缩的结构来进行思维的能力。(6)逆转心理过程(从顺向的思维系列转到逆向的思维系列)的能力。(7)思维的灵活性,即从一种心理运算转到另一种心理运算的能力;从陈规俗套的约束中解脱出来。(8)数学记忆力:指一种对于概括、形式化结构和逻辑模式的记忆力。(9)形成空间概念的能力。克鲁捷茨基的观点体现了数学能力有利于其他学科能力的特征,排除了不属于数学思维特有的,但在数学学习和研究中需要的更一般的能力种类,如抽象思维能力等,在数学教育中有较深远的影响。

我国学者林崇德从思维角度分析数学能力结构,在1992年出版的《中学生能力发展与培养》一书中提出:"数学能力是以概括为基础,将运算能力、空间想象能力、逻辑思维能力与思维的深刻性、灵活性、独创性、批判性、敏捷性所组成的开放性动态系统的结构。"认为数学能力结构应包括传统的三种数学能力以及五种思维品质形成的15个交叉点及上百种表现形式。

我国数学教育界对数学能力的结构及其成分也有一些提法,普遍认为数学思维能力是数学能力的核心。我国普通高中数学课程标准中强调注重提高学生的数学思维能力,把提高空间想象、抽象概括、推理论证、运算求解、数据处理等基本能力作为数学课程的具体目标。我们认为对中学生来说,数学能力主要指数学注意能力、数学观察能力、数学记忆能力、空间想象能力、抽象概括能力、推理论证能力、运算求解能力、数据处理能力及创造思维能力。

2.3.2　数学能力分述

一、数学注意能力

注意是指人的心理活动指向和集中于一定的事物这样一种心理特征。从生理机制来说,注意是人对客观事物的一种定向反应,它保证机体能够清晰地感受周围的刺激物,作出适当的反应。注意的品质表现在注意的稳定性、注意的范围、注意的分配和注意的转移等方面。

数学注意能力指在数学活动中,对数学对象、思维过程和情感体验的注意能力,它是顺利地进行数学学习的必要前提,是提高数学学习效率的重要保证。由于数学内容缺乏情感因素,也没有实验的新奇之处,只有严谨的逻辑因素,因而学习时不太容易引起注意。但由于数学学习的难度高,抽象性强,理论性强,因而学习时更需要较强的注意力。学生不理解教材,记不牢,在完成作业有错误时,常常是由于不注意或不够注意而引起的。例如一个较复杂的多项式综合运算题,如果学生注意的稳定性差,不能较长时间集中注意,常常会错误百出。即使学生的注意稳定,但如果注意的范围狭窄,注意的分配较差,不能同时兼顾系数、指数、符号等多个方面,那么,在计算过程中也常常会出现顾此失彼的现象。此外,由于计算过程有多个步骤,每一步要解决的问题不同,这就要求注意在不同的瞬间有不同的重点,即善于将注意从一个目标迅速地转向另一个目标,同时还须注意自身内部的思维过程,并及时进行调控。由此可见,运算过程既要求数学注意有良好素质,同时也有利于培养和提高这种素质。

具有较强数学注意力的学生,表现在内部注意上有良好的自我评价意识,在外部注意上不但善于用分析的态度对某个对象的局部或个别属性加以注意,而且善于用综合的态度对对象的整体或全部特征属性加以注意。教师在数学教学过程中应该经常地、有意识地培养学生的数学注意力,这是使学生学好数学基础知识和基本技能的必要条件。

二、数学观察能力

观察是指人对周围的事物或现象,在其自然的条件下,按照事物或现象的本来面目,研究和确定它们的性质和关系的一种心理现象。观察是一种有目的、有计划、有步骤、有组织的知觉,它不单纯是事物在人的意识中的直接反映过程,还包括分析、比较、抽象、概括等积极的思维活动。

数学观察能力指对用符号、字母、数字所表示的或文字所表示的数学关系式、命题、问题及对图表、图象(包括教具)、几何图形的结构特点的观察能力,即对概括化、形式化的空间结构和逻辑模式的识别能力。例如要从一个复杂图形中找出某一特殊图形(一个等腰三角形或一个直角三角形,一对全等三角形或相似三角形,一个给出中位线的梯形,等等);要从一个代数式或一个方程组中发现有关的系数、指数之间有什么特定的关系;要从一个推理过程或从某些数学内容之间发现一定的逻辑关系等等,都表现出数学观察能力的作用。由于数学的抽象性和形式化特征,数学观察呈现出对观察者已有知识经验和理解能力的依赖性。缺乏相关的知识经验基础和理解能力,观察者会看不懂、或者出现视而不见的现象。另外,数学观察还表现出观察者对教师的依赖性,当学生看不懂时,需要听教师的讲解或对观察的引导,消除"没注意到"现象。例如,解方程 $\sqrt{x^2+2x-3}+\sqrt{x+3}-2\sqrt{x-1}=2$。基础差的学生看到三个根号而一筹莫展,而基础好特别是理解力强的学生则能观察到三个被开方式之间的关系而顺利采用分解因式的办法 $((\sqrt{x+3}-2)(\sqrt{x-1}+1)=0)$ 求得方程的解。如果在学生进行观察发生困难时,教师适当引导,把学生的注意力引导到对三个被开方式的特点进行观察,则学生能较顺利地找到解决问题的方法。又如,已知 a_1,a_2,a_3,a_4 为非零实数,且满足条件 $(a_1^2+a_2^2)\cdot a_4^2-2a_2a_4(a_1+a_3)+a_2^2+a_3^2=0$,求证 a_1,a_2,a_3 成等比数列。若不注意对题设进行观察,将其展开,则使计算复杂化,但若注意到为非负实数,就可以把等式看成以 a_4 为未知数的方程,且 $\Delta>0$,由此很快得到结论。

三、数学记忆能力

记忆就是人们先前经历过的事物在头脑中的印迹的保持和再现。记忆包括识记、保持、再认或再现三个环节。记忆可按形式分为无意识记和有意识记。也可按材料的性质及对材料的理解程度分为机械识记和意义识记。

数学记忆能力是指对数学材料的记忆能力,数学记忆包括:①对数学材料的背景事实及本质属性的记忆。②对数学概念、命题的结构形式的记忆。③对概念之间、命题之间关系的记忆。④对数学问题类型以及解题模式的记忆等方面。由于数学材料的抽象性,使得感知上升到表象有一个艰难的过程,并容易造成表象与数学材料的本质属性之间的较大差别,因此,记住了数学材料还不能说掌握了数学。但是,缺乏对数学材料的记忆,就难以在学习活动中对新知识进行概括和理解。没有一定的数学记忆能力,就不能将数学知识进行灵活运用。数学学习对数学记忆的基本要求是:准确、系统、深刻、灵活,数学记忆更需要的是理解记忆和有意识记。

四、空间想象能力

想象是在头脑中对已有表象经过结合和改造产生新表象的思维过程。它以感性材料为基础,并且具有形象性、概括性、超现实性特征。根据感性材料的不同,想象可分为图形想象和图式想象。

中学数学教学中的空间想象能力是指人们对事物的空间形式进行观察、分析和抽象思考的能力,它主要包括四个方面的要求:①熟悉基本的几何图形,能正确画图,能在头脑中分析基本图形的基本元素之间的度量关系及位置关系。②能借助图形来反映并思考客观事物的空间形状及位置关系。③能借助图形来反映并思考用语言或式子所表达的空间形状及位置关系。④熟练的识图能力,即从复杂的图形中能区分出基本图形,能分析其中的基本图形和基本元素之间的基本关系。空间想象能力和观察、概括、数学思维能力紧密联系,是学生学习数学、掌握数学和运用数学必须具备的能力。

五、抽象概括能力

抽象是把研究的事物从某种角度看待的本质属性抽取出来进行考察的思维方法。概括是把抽象出来的若干事物的共同属性归结出来进行考察的思维方法。抽象和概括是密不可分的。概括要以抽象为基础,是抽象的发展。它包含两种意义:一是指在思想上把具有相同本质特性的事物联合起来;二是指把研究对象的本质特性推广为范围更广的包含这个对象的同类事物的本质特性。

数学抽象概括能力是在数学活动中表现出来的抽象概括能力,即抽象概括出研究对象或问题的数量关系和空间形式的能力。数学中的每一个概念都是对一类事物的多个对象通过观察和分析,抽象出每个对象的各种属性,再通过归纳,概括出各个对象的共同属性而形成的。在解决数学问题方面,得出数学的模型、模式,总结出解题的规律和方法,都是通过分析、比较、抽象、归纳等思维环节,最后进行理论概括的结果。

例如,在同一直角坐标系中作出函数①$y=2^x$;②$y=10^x$;③$y=(\frac{1}{2})^x$;④$y=(\frac{3}{4})^x$的图象,讨论指数函数 $y=a^x(a>0,a\neq1)$ 的一般性质,就是一个抽象概括的过程。如果继续将底数分类讨论,则又可在不同范围内概括出各自的性质。抽象概括能力越强,所得结论就越深刻,越明确。

六、推理论证能力

推理是从一个或几个判断中得出一个判断的思维形式。论证是根据已确定其真实性的命题来确立某一命题的真实性的思维过程,是推理过程的显化。推理按其结论的可靠性可分为论证推理和似真推理两大类。论证推理主要使用完全归纳、演绎等思维形式,用于数学命题的论证。而似真推理主要使用不完全归纳、类比等思维形式,用于数学命题的发现。

数学推理论证能力是由已有的数学信息运用数学推理的方式作出判断的思维能力。即指通过观察、实验、归纳、类比等获得数学猜想，并进一步寻找证据，给出证明或举出反例；清晰、有条理地表达自己的思考过程，做到言之有理、落笔有据；在与他人交流的过程中，运用数学语言合乎逻辑地进行讨论与质疑等能力。其中，主要包括数学逻辑思维能力和直觉思维能力。数学是一门逻辑性、系统性强、论证严谨的学科，数学中的公式、法则、定理和规律，都必须通过逻辑推理、归纳和总结而获得。没有一定的逻辑思维能力，是无法学好数学的，而数学的发现、数学问题的理解，解决问题途径的探索以至于数学创造性思维能力的发展都离不开数学直觉思维能力。因此，推理论证能力正是数学能力的核心成分之一。

七、运算求解能力

运算求解能力指的是准确、迅速、合理地完成各种数学运算的能力。这里的运算包括数与式的各种代数运算，初等超越运算，集合与逻辑的运算，函数、向量的运算，微积分中的求极限、求导、求积运算，概率的运算等。而完成运算，具体表现为在运算律指导下对数、式或别的数学对象进行组合变形与分解变形。

运算求解能力是一种综合性能力，它与注意能力、观察能力、记忆能力、空间想象能力、推理论证能力等是相互渗透、互为支持的。事实上，在进行一项较复杂的运算求解时，如果学生注意力的某方面素质差，常可能导致错误；如果缺乏观察力，运算就带有盲目性，就不可能进行合理、迅速的运算；如果不熟记一些数据和常用公式，则无法进行正确、迅速的运算；如果不善于推理，就会使运算程序缺乏条理性，就无法保证运算的灵活性和正确性。例如解方程 $\sqrt{3}(3x-1)^2-x+\dfrac{1}{3}=0$，如果采用展开方程左式的方法求解，则解答过程是很繁的。而通过观察可以发现左式中含有因式 $x-\dfrac{1}{3}$，因而方程可变形为 $(x-\dfrac{1}{3})(9\sqrt{3}x-3\sqrt{3}-1)=0$，于是可立即求出解。显然这里的运算求解受到观察与推理能力的制约。

运算求解能力又是有层次的，它的发展总是从简单到复杂、从低级到高级、从具体到抽象。例如，由三角形到多边形再到曲边梯形的面积计算，计算方法由割补法到代数法再到三角函数法、行列式法最后发展为积分法。运算求解能力的这种发展性又促进了其他能力的发展。

八、数据处理能力

数据处理能力是指合理收集数据,关注数据,整理、描述、分析所获得的数据,提取有价值的信息,作出合理的决策的能力。收集数据包括抽样调查、试验、查阅资料、设计调查问卷等方法。整理、描述数据包括制作统计图表、列频数(率)分布表、画频数(率)分布直方图和频数(率)折线图、茎叶图等。分析数据包括计算数据的加权平均数、极差、方差、标准差、用样本估计总体并作出合理的解释等。作出决策指根据统计结果作出合理的判断、预测和解释,比较清晰地表达自己的观点,并进行交流等。

现代社会是信息化的社会,数字化时代,数据无处不在,数据处理能力已经成为一个未来公民的必备能力。

九、数学创造性思维能力

创造,一般是指发现新事物、揭示新规律、获得新成果、建立新理论、创造新方法、发明新技术、研制新产品、作出新成绩或解决新问题等。创造性思维就是创新过程中的思维活动,主要包括直觉、归纳、类比、辨析等思维方式。它的特点:一是以找到事物的本质或事物之间可能有的联系为目的,而不在于论证这种联系;二是发散性,即把人的认知结构向外扩展;三是所得的结果并不需要充足理由,因而从实质上看,它并不属于严格的形式逻辑的思维。

数学创造性思维能力就是独立地、创造性地掌握知识,在解决数学问题的过程中,创造出有一定价值的新思维成果的思维能力。对中学生而言,是指在学习过程中独立地发现相对于个体来说是新的知识,或解决自己未曾解决过的问题,或把所学知识应用到新的情境中去等。就其成果而言是非创造的,但就探索过程来说,却属于创造性的。

§2.4　数学能力的培养

学生数学能力的形成和发展需要在长时期的实践活动过程中不断积累,教师在日常教学中应把培养学生的数学能力摆在一个重要位置,并主动去做,应坚持不懈地努力,不断为学生创造条件,提供各种实践活动机会。本节根据上述的数学能力分别探讨各种能力要素的培养途径。

一、数学注意能力的培养

引起注意的因素包括客观相对强烈的刺激和主体的内在因素。最基本的因素是学生主体的内在学习动机和兴趣。因此,培养学生的数学注意力的根本措施是想方设法强化学生的学习动机,培养他们对数学学习的浓厚兴趣。

培养学生的数学注意力,主要应培养学生内在的良好的注意品质。

1. 提高注意的广度和紧张度。

注意的广度也叫注意的范围,是指在同一时间内意识能清楚地把握对象的数量。注意的紧张度就是注意的专注程度,是指心理活动对某个事物的高度集中,而同时离开其余的一切事物。注意的广度大、紧张度高就能较快地阅读学习材料,排除干扰,提高学习效率,而且能较好地把握数学问题的本质。在教学中要引导学生从整体上注意观察材料的结构,养成整体把握材料的习惯。例如化简

$$\left[4\,\frac{a-b}{a+b} + 4\,\frac{(a-b)^2}{(a+b)^2} + 1\right] \div \left[4 + 16\,\frac{a-b}{a+b} + 16\,\frac{(a-b)^2}{(a+b)^2}\right]$$

应注意整体,而不急于通分,发现除式、被除式都符合 $(a+b)^2 = a^2 + 2ab + b^2$ 的形式,从而找到简捷的解法。

2. 提高注意的稳定性。

注意的稳定性是指注意长时间地保持在感受某种事物或从事某种活动上。学生注意的稳定与教学的内容和方法有关。教学中教师应根据学生的年龄特征,提供丰富多彩的教学内容,采用灵活多样的教学方法,充分调动学生学习的积极性和主动性,培养学生注意的稳定性。

3. 改善注意的转移和分配。

注意的转移是指注意主动地从一个对象或活动转到另一个对象或活动上。注意的分配是指把注意指向于不同的对象或活动。注意的转移力和配置力强,有利于学生快速深刻准确地把握数学问题,防止思维进入死胡同和出现丢三拉四的现象,提高学习质量。例如求解这样一道题:关于 x 的方程 $7x^2 - (m+13)x + m^2 - m + 2 = 0$ 的两根为 x_1, x_2,满足 $0 < x_1 < 1, 0 < x_2 < 2$,求 m 的取值范围。

这里,注意首先指向题目中条件和结论的数量关系,$0 < x_1 < 1, 0 < x_2 < 2$,且 $\Delta > 0$。其次注意可能转移到相关二次函数的草图。然后注意转移到相关二次函数的数量关系,$f(0) > 0, f(1) < 0, f(2) > 0$,解出相应不

等式组后再把注意转向数轴,找出不等式组的解 $-2 < m-1$ 或 $3 < m < 4$。同时解题中既要注意方程中的数量关系,又要注意相应函数的曲线特征,体现了注意的分配过程。在教学中,教师可采用多答案提问、多变化提问及多解提问等方法,训练和提高学生注意的转移力和配置力。

二、数学观察能力的培养

学生的观察能力来自于观察活动,在数学教学中,教学生观察虽然很有困难,也很麻烦,但应该也很值得主动去做,去引导学生的观察活动。

1. 引导学生掌握正确的观察方法

教学中教师应通过实例引导学生掌握正确的观察方法。如从整体到部分、再由部分到整体的观察方法;按照一定顺序如从上到下、从左到右进行观察的方法;从特殊到一般(特征、特例)观察方法;结构观察方法等。例如,证明

$$\frac{(x-b)(x-c)}{(a-b)(a-c)} + \frac{(x-a)(x-c)}{(b-a)(b-c)} + \frac{(x-a)(x-b)}{(c-a)(c-b)} = 1$$

先从整体上观察,这是一个关于 x 的二次式的等式,从部分观察发现:第一个分式,当 $x=a$ 时,其值为 1,当 $x=b$,或 $x=c$ 时其值为零;第二个分式,当 $x=b$ 时,其值为 1,当 $x=a$ 或 $x=c$ 时,其值为零;第三个分式,当 $x=c$ 时,其值为 1,当 $x=a$ 或 $x=b$ 时,其值为零。再回到整体,当 $x=a$ 或 $x=b$ 或 $x=c$ 时,都适合特征等式。因此,这个等式不是方程而是恒等式,于是命题得证。

2. 注重培养学生的观察品质

首先,在教学中教师应引导学生主动感知,培养观察的目的性。确立了明确的观察目的,才能使观察不为无关信息干扰,提高观察效率。其二,应注重实践检验,培养观察的客观性。通过实践检验,才能克服和消除观察中产生的错觉,保证观察的客观准确。其三,应注意观察程序,培养观察的全面性。结合观察对象的组成特点和结构确定观察顺序,以保证通过观察反映出事物的全貌以及各个组成部分的相互联系。其四,应揭示事物的特征,培养观察的准确性。抓住了事物的特征才能认识事物本质,使观察结果与客观事物相符合。其五,应发掘隐含条件,培养观察的深刻性。只有进行深刻的观察,才能概括出事物的发展变化规律,达到观察的目的。

例如,求证椭圆$\dfrac{x^2}{25}+\dfrac{y^2}{9}=1$和双曲线$x^2-15y^2=15$在交点处的切线互相垂直。此题若不认真观察,按一般的解题思路:求交点→写切线方程→验证互相垂直,则运算量大,过程较繁。如果认真观察两曲线的位置关系会发现它们的中心都在原点,再观察它们的方程结构特征,会发现二者有共同焦点(隐含条件),再观察图形,依据圆锥曲线的切线、法线的几何性质,该题不难得证。

3. 促进学生养成良好的观察习惯

在教学中教师应有意识地为学生提供观察素材,引导学生不断地进行观察,养成观察的习惯。应激励学生学会提问,提出好问题。问题从观察中来,想提问、肯提问、敢于提问正是促进学生深入观察的动力。概念教学中,可引导学生观察具体的感性材料,概括出概念的本质属性。命题及演算的教学中,可引导学生对条件和结论或式子进行观察,把握其特征,找到简洁的解题方案。

三、数学记忆能力的培养

为培养学生的数学记忆能力,提高记忆效果,数学教学应注意以下几个方面:

1. 要求学生明确记忆的目的和任务

研究表明,记忆的目的越明确,就越容易记忆牢固。因为明确了某一知识的记忆任务,学生就形成了这种知识和原数学认知结构应建立密切联系的心向,记忆的同化过程就进行得顺利。在数学教学中明确记忆任务,并不是一上课就把最终目标任务毫不保留地告诉学生,而是把最终目标任务经过具体加工后,以当前任务的形式给学生明确。

2. 引导学生从集中注意做起

记忆与注意是紧密相关的,没有注意就不能记忆。因为瞬时记忆必须受到注意才能形成短期记忆,而长期记忆又是由短期记忆发展起来的,所以,只有对需记忆的知识集中注意,才能提高记忆的效果。

3. 要使学生透彻理解所记忆的内容并加以系统化。

理解是使记忆牢固的前提。而概括数学知识使之系统化,则是理解基础上的操作。系统化的材料便于在记忆中组成知识"块",不仅可以增加短时记忆的容量,而且还适合储存在长期记忆里。

4. 督促学生合理安排复习与反复运用

数学记忆过程是导致意义获得的同化过程的继续,因此学习新知识后要进行适时适量的复习与反复运用,通过复习使得记忆结构中新旧知识的联系更加稳固,通过运用使得这种联系更加深刻。事实上。通过反复运用来记忆正是数学记忆的重要特点,数学中的许多概念、定理、公式法则、思想方法正是在反复的运用中被逐步深入地理解,从而被牢固地记忆下来。

5. 让学生掌握一套适合于自身的记忆方法,依靠指引保持对材料的记忆

长期记忆中的材料能在需要的时候被提取出来必须具备两个条件,首先是材料必须在记忆系统里可以得到,其次在系统里的材料有办法接近和提取。对那些无法立即回忆的材料常依靠指引来提取。数学记忆中常以实物或实物的表象、图形或图像、逻辑层次关系,压缩语句等作为指引,这就形成了多种记忆方法。如逻辑记忆、块体记忆、对比记忆、简化记忆、形象记忆等。教学时,不宜要求学生机械套用各种记忆方法,而应鼓励学生借鉴各种方法形成或创造一套适合自身的记忆方法。

6. 应注意培养学生良好的记忆品质

数学记忆在大多数情况下需要的是意义记忆。死记硬背解决不了多少问题,记住了数学概念、定理、法则不等于学好了数学。因此,在数学教学中应注意培养学生数学记忆准确、系统、深刻、灵活的优良品质。

四、空间想象能力的培养

中学数学学习中,空间想象能力主要包括:熟悉基本的几何图形,能正确识图、画图;能借助图形来反映事物的空间形式及位置关系;能用语言或式子表达图形的空间形式及位置关系。培养学生的空间想象能力可从以下几个方面入手:

1. 使学生学好有关空间形式的数学基础知识

掌握平面图形的基本性质是理解空间图形性质的基础;掌握投影的基础知识是绘制和识读空间图形的基础;掌握数轴、坐标法、函数的图象、轨迹、方程与曲线的概念等基本知识是由数量关系想象空间形式的基础。因此,使学生扎实地学好这些基础知识是培养学生空间想象能力必须具备的先决条件。

2. 用对比和对照的方法进行教学

在教学中采用对比和对照的方法,有助于学生建立空间观念和数与

形的对应关系,从而培养学生的空间想象能力。例如,在立体几何教学中可由平面图形的性质类比猜想空间图形的性质,通过检验、修正、证明等环节确定了空间图形的性质以后,再回头与相应的平面图形性质对比,找出它们之间的异同。又如,在立体几何教学中,可将实物或模型与它们的直观图进行对照、分析,使学生理解图形中各元素的相互位置关系和度量关系的真实背景;在视图的教学中,可通过活动影片或幻灯片与视图进行对照,分析视图的性质;在解析几何教学中,可将数或式与图形对照,使学生理解各种曲线的性质。

3. 加强空间想象能力的严格训练

加强空间想象能力的严格训练是培养学生空间想象能力的有效途径,训练的形式和内容是多种多样的。例如,对实物进行观察、解剖、分析;根据直观图自制简易模型;绘制实物、模型的直观图;根据题目中的文字和符号画出表示题意的图形,然后想象该图形反映的模型;把空间图形(直观图)中位于某个平面内的局部图形分离出来,按真实的位置关系和度量关系单独画出来;等等。

空间想象能力的培养不限于平面几何与立体几何,在三角、代数、解析几何中也有充分的体现,教学时应重视数形结合,使学生能真正做到数学语言、数学表达式和图形之间互译,逐步完善和提高空间想象能力。

五、抽象概括能力的培养

数学是按照抽象与概括方向发展的。学会了抽象与概括,学生就能较好地认识数学对象的本质和规律,从而由感性认识上升到理性认识,从生动直观上升到抽象思维。培养学生的抽象概括能力有以下基本途径:

1. 在循序渐进地学习数学知识的过程中,引导学生逐渐学会数学抽象概括的方法

几乎每一个数学概念、命题都是数学抽象概括的结果,几乎每一道数学解题都伴随数学抽象概括的过程。教师应高度重视数学科学这一特点,在指导学生循序渐进地学习数学基础知识时,要求学生有意识地去领会、理解并逐步掌握数学抽象概括的基本方法,应教给学生相应的逻辑知识,培养学生的概念及命题抽象概括能力和模式、方法抽象概括能力。

2. 教学中充分展现抽象、概括的思维活动过程,并要求学生独立地

进行抽象、概括的训练

教学时在形成概念、发现命题、建立公式、归纳法则、得出解题模式和方法的过程中都可充分展现其抽象概括过程。

例如,对于定理"函数 $y=f(x)$ 的图象和它的反函数 $y=f^{-1}(x)$ 的图象关于直线 $y=x$ 对称",其教学过程可如下安排:

问题1 下列各题中的两个函数,具有什么关系?

（1）① $y=3x-2$，② $y=\dfrac{x+2}{3}$；

（2）① $y=x+3$，② $y=x-3$；

（3）① $y=-x+3$，② $y=-x+3$；

（4）① $y=x^3$，② $y=\sqrt[3]{x}$。

答 互为反函数

问题2 在同一个坐标系里,分别画出每对互为反函数的函数的图象(图2-12)。

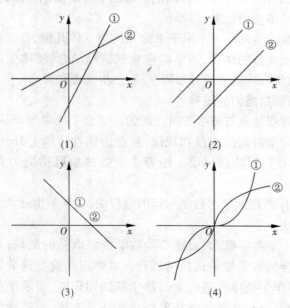

图2-12

问题3 每对互为反函数的函数的图象,它们的位置关系具有什么共同特点?

答 每对互为反函数的函数的图象都关于直线 $y=x$ 对称。

这里,我们看到两个互为反函数的函数的图象,可以是两条相交直线、两条平行直线、两条重合直线或两条曲线,这些不同属性,我们舍弃它。但它们都具有对称于直线 $y=x$ 这一共同的属性,我们把它取出来,概括成命题"函数 $y=f(x)$ 的图象和它的反函数 $y=f^{-1}(x)$ 的图象关于 $y=x$ 对称",再经过证明就形成了定理。

上面的教学过程体现了抽象和概括的思维过程,也是培养学生逻辑思维能力的过程。

3. 为学生创设独立进行抽象、概括的机会并进行严格训练

培养学生抽象、概括的能力需要通过严格的训练才能达到目的。教师应把握教学中的一切机会,进行严格训练。在概念教学中可引导学生从实例或具体素材中抽象概括出概念的本质属性;在命题教学中应引导学生从一类问题中抽象概括出定理、公式,完成由特殊到一般的概括过程;在解题教学中应要求学生从现实问题中抽象概括出具体的数学模型,抽象概括出一个问题的多种解题模式、方法,在学完一章一节内容之后,可要求学生进行知识体系、解题程序和解题方法的概括整理。这些训练对培养学生的抽象概括能力是十分有益的。

六、推理论证能力的培养

1. 重视对数学基本概念和原理的理解

数学科学有严谨的逻辑体系。各知识点之间可能存在一定的关系,正是由于知识点之间的关系才使推理论证能够得以进行。如果对所学的数学概念、原理和方法没有很好地理解和掌握,那么在数学学习活动中就不可能顺利地进行推理论证活动。

2. 教给学生推理的方法和证明的规则

许多正确推理方法和证明规则,课本上总是寓于实例之中,并没有明确指出。教学时,教师应结合教学内容的学习适时作些介绍和补充。这样做,可以使学生在数学学习过程中避免或尽可能少犯逻辑错误,对保证推理论证的正确性和合理性起很好的作用,也利于他们今后的学习。

3. 重视推理论证过程的学习

推理论证的过程中,蕴含着丰富的数学思想和方法。通过定理、公式的推导证明,可获得解决问题的思想方法和技巧,提高推理论证的能

力。值得注意的是,教学中应尤其重视似真推理过程的学习。对于这类重要的推理形式,课本往往展现不够,需教师进行发掘。

4. 进行数学推理和证明的严格训练

数学推理论证能力是经过相应技能进一步发展而形成的,具有很强的操作性,而进行严格训练正是形成技能的最有效方法。在训练过程中,学生不免会出现各种各样的逻辑错误,例如,有的学生用反证法证明 $a > b$,只推翻了 $a < b$ 就作出结论;有的学生由三角形三边是 5、12、13 判定此三角形是直角三角形,认为是根据勾股定理;有的学生甚至想当然随意作出判断,说不清或者根本不考虑判断的逻辑根据,等等。遇到类似情况,教师应该引导、帮助学生分析错误的所在及其原因,使学生及时纠正所犯的逻辑错误,掌握正确的推理论证方法。

七、运算求解能力的培养

中学生的运算求解能力既受到数学基础知识的影响,又受到思维定势、思维的流畅性、对运算求解过程的评价意识、完善的认知结构等心理因素的影响。因此,教学时应采取相应的措施去改善和提高学生的运算能力。

1. 使学生正确理解和掌握数学基础知识

数学中的定义、公理、定理、性质、定律、公式和法则等都是进行运算求解的依据,学生只有正确地理解了概念,熟练地掌握了运算法则和运算定律、公式,才能使运算求解顺利地进行,否则就会造成运算求解出现错误或不流畅。例如,求直线 $\begin{cases} x = \dfrac{1}{2}t \\ y = 3 + t \end{cases}$ 与圆 $x^2 + y^2 = 5$ 相交的弦的长的误解:

将 $\begin{cases} x = \dfrac{1}{2}t \\ y = 3 + t \end{cases}$ 代入 $x^2 + y^2 = 5$ 并解得 $t_1 = -4, t_2 = -\dfrac{4}{5}$,故所求弦长

$d = |t_1 - t_2| = \dfrac{16}{5}$。

此解法的错误在于对参数 t 的几何意义理解含混,误认为 t 表示定点到动点的有向距离。

另外,使学生熟记一些常用的数学方法和数据,也有利于提高运算求解的速度和准确性。教学中还应使学生学会公式、法则的逆用,公式

的变形应用等,提高运算求解的技能。

2. 提高学生运用运算性质和公式来进行推理的能力

运算求解过程是根据运算定义及其性质从已知数据及算式推导出结果的过程。因此,运算求解过程实质上是一种推理过程,可见提高学生运用运算性质和公式进行推理的能力是提高学生运算能力的必要途径。

例如,已知 $x > 0$ 且 $x^2 = 4x + 1$,求 $x^4 - 5x^3 + 4x^2 - 6x + 17$ 的值。其计算求解过程就是运用运算公式的一个推理过程。

由已知有 $x^2 - 4x - 1 = 0$,解得 $x = 2 \pm \sqrt{5}$,因为 $x > 0$,所以 $x = 2 + \sqrt{5}$。因而,原式 $= (x^2 - 4x - 1)(x^2 - x + 1) - 3x + 18 = -3x + 18 = -3(2 + \sqrt{5}) + 18 = 12 - 3\sqrt{5}$。

在运用运算性质和公式进行推演时,公式和性质的选用有很大的灵活性。选用得当,常可使运算简捷,这就是巧算问题。本例中,如果由已知条件解出 x 的值后直接代入原式计算,则运算繁复。而求解时用到条件 $x^2 - 4x - 1 = 0$,则只需求原式除以 $x^2 - 4x - 1$ 后所得余式的值。这样做,显然简便得多。

3. 加强运算求解的严格训练

同培养前几种能力一样,加强运算求解能力的严格训练是培养学生运算求解能力的有效途径。训练时应注意如下几个问题:

首先是训练要结合学生实际有目的有计划地进行,带有盲目性的训练很容易造成题海战术。

其次是加强基本技能技巧的训练。基本运算要熟练,熟才可能生巧,才能在求解中选择合理运算。心算、速算是运算的基本技能,应着重训练。数和式的变形训练是培养运算技巧的基本训练,更应加强。如解方程 $(\sqrt{2 + \sqrt{3}})^x + (\sqrt{2 - \sqrt{3}})^x = 4$ 中,若能观察底数的数字特征,发现 $\sqrt{2 + \sqrt{3}}$ 与 $\sqrt{2 - \sqrt{3}}$ 互为倒数,则此题可用换元法轻易地完成解答。

再次是加强对比与评价。教学时,教师必须严格要求学生对同一题目的多种解法进行对比,选择最合理的解法。应对运算结果进行验算评价,找出运算中的错误,判断答案的真伪,总结经验教训,促进学生运算求解能力的健康发展。

第四是注意培养学生合理运算的选择性知觉。合理地选择适当的公式、法则、方法和模式,是在形成了一定运算技能的基础上发展起来的,是高层次运算求解能力水平的表现。教学中,应有步骤地阶段性地培养学生这种合理运算的选择性知觉。

八、数据处理能力的培养

数据处理是由一系列的活动组成的一个较复杂的过程,其综合性强,牵涉面广,对学生的多方面素质的综合要求较高,完成一次数据处理的全过程往往需较长时间。教学时,应注意如下几方面:

1. 使学生掌握概率统计、信息技术等基础知识

数据处理能力同概率统计、信息技术等知识紧密相关,不掌握相关知识,数据处理能力便无从谈起。因此,数学中应督促学生学好概率统计、信息技术等相关基础知识,使学生懂得,什么是概率、事件、整体、样本、数据处理等一系列的基本概念,掌握推断原理、假设检验、聚类分析、回归分析等基本原理、思想,为培养数据处理能力打下一个良好的知识基础。

2. 使学生掌握数据收集与处理的基本方法

数据收集与处理方法直接关系到结果的可靠性、可信度以及精确度。采用不同的方法得出的结果可能相去甚远。不掌握数据收集与处理的基本方法,数据处理能力只能是一句空话。教学中,必须结合各种案例或实例,使学生掌握常用统计方法,如随机抽样方法、用样本估计总体的方法、寻找变量间相互关系的方法、聚类分析方法、回归分析方法等一系列基本方法,以及科学型计算器、计算机及有关软件的使用方法、互联网及相应教育平台的使用方法,等等,为形成数据处理能力打下方法论基础。

3. 加强实践应用的综合训练

数据处理能力同样来自于实践训练。数学中应注重通过典型案例或实际问题,采取合作讨论等方式,结合信息技术的使用开展严格训练。使学生从事收集数据、描述数据、分析数据、作出判断并进行交流的活动,经历数据处理的全过程,掌握必要的数据处理的技能,并最终形成数据处理能力。

九、数学创造性思维能力的培养

创造性思维能力与问题解决紧密相关,它通过问题解决过程中的敏锐的洞察力、丰富独特的想象力、积极的求异意识、强烈的探索发现欲望、活跃的创新灵感、开放性的思维空间而反映出来,其核心是探究发现。在数学教学中培养创造性思维能力应注意以下几点:

1. 使学生充分认识基础知识的重要性,并通过主动学习而建立起良

好的数学认知结构

有一个关于创造力的公式:创造力 = 信息量 × 发散力,可见创造力建立在相当的知识储蓄和积淀之上。没有扎实的知识基础,难有创造力可言。教学中,教师应加强基础知识的发生过程的教学,促进学生的主动学习,形成探索发现的良好习惯。

2. 重视策略性知识的教学,特别是数学思想方法的教学

创造性思维需要通过直觉、美感、探索、猜想、类比、归纳、联系、推广等去洞察事物的本质,揭示其内在规律,探索新的问题,发现新的事物,这就需要相应的策略性知识和思想方法作指导。在数学问题解决中,往往采用不同的策略,得到不同的解决问题的方法,正是策略与知识的交互作用,导致问题解法的发现。因此,数学教学中教师应有意识地渗透、传授策略性知识。

3. 重视对学生发散思维的保护和训练

发散思维是创造性思维的灵魂,教学中应热情鼓励学生大胆创新,敢于求异。课堂气氛应该弘扬"百花齐放","百家争鸣",反对墨守成规,一孔之见。教师应创造条件,为学生提供发散性思维活动的机会。

例如有这样一道习题,已知 $a > b > c$,求证 $\dfrac{1}{a-b} + \dfrac{1}{b-c} + \dfrac{1}{c-a} > 0$。

学生可能首先想到的是将左边式子通分,然后证明分子、分母都小于零或都大于零,但方法较繁,有没有其他证法呢? 让学生探索。

有的学生构思巧妙,作代换 $a - b = m, b - c = n$,原不等式变为 $\dfrac{1}{m} + \dfrac{1}{n} - \dfrac{1}{m+n} > 0$,容易证明。

有的学生思维新颖,注意到 $a - c > a - b > 0$,得出 $\dfrac{1}{a-b} > \dfrac{1}{a-c}$ 即 $\dfrac{1}{a-b} + \dfrac{1}{c-a} > 0$,又 $\dfrac{1}{b-c} > 0$,很轻松地获得证明。

教师还可进一步引导学生,上面已证明了更强的不等式 $\dfrac{1}{a-b} + \dfrac{1}{c-a} > 0$,那么在不等式 $\dfrac{1}{a-b} + \dfrac{1}{b-c} > \dfrac{1}{a-c}$ 中,右端分子中的 1 可不可以更大一些呢? 能大到什么"程度"呢?

经过探索,利用算术平均值不小于调和平均值,得到又一种证明:

$$\frac{\dfrac{1}{a-b}+\dfrac{1}{b-c}}{2}\geqslant\frac{2}{(a-b)+(b-c)}$$

即 $\dfrac{1}{a-b}+\dfrac{1}{b-c}\geqslant\dfrac{4}{a-c}>\dfrac{1}{a-c}$

而且还将原不等式强化：

若 $a>b>c$，则 $\dfrac{1}{a-b}+\dfrac{1}{b-c}+\dfrac{4}{c-a}\geqslant0$，当且仅当 a、b、c 成等差数列时取等号。

并且这一不等式还可推广到一般情形：

若 $a_1>a_2>a_3>\cdots>a_n$，则

$$\frac{1}{a_1-a_2}+\frac{1}{a_2-a_3}+\cdots+\frac{1}{a_{n-1}-a_n}+\frac{(n-1)^2}{a_n-a_1}\geqslant0$$，当且仅当 $a_1,a_2,a_3,\cdots,a_n$ 成等差数列时取等号。

在中学，培养学生的创造性思维能力是一种很不容易的事。教师应该在自己的教学实践中潜心研究，创造出更为有效的培养途径。

思考题

1. 什么叫同化？什么叫顺应？举例说明学生获得数学概念时的同化或顺应过程。

2. 什么叫总括学习、归属学习和并列结合学习？试分别就数学概念和定理的学习加以说明。

3. 概念的形成与同化、命题的接受与发现两者分别有什么不同？

4. 何谓技能？动作技能与心智技能有什么区别？

5. 技能形成过程可以划分为哪几个阶段？

6. 解题包括哪几个阶段？

7. 把数学题分成算法式题与开拓－探究式题有何意义？在解题过程中的心理活动有什么不同？

8. 简述理解问题的心理过程及解法发现的心理过程，试结合实例加以说明。

9. 中学数学教学应该培养学生哪些方面的数学能力？这些能力的含义各是什么？如何培养？

10. 对于"数学思维能力是数学能力的核心"，你有什么看法？

第三章　中学数学教学的逻辑基础

　　数学科学之所以严谨,就是因为它是严格地按逻辑的要求整理出来的。可以说,逻辑是数学的基础和工具。

　　研究数学教学自然必须掌握逻辑的基础知识为必要条件。这不仅是因为数学的基础是逻辑,还因为数学教学的基本目的之一就是要培养学生的逻辑思维能力。

　　中学数学主要是在形式逻辑范围内活动的。形式逻辑研究思维形式及其规律。本章将结合数学概念、数学命题、数学推理和证明,简明扼要地介绍有关的形式逻辑基础知识。

§3.1　数学概念

3.1.1　数学概念的意义

一、数学概念的意义

　　概念是反映事物本质属性的思维形式。例如,客观现实中存在着各种球状物体:排球、乒乓球、铅球、钢球、玻璃球等等。这些物体有各自的一些属性:形状、大小、颜色、重量、质地、硬度……这些属性中只有形状是共同的,其共同的本质特征就在于:同一物体表面上任一点到其内部某点的距离都相等。"球"的概念正是对这一共同本质属性的反映。至于其他的属性就当作非本质属性而舍弃。

　　数学概念是一类特殊概念。其特殊性就表现在它所反映的本质属性只是关于事物的空间形式与数量关系方面的。上例中的"球"就是一个数学概念。本书所关心的概念都是指数学概念。

　　概念和语词是密切联系着的。语词是概念的语言形式,概念是语词的思想内容,两者紧密联系,不可分割。但是,概念和语词之间并非一一对应。概念一般用名词表达,同一个概念可能有不同名词表达,比如"等边三角形"和"正三角形"表示同一概念。

概念是发展、变化的。这是因为:一方面事物的本身是发展、变化的,因而反映事物的概念也要随之发展、变化;另一方面,由于人们的认识是不断深化的,因而关于事物的概念也随之起变化。例如中学数学中关于数的概念、式的概念、函数的概念等都是如此。

二、数学概念的结构

任何概念都有确定的含义并反映确定的对象范围。例如,"平行四边形"这个概念,它的含义就是揭示平行四边形的如下本质属性:两组对边分别平行、两组对边分别相等、两组对角分别相等、对角线互相平分等等。它所反映的对象范围包括具有上述属性的一切平面图形。

概念的含义,即概念所反映的事物的本质属性,称为概念的内涵;概念所反映的对象范围,即具有概念内涵的对象的全体,称为概念的外延。

很明显,概念的内涵是对概念的质的描述,它表明了概念所反映的事物是什么样的;概念的外延则是对概念的量的描述,它表明了概念所反映的是哪些事物。这两方面结合起来,共同确定概念,就使得每一个概念都界线分明,不同的概念之间能互相区别。

概念的内涵和外延的关系,除了表现在上述的共处于概念的统一体中构成的概念的两个方面以外,还表现在它们变化时的相互制约性中。

当概念的内涵增多时,就会得到使原概念的外延缩小了的新概念;当概念的内涵减少时,就会得到使原概念的外延扩大了的新概念。例如,在"平行四边形"概念的内涵中增加"有一个角是直角"的属性时,就得到外延缩小了的"矩形"概念;在"平行四边形"概念的内涵中去掉"两组对边分别平行"的属性,就得到外延扩大了的"四边形"概念。反之,当概念的外延缩小时,概念的内涵反而增多;概念的外延扩大时,内涵反而减少。这同样可由上面的例子反过来看出。概念的内涵和外延之间的这种变化关系,称为反变关系。

利用概念内涵与外延之间的反变关系,可以对概念进行"限制"或"概括"。

通过增加概念的内涵,可使得有较大外延的概念过渡到一个较小外延的概念。这种逻辑方法称为概念的限制。通过减少概念的内涵,可以使只有较小外延的概念扩张为具有较大外延的概念。这种逻辑方法称为概念的概括。

概念的限制有助于我们从认识事物的一般形式过渡到认识它所包含的特殊形式。概念的概括则有助于我们从特殊认识一般。数学教学中常用概念限制的方法给新概念下定义，而用概念概括的方法从一些概念概括出高一级的更为抽象的概念。

概念的限制和概括都是在原有概念基础上的再抽象，即第八章中将要提到的强抽象和弱抽象。

三、概念间的关系

概念间的关系是指某个概念系统中一个概念的外延与另一个概念的外延之间的关系。依据它们的外延集合是否有公共元素来分类，我们约定，任何概念的外延都是非空集合。

1. 相容关系

如果两个概念的外延集合的交集非空，就称这两个概念间的关系为相容关系。相容关系又可分为下列三种：

（1）同一关系。如果两个概念的外延集合相等，则这两个概念之间的关系是同一关系。例如矩形与长方形概念间的关系就是同一关系。

（2）属种关系。如果一个概念的外延集合是另一个概念的外延集合的真子集，则这两个概念间的关系是属种关系。其中外延大的概念称为属概念，外延小的概念称为种概念。例如平行四边形与矩形概念间的关系就是属种关系，平行四边形是属概念，矩形是种概念。需要注意的是，属概念和种概念是相对的，如平行四边形是矩形的属概念，同时却又是四边形的种概念。

（3）交叉关系。如果两个概念的外延集合的交集非空，且同时是这两个外延集合的真子集，则这两个概念间的关系是交叉关系。例如，菱形和矩形就是具有交叉关系的概念。

2. 不相容关系

如果两个概念是同一个属概念下的种概念，它们的外延集合的交集是空集，则称这两个概念间的关系是不相容关系。不相容关系又可分为两种：

（1）矛盾关系。如果两个种概念的外延集合的交集是空集，而它们的外延集合的并集与它们的属概念的外延集合相等，则这两个概念间的关系是矛盾关系。例如,有理数和无理数对实数来说就是矛盾关系。

（2）反对关系。如果两个种概念的外延集合的交集是空集,它们的外延集合的并集是其属概念外延集合的真子集,则这两个概念间的关系是反对关系。例如,锐角三角形和钝角三角形相对三角形来说就是反对关系。

3.1.2 数学概念的定义

一、定义的作用与结构

前面已经指出,概念是由它的内涵和外延共同明确的。由于概念的内涵与外延的相互制约性,确定了其中一个方面,另一方面也就随之确定。概念的定义就是揭示该概念的内涵或外延的逻辑方法。揭示概念内涵的定义叫做内涵定义,揭示概念外延的定义叫做外延定义。在中学数学中,大多数概念的定义是内涵定义,只有少量是外延定义。

任何定义都是由三部分组成:被定义项、定义项和定义联项。被定义项是需要明确的概念,定义项是用来明确被定义项的概念,定义联项则是用来联接被定义项和定义项的。例如,"有两边相等的三角形叫做等腰三角形"。在这个定义中,"等腰三角形"是被定义项,"有两边相等的三角形"是定义项,"叫做"是定义联项。

二、定义的方式

1. 邻近的属加种差定义。在一个概念的属概念当中,内涵最多的属概念称为该概念邻近的属。例如,矩形的属概念有平行四边形、四边形、多边形等,其中平行四边形是矩形邻近的属。

要确定某个概念,在知道了它邻近的属以后,还必须指出该概念具有而它的属概念的其他种概念不具有的属性才行。这种属性称为该概念的种差。如"一个角是直角"就是矩形区别于平行四边形其他种概念的种差。这样,我们就可以把矩形定义为:"一个角是直角的平行四边形叫做矩形。"

一般地,邻近的属加种差的定义方式可用下面的公式来表示:

被定义项 = 种差 + 邻近的属

需要指出的是,对于同一个概念,可以选择同一个属的不同的种差,作出不同的定义。当被定义的概念的邻近的属概念不只一个时,也可选择不同的属及相应的种差下定义。

中学数学中最常用的定义方式就是邻近的属加种差的定义。

2. 发生式定义。发生式定义是邻近的属加种差定义的特殊形式，它是以被定义概念所反映的对象产生或形成的过程作为种差来下定义的。例如，"圆是由一定线段的一动端点在平面上绕另一个不动端点运动而形成的封闭曲线"。这就是一个发生式定义。类似的发生式定义还可用于椭圆、双曲线、抛物线、圆柱、圆锥、圆台、球等概念。

3. 关系定义。关系定义是邻近的属加种差的另一种特殊形式，它是以被定义概念所反映的对象与另一对象之间的关系，或它与另一对象对第三者的关系作为种差的一种定义方式。例如，$b(\neq 0)$ 整除 a，就是存在一个整数 c，使得 $a = bc$。

4. 外延定义。外延定义是用列举属概念下的所有的种概念的办法来定义属概念的。例如，"整数和分数统称为有理数"就是一个外延定义。

外延定义还有一种特殊形式，即外延的揭示采用约定的方式，因而也称约定式定义。例如，$a^0 = 1(a \neq 0)$，$C_n^0 = 1$ 等都是这种定义。

中学数学中用到的主要是以上四种定义方式，还有个别概念的定义属于其他定义方式，这里不一一介绍。

三、定义的要求

为了使概念的定义正确、合理，应当遵循以下一些基本要求：

1. 定义要清晰。即定义项所选用的概念必须完全已经确定。

循环定义不符合这一要求。所谓循环定义是指定义项中直接或间接地包含被定义项。例如，定义两条直线垂直时，用了直角："相交成直角的两条直线，叫做互相垂直的直线"。然后定义直角时，又用了两条直线垂直："一个角的两条边如果互相垂直，这个角就叫做直角"。这样前后两个定义就循环了，结果仍然是两个"糊涂"概念。

同义反复也不符合这一要求，因为它是用自己来定义自己。例如，"互相类似的图形叫做相似形"。显然，这样的"定义"是什么也没有定义。

此外，定义项中也不能含有应释未释的概念或以后才给出定义的概念。

2. 定义要适度。即定义项所确定的对象必须纵横谐调一致。

同一概念的定义，前后使用时应该一致，不能发生矛盾；一个概念的定义也不能与其他概念的定义发生矛盾。例如,如果把平行线定义为"两条不相交的直线",则与以后要学习的异面直线的定义相矛盾;如果把无理数定义为"开不尽的有理数的方根",就使得其他的无限不循环小数被排斥在无理数概念所确定的对象之外,造成数概念体系的诸多麻烦以至混乱。

要符合这一要求,如果是事先已经获知某概念所反映的对象范围,只是检验该概念定义的正确性时,可以用"定义项与被定义项的外延必须全同"来要求。上面的例子,都是定义项与被定义项的外延不全同的情形。

3. 定义要简明。即定义项的属概念应是被定义项邻近的属概念,且种差是独立的。例如,把平行四边形定义为"有四条边且两组对边分别平行的多边形"是不简明的,因为多边形不是平行四边形邻近的属概念;如果把平行四边形定义为"两组对边分别平行且相等的四边形"也是不简明的,因为种差"两组对边分别相等"与"两组对边分别平行"不互相独立,由其中一个可以推出另一个。

4. 定义项一般不用负概念。负概念是指反映对象不具有某种属性的概念。从纯逻辑观点看,定义项用负概念是允许的,中学数学中有些概念的定义项也用负概念,例如,"不能被 2 整除的整数叫奇数"、"无限不循环的小数叫无理数"等等。但是,从教学的角度考虑,负概念较难理解。因此,除了非用不可的少数概念以外,大多数数学概念的定义项都不宜用负概念。

四、原始概念

按定义的第一条要求,对某概念下定义时,定义项选用的必须是先前已被定义过的概念。这样顺次上溯,终必出现不能用前面已被定义过的概念来下定义的概念。这些概念称为原始概念。数学中,点、直线、平面、集合等等都是原始概念。在中学数学教材中,虽然对原始概念也有解释,但这种解释并不是定义。

3.1.3　概念的分类

一、概念分类的含义

概念的分类是揭示概念外延的逻辑方法。它是将一个属概念按照某一属性分成若干种概念。被分的属概念叫做分类的母项,分成的基本种概念叫做分类的子项,分类时所依据的属性叫做分类的标准。对同一概念,可以选择不同的标准作不同的分类。

通过分类,可以使有关概念的知识系统化、完整化,同时也能对被分概念的外延认识得更深刻。

二、概念分类的要求

对概念进行正确的分类要符合下列要求:

1. 分类后各子项互不相容。

2. 各子项外延的并集等于母项的外延。

这两项要求结合起来就是要求分类不重不漏。例如,把平行四边形分为菱形和非菱形的平行四边形符合上面的要求。如果把平行四边形分为菱形、矩形和正方形,则犯了既重又漏的逻辑错误。

3. 每一次分类的标准惟一。根据不同的目的,分类可以选用不同的标准。但是,在同一次分类中不能同时采用不同的标准。例如,三角形既可以按边分为不等边三角形和等腰三角形,又可以按角分为锐角三角形、直角三角形和钝角三角形,但不能分为等腰三角形、直角三角形。

4. 分类不要越级。即每次分类的子项应取母项最邻近的种概念。例如,把复数分为有理数、无理数和虚数就不符合这一要求。

三、两分法

两分法是把母项分为两个具有矛盾关系的子项,再继续按此方法进行的特殊分类方法。

两分法比其他分类方法易于掌握,且不容易出错,因此在数学教学中常用。例如,在进行复习时,常将同一属概念下的诸种概念按两分法作分类整理(如数的概念系统、方程的概念系统、四边形的概念系统等);在解一些需要分情况讨论的数学问题时(如讨论方程或不等式的解、几何作图问题、轨迹问题、排列组合问题等),也常采用两分法进行讨论。

§3.2　数学命题

3.2.1　判断与命题

一、判断

判断是对思维对象有所断定的一种思维形式。例如"π 是无理数",

"△ABC 不是直角三角形"等都是表示判断的语句。

判断所断定的东西可以是指某属性是否属于某思维对象,也可以是指各思维对象间的关系等等。

判断有真假之分。正确地反映了客观现实的判断是真判断,否则就是假判断。

判断可按不同的标准进行分类。按判断本身是否还包含其他判断,可分为简单判断和复合判断。对于简单判断,又可按其所断定的是对象的性质还是关系而分为性质判断和关系判断。对于复合判断,则可按照组成它的各个简单判断之间的结合情况而区分为负判断、联言判断、选言判断、假言判断。

每类判断都有其特有的结构。这里我们只着重介绍性质判断的结构。

性质判断由主项、谓项、联项、量项组成。主项即表示判断对象的概念,用"S"表示。谓项即表示判断对象的性质的概念,用"P"表示。联项即主项与谓项之间的联词,常用"是"或"不是"表示,一般又称为判断的"质"。量项即表示判断中主项数量的概念,一般称为判断的"量",有全称量项与特称量项之分。全称量项用"所有"表示,在判断的语言表达中可以首略;特称量项用"有些"表示,在判断的语言表达中不能省略。例如,"菱形是平行四边形"是一个省略了全称量项的判断,其中的菱形是主项,平行四边形是谓项,联项用"是"表示;"有的三角形不是直角三角形"是一个带特称量项的判断,三角形是主项,直角三角形是谓项,联项即"不是"。

性质判断的基本结构是"所有(有的)S 是(不是)P"。按"质"和"量"的不同搭配又分成以下四种:

全称肯定判断:所有 S 都是 P。简记为 A 或 SAP。

全称否定判断:所有 S 都不是 P。简记为 E 或 SEP。

特称肯定判断:有 S 是 P。简记为 I 或 SIP。

特称否定判断:有 S 不是 P。简记为 O 或 SOP。

二、命题

判断是用语句表达的。表达判断的陈述语句称为命题。命题是数学的基本组成部分。数学中的命题往往用符号的组合来表示。例如,$3 > 2$, $(a+b)^2 = a^2 + 2ab + b^2$, $\triangle ABC \backsim \triangle A'B'C'$ 等都是数学命题。

判断有真假,表达判断的命题也相应地有真假。我们用 A、B、C 或 p、q、r 等表示任意的命题。当 p 是真命题时,记作"$p=1$";p 是假命题时,记作"$p=0$"。1 和 0 称为命题的真值。

与判断的分类相对应,命题也有简单和复合之分。数学中研究的大部分是复合命题。为了研究复合命题,我们介绍有关命题运算的基本知识。

3.2.2　命题运算

一、命题的基本运算

命题运算即由若干命题构成新命题。这项工作的关键是逻辑联结词的运用,因而实际上是命题的逻辑联结。

命题的基本运算有否定(非)、合取(式)、析取(式)、蕴涵(若…则…)、等价(当且仅当)等。其意义分述于下:

1. 否定

一个命题的前面冠以"并非"得到的新命题称为原来命题的否定。命题 p 的否定记作 $\bar{p}$,读作"并非 p",或简单地读作"非 p"。显然,p 与 $\bar{p}$ 的真值恰好相反。因此,可用下表规定 $\bar{p}$ 的真值:

p	$\bar{p}$
1	0
0	1

2. 合取

两个命题 p、q 用"与"联结起来得到的新命题"p 与 q"称为命题 p、q 的合取(式),有时也称联合命题,记作"$p \wedge q$"。

当且仅当 p、q 都为真时,$p \wedge q$ 为真,其他都为假。即

p	q	$p \wedge q$
1	1	1
1	0	0
0	1	0
0	0	0

　　中学数学中常用合取式,但叙述或记法简化了。例如,合取式"$(\pi > 3) \wedge (\pi < 4)$"简记为"$3 < \pi < 4$";"(2 是质数)$\wedge$(3 是质数)"简单叙述为"2 和 3 都是质数"。

　　3. 析取

　　两个命题用"或"联结起来得到的新命题"p 或 q"称为命题 p、q 的析取(式),有时也称选言命题,记作"$p \vee q$"。

　　只有当 p、q 至少有一个为真时,$p \vee q$ 才为真,否则它为假。即

p	q	$p \vee q$
1	1	1
1	0	1
0	1	1
0	0	0

　　4. 蕴涵

　　用"若(如果)…,则(那么)"把命题 p、q 联结起来,得到的新命题"若 p 则 q"称为命题 p 蕴涵命题 q 或简称蕴涵式,也称假言命题,记作"$p \rightarrow q$"。其中 p 称为条件,q 称为结论。

　　只有当 p 为真而 q 为假时,$p \rightarrow q$ 才为假,其他情况下都为真。即

p	q	$p \rightarrow q$
1	1	1
1	0	0
0	1	1
0	0	1

　　5. 等价

　　用"当且仅当"联结两个命题 p、q,得到的新命题"p 当且仅当 q"称为等价式,记作 $p \leftrightarrow q$。

　　只有 p、q 同真或同假时,$p \leftrightarrow q$ 才为真,否则为假。即

p	q	$p \leftrightarrow q$
1	1	1
1	0	0
0	1	0
0	0	1

如果 $p \leftrightarrow q$ 是一个真命题,我们规定用"$p \equiv q$"来表示,读作"p 等值于 q",式子"$p \equiv q$"称为等值式,它表明命题 p 和 q 的真值总是相同的。在下文中,我们将用记号"$\equiv$"表示命题运算中的定律,如由"命题的否定"的真值表示可看出,$\overline{\overline{p}} \equiv p$,此式称为双重否定律。

非、与、或、若…则、当且仅当统称为逻辑联结词。在一个命题中若没有逻辑联结词出现,则该命题称为简单命题,否则叫做复合命题。为了省略括号,我们约定,逻辑联结词 $-,\wedge,\vee,\rightarrow,\leftrightarrow$ 的结合力依次减弱。例如,我们将 $(p \vee q) \rightarrow r$,记作 $p \vee q \rightarrow r$。

二、命题运算律

1. 复合命题的值

一个复合命题的真假取决于构成它的各个命题的值,可以利用真值表来计算。

例　$[p \wedge (p \rightarrow q)] \rightarrow q$ 和 $\overline{p \rightarrow q} \wedge q$ 的真值表如下:

p	q	$p \rightarrow q$	$\overline{p \rightarrow q}$	$p \wedge (p \rightarrow q)$	$[p \wedge (p \rightarrow q)] \rightarrow q$	$\overline{p \rightarrow q} \wedge q$
1	1	1	0	1	1	0
1	0	0	1	0	1	0
0	1	1	0	0	1	0
0	0	1	0	0	1	0

由此可见,$[p \wedge (p \rightarrow q)] \rightarrow q$ 恒为真,$\overline{p \rightarrow q} \wedge q$ 恒为假。在任何情况下恒为真的命题称为恒真命题;在任何情况下恒为假的命题称为恒假命题。如果 A 是恒真命题,写成 $A \equiv 1$;如果 A 是恒假命题,写成 $A \equiv 0$。

2. 命题运算中常用的定律

命题运算中的定律用等值式表示。常用的有:

双重否定律:$\overline{\overline{p}} \equiv p$

幂等律:$p \vee p \equiv p$;$p \wedge p \equiv p$

不变律：$p \vee 0 \equiv p; p \wedge I \equiv p$

求补律：$p \vee \bar{p} \equiv 1; p \wedge \bar{p} \equiv 0$

交换律：$p \vee q \equiv q \vee p; p \wedge q \equiv q \wedge p$

结合律：$(p \vee p) \vee r \equiv p \vee (q \vee r)$

$\qquad\qquad (p \wedge q) \wedge r \equiv p \wedge (q \wedge r)$

分配律：$p \vee (q \wedge r) \equiv (p \vee q) \wedge (p \vee r)$

$\qquad\qquad p \wedge (q \vee r) \equiv (p \wedge q) \vee (p \wedge r)$

$0 - 1$ 律：$p \vee 1 \equiv 1; p \wedge 0 \equiv 0$

德摩根律：$\overline{p \vee q} \equiv \bar{p} \wedge \bar{q}; \overline{p \wedge q} \equiv \bar{p} \vee \bar{q}$

吸收律：$p \vee (p \wedge q) \equiv p; p \wedge (p \vee q) \equiv p$

还有关于蕴涵、等价的两个等值式：

$p \rightarrow q \equiv \bar{p} \vee q$

$p \leftrightarrow q \equiv (p \rightarrow q) \wedge (q \rightarrow p) \equiv (p \wedge q) \vee (\bar{p} \wedge \bar{q})$

以上定律，利用真值表都可以证明，这里从略。

在命题运算中，我们还用到如下的代换原则：命题的任何一部分能用与其真值相同的命题去代换，所得到的新命题与原命题同值。

3.2.3　命题运算在中学数学中的应用举例

一、四种命题的关系

四种命题是指：原命题 $p \rightarrow q$；逆命题 $q \rightarrow p$；否命题 $\bar{p} \rightarrow \bar{q}$；逆否命题 $\bar{q} \rightarrow \bar{p}$。

对四种命题列出真值表如下：

p	q	$p \rightarrow q$	$q \rightarrow p$	$\bar{p}$	$\bar{q}$	$\bar{p} \rightarrow \bar{q}$	$\bar{q} \rightarrow \bar{p}$
1	1	1	1	0	0	1	1
1	0	0	1	0	1	1	0
0	1	1	0	1	0	0	1
0	0	1	1	1	1	1	1

由表中易知：

$p \rightarrow q \equiv \bar{q} \rightarrow \bar{p}$

$q \rightarrow p \equiv \bar{p} \rightarrow \bar{q}$

即原命题与逆否命题同值，逆命题与否命题同值。

因为"逆"、"否"、"逆否"等关系都是对称的,故有关系图(图3-1):

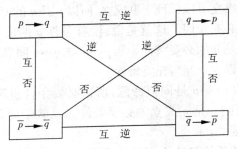

图3-1

上面的两个等值式也可以不用真值表而用命题的运算律证明:

$$p{\rightarrow}q \equiv \bar{p} \vee q \equiv q \vee \bar{p} \equiv \bar{\bar{q}} \vee \bar{p} \equiv \bar{q}{\rightarrow}\bar{p}$$

$$q{\rightarrow}p \equiv \bar{q} \vee p \equiv p \vee \bar{q} \equiv \bar{\bar{p}} \vee \bar{q} \equiv \bar{p}{\rightarrow}\bar{q}$$

最后指出两点:第一,由于原命题与逆命题不是同值命题,所以,当原命题已证明是真命题,即成为定理时,其逆命题是否为真,还必须加以证明。第二,由于互为逆否关系的两个命题同值,当某一个命题要直接证明它为真有困难或太繁时,可以转为证明它的逆否命题为真。

二、命题与充分必要条件

数学命题中的条件分为充分条件、必要条件和充分必要条件(简称充要条件),它们的意义依次是:

1. 如果 $p{\rightarrow}q$ 真,则 p 是 q 成立的充分条件。

2. 如果 $q{\rightarrow}p$ 真,则 p 是 q 成立的必要条件。

3. 如果 $p{\rightarrow}q$ 与 $q{\rightarrow}p$ 同真,则 p 是 q 成立的充要条件,此时 q 也是 p 成立的充要条件。

用命题运算的知识可以帮助我们很好地理解这三种条件。列出 $p{\rightarrow}q$ 和 $q{\rightarrow}p$ 的真值表如下:

p	q	$p{\rightarrow}q$	$q{\rightarrow}p$
1	1	1	1
1	0	0	1
0	1	1	0
0	0	1	1

由表中易知，当 $p \to q$ 真同时 p 也真时，则必有 q 真。这表明 $p \to q$ 真时，由条件 p 的成立可以保证 q 也成立，所以 p 是 q 的充分条件。当 $q \to p$ 真而 p 假时，则必有 q 假。这就是说，没有条件 p 的成立，q 的成立是不可能的，所以 p 是 q 的必要条件。当 $p \to q$ 与 $q \to p$ 同真时，p 真则 q 真，p 假则 q 也假，所以 p、q 互为充要条件。

由于 $\bar{p} \to \bar{q}$ 与 $q \to p$ 是同值命题，所以必要条件也可以换一种说法："如果 $\bar{p} \to \bar{q}$ 真，则 p 是 q 成立的必要条件。"从教学的角度考虑，这种说法更易为学生接受。

关于命题的条件与结论之间的逻辑联系，除了以上三种外，还有下面的两种：

4. 如果 $p \to q$ 真而 $q \to p$ 假，则 p 是 q 成立的充分但非必要条件。

5. 如果 $\bar{p} \to \bar{q}$ 真而 $p \to q$ 假，则 p 是 q 成立的必要但非充分条件。

三、命题的合并

根据命题的运算及充要条件，我们可以把数学中一些相关的命题进行合并，使叙述简化。命题的合并大致有如下几种情形：

1. 同一对象诸性质定理的合并。以平行线的性质定理为例，设 p 表示"两直线平行"，q_1 表示"同位角相等"，q_2 表示"内错角相等"，则平行线的性质定理 $p \to q_1$ 和 $p \to q_2$ 合并为 $(p \to q_1) \wedge (p \to q_2)$。而

$$(p \to q_1) \wedge (p \to q_2) \equiv (\bar{p} \vee q_1) \wedge (\bar{p} \vee q_2)$$
$$\equiv \bar{p} \vee (q_1 \wedge q_2)$$
$$\equiv p \to (q_1 \wedge q_2)$$

上面的运算结果用数学语言表示就是："若两直线平行，则同位角相等且内错角相等。"

类似地，把平行线的三条性质定理合并，可得"两直线平行，则同位角相等且内错角相等且同旁内角互补"。

关于同一对象的存在性定理与惟一性定理也同样可以合并。例如，经过直线外一点和这条直线平行的直线的存在性定理和惟一性定理，可以合并为"经过直线外一点，有且只有一条直线和这条直线平行"。其理论依据与性质定理的合并完全相同。

2. 同一对象诸判定定理的合并。仍以平行线的判定定理为例。"若同位角相等则两直线平行"，"若内错角相等则两直线平行"，p、q_1、q_2 的意义同上一款所述，则两个判定定理合并为

$$(q_1 \rightarrow p) \wedge (q_2 \rightarrow p) \equiv (\bar{q_1} \vee p) \wedge (\bar{q_2} \vee p)$$
$$\equiv (p \vee \bar{q_1}) \wedge (p \vee \bar{q_2})$$
$$\equiv p \vee (\bar{q_1} \wedge \bar{q_2})$$
$$\equiv \overline{\bar{q_1} \vee q_2} \vee p$$
$$\equiv \bar{q_1} \vee q_2 \rightarrow p$$

即"若同位角或内错角相等,则两直线平行"。

平行线的三条判定定理可作类似的合并。

3. 相应的性质定理与判定定理合并。例如,利用命题与充要条件间的关系,关于平行线的性质定理和判定定理可以分别合并为:"两直线平行的充要条件是同位角相等";"两直线平行的充要条件是内错角相等";"两直线平行的充要条件是同旁内角互补"。

四、逆否命题的制作

对于一个条件和结论都是简单命题的假言命题,要制作它的逆否命题是容易的。但是,对于一个条件或结论是复合命题的假言命题,要制作它的逆否命题则困难一些,因为这件事涉及命题的否定和其他命题运算。下面举例说明。

例 1　求命题"若 $ab = 0$,则 $a = 0$ 或 $b = 0$"的逆否命题。

解　原命题的逆否命题是

$$\overline{(a = 0) \vee (b = 0)} \rightarrow \overline{ab = 0}$$
$$\equiv \overline{(a = 0)} \wedge \overline{(b = 0)} \rightarrow ab \neq 0$$
$$\equiv (a \neq 0) \wedge (b \neq 0) \rightarrow ab \neq 0$$

即"若 $a \neq 0$ 且 $b \neq 0$,则 $ab \neq 0$"。

例 2　设 a、b 为正整数。求命题"若 $a + b$ 为奇数,则 a、b 之中一个是奇数,另一个是偶数"的逆否命题。

解　为简便记,用 p 表示"a 为奇数",q 表示"b 为奇数",r 表示"$a + b$ 为奇数",则在正整数集中,$\bar{p}$、$\bar{q}$、$\bar{r}$ 分别表示"a 为偶数"、"b 为偶数"、"$a + b$ 为偶数"。于是,原命题就是 $r \rightarrow (p \wedge \bar{q}) \vee (\bar{p} \wedge q)$。所以,它的逆否命题是

$$\overline{(p \wedge \bar{q}) \vee (\bar{p} \wedge q)} \rightarrow \bar{r}$$
$$\equiv \overline{(p \wedge \bar{q})} \wedge \overline{(\bar{p} \wedge q)} \rightarrow \bar{r}$$
$$\equiv (\bar{p} \vee q) \wedge (p \vee \bar{q}) \rightarrow \bar{r}$$
$$\equiv (\bar{p} \wedge p) \vee (q \wedge p) \vee (\bar{p} \wedge \bar{q}) \vee (q \wedge \bar{q}) \rightarrow \bar{r}$$

$$\equiv 0 \vee (q \wedge p) \vee (\bar{p} \wedge \bar{q}) \vee 0 \to \bar{r}$$
$$\equiv (q \wedge p) \vee (\bar{p} \wedge \bar{q}) \to \bar{r}$$

即"若 a、b 都为奇数或 a、b 都为偶数,则 $a+b$ 为偶数"。

§3.3　数学中的推理

3.3.1　逻辑规律

逻辑规律反映科学思维的一般特点和要求。在形式逻辑范围内,各种思维形式本身、思维形式之间的联系都要分别符合某些特定的要求,所有这些逻辑要求都属于逻辑规律。例如,前面已经提到的概念定义的要求、概念分类的要求、命题运算的定律等等,都是逻辑规律。本节还将介绍的推理的规则以及下节将提及的证明的规则也是逻辑规律。

一、基本规律

在众多的逻辑规律中,通常是把同一律、矛盾律、排中律和充足理由律分出来,这四条规律叫做形式逻辑的基本规律。除了充足理由律外,其余三条规律都可以表达为恒真命题。

1. 同一律

关于任何对象的思想的外延和内涵,在对该对象进行论断的过程中应当严格确定和始终不变。

同一律可用公式表示为 $A \equiv A$(A 是 A)。这里的"A"是任一概念或判断。同一律的作用在于保证思维的确定性。

2. 矛盾律

在对任何一个特定的对象的论断过程中,不能在同一方面既肯定什么又同时否定什么;否则,这两个判断就不能同时都真。

矛盾律可表示为公式 $A \wedge \bar{A} \equiv 0$($A$ 不是非 A)。它的作用也在于保证思维的确定性,排除思维中的形式逻辑矛盾。

3. 排中律

在论断的过程中,必须对问题作出明确的肯定或者否定。这时,两个相互否定的判断中必有一个是真的。

排中律可表示为公式 $A \vee \bar{A} \equiv 1$(或者 A 或者非 A)。排中律与矛盾律对思维要求的侧重面不同。矛盾律只是不容许思维有逻辑矛盾,指出互相否定的思想不同真;排中律则要求人们在相互矛盾的判断中承认其中必有一真。

从命题的真假值方面来说,任何一个命题,如果它是真的,它就是真的;它不能既是真的又是假的;它或者是真的或者是假的。因此,以上三条规律就是关于命题真假值的规律,而命题的真假值是命题与命题之间的逻辑关系的基础,因而它也是一切推理形式的基础。

4. 充足理由律

在论断过程中,只有可以提出充足理由证明其为真的那些判断,才可以认为是确实可信的。它的公式是"A 真,因为 B 真并且 B 能推出 A"。

充足理由律是一切推理和证明必须遵循的最基本的逻辑规律。

二、推理规则

1. 推理的意义

推理是从一个或几个判断中得出一个新判断的思维形式。在推理中,所根据的已知判断叫做推理的前提,得出的新判断叫做推理的结论。例如:

平行四边形的对边相等,

四边形 $ABCD$ 是平行四边形,

所以,四边形 $ABCD$ 的对边相等。

以上三个判断构成一个推理,前两个判断是这个推理的前提,最后一个判断是推理的结论。

2. 推理规则

推理必须遵循一定的规则。推理规则即正确的推理形式,也就是当前提为真时能保证结论必真的那种推理形式。下面介绍几种最常用的推理规则。它们的正确性或由命题真值表可证,或由集合的简单知识可知,我们都略去其证明。

规则 1 若 $p \rightarrow q$ 真且 p 真,则 q 真。即

$$\frac{p \rightarrow q, p}{q}$$

这条规则称为"分离原则",它是数学证明中最重要、用得最普通的一条推理规则。

规则 2　若 $p \to q$ 真且 $q \to r$ 真，则 $p \to r$ 真。即

$$\frac{p \to q, q \to r}{p \to r}$$

这条规则称为蕴涵的传递性。

规则 3　若 $p \to q$ 真且 $\bar{q}$ 真，则 $\bar{p}$ 真。即

$$\frac{p \to q, \bar{q}}{\bar{p}}$$

规则 4　若 $p \vee q$ 真且 $\bar{p}$ 真，则 q 真。即

$$\frac{p \vee q, \bar{p}}{q}$$

规则 5　若集合 A 中的每一元素都具有属性 F，则集合 A 中的任一非空子集 B 的每一元素也具有属性 F。即

$$\frac{\forall x F(x)(x \in A), B \subseteq A}{\forall y F(y)(y \in B)}$$

其他推理规则不一一列出，用到时再单独指明。

3.3.2　推理种类

推理可分为似真推理和论证推理两大类。

一、似真推理

似真推理的主要形式是不完全归纳推理和类比推理。

1. 不完全归纳推理

先看两个例子。

三角形的内角和为 π，四边形的内角和为 2π，五边形的内角和为 3π，…。由此，猜出一般 n 边形的内角和为 $(n-2)\pi$。

$$1^3 \qquad\qquad\quad = 1$$
$$1^3 + 2^3 \qquad\quad = 9$$
$$1^3 + 2^3 + 3^3 \quad = 36$$
$$1^3 + 2^3 + 3^3 + 4^3 = 100$$
$$\cdots$$

观察上列等式右端的数，发现都是些平方数：$1 = 1^2, 9 = 3^2, 36 = 6^2$，$100 = 10^2, \cdots$。

再观察这些平方数的底数 $1, 3, 6, 10, \cdots$ 是按什么规律排列的，发现它们是自然数的连加：

$1 = 1, 3 = 1 + 2, 6 = 1 + 2 + 3, 10 = 1 + 2 + 3 + 4, \cdots$。

由上面的发现,猜想有如下一般结论:

$$1^3 + 2^3 + \cdots + n^3 = (1 + 2 + \cdots + n)^2$$

上面两个例子中,我们都是从一些对象具有某种属性的判断出发,推测出包含这些对象在内的一般集合内的所有对象都具有该属性的结论。这种推理模式,就是典型的不完全归纳推理。

一般地说,在进行推理时,如果前提所涉及的对象组成的集合是结论所含对象的集合的真子集,这种推理称为不完全归纳推理,简称不完全归纳法。它的推理图式是:

x_1 具有性质 F,

x_2 具有性质 F,

$\cdots$

x_n 具有性质 F,

集合 $\{x_1, x_2, \cdots, x_n\}$ 是集合 A 的真子集,

$\forall x F(x) \quad (x \in A)$

由此可见,不完全归纳推理属于由特殊到一般的推理。

在中学数学教学中,不完全归纳推理是普通存在的。一些命题的引出,特别是公式和有关运算法则的引出,都经历这样由特殊到一般的不完全归纳过程。此外,许多概念的引进,也需要这种归纳过程,比如集合的概念,映射的概念,这些最基本的概念是如此;函数作为它们的派生概念也不能不利用归纳过程来加深学生的理解;至于函数的微分概念、积分概念,更需要细心地使用归纳方法来引入。

概念的引出常常借助归纳方法,命题的引出也常常借助于归纳方法,这种引出一般都只使用到不完全归纳。然而通过不完全归纳引导学生看出或猜出结论来、找出命题来,这是十分重要的。这就是发现的尝试,这就是对学生的创造性思维培养的手段之一。

2. 类比推理

根据两个对象都具有一些相同或类似的属性,并且其中一个对象还具有另外某一属性,从而推出另一个对象也具有与该属性相同或类似的属性的推理,叫做类比推理。很明显,这是由特殊到特殊的推理。它的推理图式是:

甲具有属性 $A_1, A_2, \cdots, A_n, B$；

乙具有属性 $A'_1, A'_2, \cdots, A'_n$；

A'_i 与 A_i 相同或类似；

乙具有属性 B'，B' 与 B 相同或类似。

在中学数学教学中，常常把新旧对象进行类比，从而导出新对象的有关属性或有关命题。例如，与自然数的整除性相类比，导出多项式整除的有关性质；与分数具有的基本性质相类比，导出分式也具有类似的性质，并且推出它可以和分数一样进行化简和运算；与平面几何中线线关系相类比，导出立体几何中面面关系的有关命题；等等。但是，由于类比与不完全归纳一样属于似真推理，推出的结论不一定可靠，如果运用不当，可能带来副作用，容易使学生乱用类比，以至产生痕迹性错误。例如，学生把 $a(b+c)$ 与 $\lg(x+y)$ 类比，造成下列错误：

$$\lg(x+y) = \lg x + \lg y$$

教学中要让学生弄清 $\lg(x+y)$ 的含义，防止学生把函数 $\lg$ 误为表示数的字母符号。

二、论证推理

上面介绍的似真推理是人们用于发现科学结论的推理，但不能用于科学结论的证明。论证推理才是用于科学结论证明的推理。

论证推理主要有两种推理形式：安全归纳推理和演绎推理。

1. 完全归纳推理

在进行推理时，如果前提所涉及的对象组成的集合等于结论所含对象的集合，这种推理称为完全归纳推理，简称完全归纳法。它的推理图式分两种情形。

（1）当结论所含对象的集合是有限集时，完全归纳法的推理图式是：

x_1 具有性质 F，

x_2 具有性质 F，

…

x_n 具有性质 F。

集合 $\{x_1, x_2, \cdots, x_n\}$ 的所有元素都具有性质 F。

例如，证明命题"当 $n \in \mathbf{N}, n < 4$ 时，$n! \leqslant 2^n$ 成立"就用到上述推理

图式。

$n = 0$ 时，$0! = 2^0$；

$n = 1$ 时，$1! < 2^1$；

$n = 2$ 时，$2! < 2^2$；

$n = 3$ 时，$3! < 2^3$。

所以，上述命题成立。

（2）当结论所含对象的集合是无限集时，按概念分类的要求，将该集合划分为若干个子集。然后以各个子集为对象施行完全归纳法。其推理图式是：

设 $A = A_1 \vee A_2 \vee \cdots \vee A_n, A_i \wedge A_j = \varnothing, (i \neq j, 1 \leqslant i, j \leqslant n)$

A_1 的全体对象具有性质 F，

A_2 的全体对象具有性质 F，

……

A_n 的全体对象具有性质 F。

_____

A 的全体对象都具有性质 F。

例如，证明命题"同弧所对圆周角是圆心角的一半"时，我们用的就是这种推理图式：

设 $\angle AOB$ 是弧 AB 所对的圆心角，$\angle ACB$ 是弧 AB 所对的圆周角。

当 O 位于 $\angle ACB$ 的边上时，推出

$\angle AOB = 2 \angle ACB$；

当 O 位于 $\angle ACB$ 内部时，推出

$\angle AOB = 2 \angle ACB$；

当 O 位于 $\angle ACB$ 外部时，推出

$\angle AOB = 2 \angle ACB$。

归纳得出：同弧所对圆周角是圆心角的一半。

在本例中，结论所含对象圆周角的集合是无限集，我们按圆心 O 与该对象的位置关系将圆周角的集合分为三个子集，逐个证明每个子集的圆周角具有结论所指的性质，然后归纳得出涉及所有对象的结论。

完全归纳推理与不完全归纳推理一样都属于由特殊到一般的推理。不同的是：前者得出的结论可靠，因而可以用于严格的逻辑论证；后者得出的结论不一定可靠，只是具有可能性，因而只能用于结论的发现，不能

用于逻辑论证。

2. 演绎推理

演绎推理是从一般到特殊的推理,它是以某一类事物的一般判断为前提对该类事物中个别的特殊事物作出判断的思维形式。

演绎推理只要符合推理规则,推出的结论就是真实可靠的,这是因为结论事实上已经包含在前提中了,而推理规则保证了前提与结论之间的必然逻辑联系,因而它是一种论证推理。

演绎推理又可分为许多种形式,下面介绍最常用的两种。

(1)三段论。三段论是由两个包含着一个共同项的性质判断而推出一个新的性质判断的推理。

为了弄清三段论的结构,我们来观察一个简单的例子:

矩形中的对角线相等,

正方形是矩形,

所以,正方形的对角线相等。

这个推理符合推理规则5。任何一个符合规则5的三段论都包含且只包含三个项:小项、大项和中项。结论中的主项叫小项;结论中的谓项叫做大项;两个前提所共有的,而在结论中消失的项叫做中项。在两个前提中,含有大项的前提叫大前提;含有小项的前提叫小前提。若分别以 P、M、S 表示大项、中项和小项,则三段论可以简便地表示如下:

$$M \underline{\hspace{2cm}} P \quad (大前提)$$
$$S \underline{\hspace{2cm}} M \quad (小前提)$$
$$S \underline{\hspace{2cm}} P \quad (结论)$$

在使用三段论进行推理时,常常采用省略式,省略一个前提。例如:

三角形三内角之和为 $180°$ (大前提)

$\triangle ABC$ 是三角形   (小前提)

所以,$\angle A + \angle B + \angle C = 180°$ (结　论)

这个三段论往往简写为(省略了小前提):

因为三角形三内角和为 $180°$(大前提),

所以 $\angle A + \angle B + \angle C = 180°$(结论)。

稍为复杂一点的推理,需要将几个三段论联结在一起,其中前一个三段论的结论作为后一个三段论的前提。这种推理形式称为复合三段论。

（2）关系推理。关系推理是根据对象间关系的逻辑性质（如对称性、传递性等）进行推演的推理，它的前提和结论都是关系判断。

所谓关系判断是指揭示对象之间有无某种关系的判断，由对象和关系组成。若用 a、b 表示对象，R 表示关系（如 R 可表示数学中的"＝"、"＞"、"＜"、"∥"、"⊥"、"⊆"等关系），则含两个对象的关系判断可表示为"aRb"。

如果某种关系 R 具有对称性，则可按下列规则进行推理：

$$\frac{a\ R\ b}{b\ R\ a}$$

数学中的"＝"、"∥"、"⊥"、"∽"等关系都具有对称性，因此，含有这些关系的判断都可以按上述推理规则进行推理。

如果某种关系 R 具有传递性，则可按下列规则进行推理：

$$\frac{a\ R\ b,b\ R\ c}{a\ R\ c}$$

数学中的"＝"、"＞"、"＜"、"∥"、"∽"等关系都具有传递性，因此，含有这些关系的判断都可以按上述推理规则进行推理。

3.4　数学证明

3.4.1　证明的意义和规则

一、证明的意义和结构

证明就是根据已经确定其真实性的命题来确定某一命题的真实性的思维过程。

任何证明都由论题、论据、论证三部分组成。论题是需要确定其真实性的命题；论据是用来证明论题的真实性所引用的那些真实命题，如定义、公理、定理等；论证就是根据论据推出论题真实性的一系列推理过程。

在中学数学中，一个完整的证明分为已知、求证、证明三部分，其中"求证"的内容就是论题，"证明"的内容则是论证，"已知"的内容则是论据的一部分,因为论据中除了已知条件外,还需要引用其他真实命题。

为了进一步弄清数学证明的结构,我们先看一个例子:

已知:⊙O 的两弦 AB 与 CD 相交于 P。

求证:$PA \cdot PB = PC \cdot PD$。

证明:连结 BC 及 AD,在 △APD 和 △CPB 中,

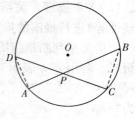

因为 ∠PAD = ∠PCB,又∠APD = ∠CPB,

所以 △APD ∽ △CPB,

于是 $\dfrac{PA}{PC} = \dfrac{PD}{PB}$。

图 3 - 2

所以 $PA \cdot PB = PC \cdot PD$。

这个简单的证明实际上是由五个省略式三段论复合而成的。把它还原成完整的复合三段论即是:

推理 1 在同圆中同弧所对的圆周角相等,

∠PAD 与 ∠PCB 都是 ⊙O 中$\overset{\frown}{BD}$所对的圆周角,

所以,∠PAD = ∠PCB。

推理 2

凡对顶角相等,

∠APD 与 ∠CPB 是对顶角,

所以 ∠APD = ∠CPB。

推理 3

有两个角对应相等的两个三角形相似,

在 △APD 与 △CPB 中,有 ∠PAD = ∠PCB,

∠APD = ∠CPB,

所以,△APD ∽ △CPB。

推理 4

相似三角形的对应边成比例,

PA 与 PC、PD 与 PB 分别是相似三角形 APD 与 CPB 的两组对应边,

所以 $\dfrac{PA}{PC}=\dfrac{PD}{PB}$。

推理 5

比例的两外项的积等于两内项的积,

PA 与 PB、PC 与 PD 分别是比例

$$\dfrac{PA}{PC}=\dfrac{PD}{PB}$$

中的两外项和两内项,

所以 $PA \cdot PB = PC \cdot PD$。

上面详细写出的证明是五个推理的有序排列。由于每个推理又都分别由三个命题排列而成,因此,这个证明可以看作是命题按逻辑推理规则组成的有限序列。

一般地,所谓证明一个数学命题 T,就是要找到一个满足下列条件的有限命题序列 $(A_1,A_2,\cdots,A_n)$:

1° $A_i(1\leqslant i\leqslant n)$ 或是公理,或是定义,或是前面已证明过的定理,或是假设(命题 T 的条件),或是由前面的命题按照推理规则之一得到的;

2° A_n 是命题 T。

二、证明的规则

在上面关于证明的结构分析中,已经涉及对证明的逻辑要求。为了明确起见,我们把任何一个证明都必须遵守的逻辑要求作为证明规则列出如下:

1. 论题必须确切。即论题必须是确定的、明白的判断,不能含糊其词,模棱两可。比如,"求证两相似三角形的高的比等于相似比",这个论题就不确切,因为它没有指明要证的对应高的比等于相似比,因而无法证明。

2. 论题应当始终同一。即在论证过程中,论题必须始终保持不变;否则,就要犯"偷换论题"的逻辑错误。例如,要证明四边形的内角和等于 360°,如果用矩形代替一般四边形来进行论证,就偷换了论题。

3. 论据必须真实。前面已经指出,论证是由一系列推理组成的,每一个推理的前提就是论据。只有论据真,按照推理规则得出的结论才会真。若论据假,即使按照推理规则推理,得出的结论也不一定真,因而整个论证失效。违反这一规则的逻辑错误是引用假论据或其真假未经证

中学数学教学论

明的论据。下面的例子是引用假论据的典型例子。

已知:如图 3 - 3,在四边形 $ABCD$ 中,$AB^2 + CD^2 = BC^2 + DA^2$。

求证:$AC \perp BD$。

证明:设 AC 与 BD 相交于 O,若 AC 与 BD 不垂直,则其交角不是直角,于是,

$AB^2 \neq OA^2 + OB^2, CD^2 \neq OC^2 + OD^2$,

所以 $AB^2 + CD^2 \neq OA^2 + OB^2 + OC^2 + OD^2$。

同理,$BC^2 + DA^2 \neq OA^2 + OB^2 + OC^2 + OD^2$,

因而可得 $AB^2 + CD^2 \neq BC^2 + DA^2$,

这与假设矛盾,因而 AC 与 BD 不垂直不可能。

所以 $AC \perp BD$。

以上证明,用到两条假论据:"不等量加不等量,其和不等"及"两个量都不与第三个量相等,则这两个量也不等"。因而整个证明是错误的。

4. 论证不能循环。即在证明过程中,论据不能直接或间接地依赖论题。违反这一规则的逻辑错误叫做循环论证。下面是犯循环论证错误的典型例子:

证明勾股定理。

设直角三角形 ABC 的斜边 c 所对的是 $\angle C$,直角边 a、b 所对的分别是 $\angle A$、$\angle B$。

因为 $a = c\sin A, b = c\cos A$,

又 $\sin^2 A + \cos^2 A = 1$,

所以 $a^2 + b^2 = c^2 \sin^2 A + c^2 \cos^2 A$

$= c^2 (\sin^2 A + \cos^2 A)$

$= c^2$

上述证明的论据之一是 $\sin^2 A + \cos^2 A = 1$。而这一论据又是以 $a^2 + b^2 = c^2$ 作论据的。因此犯了循环论证的错误。

5. 论据必须能推出论题。即论证的每一步推理都必须遵守推理规则,并且最后一步推理的结论就是论题。这一规则在前面关于证明的结构分析中明显地反映出来了。

3.4.2　证明方法及其逻辑基础

证明方法可以从不同的角度进行分类。下面结合中学数学中常用

的证明方法作简要介绍。

一、直接证法与间接证法

由命题的条件以及已学的定义、公理、定理等,直接推出命题的结论,这种证明方法称为直接证法。

但是,有些命题不容易直接证明,我们转而证明命题的否定假,或者在特定条件下,证明与命题同值的命题成立,这种间接地证明原命题真的证明方法,称为间接证法。下面只介绍间接证法。

1. 反证法

通过证明命题的否定命题假,从而肯定命题真的方法,叫做反证法。

反证法的一般程序是:要证明 $p{\rightarrow}q$ 真,先反设 $\overline{p{\rightarrow}q}$ 真,即 $p\wedge\bar{q}$ 真,然后从它出发,进行一系列推理,一直到所得结论与已知条件或已学的定义、公理、定理矛盾,或者推出两个自相矛盾的结论,由此断言 $\overline{p{\rightarrow}q}$ 假,从而肯定 $p{\rightarrow}q$ 真。

反证法的逻辑基础是:

$$p{\rightarrow}q{\rightarrow}R\wedge\bar{R}\equiv\overline{\overline{p{\rightarrow}q}}{\rightarrow}0\equiv p{\rightarrow}q\vee 0\equiv p{\rightarrow}q。$$

其中 $p{\rightarrow}q$ 是待证命题,R 是已知条件或已知定义、公理、定理或其他不知其真假的命题。

上式表明,我们在否定了待证命题并推出了矛盾以后,就推出了原命题真。

2. 同一法

在一般情况下,一个命题与其逆命题不一定同真。但是,如果一个命题的某一个条件和某一个结论所指的概念是具有同一关系的概念,此时,交换那个条件与结论所得的逆命题与原命题同值,我们称这样的命题符合同一原理。

如果一个命题符合同一原理,当直接证明该命题有困难时,我们可以转为证明与它同值的那个逆命题为真,从而肯定原命题真,这种证明方法叫做同一法。

例如,已知四边形 $ABCD$ 中,$AD /\!/ BC$,$AB = AD + BC$,$\angle A$ 与 $\angle B$ 的平分线交于 F。求证 F 是 CD 的中点。

这个命题的条件之一是"$\angle A$ 与 $\angle B$ 的平分线交于 F",$\angle A$ 的平分线与 $\angle B$ 的平分线都是惟一存在的,其交点也惟一存在。结论"F 是 CD 的中点"也具有惟一存在性,原命题符合同一原理。于是,可以改为证与原命题同值的一个逆命题为真。这个逆命题就是：在四边形 $ABCD$ 中，$AD/\!/BC$，$AB = AD + BC$，F 是 DC 的中点，则 AF、BF 分别平分 $\angle A$ 和 $\angle B$（证明较易，请读者自己完成）。

二、综合法与分析法

要证明一个命题，我们既可以从条件入手思考，也可以从结论开始思考。根据思考的方向和推理顺序不同，证明的思考方法可分为综合法和分析法。

1. 综合法

综合法是一种"由因导果"的思考方法。即从命题的条件出发，经过逐步的逻辑推理，最后得到待证的结论。

假定要证的命题是 $A \to B$。用综合法思考的过程是：假设 A 真，由 A 推出 B_1，由 B_1 推出 B_2，$\cdots$，由 B_{n-1} 推出 B_n，由 B_n 推出 B。所以 $A \to B$ 真。

综合法的逻辑依据是分离原则或蕴涵的传递性。

按分离原则，有

$$\frac{A \to B_1, A}{B_1}$$

$$\frac{B_1 \to B_2, B_1}{B_2}$$

$$\vdots$$

$$\frac{B_n \to B, B_n}{B}$$

按蕴涵的传递性，有

$$\frac{A \to B_1, B_1 \to B_2}{A \to B_2; B_2 \to B_3}$$

$$\vdots$$

$$\frac{A \to B_n; B_n \to B}{A \to B}$$

2. 分析法

分析法是一种"执果索因"的思考方法。即从待证的结论出发，寻找它成立的充分条件，再进一步寻找这个条件成立的充分条件，这样一步一步地追溯，最后要找的条件就是已知条件。

分析法的逻辑依据与综合法完全一样，因为它们只是思考顺序不同而已。

对于比较复杂的证明题，往往把分析法与综合法结合使用，在分析的基础上综合，在综合的指导下再分析，再综合，一般比较容易找到证题途径。还有一种情况是，思考同时从已知及结论出发，逐步分别进行推理及追溯，直到推理所得的中间结论与要寻求结论成立的充分条件相同时为止。这种思考方法叫做分析综合法。

3. 逆证法

逆证法的思考过程是：要证 $A \rightarrow B$，假设 B 真，且

（1）$B \rightarrow B_1 \rightarrow B_2 \rightarrow \cdots B_n \rightarrow A$；

（2）上面推理的每一步都可逆。

它的逻辑依据是等价的传递性。为了简便，不妨设第一步是证 $B \rightarrow B_1$、$B_1 \rightarrow B_2$、$B_2 \rightarrow A$；则第二步是证 $B_1 \rightarrow B$、$B_2 \rightarrow B_1$、$A \rightarrow B_2$。于是有

$$\frac{\dfrac{B \leftrightarrow B_1, B_1 \leftrightarrow B_2}{B \leftrightarrow B_2 ; B_2 \leftrightarrow A}}{B \leftrightarrow A}$$

逆证法与分析法虽然有些相似，但毕竟是不同的两种证法。分析法的每一步都是寻求符合要求的充分条件，而逆证法的每一步都是寻求充要条件。一般来说，一个结论的充分条件个数比充要条件多，要找充分条件，目标较广，难于找到所需要的，而找充要条件，目标较窄，易于找到所需要的。因此，就这方面而言，逆证法有优于分析法之处。但是，逆证法有其局限性，它只适用于部分特殊命题，即条件和结论互为充要条件的命题。因此，凡能用逆证法证明的命题都可用分析法来证，反之则不然。

三、数学归纳法

从证明所用的推理方法来区分，又可分为演绎证法和归纳证法。

归纳证法用的是完全归纳推理，前面已经介绍过，这里不再重复。

数学归纳法是用来证明关于自然数集或其无穷子集的命题成立的一种方法。其证明模式如下：

设有命题 $P(n)$，$n \in \mathbf{N}^*$。

（ⅰ）证明 $P(1)$ 真；

（ⅱ）假设 $P(k)$ 真，推出 $P(k+1)$ 真；由（ⅰ）、（ⅱ）即可断定对一切自然数 $n \in \mathbf{N}^*$，$P(n)$ 真。

上述证明的有效性是依据算术公理（又称皮阿诺公理）中的一条（第5条），说的是：若 M 是自然数集 $\mathbf{N}^*$ 的子集，即 $M \subset \mathbf{N}^*$，如果（ⅰ），$1 \in M$，且（ⅱ），当 $n \in M$ 时也有 $n+1 \in M$，则 $M = \mathbf{N}^*$。显然，只要承认了这条公理，数学归纳法就算有效地证明了。

让我们看看下面的一个三段式论证：

——凡 N^* 之子集 M 满足条件（ⅰ）、（ⅱ）者即有 $M = \mathbf{N}^*$（皮阿诺第5公理）；

——$M' = \{k \mid P(k) \text{真}\}$ 是 $\mathbf{N}^*$ 的子集，条件（ⅰ）成立（数学归纳法第一步），（ⅱ）成立（数学归纳法第二步）；

——所以，$M' = \mathbf{N}^*$。

我们用数学归纳法进行证明其所以有效，实际上就是有上面这个三段式论证，不过每一次都省略而已。然而，这个三段式却是典型的演绎法。从这个意义上讲，数学归纳法属于演绎。但是从另一方面讲，数学归纳法所完成的认识过程又确实是归纳的，即由个别到一般的，由有穷到无穷的，皮阿诺公理只是认可这一归纳过程是合理的。所以它仍可当之无愧地称之为数学归纳法。

关于数学归纳法还有两点补充说明：

1. 数学归纳法有许多等价形式。在用数学归纳法证题时，常常用到下列"变着"：

$P(1)$ 真，且若当 n 适合 $1 \leqslant n \leqslant k$ 时，$P(n)$ 真可推出 $P(k+1)$ 真，则 $P(n)$ 对一切 $n \in \mathbf{N}^*$ 真；

$P(1)$、$P(2)$ 真，且若 $P(k)$、$P(k+1)$ 真可推出 $P(k+2)$ 真，则 $P(n)$ 对一切 $n \in \mathbf{N}^*$ 真；

设 m 是一任意给定的自然数，$P(1)$ 真，且 $P(k)$ 真（$1 \leqslant k < m$）可推出 $P(k+1)$ 真，则 $P(n)$ 对不超过 m 的自然数 n 都真。

2. 数学归纳法的两步缺一不可。这是因为，缺了第一步奠基，第二步递推就没有基础,即使第二步的证明无误,由于命题真而前提假时,结论可真可假,因而当 $P(k)$ 假时, $P(k+1)$ 可真可假,从而整个命题(对一切自然数 n) $P(n)$ 的真假并未判定,这种证明当然是失效的;缺了第二步,第一步验证虽然真,由于不能进行递推,就只能认定 $P(1)$ 真,无法再作别的断言,因而也就谈不上对整个命题作了有效证明。此外,在第二步归纳证明中,一定要用到归纳假设,否则不是归纳有误,就是整个证明徒具数学归纳法的形式,实际上只是一种分情况($n=1$ 和 $n>1$)的完全归纳法甚至实质上是合二为一(当第二步包括 $n=1$ 的情形时)的纯粹演绎证明。

思考题

1. 什么是概念? 概念的内涵与外延指的是什么? 两者的关系如何?

2. 概念之间的关系有哪几种? 分别举例说明。

3. 说明概念的限定与概括的意义及作用。

4. 什么是定义? 下定义常用的方法有哪些? 试从中学教材中举例说明。

5. 下定义的基本要求有哪些?

6. 什么是分类? 分类有哪些基本要求?

7. 什么是判断? 它的种类有哪些?

8. 什么是命题? 中学数学中常见的真命题有哪几种形式?

9. 用真值表验证:

$[(p \leftrightarrow q) \wedge (q \leftrightarrow r) \rightarrow (p \leftrightarrow r)]$ 是恒真命题。

10. 什么是推理? 推理有哪些类型? 各自的特点如何?

11. 什么是推理规则? 试列出几个最常用的推理规则。

12. 反证法的逻辑基础是什么?

13. 什么是综合法、分析法、逆证法? 分析法与逆证法的区别何在?

第四章　中学数学教学原则

数学教学必须遵循一定的教学原则,这些教学原则构成一个体系,共同指导着数学教学工作的进行过程。

数学教学原则体系由两个层次组成。第一层次是一般教学原则,它们是各学科教学必须共同遵循的原则,数学教学自然也应该遵循这些原则;第二层次是数学教学中的特殊原则。这里的"特殊"有两种含义:一是指不具有普遍性的一些要求,只有数学一科或与数学关系紧密的学科教学必须遵循;二是指一般要求的特殊化,即原则可能具有普遍性,但对数学学科教学来说,有与其他学科教学相区别的表现形式。

本章前两节先讨论第一层次的原则,后两节再讨论第二层次的原则。

§4.1　数学教学的一般原则(一)

4.1.1　一般教学原则的选择

我国古代和近代教育,一直以孔子的教育思想作为指导思想。西方的思想传入以后,外国的教育理论对我国教育产生了影响。在教学论领域,一些著名的教育家提出的一般教学原则体系对我国的学科教学更是影响深远。其中最有代表性的是如下三个教学原则体系:

凯洛夫的教学原则体系。该体系由 5 条原则组成,即直观性原则、自觉性和积极性原则、巩固性原则、系统性和连贯性原则、通俗性和可接受性原则。

赞可夫的教学原则体系。该体系也由 5 条原则构成,即以高难度进行教学的原则、理论知识起主导作用的原则、以高速度进行教学的原则、使学生理解学习过程的原则、使班上所有的学生(包括最差的学生)都得到一般发展的原则。

布鲁纳的教学原则体系。该体系包括 4 条原则,简称为动机原则、结构原则、程序原则、反馈原则。

我国学者在中外教育思想的共同影响下,对一般教学原则也有深入研究,提出了不少教学原则体系。这里也列出其中的三种。

王策三在《教学论稿》(1985 年)中提到的教学原则体系。该体系包括 8 项原则,即:(1)关于思想性与科学性相统一的原则;(2)关于理论联系实际的原则;(3)关于教师主导作用与学生主动性统一的原则;(4)关于系统性原则;(5)关于直观性原则;(6)关于巩固性原则;(7)关于量力性原则;(8)关于因材施教原则。

南京师范大学教育系编《教育学》(1984 年)中提出的教学原则体系。该体系由 4 条原则组成:(1)全面发展的方向性原则;(2)教师主导作用和学生自觉性、积极性相结合的原则;(3)知识结构和学生认知结构相统一原则;(4)因材施教的原则。

张楚廷在《教学原则今论》(1993 年)中提出的教学原则体系。该体系包括 6 条教学原则,即:(1)智力与心力发展相结合的原则;(2)知识传授与能力培养相结合的原则;(3)思维训练与操作训练相结合的原则;(4)收敛思维训练与发散思维训练相结合的原则;(5)深入与浅出相结合的原则;(6)教师主导作用与学生主体作用相结合的原则。

以上我们列举了若干一般教学原则体系。此外还有许多未列出的教学原则体系。这就使我们面临一个问题:究竟选择哪一个教学原则体系作为数学教学原则体系的第一层次呢? 这里涉及一个选择的标准。①下面给出一个选择标准。①

适对性。适对性指的主要含义是教学原则体系所论应是教学领域的事,不能超出这个范围,不能扩大为教育领域,更不能扩大为社会生活领域。其次,也不能具体化为教学规律、方法的探讨,只能在整体上涵盖教育规律、教学方法的内容。

完备性。所谓教学原则体系的完备性,是指教学过程中的一些基本要求都应当在体系中得到反映。

---

①　张楚廷,李求来,刘振修:《数学教学原则概论》,广西师范大学出版社,1994 年,第 12～17 页。

相容性。所谓教学原则体系的相容性,是指该体系中各条原则不能彼此矛盾,任何一条与其他各条都要相容,任何一条自身如果包含有若干要点,则各要点之间也要彼此相容。

独立性。所谓教学原则体系的独立性,是指体系中各条原则相对独立,不重复,不重叠,任何一条不为其他一条或若干条所代替、所包含。

简练性。所谓简练性标准或经济性标准,是指过于一般化的内容不要列入其中,过于具体的内容也不要列入其中,使体系的条文尽可能简练和经济。

根据以上标准,综合考虑现有的各种一般教学原则体系和中学教育的实践,我们确定选择张楚廷在《教学原则今论》中提出的由 6 条原则组成的体系,作为数学教学原则体系的第一层次。以下将逐一简介这些原则的含义,并说明在数学教学中如何贯彻。

4.1.2　智力与心力发展相结合的原则

一、本原则的含义

这一原则说的是,在教学过程中要求:既向学生传授知识,训练技能,多方面发展学生的智能,又要培养学生的非智力心理素质,使学生树立起某种信念,使学生生成健康的情趣和志向,使学生形成坚定的意志、顽强的毅力,使学生具有高尚情操和审美力,培养起对所学课程的兴趣乃至情感。

这一条教学原则所体现的更高一层的教育要求与目标是:德育与智育的统一,教书与育人的统一,具体科学与哲学的统一,真正实现学生的全面发展,体现"教学应实现教育目的"的要求。

教学的基本要求和目的,不只包括开发学生智力,也应包括开发心力(特指心理因素中非认知的部分)。而这一点正是现实教育中最突出的问题。具体来说,根据这一原则,学生的志趣、情感、意志、毅力等诸多方面的发展都应是我们教学活动所要考虑的,都应是教学的基本要求的重要方面。通常我们讲到要注意学生学习的积极性、主动性、自觉性,就反映了这些要求。

这一教学原则的概括程度较高。例如,凯洛夫的自觉性原则、布鲁纳的动机原则均可包含于其中。

二、数学教学中的智力与心力发展相结合

1. 数学教学与智力发展

　　学生智力的发展是学习实践活动中得到的,各科教学都负有发展学生智力的责任,数学教学亦负有这一责任。

　　数学教学能够发展学生哪些智力呢?

　　首先是发展思维力。由于数学具有抽象性,其抽象的特点区别于其他学科,这反映了数学广泛的适用性,作为学习过程来说,又恰好反映了需要广泛使用归纳的思想,进行归纳的训练。从对于数的认识起就要有归纳,再进到式,即开始学代数,更离不开归纳的思维训练。

　　数学教学应当特别注重发展学生的归纳能力,但实际的教学中往往重视不够,尤其是不完全归纳思想的训练与运用。当然,不可否认的事实是:数学教学对于发展学生的演绎思维能力的作用是特别显著的,数学教学活动的相当大比重是在演绎方面。逻辑思维能力主要是通过数学教学培养的。

　　数学教学还应发展学生的想象力。数学中需要想象的东西很多。例如,自然数是最简单的数学对象,想象可以帮助人们发现它有许多奇妙的性质;在解析几何中,我们靠想象借助坐标方法能研究许多几何问题,利用这种方法可以研究靠直观所难以觉察的性质;在微积分中,要把握运动的宏观状态需要积分,要分析事物的微观状态需要微分,把微分与积分联系起来的定律,即把宏观研究与微观研究联系起来的牛顿－莱布尼兹公式尤其要借助于想象。其实何止上述几例,对于数学概念的理解,对于数学精神的把握,大都需要借助想象。在数学解题中,更普遍地需要借助想象,利用辅助工具,作辅助线,从典型及个别中去想象一般等等。数学是极需要想象的学科,也是极能够培养想象力的学科。

　　再说到数学教学培养观察力。几何是直接需要观察也直接训练学生观察的数学分支。许多几何问题是通过一步一步的观察而发现有关命题,再通过观察探索到论证的大致途径。其实不仅几何能培养观察能力,三角、代数等数学分支都能培养观察力。

　　数学的学习似乎不像语言的学习、文学的学习、史学的学习那样需要记忆,这在某种意义上是对的。数学更需要建立在对其理解的基础上,依靠机械记忆的东西虽也有,但相对较少。即使要记住的东西也尽量加上理解的工夫,让逻辑参与记忆,从而在实际上改善了记忆的品质,提高人的记忆力。

　　综上可见,数学是开发学生智力强有力的学科之一,数学教学应该充分体现出数学的这种功能。

2. 数学教学与心力发展

数学教学对学生心力发展也有自身特有的作用。

首先考察数学教学与学生情动力的培养。有人就兴趣对学习的影响进行过调查(调查对象为初中生),结果表明,在语文、数学、外语三科上,学习兴趣与学习成绩的相关系数均达到显著水平,数学学习受兴趣影响极大,仅次于外语学习。那么,数学学习的兴趣从何而来呢?最起码的是学得懂,这是一个必要条件,任何学不懂的东西是不会对之产生兴趣的。再进一步,不仅一般的学懂了,还懂得透,学得深,并取得了优秀的成绩,那么学习数学的兴趣就更有可能产生了,成功是兴趣产生的源泉之一。如果数学教学还能引导学生领略到数学的美妙、数学的魅力,那么,学生学习数学的兴趣将油然而生。

数学的魅力,对于中学生可能来自两个方面:一是与生活的联系,数学能回答生活中的许多问题;二是让学生实际体会到与智力训练的联系,"数学能使我变得更聪明",这样的感受就可能使学生从对数学的一般兴趣发展到喜爱数学。

数学的美妙,对于中学生是更不容易体验到的。通过数学教学,要逐步地让学生明了数学的思想、方法而不只是内容,要结合具体内容自然而又有意识地引导学生体会数学的简洁、统一、对称与奇异。

数学教学也能培养学生的意志力,也能改善学生的注意品质。数学的抽象性、逻辑性以及数学的一些独特方法与技巧,既是对人的智力的训练,也是严峻的考验。数学学习的道路上必然会碰到许多困难。因此,数学教学中教师应不断地注意培养学生的意志力,让学得比较顺利的学生不时地处于困境,让学得不太顺利的学生在困难面前能挺得过去,从精神上和技术上帮助和关心他们。掌握数学教学的节奏是重要的,不使学生长期处于逆境,也不宜使学生长时间地处于顺境。数学难易程度的弹性是很大的,教师可根据学生的不同实际情况来把握,以达到增强学生意志力的最佳效果。

数学对于形成学生正确的自我评价能力也是最重要的课程。数学教学中教师应精心爱护和培植每一个学生的自信心(包括学好数学的自信心)。自信心对于学生的顺利成长是非常重要的,自信心能保护学生的心理健康,能发掘学生的潜能,也能支撑意志的锻炼。

3. 数学教学中智力与心力的协同发展

在数学教学中,发展学生智力与发展学生心力总是密切结合的,学生的实际发展过程也是两者相互作用而非孤立进行的。因此,在具体教学工作中,对某一方面的忽略或人为地割裂了两个方面,都不能算有效的数学教学。

学生学习数学的动机与多种因素有关,其中尤与他们在数学学习过程中能力发展的情况有关。一次数学解题成功,一项数学方法的掌握,一种数学思想的领悟,一种数学精神的体验,一种数学美的感受,都能对学生学习数学的兴趣与动机起积极作用。而我们所列举的这些又都与知识传授本身有关,与学生智力发展状况有关。换句话说,智力发展中促进心力发展,而这种心力发展又极有利于数学学习的深入,促进智力发展。通过数学教学,使学生智力发展促进心力发展,同时,又使学生心力发展促进智力发展。后一点似乎更值得我们注意,如果我们能给以更多一些的关注,那么,我们同时做到上面两点的可能性是很大的。

4.1.3 知识传授与能力培养相结合的原则

一、本原则的含义

第一条教学原则讲的是智力发展与非智力心理因素的培养的关系问题,这一条原则讲的则是智力发展内部的一个关系问题。发展学生的智力包括两大方面:一是丰富学生的知识,二是增强学生的能力。这一教学原则强调的是,对两方面都予以重视,并把两者结合起来。

把知识传授与能力培养结合起来这一原则,特别强调在知识传授过程中注重能力培养。这里,大体有这样四点是值得注意的:一是注意知识结构,相应地要注意学生自身的认知结构,相比而言,结构是特别有用的,一个优秀的结构不仅更可能延伸,而且更可能发展能力;二是不仅让学生知其然,而且使之知其所以然;三是不仅讲解知识本身,而且讲解知识背景,不仅讲发现,而且讲发现的过程,如何发现,并常常引导学生也尝试发现;四是尽可能讲清楚知识的用途并试着去用,但勿以为每项具体的知识会立即找到用途。

一方面,对学生的能力培养是与知识的传授分不开的。另一方面,对于学生来说,其能力也有学生时期的特点,与已进入社会的人还是有所区别的,只是为进入社会作的一种准备。就其内容来讲,学生所需要加以培养的能力主要有这样四个方面：一是吸收知识的能力，即由在教师指导下吸收知识逐步过渡到自己独立吸收知识；二是较强的思维能力；三是初步培养起一些通用性最强的能力如语言能力、电脑操作能力；四是研究与创造的能力。

二、数学教学中的知识传授与能力培养相结合

1. 数学教学过程中传授哪些知识

在本书第一章中，已经就中学数学课程的内容作了一般的介绍。因此，关于数学教学过程中传授哪些知识的问题，应该说，已经有了大致的回答。这里只作一点补充说明。

传授给中学生的数学知识，如果按其内部的逻辑体系来划分，已如第一章中所述。如果按数学知识的性质分类，又可以大致分为以下几类：

①数学概念。包括中学数学课程中所有概念，其中的主要概念或基本概念又可归并为数式概念、形体概念和关系概念等几大类。

②数学命题。包括中学数学课程中所有公理、定理、推论、法则和公式，它们揭示出相关数学概念之间在空间形式和数量关系方面的各种联系。

③数学思想方法。包括中学数学课程中涉及的各类数学思想方法。如果按层次划分，可分为基本的或重大的数学方法，一般的科学方法，数学中特有的方法，中学数学中的解题方法等。

④数学史知识。这一类知识在中学数学中占的比重虽不大，但不容忽视。因为数学史知识是数学文化的重要组成部分，对它的介绍不仅能使学生增长见识，懂得某些数学知识的发生、发展历史，而且可使学生从中受到某种数学精神、思想或方法的启迪。

2. 数学教学过程中培养哪些能力

数学教学中培养学生的能力是多方面的，大致可划分为一般能力和特殊能力两大类。

一般能力是指人在一切活动中所必需的能力。数学教学过程中能够培养的一般能力包括：记忆力、观察力、思维力、想象力、理解力、自学力、探究力等。

特殊能力特指人在数学活动中表现出来的数学能力。第二章中已有关于数学能力的详细论述，这里不再重复。

3. 数学教学过程中传授知识与能力培养相结合

能力的培养是伴随在知识传授的过程之中的，所以，要使两者有效结合的关键还在于知识的有效传授。为此，下列几方面至关重要：

①展现数学知识的发生过程。

所谓知识的发生过程是指揭示和建立新旧知识联系的过程。就数学知识而言，主要的就是概念的形成过程，定理、法则的发现和推导过程，解题方法的思考过程等。

知识发生过程是学习关键性的知识和培养基本能力统一起来的最佳阶段。在知识发生过程中，学生弄清了知识的来源、背景，就可以不断增强理解力，同时也有利于记忆；学生要参与观察、分析、综合、比较、抽象、概括，就相应培养了观察力和逻辑思维能力；学生还要学会归纳、猜想、证明，这又可以培养探究能力。

②注重知识的结构。

所谓某一范围内知识的结构就是指该范围内的最基本的知识及其他知识与最基本知识的联系。知识范围不同，其结构当然也就不同。例如数学学科，就其整体来说有它的结构（布尔巴基学派研究了这种结构），各门数学分支又各有自己相对独立的结构。数学作为中学的教学科目，也有范围不同的学段、章、课等结构。我们这里所说的注重知识的结构，就是指后一类结构。

注重知识结构的教学对培养学生能力十分有利。首先可以培养理解力。所谓理解，就是能用更基本的知识来解释其他知识。要理解，就必须弄清知识的基本结构。其次，结构有利于记忆。无结构的知识是散乱的，提取时不容易，有结构的知识则是彼此联系着，提取时方便多了。所以说，有结构的知识易于记忆。再次，结构便于迁移，学的东西越基本，往往是最有用的。因为基本的东西是从比较广泛的现象中抽象出来的，就可以用到比较广泛的地方去，所以就比较有用场。所以我们在教学上，就应该尽可能地和最基本的知识联系起来，让学生掌握结构。

③抓知识的应用。

知识的应用包括单项知识的简单应用、知识的综合应用以及知识的灵活应用。知识应用的过程是否顺利，与学生的能力水平密切相关，如观察是否深入，记忆是否牢固，理解是否深刻，运算是否熟练，联想是否广泛等等，都是影响知识应用的重要因素。同时，在知识应用过程中，上述诸能力因素也相应地得到了培养和进一步发展。

§4.2 数学教学的一般原则(二)

4.2.1 思维训练与操作训练相结合的原则

一、本原则的含义

第二条教学原则讲的是知识与能力之间的关系问题,这一条原则讲的是诸能力之间的关系问题。能力包含许多方面,最重要的是思维能力、操作能力,这两种能力的协同效应又构成能力的重要内容。思维能力、操作能力的培养以及把两者紧密结合起来,是第三条原则的基本要求。

思维对于操作的影响是容易理解的,一切动作听脑的指挥,指挥的效果反映了思维对操作影响的大小;思维参与的程度越高,操作的效果越好,对技术的掌握越精;若有创造性思维参与,就会有创造性的尝试和行动,就会有技术革新或新产品的设计和制作。在操作的过程中,思维既影响技术与技巧的掌握,又影响操作的效率、效果,影响创新的程度。

操作对思维也有多方面的作用。心理学家在划分思维阶段时有所谓动作式思维阶段,肯定了操作在思维发展初期的直接作用,不仅记忆在动作的配合下可以取得更好的效果,而且借助于眼、口、手、足的动作也可以理解得更好。

二、数学教学中的思维训练与操作训练相结合

1. 数学教学中的思维训练

数学的思维,是以抽象思维为主,以形象思维为辅。

我们先讨论数学教学中抽象思维训练应注意的几个问题。

归纳的反复性。由相对浅显的内容归纳出概念后,由概念再演绎到事实,演绎完成后,相应的事实和为新的相对浅显的内容归纳到新的概念,多次反复,学生才能掌握概念的内涵和外延。一般说来,中学教材中每出现一个概念、一个定理之后,都有相应的练习,教师或学生对每一个练习,都会自觉不自觉地返回概念或定理,这一点一般不会被忽略。重要的是,当教材进入另一些概念和定理时,旧的概念要渗透进来加以复

习(只要新的内容可容纳)。

判断的准确性。一般教科书中对概念的表述是准确的,但运用概念再进行演绎就有一个判断的问题。学生在解题时,最大的失误莫过于判断失误。这种失误常表现于下列方面:一是相近概念的混淆;二是当概念的外延过多时,对一个属概念的一些种概念熟悉了,而碰到另一些种概念下的例子就没有把握甚至想不到;三是形式上相近而实属不同概念的事物被误认为属于同一概念。针对上述失误,教师根据自己的经验有意设置陷阱引导学生作判断练习是必要的。

推理的合理性和熟练性。这是抽象思维训练的核心内容。数学建立在形式逻辑的基础上,归纳、演绎、类比的推理方法是数学推理的基本方法,其中演绎所占的比重尤大。教师在进行演绎推理时应常使用分析法和综合法,以启发学生的思路,必要时将同一问题的各种演绎通路和错误的道路加以对比,以强化学生的认识。类比推理对学生发现新知识有很大的作用,但也较难掌握,特别是某些形式上的对比会导致错误。因此,类比推理要结合演绎推理,归纳推理也应如此。

再谈到形象思维。形象思维在数学思维中占有一定的比重,在几何学中的比重又较别的学科为大。

形象思维本身是一种认知手段,也是科学发现的一种手段。对于各种几何图形,特别是空间图形,识别其形象就是对该图形的第一步认识。圆锥曲线如不借助于图形,光凭方程,则不可能被清晰地认识。中小学生在抽象思维还不发达的情况下,对知识有一种看到其形象的心理要求,"直观性"被许多教育理论家视为教学原则,就是这类要求的反映。

形象思维与抽象思维是互相渗透的。观察黑板、书本、太阳、月亮的形象,其中也自然抽象出矩形、圆的概念。演绎出几何命题时,要作图,要试作各种辅助线,边观察图形边分析,这就是一个抽象思维与形象思维相结合的过程。但是,对于数学教学来说,重要的是形象思维要适时地向抽象思维过渡。因为数学本身是由概念构筑的逻辑体系,只有运用抽象思维才能真正把握它。

2. 数学教学中的操作训练

操作训练在数学课程中所占的比重并不如物理、化学、生物等课程中那么大,但其意义相当。数学中操作训练的内容,主要有几何作图、实物测绘、电脑(包括计算器)操作、数学实验操作和语言训练。

如果把操作的概念扩展为实行的能力、完成的能力,那么证题、解题都可列入操作,数学训练中就处处皆见操作了。

3. 数学教学中的思维训练与操作训练结合

在广义操作训练的含义下讨论思维训练与操作训练的结合,主要体现于"可操作性"的考虑。操作是需要动手的,怎么动手,就需要思维参与。首先要考虑问题的可操作性,三等分一个角,用圆规和无刻度直尺是办不到的,这是不可操作的。作一个角等于已知角的三倍,可以在已知角的基础上分两次完成,这是可操作的,这需要先想好,这就是思维与操作的结合。玻利亚在《怎样解题》一书中,给出了解题的程序:(1)熟悉问题,(2)深入理解问题,(3)探索有益的念头,(4)实现计划,(5)回顾。这就是一个可操作的程序。

思维与操作的结合就是要找出适合的操作程序。

4.2.2　收敛思维训练与发散思维训练相结合的原则

一、本原则的含义

第三条教学原则讲的是思维能力与操作能力的关系问题,这一条原则讲的是思维能力中两种思维能力的关系问题。

对于思维,有各种不同的分类,有抽象思维与形象思维之分,有同向思维与异向思维或逆向思维之分,有逻辑与直觉之分,也有收敛思维与发散思维之分。

发散思维是具有多维特征的,由多个思维指向、多个目标、多个起点、多个思维程式、多个思维结果或方案组成的思维模式,它是一种取得一个或多个合理设想或猜想的思维模式。收敛思维与发散思维恰好相反,它指向第一,目标明确,思维过程顺此发展。

现代社会对人的创造力格外重视,创造性思维是创造力的基础,创造性思维多以发散性思维开始,以收敛思维告终。

发散思维对于收敛思维来说,在其前,起开拓的、突破的、提供指向选择的作用;在其间,起辅助的、支托性的推动作用;在其后,起进一步拓宽、突进的延展作用。收敛思维则对于发散思维的各种"产物"进行鉴别、选择、评判、论证的工作,这些工作中尽管也随时可能有直觉、灵感的参与,但其主线上是收敛性的,对于各种"产物",谬误者迅速涤除,尚属疑问者进一步探究。教师应该让学生知道这两种思维的不同特点和作用,使学生也能有意识地培养这两种能力并善于把两者结合起来。

二、数学教学中的收敛思维训练与发散思维训练相结合

在数学发现过程中,发散思维与收敛思维往往是穿插进行,结合使用着。数学学习过程可视为数学发现过程的纯粹化再现,因此,发散思维与收敛思维的结合训练是完全必要的。

这种结合训练主要表现在归纳和演绎过程中。

先看归纳过程。有位老师做过这样的数学实验,为了让学生自己归纳出三角形全等的判定公理,要求学生用硬纸剪出可以重合的任意三角形三对,可以重合的直角三角形一对,可以重合的等腰三角形一对,图形底样先印好发给学生,剪出后混合打乱,要求学生逐个找出与它重合的三角形,再琢磨你是怎样把两个三角形重合起来的,要求学生用边和角两个概念表达重合过程。看到学生会重合但是讲不清楚,又要求学生琢磨重合两个等腰三角形的步骤,直到有学生说出:"先重合一边,再重合两端的角。"多数学生受到启发,但又觉得如此容易的事却这样难准确表达。第三步,要求学生表达重合两个直角三角形的步骤,由于有了上面的经验,这次较容易说出先重合一角,再重合两旁的边,在此基础上引导学生用命题的形式提出两个全等三角形的判定公理。之后,讲在生活中盖三棱柱盒子时,往往是对准三边,演示三边对准的动作,启发学生获得另一条命题的表达法。最后,总结这种重叠的方法,对任何两个可以重合的三角形都是适合的。学生有了这些直觉思维作基础就容易上升为全等三角形的判定形式。以上教学过程较为典型地说明了归纳过程中发散思维与收敛思维的结合训练。学生先是会重合但讲不清楚,这个"讲不清楚"实际上包含了很多想法,有着多维的指向。第二步,教师要求学生琢磨重合两个等腰三角形的步骤。实际是将思维收敛一些,但并不是一维的,只是减少难度。终于有学生说出"先重合一边,再重合两端的角",这已经接近了角边角公理而尚未达到这个公理。其他学生受了启发,但仍感到难办,这说明思维仍处于发散状态。第三步,教师要求学生表达重合两个直角三角形的步骤。从等腰三角形到直角三角形,思维的对象是发散了,思维的方向却在继续收敛。学生终于考虑出边角边这一条。第四步类似于第三步。整个过程,学生的思维是处在自然的发散和在教师诱导下的收敛状态中,如果不是教师一开始就提示学生以边角概念表达重合过程,则学生思维还要发散得更宽。对这一问题以如此的发现法教学,学生的兴趣会激发,对三角形全等的判定公理也会掌握得较为牢固。反之,如用接受法,学生会感到枯燥,记不牢固。

再看演绎过程。从整体上看,演绎过程也表现出发散与收敛的结合。例如,初中数学的完全平方公式

$$(a+b)^2 = a^2 + 2ab + b^2$$

是通过演绎证明和图形归纳两种手段并用得出的。得出后即用以计算 $(x+2y)^2$、$(-b^2+4a^2)^2$、102^2、$(a+b+c)^2$。这里就有几个方面的指向,就是一个发散过程,而最后又收敛于 $(a+b)^2$。

一般地说,任何一个原理的演绎过程都与上述例子相似。原理被归纳出来后,经演绎证明,然后由属概念向各个种概念演绎,又由种概念回到属概念,这正是发散与收敛的结合。

4.2.3 深入与浅出相结合的原则

一、本原则的含义

前四条原则是在两个不同层次下讲的关系原则,主要回答的是"教什么"的问题,当然也涉及"如何教"的问题,但重点是前者。这条原则比较直接地回答"如何教",因而是与教学方法直接靠近的原则。

这一原则包含两层意思:一是就教学要求来说的,教师要把道理讲得很深刻,但语言又是通俗易懂的;二是就深入与浅出的关系来说的,教师只有深入地把握教材,才有可能采取浅显易懂的语言或教学方法来传授给学生。

所谓深入,详细一点说就是要在教学过程中深刻揭示事物的本质、内在联系,内容上所涉及的是各有关学科的概念、原理、事件、定理、定律、法则及公式的教学,以使学生获得深刻的理解,认识达到应有的深度,形成清晰的概念,进行准确的判断、合逻辑的推理、合情理的推测,并掌握娴熟的技巧。所谓浅出,就是对上述深入的要求,以相对浅显的内容为起点,采用通俗易懂的形式,引导学生去逼近。

凯洛夫的直观性原则只是这个原则的一个子原则。因为直观性原则讲的主要是认识的起点问题,直观可以作为浅出的一个起点,但不是惟一的起点。凡相对浅显的内容,哪怕是抽象的,都可作为浅出的起点。

布鲁纳提出了结构原则和程序原则,深入浅出的原则则要求结构和程序是深入浅出的,所以深入浅出原则可以覆盖结构原则和程序原则的

许多内容。也只有从结构和程序的角度来看,深入浅出的原则才有合适的含义。

二、数学教学过程中深入浅出原则的实现

在一般情况下,数学教学按照下列程序进行:举出事实,归纳出概念或原理,证明原理(对于公理、法则等则不加证明),将原理演绎到更多的事实,其中包括概念的性质,原理在特殊情况下的表现形式。

在上述过程中,深入浅出的实现,包含下列几方面的内容:

(1)选择合适的浅出入口,即合适的相对浅显的事实,使概念或原理的归纳能顺利实现。

(2)对概念或原理的准确表达与解释。

(3)选择合适的深入途径。由概念或原理演绎到事实,再回到原理,再到事实,多次这样的反复实际上形成了一条通路,通路上的路站就是一连串的事实或一组事实。深入能否实现,关键就是这组事实的选择是否恰当。

上面三条中,有两个"合适的",一个"准确",这三个词最难把握。

浅出入口的合适选择,主要是指下列四个方面:

(1)经验性要求。选择的事实应在学生的经验范围之内。

(2)典型性要求。选择的事实应是概念或理论的典型例子,从而使概念或理论的归纳能顺利完成。

(3)简洁性要求。在合乎前两条要求的基础上,尽量选用简单明了的事实。

(4)连续性要求。选择的事实尽量能在多次的概念归并或转换中连续使用。

在长期的教学实践中,教师们摸索出了许多合适的浅出入口,如讲三角形内角和,以纸板三角形的三内角拼在一起为引例;在讲导数和微分时,以自由落体为引例,这个例子不仅合乎经验性、典型性、简洁性要求,而且还合乎连续性要求,因为到讲积分、微分方程时还可使用,学生可以通过路程、速度、时间、加速度之间的关系去理解导数、积分、微分方程这些概念之间的关系和区别。一个模型集中反映许多概念,对于初学阶段是十分有利的。

深入的途径的合理选择,在于选择一组合适的事实作为通路,其基本要求有:

(1)求异性要求。即每次从概念到事实所选择的若干事实与前次选择的若干事实有着种差,即属于同一属概念下不同的种概念。

(2)全面性要求。即在多次选择事实中,尽量列入属概念下不同的种概念(相对于教材所及的全部种概念),同时也列出相近概念的外延,以资比较,这往往不是一堂课所能完成的。

(3)渐进性要求。即事实的列举顺序一般应先易后难。

(4)返本性要求。即每次从概念或理论演绎到事实之后,又要返回归纳概念或理论,再次理解概念或理论的内涵。

以奇偶函数的教学为例。中学教材中一般是在幂函数之后引出这一概念,浅出的入口是 $f(x)=3x, f(x)=x^2$,这两个例子都合乎前述浅出入口的四条要求,在这两个例子之后,教师即给出定义如下:

一般地,对于函数 $f(x)$:

(1)如果对于函数定义域内任意一个 x,都有 $f(-x)=-f(x)$,那么 $f(x)$ 叫做奇函数;

(2)如果对于函数定义域内任意一个 x,都有 $f(-x)=f(x)$,那么函数 $f(x)$ 就叫做偶函数。

随即是运用概念判断下列四个函数的奇偶性:

$f(x)=x^3, f(x)=2x^4+3x^2$,

$f(x)=x^3+x^{-\frac{1}{3}}, f(x)=x+1$。

以上是一个归纳 - 演绎的过程,教材不可能列出教师需要讲的全部内容,剩下的事就要靠教师发挥主动性与创造性来完成了。

首先,有必要对概念进行准确解释。这里包括 $f(-x)$ 是什么,$-f(x)$ 是什么,对函数的定义域有什么要求等。教师应通过多举实例加以说明。其次,当判断结束后,教师要引导学生回到奇偶函数的概念作简单讲述,使学生形成一种思想:$f(-x)=f(x), f(-x)=-f(x)$ 就是一种存在的事实。

教材的下一步内容是奇、偶函数的图象的对称性,这是第二次从概念到事实的演绎。这一次演绎,又加深了学生对 $f(-x)=f(x), f(-x)=-f(x)$ 的内涵的理解,是对概念理解的第二次深化。

有经验的教师都知道,学生学到这里对奇偶函数的理解还是初步的,谈不上对概念的内涵已掌握,表现为常出现如下的错觉:以为一个函数的奇偶性,取决于它的表达式含有 x 的奇次幂或偶次幂。这就是浅出内容带来的局限性。要消除这种错觉,求异性要求是必要的,所以通路的下一站就是三角函数。三角函数的奇偶性,就其内涵而言与幂函数并无不同,但在函数概念下确是与幂函数不同种类的函数,对学生消除从浅入口带来的局限性具有重要意义。学生学到这里,自然对奇偶性的内涵有了更深的理解,教师可作适当的比较、归纳以加深这些理解。在中学教学中,这条通路的最后一站是反三角函数。进入大学以后,这条通路还会继续下去。

4.2.4 教师主导作用与学生主体作用相结合的原则

一、本原则的含义

前面的五条原则大体都是回答"教什么"、"如何教"的问题,最后的这一条原则涉及教学过程中最基本的对象——教师与学生的关系原则。

学生是认知的主体,这就是学生的主体作用。学习过程是一个特殊的认知过程,这一过程所学习的知识与人类已获得的知识相比,已经过选择、压缩和重组,与原认知过程相比,已经过了重新编排,总之是以最佳方式呈现在学生面前,这就不能由学生独立完成。因为知识对学生来说是未知的,必须在教师的组织和指导下完成,所以教师起主导作用。教与学是不能分离的,主导作用与主体作用必然结合。

二、数学教学过程中的教师主导作用与学生主体作用结合

教师主导作用与学生主体作用的结合,首先要体现在数学课堂教学的设计上。教学设计涉及教学内容、教学对象、教学目标、教学方法、教学程序等问题。根据教学内容的性质、难易程度,教学对象的知识基础和认知水平,教学的知、能以及情意诸方面的目标,考虑采用什么样的教学方法才能充分调动学生的学习兴趣,积极、主动地参与教学活动过程。教学程序则需要安排好课堂上各项师生活动的先后顺序,真正体现出教师的组织、引导、指导等作用与学生在自己数学认知活动中的主体作用相结合。

学习评价也是教师主导作用与学生主体作用相结合的一个重要结合点。学习评价分课前评价与课后评价两类。课前评价的目的,在于讲课前先复习本课必先具备的事实、技能、概念或者原理,并且确定每个学生是否都已掌握了学习新教材所必需的这些数学知识。课后评价是用于确定每个学生对新的数学对象的学习情况,和用于确定帮助学生实现

这节课的认知和情感目的的教学效果。评价的方法是多样的,除了常见的考试和测验外,还可以通过观察学生的家庭作业和课堂练习、课堂讨论、学生所提的问题、学生的态度以及在小组活动中的表现,来对学生的学习进行评价。

此外,教学评价也值得关注。教师应该评价自己的讲授技能,从中找出它对学生学习的影响,并借以改进教学方法,使每个学生发挥最大的学习积极性。数学教师除自我评价外,还可请别的教师、学校管理者及学生家长进行评价,最重要的是自己的学生进行评价。

§4.3　数学教学的特殊原则(一)

4.3.1　数学理论与数学活动结合的原则

这一原则指的是,数学教学既是数学活动结果的教学,又是数学活动过程的教学,二者的统一,才是完整的数学教学。

这条原则是依据现代数学教学观对数学教学提出的总要求。绪论中已经提到,现代数学教学观认为,数学教学应理解为数学活动的教学。数学活动有结果,也有过程。这里的数学活动结果即指数学理论,包括数学的概念、公理、公式、法则、思想、方法等;而数学活动过程则指数学理论的发生、发展过程,即人类认识数学的思维活动过程。数学理论与数学思维活动是数学这个统一体的两个方面,它们之间具有因果联系——数学思维活动导出数学理论。数学的特点与作用是这两个方面的特点与作用的结合。

数学教学的实质就是学生在教师的指导下去认识数学。认识数学,只有认识了它的两个方面才算是完整的。也只有认识了数学的两个方面,才能真正懂得数学的精神、思想和方法,懂得什么是数学思维,从而懂得数学的真实价值和作用。否则,任何一个方面的短缺都将使数学教学的目的难以实现。数学活动与数学理论结合原则正是正确处理这两方面之间的关系的总原则。

在实际教学中,违反上述原则的主要表现是重结果不重过程,甚至干脆只有结果而没有过程。比如,讲数学概念,只有概念的形式化定义而无概念的形成或同化过程；讲定理，只有现成的条件、结论和该定理的证明，而无发现结论、探索证明途径的过程；讲解题，只有一个一个具体题目的完整解答，而无解题思路的探索以及解题方法、规律的概括、发展过程；等等。实践证明，上述违背数学教学原则的做法，不可能取得好的教学效果，达不到规定的数学教学目的。

这一原则应该贯彻到各类数学活动的教学中去。其具体要求，我们将在后续的分类教学各章中再逐一讨论，这里从略。

4.3.2　具体与抽象结合的原则

这一原则指的是，数学理论是高度抽象的，中学生认识这种理论又离不开具体的背景材料，而且还必须将抽象的理论应用于具体问题才能真正掌握。因此，在数学教学中，必须让学生经历由具体到抽象，再由抽象到具体的过程。这条原则就是处理数学思维特点和中学生认知及心理发展关系的原则。第一章第一节提到，数学思维活动的第一个显著特点，就是思维对象的抽象性以及思维过程中抽象方法的特殊性。同时又提到，中学生思维的基本特点是：整个中学阶段，思维能力迅速地得到发展，他们的抽象逻辑思维处于优势地位，但初中生属于经验型，高中生属于理论型。这一方面反映了中学生抽象思维发展的潜力，另一方面同时也反映了他们抽象思维的局限性。具体与抽象相结合的原则正是用来正确处理上述数学思维的第一个特点与中学生思维特点的关系的。

我们还可以把这条原则作为"深入与浅出相结合原则"的一条子原则来讨论。深入与浅出相结合是一条一般教学原则，具体与抽象相结合作为子原则也有普适性，但是，数学的抽象性有其自身的特点，这就导致数学教学中对具体与抽象相结合也相应地有它的特殊性。所以，我们说，这一条原则是一般原则的特殊化。

下面简述这一原则的贯彻途径。

一、从具体到抽象

感性材料是抽象的基础。数学教学中的感性材料又称直观材料，包括模型、实物、实例以及语言等等。

使用模型对于形成某些几何概念特别有利。例如，三维空间中直线、平面之间的平行、垂直、异面、相交等许多抽象关系，就常常使用实物模型让学生去发现。如果学生能亲自动手去制作有关模型，对他们发现和理解这些抽象关系将更有利。又如,为了使学生对椭圆的抽象定义易于理解,先作如下的直观模型演示是适宜的:取一段细线,两端用图钉固定在木板的白纸上,然后用铅笔拉紧细线可画出一个椭圆来。

从实例归纳,抽象出一般概念或规律,这是从具体到抽象常用的方法。中学数学中的大多数概念都是先观察一些实例,从中发现共同的本质特征,然后抽象出概念的定义。一些代数运算法则,也是通过先举实例,而后加以归纳、概括,抽象出一般法则的。特别是数学中一些重要的思想、方法,更是通过实例归纳、概括出来的。

在使用模型、实物或实例进行抽象时,有一点值得特别注意,即必须很好地选择所提供的直观材料的质的特点,运用对象的变式规律,使它们在最大程度上反映得更全面真实。

所谓对象的变式,即满足下列条件的对象的变换形式:保留对象的本质属性,变更对象的非本质属性。如果提供的直观材料没有丰富多样的变式,就可能使学生在理解有关概念时出现错误,即有可能在思维中不合理地扩大了概念的外延或缩小了概念的外延。

形象直观的语言,也是帮助学生的认识从具体到抽象的辅助手段。例如,数列的极限,函数的极限,函数的周期性、单调性、连续性等等,都可以借助于语言的直观性使学生易于理解。

不过,在运用直观语言描述时,也有一点值得注意,即尽可能防止日常概念在理解科学概念时的消极影响。有些日常概念的意义与科学概念的意义是不一致的,如果用前者来理解后者,就会造成误解。例如,用日常概念的"垂直向下"来理解"从线外一点引直线的垂线"就属于这种情形。又如,用日常概念的"上升"、"下降"来理解"函数 $y=f(x)$ 的上升、下降"概念也属于这种情形,这都是应该避免的。

形数结合的方法,也是使抽象的数量关系直观化的重要途径。例如,数的概念可以与数轴、复平面紧密结合;初等函数的性质可以与它们的图象特征结合;代数中的一些公式可以与图形表达相结合;等等。

在从具体到抽象的过程中,教师要有意识地培养和发展学生的抽象思维能力。

首先,在使用模型、实物、实例等直观材料或运用数形结合的方法进行教学时,应引导学生一起观察、分析、综合、比较、类比、归纳和概括,教师不能包办代替这些思维加工活动,这是培养和发展学生的抽象思维能力的必经之路。

其次,当学生在具体素材的基础上形成了概念或发现了规律后,教师应引导学生对概念或规律的表达进行结构分析。例如,定义中的"属"与"种差"的关系;公式中字母的意义和取值范围;定理中涉及的概念以及条件与结论的因果关系;等等。所有这些,教师都必须引导学生弄清楚,这样,学生才能理解抽象数学知识的实质,从中也就培养了学生的抽象思维能力。

二、从抽象到具体

从具体到抽象,这只是学生掌握数学知识的一个阶段,学生要真正掌握抽象的数学知识,更重要的还在于运用数学理论去解决问题,即从抽象再到具体。

从抽象到具体,并不是回到原来抽象时赖以为基础的具体,这两个"具体"在认识意义上有质的区别:前一阶段的"具体"是感性材料,其作用是为上升到理性认识提供基础;后一阶段的"具体"则是理性材料的具体化,其作用是理性认识的进一步深化。从抽象到具体,更确切地说,应该是从抽象再上升到具体。因为在这一认识阶段,可以形成技能和进一步培养分析问题、解决问题的能力。

在中学数学教学中,当学生掌握了概念的定义、定理和公式的证明以及法则的意义之后,教师应及时提出新的任务,要求学生运用上述抽象理论于新的情境:或是去辨认同类的有关事物,或者去说明、解决同类事物的有关现象,或是去完成相应的智力操作等。

解数学题是从抽象再到具体的重要途径之一。一般的数学题的解答过程,主要是抽象数学理论的运用过程,是形成相关的技能的过程。当然,同时也具有进一步培养学生的观察能力和分析、综合等逻辑思维能力的作用。解较难的数学题,则除了抽象理论的应用外,还可能学到一些新的数学思想和方法,对于培养学生的创造性思维能力有一定的作用。

4.3.3　严谨与非严谨结合的原则

这一原则指的是,在数学教学中要处理好严谨与量力的关系,似真推理与论证推理的关系,以及直觉与逻辑的关系等。

这条原则体现的是第一章中论述过的数学思维活动第二个特点的

教学要求,同时也顺应了中学生认识的发展规律。

一、严谨要量力

所谓严谨要量力,即指作为中学教学科目的数学,其严谨性的要求应受学生可接受性的制约。

中学生的可接受性是从中学生的智力结构角度说的。中学生处在由具体运算向形式运算的过渡阶段,严谨性主要是就形式运算而言的,具体运算也可以是逻辑的,即严谨的。大体上说,初中阶段的学生,对于具体运算的严谨性容易接受一些,对于形式运算的严谨性难于接受一些,这种情况可能持续到高中。因此,对中学生而言,严谨性要从具体运算开始,向形式运算过渡。就是形式运算,按上一原则表述的,还存在由相对具体的内容向相对抽象的内容过渡的问题,所以整个中学数学教学的严谨性训练,存在一个逐级过渡的问题。构建一个过渡的程序,使学生的认知结构按照这个程序去形成,是数学教材和数学教学过程都要仔细研究的问题。比如平面几何的入门阶段,学生对推理论证很不适应,他们以前没有接触过这些内容,不明白证明的意义,不知道证明的格式和方法。要克服这一困难,教学中需要进行整体设计,采用分段安排、逐步提高训练要求的办法。在传统的初中几何教材里,开始,通过"线段、角"的学习,对学生进行几何语言的理解、表述和翻译以及推理意识的渗透性训练,为下一步正式了解推理论证作准备;接下来在"相交线、平行线"的学习中,通过例题示范,让学生认识证明的意义,初步了解证明的方法,初步接触证明的格式;经过一段时期的准备,从"三角形"起,逐步训练学生独立推理论证。这一阶段的证题,因为思路单纯,总是寻求判定条件来证明两个三角形全等,这就有利于学生走入证题之门。进一步则注意由易到难,由简到繁,逐步提高。先是只要求学生能找出判定条件,证明两个三角形全等,此后又要求利用一对三角形的全等去证明另一对三角形全等。在练习的难度方面,也有适当的梯度。先是不必作辅助线的,然后是需要作辅助线的;先是题目中写明了已知什么、求证什么的,然后是要求学生根据题意自己写出已知什么、求证什么的。经验表明,采取以上这样逐步过渡的办法进行训练,对于学生过好推理论证这一关是有效的。

作为中学教学科目的数学,在严谨性的要求上与科学数学是有较大区别的。首先表现在逻辑结构上。限于学生的接受能力,中学数学不可能达到科学数学的要求,平面几何就是典型的例子。在公理方面,仅要求相容性,不要求独立性和完备性。因此,采用扩大公理和原始概念数目的办法,使原来的严格的公理化体系中难证的基本定理改为公理,一些容易理解的概念不加定义而使用。例如,考虑到学生刚开始接触几何就使用反证法有困难,把科学几何中的平行线第一性质定理和第一判定定理都作为公理使用;考虑到中学几何没有引进运动公理,而用叠合法证明三角形全等的三条判定定理都要以这一公理为基础,因而,干脆就把这三条定理也作公理使用。其次表现在叙述方式及其严谨程度上。科学数学的叙述只求概念定义的精确和定理证明的严谨,至于读者是否理解则在所不计,中学数学却要十分重视概念的形成和定理的发现过程;对于某些艰深难懂的概念,如"极限"、"连续"等,不给精确的定义,只作直观的、通俗易懂的描述;对于某些结论,作为明显的事实存在而不给证明,如"正数的偶次算术根的存在与惟一"、"以 $a(a>0$ 且 $a\neq1)$ 为底的正数 N 的对数的存在与惟一"等;或者只作说明,如指数函数的性质、中值定理等。

二、似真推理与论证推理相结合

在第三章第三节我们曾经说明,论证推理是指用于严格的逻辑证明的逻辑推理,似真推理则是一种走向结论但未最后完成证明的推理。数学思维活动中的严谨与非严谨的结合,在很大程度上就是论证推理与似真推理的结合。

数学教学既有数学活动结果,更有数学活动过程,因此,似真推理和论证推理的方法都应该教给学生,并且让学生懂得如何将这两种推理结合着使用。

从学生的认识规律看,有一个从似真推理到论证推理的过程,而这一过程有利于知识的构建,掩盖了这一过程反而不利于知识的构建。所谓掩盖这一过程是指两种倾向:一是只教给学生论证推理,不让学生有一个充分发散思维、进行似真推理的机会;另一是虽教给学生两种推理,但未提醒严格区分,以至于不利于形成科学的思维方法。较多的情况是:未有意识地教给学生两种推理,比较自觉地教给论证推理,而似真推理只是无意识地进行。

有意识地教给学生似真推理的方法是必要的。似真推理的主要方法是归纳(不完全归纳)、类比、联想,这些方法在数学中是常用的,重要的是要教会学生这样做,引导学生这样做,给学生以这样做的机会。

关于似真推理与论证推理的结合,我们强调两点:

一是似真推理要向论证推理过渡,或者说似真推理的结论是要用论证推理来证明。学生有时会产生一些错误的归纳、类比或联想,如总有学生认为:

$$\log_a(AB) = \log_a A \cdot \log_b B$$

估计是从 $\sqrt{ab} = \sqrt{a} \cdot \sqrt{b} (a \geq 0, b \geq 0)$、$(ab)^n = a^n b^n$ 这一类公式类比过来的,这样的情况要用论证推理来纠正。

二是教学中要展现数学思维活动的全过程。为此,在数学知识的教学中,要充分展现知识的发生、发展和运用过程。归纳和类比往往用于知识的发生阶段,而演绎(论证推理的主要形式)则用于知识的发展和运用阶段;在数学解题教学中,要充分展现解题途径的探索、拟订解题计划、实施解题计划、回顾总结等全过程。似真推理往往用于解题过程的前两个阶段,而论证推理多用于后两个阶段。

三、直觉与逻辑结合

似真推理是非严谨的,但其思维方式仍然属于逻辑推理的范畴,只是在逻辑上不完整,从而说是非严谨的。直觉思维与似真推理不同,它不仅是非严谨的,而且是非逻辑的。

直觉是人脑对突然出现在它前面的新事物、新现象、新问题及其关系的一种极其迅速的识别、直接的理解。这种直接的理解区别于间接的理解,布鲁纳对"直接"与"间接"有如下的论述:"以正式的分析法、综合法为中介获得的认知,这种思维是间接思维。直觉思维中的直接性是指没有明显地依靠个人技巧的分析器官而掌握问题或情境的意义。"

直觉是假说或猜想的重要源泉,它帮助人们提出新的概念和思想,也帮助人们进行选择,同时,还帮助人们进行预测。因此,可以认为,创造性思维在一定意义上是直觉思维与逻辑思维的结合。

直觉在数学史上的重大作用是众所周知的,数学上许多重大的发现都是直觉、似真推理和想象的功劳。数学家大多具有很强的直觉思维能力。但是,直觉在数学教育中的作用却远远没有受到应用的重视。在中学数学教育中,长期以来,过分地强调逻辑,过分地偏重于演绎,过分地重视收敛思维。近年来,数学教育界开始对培养学生的发散思维能力有所重视了,开始教给学生似真推理了。然而,对于直觉,许多教师尚不甚理解,这就谈不上重视了。

在日常教学中,学生的直觉思维是有所表现的,例如证明当 $x_1 < x_2$ 时, $x_1^3 < x_2^3$,即 $x_1^3 - x_2^3 < 0$,学生就不自觉地对 $x_1^3 - x_2^3$ 分解因式,为什么要这样做? 说不出很多道理,谁也不知道这样做是否能达到目的,这一步就是凭直觉,有的学生在分解以后不能继续演绎下去就说明这一点。有的学生在分解后能继续演绎下去最后完成证明,这就是直觉与逻辑的结合。在数学解题中,直觉往往起着先导的作用,上面是一例,再举一例。

解方程 $(x^2 + 4)(y^2 + 1) = 8xy$

要从一个方程中解出两个未知数,明显地给人以条件不足之感,使人觉得难以下手。由此猜想这个方程中一定还隐含着某个条件,因为解两个未知数一般要两个方程。所以进一步猜想这个方程可以用非负数的性质转化为方程组。于是,思路出现转机。

原方程可化为

$$(x^2 y^2 - 4xy + 4) + (x^2 - 4xy + 4y^2) = 0$$

即　$(xy - 2)^2 + (x - 2y)^2 = 0$。

由非负数性质,得

$$\begin{cases} x - 2y = 0; \\ xy - 2 = 0。 \end{cases}$$

所以　$\begin{cases} x_1 = 2 \\ y_1 = 1 \end{cases}; \begin{cases} x_2 = -2 \\ y_2 = -1 \end{cases}。$

这个例子又是直觉发现了隐含的条件,对解题起了关键的作用,下面就自然转为逻辑思维了。

有许多数学题,在着手解题之前,并不知道通往成功之路,这时可以借助于猜想进行探索。虽然猜想仅是根据直觉作出判断,并不完全可靠,但大多数情况下,猜想可以使人跃过常规思维的细微步骤,而直接去感觉那些未曾出现过的东西,找到解题途径。学生,特别是中学生,是比较喜欢直觉思维的,老师的问题一提出,马上有许多学生不假思索地作出回答,既然是不假思索,那么就是没有进行逻辑思维,那就是凭直觉了。即使是"想当然"吧,总还是有所感才想出个"当然"。对此,不要批评,而是要择其正确者引导到逻辑思维的轨道。对其不正确者,例如有的学生凭直觉认为:

$$\sin(\alpha + \beta) = \sin\alpha + \sin\beta$$

也要通过逻辑推理加以否定。学生不会是捣蛋,他们的每一个回答都是事出有因,你不把错误的想法诱发出来加以纠正,那么错误就潜藏着,在以后的场合下又会出现。要重视否定在建构知识中的重要作用。这种否定甚至要多次重复,例如对错误式子

$$\log_a AB = \log_a A \cdot \log_a B$$

即使你防患于未然,但学生的作业中、考卷中总是会出现这个错误,要多次否定才能改正。

§4.4 数学教学的特殊原则(二)

4.4.1 形式化与非形式化结合的原则

数学的对象,是形式化的思想材料;数学的内容,是抽象的纯粹形式结构;数学的内容表述,用的又是形式化的数学语言。由此可见,"形式化"是数学有别于其他学科的最根本的特点之一。也正是数学的这种形式化特征,给学习者带来了困难。平面几何入门为什么难?应用题列方程为什么难?都是"形式化"在作祟。微积分的难点也在于 $\varepsilon - \sigma$ 的形式化语言。

数学需要形式化,也离不了形式化;学习数学又难于理解形式化的内容、形式化的结构、形式化的表述。这是主客观之间存在的一个矛盾。如何解决这个矛盾呢? 一方面,作为教学的指导思想,作为教学的目标,我们可以适当降低数学形式化的要求,强调对数学本质的认识,注意适度形式化;另一方面,从教学原则的角度看,贯彻形式化与非形式化结合的原则,是解决上述矛盾的有效途径之一。

这一原则的贯彻包括以下几个方面:

一、形式模型与现实原型结合

数学模型,按徐利治的解释"乃是针对或参照某种事物系统的特征或数量相依关系,采用形式化数学语言,概括地或近似地表述出来的一种数学结构。"①广义的解释,一切数学概念、数学理论体系、各种数学公

---

① 徐利治:《数学方法论选讲》,华中理工大学出版社,1989 年,第 15 页。

式、各种方程式以及由公式系列构成的算法系统都可称为数学模型；狭义的解释，只有反映特定问题的数学结构才称为数学模型，如现在的数学建模所造出的那些模型。

数学模型是完全形式化了的，按广义的解释，数学教学正是这种形式模型的教学。教学的目标之一是让学生学会从现实原型中抽象出数学模型，并将这种模型用于新的情境。与这个目标相适应，在数学教学过程中自然要将形式模型与现实原型相结合。

当然，这里所指的现实原型的非形式化与模型的形式化是相对而言的。现实原型有的是生产、生活、科技领域或其他自然科学领域中的实际素材，这样的现实原型对数学模型来说自然是非形式化的。但是，现实原型的更高层次却是学生已有的数学现实，这些数学现实相对于赖以作为背景抽象出来的形式模型来说，可以看作是非形式的素材，而学生当初获得这些数学现实时，却又是作为形式模型从较低的层次抽象出来的。不过，中学数学是科学数学的最初步的知识，其中的大多数内容都可以找出现实生活中的原型。因此，在中学数学教学过程中，教师就有可能最大限度地利用学生身边活生生的现实原型与形式模型结合。

从另一方面讲，现实原型与形式模型结合有利于学生的思维从比较容易接受的现实原型过渡到较难接受的形式模型，这又是一个具体与抽象的关系问题。因此，在本章上节第二段讲的具体与抽象结合，都适用于本段。

二、形式化数学语言与自然语言结合

我们在第一章第一节论述过，数学思维活动的第三个特点是自然语言与数学符号语言相结合。本段所论及的，正是要求数学教学必须遵循数学思维活动的这一基本特点。

数学符号语言简称为数学语言。因为它大量使用符号，所以是完全形式化了的东西，极其丰富的数学内容蕴涵在这些形式化的数学语言之中。在某种意义上说，教数学就是教数学语言；学数学也就是掌握数学语言。但是，学生掌握数学语言是有困难的，重要原因之一是他们必须通过自然语言去理解数学语言，而自然语言是一种非形式化的民族语言，与形式化的数学语言存在很大的差异。这些差异是由于自然语言的如下缺陷和问题带来的：第一，自然语言尽管表达上有丰富性，但它具有多义性或歧义性。自然语言的每一个字或词常常有多种含义，多义性广泛应用于文艺作品、诗歌中,但在科学中它将阻碍逻辑推理和精确性研究,因而是不能容许的,应当清除。第二,语法上的复杂混乱和非单一性的特征是妨碍自然语言在科学中应用的另一个缺陷。自然语言的语法是在人类历史发展过程中自发形成的。虽然对同一民族语言来说,语法结构和思路的逻辑结构的统一性是存在的,但是也存在着缺乏统一的、严格的和单一的规则,存在着许多对现行规则的偏离,这就使得自然语言有可能歪曲和臆造思想。自然语言的第三个缺陷是语法形式的构造笨拙,不能很好地模式化,以便清晰地反映思想的逻辑结构以及被反映对象的过程的结构。数学语言的优点正好弥补了自然语言的上述不足,因而成为数学发展的理想的思维工具。这是因为:第一,由于引进了专门的数学术语及其相应的符号,数学语言就排除了多义性,达到了单义性和明确性,这是数学语言准确性的重要条件之一。第二,数学语言在语法结构上具有明确性和单义性。数学语言能够准确地表述客观事物过程,一方面,它要求其全部术语是单义地被确定的;另一方面,还要求每一个含有这种数学术语的句子也是按照预先确定的数学法则建立起来的。第三,数学语言具有紧凑性和可观察性,可以用符号系统准确而清晰地表达和概括十分丰富的科学内容。第四,变元的使用。由于使用了各种变元,数学语言能够很好地表示一般规律,用数学语言表示形式,在这个形式中可以填进各种内容,例如,字母 a 可以表示任意集合中的任意一元素。同时,变元的使用也是数学语言与自然语言之间的本质区别之一。

尽管数学语言与自然语言有上述种种差异,但数学语言却是按下列不同的方向改造自然语言的结果:按简化自然语言的方向;按克服自然语言中含糊不清的毛病的方向;按扩充它的表达范围的方向。因此,数学语言仍具有自然语言的许多功能和性质。它们两者是互补的,是相辅相成、对立统一的关系:没有自然语言,数学语言不可能存在,因为人们不懂它,只有借助于自然语言才可能建立数学语言,确定或描述它的符号含义和它的构成与作用的法则。在这个意义下,任何借以建立数学语言和作为数学语言基础的自然语言是数学语言的"元语言"。

应该看到,无论是自然语言还是数学语言都具有局限性。它们各有自己的优缺点。汉斯·弗雷登塔尔指出:"应该说,最高水平的形式化必须完全消除日常语言,连数学推理也必须形式化,直至使计算机也能自动掌握,这自然是它的一大优点,但必须指出的是,如果过分强调了形式语言,将数学简单地归结为机械的运算,无意义的数学游戏,而不去认真地思考和理解,那就会造成极大的错误。"所以,自然语言和数学语言,只有在联合使用时才会显示出更大的威力。

数学语言与自然语言如何结合? 下面就中学数学教学从两个方面谈谈这个问题。

首先是数学教材的叙述要做到两种语言的适当结合。初中数学是数学语言的入门阶段,数学符号的大量引进开始于这个阶段。在此之前的小学数学教学中,虽然渗透了符号语言,但大量使用的仍是自然语言。因此,在初中数学课本中,凡引进的数学符号必须用自然语言作解释性说明。这又包括两个方面:一是符号语言的语义,即指它的内容和意义。例如,$a=3, b=4, c=8$ 时,$ab+c$ 的值等于什么的问题就属于符号语言的语义问题;又如,$y=ax^2+bx+c(a\neq0)$ 表示什么也属于符号语言的语义问题。二是符号语言的句法,即指符号语言的形式、构造、规则。例如,公式 $(a+b)(c+d)=ac+ad+bc+bd$ 中包含的计算方法、法则或运算律等,就属于符号语言句法方面的问题;前面所举的给出 a, b, c 的具体数值,求 $ab+c$ 的值涉及运算顺序问题也属于符号语言的句法问题。只有这两者都明确了,学生才能懂得这些符号语言所表达的数学内容,缺了其中一个方面,都可能使学生对数学知识的理解表面化,使形式和内容脱节。

空间与图形知识的入门阶段,教材的叙述宜采取早渗透、多层次、渐进和有序的方式,并以文字描述、图形、实例与符号互相结合来表达有关形式概念及其关系。

到了高年级,学生已积累了一部分数学语言,数学教材中的形式语言所占比重可以增大一些,但仍然需要与自然语言结合着进行叙述,同时,要始终注意两种语言的互译,特别是符号语言与文字语言(可以看作是改进了的自然语言,因为其中包含有已经界定了精确含义的数学名词、术语)的互译。

此外,适当"淡化概念形式"也是处理这两种语言的关系的一种可行办法。初中阶段的教育是公民素质教育,过分地强调数学的严谨性和形式化是既不可能也不必要的。九年义务教育初中数学教材就对某些概念采取了"淡化形式"措施,即或者不明确给出定义而在实际中使用这些概念,如线段的和、差、倍,方程组、方程组的解等概念;或者是用描述性说明代替形式定义,如"两个二元一次方程合在一起就组成了一个二元一次方程组"。当然,细究起来,这个关于二元一次方程组的描述性界定是有毛病的,因为它没有排除两个方程所含未知数不同的情形。不过,这里的疏忽不会给学生带来什么大问题,因为关于一次方程组知识的重点在解法而不在概念,淡化处理有利于突出重点,减轻学生不必要的记忆负担。

第二个方面是数学教学语言也要做到两种语言的恰当结合。

数学教学语言是数学教学思维的载体,是描述数学直观感性形象和概括抽象数学对象的本质定义,促进学生正确感知的手段,是激发和维持学生积极的求知心理因素以达到知、情、意相统一的外来刺激物。

数学教学语言既不同于数学语言又不同于自然语言,而是两种语言的结合物。它应当具有具体形象的、描述的及现实的特征,它是确定性、严密性、逻辑性与具体性、描述性、现实性的对立统一。

数学教学语言按信息载体的不同又分为口头语言和书面语言。一般说来,教与学包含的语言活动主要有讲授、解释、讨论、提问、回答、概述、复述等。此外,还有一些为吸收或保持对方注意、控制讲话量以及表现彼此关系的表述,它们都是课堂口头语言的组成部分。而教师写在教案上、黑板上和投影到光屏上的则是课堂书面语言。与其他学科的教学相比,由于数学教师使用的数学符号、数学图形较多,而且数学逻辑推理要求严格,因此,数学知识信息的传输,除了用口头语言表达外,还必须用大量的书面语言来揭示复杂的数量关系及空间形式,进行数学推导、演算。

数学教学语言要做到两种语言的结合,应该满足一系列基本要求。有关这方面的内容在本书 §10.4 及 §12.1 将有较详细的论述,此处从略。

4.4.2　基础知识与实际应用结合的原则

这一原则指的是,在中学数学教学中,既要教给学生数学的基础知识,同时又要使学生具有良好的"数感"、正确的"数学观"以及"应用数学的意识"。

这条原则也是由数学的自身特点和数学课程目标所决定的。

数学高度的抽象性决定了其应用的广泛性。数学从产生、发展到应用都与实际紧密关联着。在现代社会中,数学已渗透到了几乎每一个领域,一切高新技术,从某种意义上说,都可归结为数学技术。

从中学数学课程目标看,本书第一章第一节中已经介绍过,"发展数学应用意识"是我国义务教育阶段数学课程和普通高中数学课程的共同目标之一。

由此可见,在中学数学教学中贯彻基础知识与实际应用结合的原则是必要的。

在具体操作方面,应从两个方面加强数学与实际的联系。

一、渗透数学建模内容

前已指出,数学教学主要是数学活动的教学。数学活动可看作是按下述模式进行的思维活动:经验材料的数学组织化;数学材料的逻辑组织化;数学理论的应用。数学建模属于上述数学活动的第一阶段,有时也称为问题的数学化。

所谓数学建模,即指把实际问题抽象成数学模型。数学建模过程可以通过以下框图体现:

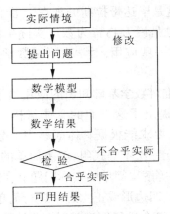

要真正能够从特定的实际事物系统中构造出数学模型,必须有较宽的知识面,有较强的数学抽象能力,并且善于使用数学工具。中学生不可能普遍达到这么高的要求。但是,让他们参与数学建模活动,初步学习数学建模的方法、步骤,并能独立建立简单问题的数学模型,却是十分必要的、也是可能的。

在学习数学的一些最基本的概念时,尽可能提供现实原型作为抽象的背景材料,这是从广义的角度对数学建模的渗透。除此以外,教学中还应该有意识地提供一些从特定的实际问题中进行数学建模的例子。义务教育数学课程标准中提供了课题学习的一个案例:

用一张正方形的纸制作一个无盖的长方体,怎样制作可使得体积较大?

目的在于让学生经历"问题情境—建立模型—求解—解释与应用"的基本过程,初步体验数学建模的思想和方法。在高中数学课程标准中,对数学建模给予了更多重视,也提出了更高要求。《标准》中说:"数学探究、数学建模、数学文化是贯穿于整个高中数学课程的重要内容,这些内容不单独设置,渗透在每个模块或专题中。高中阶段至少各应安排一次较为完整的数学探究、数学建模活动。"并具体建议:"学校和教师可根据各自的实际情况,统筹安排数学建模活动的内容和时间。例如,可以结合统计、线性规划、数列等内容安排数学建模活动。"

二、加强数学基础知识的实际应用

数学建模属于数学活动的第一阶段,数学基础知识的实际应用则属于数学活动的第三阶段,它们分别是数学活动的"头"和"尾"。

"万物皆为数",这是毕达哥拉斯的观点。老子说"道生一,一生二,二生三,三生万物",也是说万物皆为数。实际生活中处处皆可应用数学,在数学教学中多讲一些应用,对学生形成数学应用意识也是很有意义的。

新的数学课程标准对数学基础知识的应用给予了充分的重视,在各个知识块或专题中都提出了这方面的具体目标。比如,在初中阶段的"数与代数"的学习中,要求能根据具体问题中的数量关系,列出方程或一元一次不等式和一元一次不等式组,解决简单的问题;能用一次函数、反比例函数、二次函数等解决简单的实际问题。在"空间与图形"的学习中,要求能运用三角形、四边形或正六边形进行简单的镶嵌设计;能利用轴对称、平移和旋转的组合进行图案设计;能利用图形的相似解决一些实际问题。在"统计与概率"的学习中,则更是处处与实际生活联系,通过实例了解各有关概念的意义,运用所学统计与概率的初步知识解决实际中与之相关的简单问题。又如在高中数学课程标准中,同样注意强化这种数学应用意识,各知识模块和专题都尽可能体现数学知识的发生、发展过程和实际应用,并且列举了大量参考案例。

思考题

1. 数学教学的原则体系应如何构建？为什么要这样构建？

2. 智力与心力发展相结合原则的含义是什么？数学教学中如何贯彻？

3. 数学教学中如何做到知识传授与能力培养相结合？

4. 思维训练与操作训练在数学教学中各有什么要求？

5. 收敛思维与发散思维各有什么作用？在数学教学中如何做到使两者结合培养？

6. 深入与浅出结合的含义是什么？数学教学中怎样做到深入浅出？

7. 数学教学中如何体现教师的主导作用和学生的主体作用？

8. 为什么说数学理论与数学活动结合的原则是数学教学特殊原则的总原则？

9. 怎样理解数学的抽象性？数学教学中如何做到具体与抽象相结合？

10. 严谨与非严谨结合的原则包含哪些教学要求？

11. 数学的形式化如何理解？数学教学中如何贯彻形式化与非形式化结合的原则？

12. 中学数学教学中如何使学生增强数学应用意识？

第五章 数学概念的教学

从本章起,我们以前面几章介绍的理论为依据,将中学数学的具体内容按数学概念、数学定理、数学演算、数学思想方法和数学解题分类,分别研究各类型的教学。

数学概念的教学必须遵循一些共同的教学要求。同时,不同类型的数学概念又有各自的一些教学特点。因此,在这一章里,我们首先概述数学概念的一般教学规律,而后就中学数学中几类主要的数学概念分节讨论它们的具体教学。

§5.1 数学概念教学概述

5.1.1 数学概念教学的一般要求

由前面的分析可知,数学概念的学习,在多数情况下是在原有认识结构的基础上进行的,也是在数学概念本身的逻辑联系中进行的。因此,对数学概念的教学,特别是对一些重要的数学概念的教学,必须从掌握体系的总体出发。具体达到如下一般要求:

一、使学生认识概念的由来和发展

在数学教学中,应该使学生了解,任何一个数学概念都是某类具体的数学对象的本质属性经过抽象、概括的结果,任何被定义的对象都是客观存在的。还应该使学生认识到,对于某些数学概念来说,是分几个阶段逐步学习的。在一定的学习阶段里,有确定的含义,随着知识的扩充和加深,这些概念也随之不断发展与深化。例如,函数概念、绝对值概念、幂的概念等等,都是如此。

二、使学生掌握概念的内涵、外延及其表达形式

所谓明确概念,主要是明确概念的内涵与外延。学生的数学作业中的许多错误,都是因为概念不明而产生的。例如,由于算术根的概念不明确,在化简 $\sqrt{\frac{1}{4}x^2+3x+9}$,会得出 $\frac{1}{2}x+3$ 的错误结果。学生前面的概念没有弄清楚,对学习后面的知识将会遇到困难。概念不明,学生能力的形成也将严重受阻。因此,在数学教学中,必须使学生对每一个概念都有明确的认识,包括掌握概念的定义、名称、符号等。

原始概念的教学也不容忽视。应该通过实际事例或直接经验让学生把握它们的意义;应该使学生懂得,原始概念是一切其他概念定义的出发点。

三、使学生了解有关概念之间的关系,会对概念进行分类,从而形成一定的概念体系

例如,几何中有关角的概念体系,特殊四边形的概念体系;代数中数的概念体系,方程和不等式的概念体系;概率统计中的概念体系等等,都应该使学生在一定的学习阶段之后分别形成并掌握。

四、使学生能正确运用概念

运用概念是学习概念的主要目的。在运用概念过程中,又可以使学生对概念得到更全面、更深刻的理解,从而有利于更牢固地掌握概念。因此,在数学概念教学中,要经常注意引导学生运用概念去确定数学对象的属性,判断某一数学对象是否属于某个概念的外延以及运用数学概念去解决各种数学问题。

5.1.2　数学概念的教学途径

一、概念的引入

引入新概念的过程,包括了解该概念的必要性和合理性;初步揭示它的内涵和外延;给概念下定义等过程。教师的主要任务是设法帮助学生完成由感性认识到理性认识的过渡,或者是帮助学生将新材料与原有认知结构发生实质性的联系。

当然,并不是所有数学概念的引入都必须全面经历上面提到的过程,而是各有侧重。对于一些较简单的数学概念,引入的过程也可以是十分简单的。例如,在学习"方程"概念体系中,当给出了"方程"的定义以后,就可以直接给出"方程的解"和"解方程"的定义,不必多费周折。但是,对于一些比较抽象而又十分重要的数学概念,则必须十分重视引

入过程。一般来说,有下面几种引入概念的方法:

1. 以感性材料为基础引入新概念。用来引入数学概念的感性材料是丰富的,可以是学生在日常生活中所接触到的事物,也可以是教材中的实际问题以及模型、图表、图形等等。教学中,教师列举出这些足以反映某一数学概念本质属性的实际材料,引导学生进行观察、分析,抽象出它们在形或数方面的共同性质,在此基础上舍去其非本质属性,突出其本质属性,引入新概念。这种教学方法,由于提供了感性材料,不仅有利于学生接受新概念,概念的存在性也会很自然地被学生所认识。在立体几何教学中,关于空间元素之间的位置关系的许多概念,都可以用这种方法引入。例如,教异面直线概念时,先举出教室内的实例,给学生以异面直线的形象,然后分析实例中的一对直线在位置关系方面所具有的性质;不平行、不相交,不可能在同一个平面内等等。接着抽象出它们的空间形式,在黑板上画出图形,最后给出定义。

从具体例子中归纳引入新概念也属于这种方式。例如,先举出匀速运动中距离 s 和时间 t 的函数关系式 $s = 40t + 4$ 以及在放油过程中油箱的余油量 Q 与它的工作时间 t 之间的函数关系式 $Q = 40 - 6t$ 等实例,然后分析它们的共同本质属性,说明这些函数关系可以归纳为 $y = kx + b$ ($k \neq 0$)的形式,最后给出一次函数的定义。

通过实例引入数学概念时,教师选择的感性材料应当是那些能够充分显示出概念的特征属性的事例。因为只有在事物的特征属性能从实际事例中分析出来时,引入的新概念才容易被学生所接受。

2. 在学生已有知识的基础上引入新概念。数学学科中的所有概念,按一定的逻辑联系构成若干概念体系,各个概念体系中的概念之间的逻辑联系,给我们引入新概念提供了条件。分析概念之间的逻辑关系,也就揭示了引入新概念的必要性和合理性。在具体教学时,又有下面一些做法:

(1)通过与原有概念类比引入。数学中的有些概念,它们的内涵有相似之处,我们常把这些概念进行类比,从原有概念自然地引入新概念。例如,不等式可类比方程引入;分式可类比分数引入;平行平面可类比平行直线引入等等。这种引入新概念的方式,就是前面分析过的并列结合学习方式。

(2)通过对原有概念的限制或概括引入。对原有概念进行限制引入,即增加原有概念的内涵,引入外延较小的新概念。这是前面所说的归属学习。对原有概念进行概括引入,即减少原有概念的内涵,引入外延更大的新概念。这是前面提到的总括学习。这两种方式引入概念都很自然,新概念的存在性明显,学生也容易接受。例如,在"等式"概念的内涵中,加入"含有未知数"这一本质属性,就得出了"方程"的定义。这是通过概念限制引入新概念。"全等三角形"有"三内角对应相等"和"三边对应成比例且比值为1"等属性,去掉"比值为1"这一属性,就得到"相似三角形"的概念。这是通过概念概括引入新概念。

(3)根据运算间的关系引入。数学中有些与运算相关的概念,常与另一些与运算相关的概念存在着互逆或互反的关系。对于这类概念,一般是通过讲清两类概念之间的关系来引入新概念。例如,有理数的减法与除法,分别是有理数的加法和乘法的逆运算。所以,我们可以在分别复习小学学过的"加法"与"减法"、"乘法"与"除法"的关系的基础上,直接引入有理数的减法和除法的概念。又如在教对数概念时,可以先举出形如 $a^b = N(a > 0$ 且 $a \neq 1)$ 的具体例子,引导学生复习:在上式中存在 a,b,N 三个数,已知 a,b 求 N 是乘方运算;已知 b 和 N 求 a 时是开方运算。再提出问题:如果已知 a 和 N 求 b 又是什么运算呢? 在此基础上再给出对数的定义。

除了上述引入概念的方式外,对于数学中一些用发生式定义方式给出的概念,常采用揭示事物发生过程的办法来引入。例如,平角、周角、椭圆、双曲线、圆的渐伸线等概念,都可以通过直观演示实验或画图说明的方法,揭示其发生过程。这种引入的方法生动、直观,在引入过程中同时还阐明了概念的客观存在性。

关于被定义概念对象的存在性问题,应该引起学生的足够重视。因为这涉及培养辩证唯物主义观点的问题。

此外,在概念引入过程中,对有些概念定义的合理性必须作出特别说明,才能使学生对这些概念有较好的理解。例如,在定义负整数指数幂时,要说明 $a^{-m} = \dfrac{1}{a^m}(a \in \mathbf{N}、a \neq 0)$ 的规定与原有的正整数指数幂的除法法则的一致性;在定义异面直线所成的角时,要说明所定义的角的惟一性;在定义平面的斜线与平面所成的角时,要说明斜线与它在平面上的射影所成的角是这条斜线与平面上所有直线所成的角中最小的一个等等。

二、概念的明确

从本质上说,概念的引入主要是帮助学生建立对概念的感性认识。即使在引入阶段给出了概念的定义,那也只能算是对概念理性认识的开始。为了帮助学生真正达到对概念的理性认识,还必须准确地理解概念,明确概念的内涵和外延以及概念间的关系,逐步建立起概念的体系。为此,在概念教学中,我们可以从以下几方面考虑:

1. 正确阐述概念的本质属性,理解概念的定义。在概念教学中,切忌形式主义地讲解定义,务必使学生对定义中被定义对象的本质属性有清楚的了解。例如,"切线长"的定义是:"经过圆外一点的切线上,这一点和切点之间的线段长,叫做这点到圆的切线的长。"学生往往能背出这个定义,但对其本质属性却并不了解。教学时要讲清:"切线长"是一条线段的长,这条线段在过圆外一点所引圆的切线上,并且是以这一点和切点为端点的线段。最好画出图形——加以说明。

在概念教学中,应抓住定义中的关键词语,突出交代。对概念的名称、符号也要作透彻的讲解。比如,在教"异面直线"这一概念时,应抓住"不同在任何一个平面内"这一语句,向学生指出,判别两条直线是否为异面直线,不应只考虑它们有无交点,而应考虑过这两条直线是否存在一个平面。有些概念,是用相关概念来定义的,教学时要讲清这种相关性。例如,"内接"、"内切"及"外接"、"外切"等概念,学生在应用时容易出错,主要是因为没有真正理解它们的确切含义。教学时,要结合图 5-1 及图 5-2 说明:在图 5-1 中,对⊙O 来说,四边形 ABCD 是它的内接四边形,对四边形 ABCD 来说,⊙O 是它的外接圆;而在图 5-2 中,对四边形 ABCD 来说,⊙O 是它的内切圆,对⊙O 来说,四边形 ABCD 是它的外切四边形。

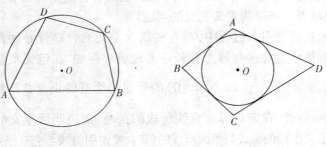

图 5-1　　　　　　　　　　图 5-2

不少学生不重视概念成立的条件,以致对概念一知半解。例如,在对数定义 $\log_a N = b$ 中,$a > 0$ 且 $a \neq 1$ 是定义的组成部分,教学时要向学生说明为什么要有这个约束条件,并提醒学生注意。

2. 充分揭示概念的内涵与外延。为了帮助学生进一步认识概念,对于那些重要概念,还有必要对概念的内涵、外延及内涵与外延的统一性作深入的讲解。

概念的定义是揭示概念内涵或外延的一种方式,但掌握了概念的定义还不等于全面地掌握了概念,应使学生懂得,概念的定义仅突出了被定义概念的最特殊的本质属性,一些重要概念的其他本质属性以性质定理的形式给出。在教完这些性质定理以后,必须加以认真总结,使学生对概念的内涵获得全面认识。另一方面,概念所反映的对象常常表现为不同的形式,因此,对某些概念,在给出定义之后,还得学习一系列判定定理,使学生具有从不同的方面确定概念所反映的对象的能力。

学生是否真正形成了概念,往往还表现为是否能把概念的内涵与外延统一起来。应该使学生懂得,概念外延所属的每一个对象必定具有概念所反映的全部本质属性;反之,凡具有概念所反映的本质属性的对象必定是概念外延所属的对象。例如,有些学生虽然能背出算术根与绝对值的定义,但对解答如 $\sqrt{x+1} + |x^2 - 1| = 0$ 类型的问题却束手无策。究其原因,主要在于不能把概念的内涵与外延真正统一起来。

3. 注意对比容易混淆的概念。有些概念,由于形成的过程相似(如方根与算术根),或表达概念的语词基本相同(如无穷数列与无界数列),或内容上有共同因素(如矩形与菱形),或表达概念的符号相似(如 log 与 lg),致使学生混淆不清,在运用它们时容易产生负迁移,错误地把上述两类概念中一类概念的全部属性用到另一类概念上去。因此,在概念教学中,教师要有意识地引导学生去对比容易产生混淆的概念,防止产生负迁移。

4. 讲清概念的确定性及某些概念的发展与深化。概念的确定性是在一定范围或一定条件下的确定,是相对的。在教学中,一般情况下,讲清了概念的定义,概念的确定性也就不言而喻了。但有些概念,却有必要在给出定义前后,单独讲概念的确定性。例如,二面角的平面角的定义是"以二面角的棱上任意一点为端点,在两个面内分别作垂直于棱的两条射线,这两条射线所成的角叫做二面角的平面角"。由于角的顶点是二面角的棱上的任意一点,学生可能对上述定义的确定性产生怀疑,因此,教材作了这样的安排:在讲定义之前,先画图说明在二面角的棱上任取两点为顶点,分别在两个面内作棱的垂线,所得的两个角是相等的。这就为定义二面角的平面角打下了基础,使学生懂得角的顶点的任意性并不影响概念的确定性。

概念的发展又叫概念的灵活性。在中学数学中,许多重要概念将逐步发展与深化。它包括以下三方面的情况:

第一,概念发展以后,与原概念有不同的含义。如指数概念,初一学习自然数指数幂,到初二发展到有理指数幂和实指数幂,意义上有了变化,自然数指数幂的定义不再适用于它们了。第二,概念发展以后更抽象化、一般化,但后者仍包含了前者。如实数的绝对值概念发展到复数的模概念,显然,$|a+bi|$ 比 $|a|$ 更抽象,更一般化,但当 $b=0$ 时,这两者又是一致的。第三,随着学生知识的增加,概念的外延不断扩大。如角的概念,开始限于 $0°\sim180°$ 的角,以后发展到 $0°\sim360°$ 的角,再发展到任意角。这时,角的概念仍然指平面角。到了高中,它又扩展为空间的角,包括空间两直线的夹角、直线与平面及平面与平面的夹角等。

在教学中,对于概念的每一次发展,都应联系原概念说明概念发展的必要性和合理性以及概念发展以后它的内涵与外延的变化等。

值得指出的是,由于各种数学概念在中学数学中的地位和作用不同,它们在发展中的深化和完善程度也不尽相同。有的在中学数学中只是初步概念,如样本概念等;有些重要概念,在整个中学数学中都在分阶段不断发展与深化,但还不完善,今后还得不断发展,如距离、方程、函数、数、数的绝对值等概念;有的概念在中学数学中几经发展,已初步完善,如算术根、角等概念。教师应该明确概念发展的阶段性及阶段的教学要求。

三、运用多种形式,巩固所学概念,正确地运用概念

为了使学生牢固地掌握所学概念,并能正确地运用概念,在教学中,应采取多种形式,引导学生不断地复习已学概念,并通过多种途径,引导学生发挥数学概念在运算、推理或证明中的理论指导作用。为此,可以从以下几个方面着手:

1. 当堂巩固所学概念。为了使学生能当堂巩固所学概念,在概念教学中,当给出了概念的定义后,可以举出正、反两方面的例子,来加深学

生对概念的认识。例如,在讲了"连接"的定义以后,可以画出图 5－3 中的一组图形,让学生识别哪是直线 BC 与圆弧 $\overset{\frown}{AB}$ 的连接,哪些不是,为什么?

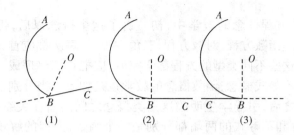

图 5－3

采用变式教学,也是使学生加深对概念的认识,巩固所学概念的好办法。所谓变式,就是使概念的本质属性保持不变,只改变非本质属性,这样就可以突出本质属性,排除非本质属性的干扰,有助于学生正确地理解概念。例如,在二面角概念的教学中,教材上所给的是标准图形,即二面角的两个面在空间图形中有明显的交线。为了使学生加深对这一概念的理解,可以布置如下类型的变式题给学生做:

①如图 5－4,已知 $ABCD$ 是正方形,$PD \perp$ 平面 AC,且 $PD = AB$,求平面 PAD 和平面 PBC 所成二面角的大小。

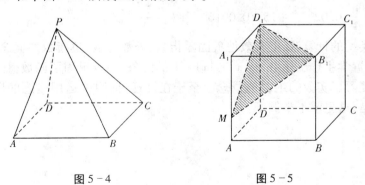

图 5－4　　　　　　　　图 5－5

②如图 5－5,在正立方体 AC_1 中,棱 AA_1 上的点 M,$A_1M : MA = 3 : 1$,求截面 B_1D_1M 与底面 AC 所成的锐二面角的大小。

2. 及时复习,整理所学概念。要使学生牢固地掌握概念,及时地、经常地对已学概念进行复习是十分必要的。同时,前面已经指出,概念的掌握必须在概念体系中才能完成。因此,在某一类概念教学到一定阶段时,特别是在章末复习、期末复习及毕业总复习时,要引导学生了解同一概念体系中诸概念之间的关系,还要了解不同的概念体系中可能存在的关系。

例如,在方程概念的教学中,初一讲了这个概念以后,再讲分式方程、无理方程、指数方程、对数方程、三角方程时,每次都应首先复习方程的概念。待这些不同类型的方程都学完后,应把它们整理成一个方程的概念体系。不等式概念、函数概念的教学也是如此。当分别建立了这三个概念体系之后,引导学生明确这三类概念之间的潜在关系是有益的。事实上,方程和不等式的两端都分别是一个函数;方程的解集就是方程两端的函数定义域的交集的一个子集,这个子集里的每一个元素都使得对应的两个函数值相同;不等式的解集与函数定义域的子集也有类似如上的联系。因此,函数类型与方程式不等式的类型是对应的。

3. 引导学生广泛运用概念。众所周知,引导学生广泛运用概念,是使学生牢固掌握概念和加深对概念的理解的必由之路。在教学中,除了及时布置一些检查概念的作业题以外,其他类型的习题中,要选择一些巧妙地插入了数学概念的题,促使学生在运算、作图、推理、证明中去发挥数学概念的理论指导作用,培养学生的概念思维能力。例如,教完有理指数幂以后,可以布置学生计算:

$$\left[\frac{1}{4}(0.027)^{\frac{2}{3}} + 15 \times 0.0016^{0.75} + \left(-\frac{7}{11}\right)^{0}\right]^{-\frac{1}{2}}$$

这种类型的计算题,能有效地巩固零指数、分数指数、负指数的概念。又如,布置学生作出函数 $y = x^2 - |x| - 1$ 的图象,不仅巩固了函数概念,也结合复习了实数的绝对值概念。至于在推理、证明中运用概念的题,比比皆是,这里就不举例了。

§5.2　数概念的教学

5.2.1　数概念的发展

一、数概念发展的各种模式

数概念的发展有历史的、理论的和数学的三种模式。了解这些模式的异同及其原因,有助于更好地处理数概念的教学。

1. 数概念的历史发展模式

数的概念产生于人类活动的需要,它是与量的度量问题相伴而生、相伴发展的。最早,人类在狩猎和计件时,由于要比较这一物体集合和另一物体集合的大小,形成了多与少的概念。在长期的经验积累中,才逐步从具体事物集合抽象出数来,形成自然数的概念。以后,在人类的贸易活动和分配中,需要对作为一个整体的量进行分割,产生了分数。由于认识不可公度的线段,相应地出现了无理数。不过,对无理数的完整认识却经历了一个漫长的过程。负数比无理数出现得晚些,得到承认也经历了很长的时间。但它的引进同样与量的度量问题分不开,是由于要用数来表示具有相反意义的量的需要。数字符号 0 虽然在 6 世纪时已被引进,但把 0 作为一个数来看待,也是较迟的事。至于虚数,虽然最先出现在用负数开方来表示实系数一元三次方程的根的公式中,但只是到后来,当复数表示平面上的点这一几何解释出现之后,在解决实际问题中得到了广泛的应用,复数才被人们承认并且巩固了下来。

由此可见,从历史发展过程来看,数概念的产生和发展是交错进行的。例如,在人们还没有完全认识负数之前,早已有了无理数的概念,在实数理论还没有建立之前,就早已产生了虚数的概念。整个数概念的历史发展顺序大致如下:

$$\text{自然数集} \xrightarrow{\text{添进(正)分数}} (\text{正})\text{有理数集} \xrightarrow{\text{添进(正)无理数}} (\text{正})\text{实数集}$$
$$\xrightarrow{\text{添进负数和零}} \text{实数集} \xrightarrow{\text{添进虚数}} \text{复数集}。$$

同时还可以看到,数概念产生于实际需要,数集的每一次扩充总是由于原有的数集与解决具体问题的矛盾而引起的。这些问题一般都是首先从实际中提出的(与量的度量问题联系着),只是虚数的引进,首先来自数学本身的需要。但即使如此,最后还是由于取得了实际的解释和应用于解决实际问题,才被真正采纳。

2. 数概念的理论扩充模式

数的现代理论是用结构的观点和严格的公理化方法来处理数概念的扩充的。首先,在集合论的基础上建立自然数的基数理论,或者在皮阿诺的公理体系基础上建立自然数的序数理论。在完成了自然数集的理论体系之后,再一步一步地逐渐扩充数的范围,并分别建立各自的理论体系。其扩充顺序是按下列模式进行的:

自然数集→整数环→有理数域→实数域→复数域。

3. 数概念的教学扩充模式

在中小学数学课程中,数概念的扩充究竟应该是按历史的发展模式还是按现代数学科学中的理论模式来进行,一直是一个有争议的问题。我国中小学课本至今所采用的基本上是历史的发展模式,只是有一点微小的变化,即对数零的认识提前。具体顺序如下:

$$正整数集 \xrightarrow{\text{添进数0}} 自然数集 \xrightarrow{\text{添进正分数}} 非负有理数集$$
$$\xrightarrow{\text{添进负整数负分数}} 有理数集 \xrightarrow{\text{添进无理数}} 实数集 \xrightarrow{\text{添进虚数}} 复数集。$$

上面的这种扩充模式是基于教育上的考虑。因为在正整数的基础上认识数零并没有什么困难,而(正)分数概念比负数概念更容易为学生理解。这是符合严谨性与量力性相结合的教学原则的。但是,主张用结构的观点统一中小学数学的人认为,从结构的观点看,整数集的结构比非负有理数集的结构简单,因为整数集和自然数集一样是离散的,而非负有理数集却是处处稠密的。因此,持这种观点的人认为,即使从量力性原则考虑,数概念的理论扩充模式也应该是学生可以接受的。目前,用结构的观点统一中小学数学的实验尚未成功。因此,在数学概念扩充的教学顺序上,要肯定后一种模式还为时过早。

二、数概念扩充的原则和方法

数概念的每一次扩充,应当遵循以下原则:

1. 增添了新的元素。即原数集是新数集的真子集。

2. 在新数集里,定义一些基本关系和运算,使原有的一些主要性质(基本运算律)仍旧能够成立;而且,原数集的数作为新数集里的成员,原有的运算关系仍旧保持。

3. 新数集解决了原数集所不能解决的一个矛盾。

4. 在满足 1、2、3 的一切可能的扩充中,新数集应当是"最小的",即不存在新数集的任何真子集,既包含原数集,又满足这些条件。

以上扩充原则中,第三条原则是原数集扩充到新数集的基本目的。这个基本目的就是为了使某种运算能够施行。例如,从自然数集扩充到非负有理数集,是为了使除法运算能够施行;从非负有理数集扩充到有理数集,是为了使减法运算能够施行;从有理数集扩充到实数集,是为了部分解决开方运算的问题,即非负实数的开方运算能够施行;而从实数集扩充到复数集,则完全解决了开方运算通行无阻的问题。实现满足四个原则的数集扩充的途径可以有两条:一条途径是利用等价类构造一个新的数集,使它包含一个与原数集同构的真子集;另一条途径是在原数集的基础上补充一些新的数,得到新的扩集。中小学数学里采用的是后一条途径,因为它的抽象程度比前一条途径要低,较易为学生所接受。

下面,我们以从非负有理数集扩充到有理数集为例,来说明扩充的基本思路。

我们知道,在非负有理数集里,加法、乘法、除法(除数不为零)这三种运算都是可以惟一地实施的。自然数集原有的基本运算律和基本顺序律都仍保持。但是对于减法只有在被减数不小于减数的条件下才能实施,即在非负有理数集里,方程 $a + x = b$ 并不总是有解的。要解决这一问题,就必须再一次引进一种新数,把原有的数集加以扩充。

单纯从数学本身的需要出发,新数的引入可采取下列步骤:

先假定这样的扩充是可能的,那么在新扩充的数集里,对于任何一个原有数集里的 a,方程

$$a + x = 0$$

应该有解。我们用符号 $(-a)$ 来表示这个解,它满足条件

$$a + (-a) = 0$$

把符号 $(-a)$ 看成一种数,当 $a \neq 0$ 时给它一个名称"负数",与之对应数的 a 称为正数,$-a$ 与 a 称为相反数,并规定 -0 就是 0。这种新数与原有数集里的数,构成一个新的数集,把它叫做有理数集。然后,探讨如何在新的数集里,建立起满足原有数集中已经建立起的基本运算律和基本顺序的四则运算和大小关系。

(1)加法。设 $-a$,$-b$ 是两个负数。按照规律有

$$a + (-a) = 0, b + (-b) = 0$$

两式相加,得

$$[a+(-a)]+[b+(-b)]=0$$

假定加法的交换律和结合律能够成立,那么应有

$$(a+b)+[(-a)+(-b)]=0$$

这表明$[(-a)+(-b)]$应该是$(a+b)$的相反数。但是$(a+b)$的相反数是$-(a+b)$,因此应有

$$(-a)+(-b)=-(a+b)$$

类似地,设a是正数,$-b$是负数,有

$$b+(-b)=0$$

两边都加上a,得

$$a+[b+(-b)]=a+0$$

从这个等式可以看出:

如果$a \geqslant b$,应有$a+(-b)=a-b$(原数集的减法意义);

如果$a < b$,在等式两边各减去a,可得

$$b-a+[a+(-b)]=0$$

这表明,$a+(-b)$应是$b-a$的相反数$-(b-a)$,即

$$a+(-b)=-(b-a)$$

通过以上的探讨,为了叙述上的方便,再引进一个绝对值的概念,就可启发我们对于有理数的加法法则,应该作出怎样的合理规定。

（2）乘法。首先从等式

$$a+(-a)=0$$

的两边同乘以一个有理数b,得

$$[a+(-a)]b=0$$

假定乘法对加法的分配律能够成立,那么应有

$$ab+(-a)b=0$$

这表明$(-a)b$应是ab的相反数$-ab$。即

$$(-a) \cdot b=-ab$$

其次,在上式中以$-b$代b,得

$$(-a) \cdot (-b)=-a(-b)$$

但是,

$$a(-b)=-ab$$

而$-ab$的相反数$-[-ab]$就是ab,于是又可得

$$(-a)(-b) = -[-ab] = ab$$

由此也就启发我们对于有理数的乘法法则应该作出怎样的合理规定。

（3）顺序关系。这只需根据负数的意义，就可得到启发

应该注意，上面探讨中所提出的有理数加法、乘法的运算法则和大小比较法则，都是在数集可以扩充这一假定下给出的。它仅仅给我们提供了一种设想。这样的数集是不是真正能建立起来，下一步我们还得用形式逻辑的方法，正式给出定义，论证这些命题，把它们确立起来。

在中学数学里，对于数集的逐步扩充其要点仍然是揭示上述扩充的思想，说明它的基本目的。但是，理论上并不要求这样严格，方法上也有区别。我们不能仅限于在数学中纯形式地证明，为了运算能实施而必须引进新数，因为学生不懂得我们为什么要这样做。例如，像上面那样，为什么要使减法运算总可以进行呢？也许实践、生活并不需要我们会用小数减大数。这时，在学生看来，数集的各种扩充纯系非实际需要引起的理论上的嗜好。所以在中学数学中引进新数之前，通常要举出一些不能在已知数集中总能解决的实际问题作例子，说明为了使这些实际问题能够解决，就要扩充已有的数集。但是这些实际需要往往没有翻译成数学语言，也就是说，没有指明它们就相当于必须完成某种数学运算。例如，常常用具有相反意义的量的问题来说明引进负数的必要性，但是并不指出这些问题在非负数集上不可能是由于减法在这个数集上不总是能够施行的。

因此，数概念扩充的一般教学模式是：

实际问题的可解性（实践的需要）→运算可施行性（数学本身的需要）→新数（扩充）→满足实践需要。

这个教学模式体现了认识论的基本原则。下面我们分别就有理数、实数、复数等概念着重探讨引入新数的教学问题。至于各个数集内的运算将在第七章再讨论。

5.2.2　有理数概念的教学

学生对有理数概念的学习主要在以下几方面存在认识上的困难：引进负数的必要性；符号法则；有理数大小的比较等。造成困难的原因一方面是负迁移的作用，另一方面是抽象逻辑思维能力薄弱。为了克服上述困难，我们提出下列教学措施：

一、负数的引入

首先可把小学数学中学过的数的知识作一次系统的整理,使学生注意到数的概念是为解决实际问题的需要而逐渐发展着的。同时,也使学生对于自然数集、非负数集所共同具有的特性以及不同的性质,有初步的认识,为数集的再一次扩充作好准备。

在此基础上,必须指出小学已知的数集的不足,从而指出再一次扩充数集的必要性。为此目的,考察一批具有相反意义的量的实例。例如,气温的变化;火车在固定路线上行驶的位置;等等。引导学生来讨论这种量仅仅用小学里学过的数是怎样表达的。例如,气温是零上 5 ℃,或零下 3 ℃;火车在某站东 70 公里,或西 50 公里。通过分析,发现表达这种量除了要用到已知的数以外,还要用一个词语来说明它们的相反的意义。如果取定一个量为基准,例如气温 0 ℃,用数 0 来表示它,并规定一种意义的量为正的量,例如气温在摄氏零度以上为正,与它相反意义的量就可叫做负的量,例如气温在摄氏零度以下为负,并用符号"＋"表示正,用符号"－"表示负,那么,这种具有相反意义的量的表达就可以简化。这样逐步地引进正、负数概念,有助于使学生体会到引进新数的优越性。为了加深这种认识,还可以与运算发生联系,研究如下类型的问题:

一列火车在东西方向的铁路线上来回行驶。已知火车从线路中的某站出发,先向东行驶了 a 公里,然后回头往西驶了 b 公里。问此时这列火车位于线路中的何处?

解这道题就是要计算差

$$x = a - b$$

它表示火车在确定的方向上离某站的距离是 $(a-b)$ 公里。例如,

若 $a = 80, b = 60$,则 $x = 20$

表示火车在某站东面 20 公里处。

若 $a = 80, b = 80$,则 $x = 0$

表示火车刚好在某站上。

若 $a = 60, b = 80$,则在小学的数集内 $a - b$ 不可能进行运算。但是,实际上这时火车又在一个确定的位置:在某站西面 20 公里处。这里进一步发现了原有数集的不足以及扩大它的必要性,以便上式在任何情况下都能解,包括 a 小于 b 的情况。事实上,引进负数后,最后一种情形就

可用 -20 公里来表示火车的确定位置。相应地,第一种情形可用 $+20$ 公里来表示确定位置。

二、数轴、相反数、绝对值

引入负数建立了有理数概念以后,就要讨论有理数的大小比较。掌握"绝对值"概念是进行有理数大小比较的关键。而定义绝对值又要用到"互为相反数"的概念。"数轴"则是学习这两个概念的基础。因此,教学中必须十分重视"数轴"、"互为相反数"、"绝对值"这三个概念的讲授。

关于数轴,一定要使学生明确每一个有理数都可用数轴上的惟一的点来表示,并使学生熟练地用数轴上的点来表示有理数。利用数轴给出相反数的概念。"a 与 $-a$ 互称相反数",并补充规定"0 的相反数是 0"。在这基础上提出互为相反数的两个数的几何意义:数轴上表示互为相反数的两个点分别在原点的两旁,它们到原点的距离相同。接着,顺水推舟,给出绝对值的几何意义:任何有理数 a 的绝对值,就是数轴上表示这个数 a 的点离原点的距离。由于距离是非负量,这就可以加深学生对数 a 的绝对值是个非负数的理解。借助于数轴上的点的位置关系,就容易确定有理数大小的比较法则了。总之,要充分利用数轴,使形数结合,加强直观性。这是克服负迁移和弥补学生抽象逻辑思维能力弱的有效途径。

关于符号法则,可以在引出互为相反数的概念以后引申一步,说明置符号"$-$"于正数 a(即 $+a$)前面就变为它的相反数(负数);同样的,我们约定置符号"$-$"于负数前面就变为它的相反数(正数)。这样,就得出符号法则:

$$-(+a) = -a, \quad -(-a) = a。$$

这对以后处理符号问题会带来方便。

关于绝对值概念,学生一时不容易掌握,是教学中的一个难点。用字母来表示它的意义:

$$|a| = \begin{cases} a & \text{若 } a > 0 \\ 0 & \text{若 } a = 0 \\ -a & \text{若 } a < 0 \end{cases}$$

初学时更难掌握,教学中应该注意不能急于求成。学生正确掌握、熟练运用这一概念需要一个较长的过程。因此,结合具体数字例子以及利用数轴来说明绝对值的几何意义以后,还得在练习中逐步加深认识,进行巩固。此外,绝对值这一概念在以后还会多次遇到,例如一个平方数的算术平方根,含有绝对值符号的方程和不等式,两点间距离公式等。教学这些内容,一方面要用到绝对值概念,另一方面又不断巩固和发展了绝对值概念。

5.2.3　实数概念的教学

实数概念的建立,关键是引入无理数。按照前面提出的引入新数的一般教学模式,我们可以像如下这样来引入无理数。

联系量的度量,说明不可公度的线段的存在。例如,研究边长为 1 个单位的正方形的对角线的长度。根据勾股定理,这个正方形的对角线的长度应是 $\sqrt{2}$ 个单位。于是度量转化为 2 的开平方问题。接着证明 $\sqrt{2}$ 不可能是一个有理数。这就说明了有理数集的不足和引入新数的必要性。

下一步利用数的十进制表示法指出每一个有理数都可以表示成一个有限小数或无限循环小数,反过来也对。不过,因为这部分内容是放在初中阶段学习的,所以上述结论不可能用极限理论来证明,只能用举例的方式作出说明。接着,我们可以通过 $\sqrt{2}$ 的开方演算,使学生初步认识无限不循环小数的存在。在此基础上,再举出像这样的无限不循环小数的例子。然后对表示成十进小数形式的数作纯逻辑分析,说明有且只有以下情况:有限小数或无限小数。无限小数又分为无限循环小数和无限不循环小数。这样,就可在已知有理数是有限小数或无限循环小数的背景下,顺理成章地给无限不循环小数一个新数的名称——无理数。

给出无理数定义以后,立即建立起实数的概念,并与数轴上的点形成一一对应关系。这时,在数轴上用圆规作出单位正方形对角线长所对应的点是有益的,可以加深数轴上表示无理数的点的直观形象,使学生深信不疑。

值得注意的是,尽管我们举出了这样的无理数的实例,但是,由于无理数主要是利用 $\sqrt{2}$ 引进的,学生仍然容易造成错觉,误以为除了个别无理数外,其他无理数都是由开方开不尽的数产生。为了预防学生这种错误理解,在引进无理数以后,必须指明无理数概念的外延比开不尽的方根数要广泛得多,在后面的学习中还会见到其他运算产生的大量无理数。

5.2.4　复数概念的教学

中学数学里,数概念的最后一次扩充是引进虚数,把实数集扩充到复数集。前面已经说过,从数概念发展的历史看,虚数确实不是首先由于实际的需要,而是由于数学内部的需要引进的。但这并不能说明复数概念的建立与实践无关。归根结底,数学需要取决于实践的需要,虚数只有在后来获得了非常现实的解释和在数学之外的重要应用的情况下才被确认。因此,引入虚数的教学模式仍然可以按照前面所介绍的一般模式进行。例如,仍然可以与量联系来引进新数。为此,提出问题:具有相反意义的量可用实数描述,也就是说,实数完全能刻画直线上具有相反方向的有向量。但是,实践中还遇到许多具有任意方向的量,比如在同一平面上各个方向作用的力、速度等等。这些平面向量仅仅用实数来描述就不够了,从而说明实数集的不足以及引进新数的必要性。

接下来我们根据向量相等的原理把平面任意向量归结为由直角坐标平面原点出发的向量$\overrightarrow{OP}$。建立向量$\overrightarrow{OP}$与其终端点 P 的一一对应,进而建立这个向量与点 P 的坐标(a,b)的一一对应。将向量分解为坐标轴上的分量之和:

$$OP = \overrightarrow{ae} + \overrightarrow{bi}$$

以 $a + bi$ 作为新数的符号使之与$\overrightarrow{ae} + \overrightarrow{bi}$ 一一对应,则平面向量就可用形如 $a + bi$ 的新数(称为复数)描述,向量$\overrightarrow{e}$是横轴上的单位向量,仍旧与实数 1 对应;向量$\overrightarrow{i}$是纵轴上的单位向量,与它对应的是一个新数,我们把这个特殊的新数记为 i,称为虚数单位。然后以向量的加法定义新数的加法,以向量的伸缩与旋转变换定义新数的乘法,并以此说明 $i^2 = -1$。最后指明复数包含实数为其真子集。

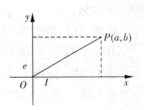

图 5 - 6

上述方案的优点是复数和虚数的实际意义明显,使"虚数"不虚。但是,学生接受也有一定的困难。首先是在定义运算之前就出现 $a + bi$ 形式的数,这里已经包含了"+"、"·"符号,虽然我们暂时并没有把它们当作运算符号看,只是后来定义了运算以后,才回过头来解释这种表示形式中的"+"与"·"确实与运算定义一致。可是学生不习惯这样做

（过去从未这样做过）。因此，开始出现这个符号时就心存疑虑，难以顺应。其次是定义乘除运算时，利用向量的伸缩与旋转也是先前没有见到过的，与在物理中学习的向量的数量积不一致。对于这一点，学生一时也不易接受。考虑到以上缺陷，中学数学的实际教学采用改造了的另一种引入方案。其大致程序是：

1. 在总结已学过的数概念的基础上，指出方程

$$x^2 + 1 = 0$$

在实数集内不能解，从而说明实数集的不足和引进新数的必要性。

2. 从使上面的方程有解出发，引进虚数单位 i，并规定 i 具有如下性质：

$$i^2 = -1$$

i 可以与实数在一起按照同样的运算律进行运算。

3. 逐步引入形如 $a + bi$ 的数，定义为复数。

4. 对复数的运算作出规定。

5. 作出复数的几何解释。

按这个方案，学生学习复数概念的顺应过程相对来说比前一方案要容易些。但是，应该注意，由于引进虚数 i 时规定 $i^2 = -1$，学生对 i 深存"虚幻感"，因此，在后面作出复数的几何解释时，要着重说明 i 的实际意义，使学生理解虚单位与实单位一样是"实在的"数，克服先入为主所带来的虚幻感。

此外，在复数教学中还有两个问题值得注意。

第一个问题是如何给出虚数单位 i。通常有两种做法：一种是规定 $i = \sqrt{-1}$；另一种是不规定 $i = \sqrt{-1}$，且不使用这一记号，只说 i 是 -1 的一个平方根。前一种做法的优点是符合学生的认识习惯。因为以前他们从 $x^2 = 3$ 得 $x = \pm\sqrt{3}$，现在自然从 $x^2 = -1$ 得 $x = \pm\sqrt{-1}$，从而 $i = \sqrt{-1}$。同时解一元二次方程时也使得求根的公式有统一形式，即不论判别式如何，方程

$$ax^2 + bx + c = 0 \quad (a \neq 0)$$

的根都可以表示为

$$x = \frac{-b \pm \sqrt{b^2 - 4ac}}{2a}$$

但是也带来了麻烦。例如，符号 $\sqrt{-1}$ 具有双重身份：一方面表示虚单位

i,另一方面又表示 -1 的平方根,而平方根是二值的(注意,这里不能把 $\sqrt{-1}$ 看作算术平方根!)。两种解释是矛盾的。后一种做法则避免了上述麻烦,使学生不致产生混乱。因此,现行中学课本采用了这种做法。但是也有不足之处,即解方程时书写较繁,不如前一种做法简便。不过,相对来说毕竟是次要的,学生慢慢习惯了,也就会适应。

第二个问题是如何处理复数开方。也有两种做法。一种是用记号既表示复数 z 开 n 次方,又表示开方的结果,即 $\sqrt[n]{z}$ 表示 n 个方根值的集合。这样处理,就会带来如下的麻烦:

$$在等式 \sqrt[n]{4} = \sqrt[n]{4}\left(\cos \frac{2k\pi}{n} + i\sin \frac{2k\pi}{n} \right)(k = 0,1,2,\cdots,n-1)$$

中,左边的 $\sqrt[n]{4}$ 表示 n 个复数的集合,而右边的 $\sqrt[n]{4}$ 却表示一个实数。在同一个式中同一个记号居然有两种不同的意义,这是难以理解的。另一种做法是不用记号 $\sqrt[n]{z}$,而只是用语言叙述。这样做,表达方式虽然稍嫌啰嗦一点,但避免了上面的麻烦,应该说是可取的。因此,现行中学课本采用了后一种做法。

§5.3　形体概念的教学

5.3.1　平面图形

图形是对客观事物形的方面的抽象。在中学几何中涉及大量图形的概念,掌握图形的有关概念,对于学好几何有着至关重要的作用。这是因为,掌握图形概念既是丰富学生几何语言的关键,又是使几何知识系统化的基本条件,同时在解题过程中还起着核心的作用。

但是,学生在认识图形概念时,特别在学习平面几何的初始阶段,由于图形概念集中,数量多,常常存在以下一些问题:

(1)不善于区分图形的非本质特征和本质特征,误把图形的某个非本质特征作为本质特征。例如,把图形的特殊位置或习惯位置作为一般位置看待。

(2)不仔细领会、理解图形概念的定义中的某些词语,因而不能准确地叙述定义。

（3）形式地记忆定义。在变化了的情境中不能正确地识别属于某个概念的图形对象；在复杂的图形背景中不能辨认其中包含的某个图形；在应用概念作为判断、推理时不准确。这些都是学生理论与实际脱节，语言与图形脱节的典型表现。

基本图形概念的重要性以及学生在学习图形概念时易出现的问题，必须引起教师的高度重视。在几何教学中，应该采取有效措施，使学生切实掌握有关图形的概念。

下面就平面几何开始阶段的概念教学进行讨论。

一、正确形成图形概念

学生在小学数学中已经初步接触了一些简单的图形概念。不过，那时还只是一些感性的认识，并没有真正形成有关图形的准确概念。学生在初中重新学习系统的几何知识时，教师应当在他们原有认识的基础上，在帮助学生形成正确的图形概念方面，根据不同情况分别采用不同的方法。

1. 原始概念。中学几何中虽然没有明确提到"原始概念"这个词，也没有指明哪些概念属于这个范围，但是，有一些概念实际上是当作原始概念使用的。例如，点、线、面、体、直线、相交、始边、终边、旋转、端点等。其中的有些概念，例如上面的后五个概念，是当作常识性的词语加以使用的，可以不作任何解释。另外一些概念，如上面的前五个概念，则需要举出日常生活中所见到的事物或现象作为这些概念存在的客观背景，然后对这些概念所反映的"理想形象"作直观描述。例如"面和面相交于线，线和线相交于点"，等等。

2. 给出定义的概念。几何中的绝大多数图形概念都是给出定义的，这些概念的形成又分以下几种情况：

（1）在已有感性认识的基础上进行抽象，形成概念。有些概念在小学数学中初步接触过，例如，线段、射线、角、三角形、正方形、长方形、圆等。但是，如前所述，那时只是一种直观描述，并没有把概念的本质属性抽象出来，更没有给出概念的准确定义。在教学这些概念时，可以先复习已学过的有关素材，然后在此基础上舍弃具体材料，仅从形的性质进行抽象，逐步形成理性认识，给出概念的定义。例如，小学里已学过："拿两根细木条，把它们一端钉在一起，旋转其中一根木条，可以形成大小不同的角。"中学再讲角的概念时，就可以在重新演示这个实验的基础上，把有固定点的木条抽象为射线(注意是射线而不是线段!),那么,上述演示过程就可以抽象为一般形式:"一条射线绕着它的端点旋转到另一个位置,就形成一个角。"然后师生一起作图,先定一点,再从这点引出两条不同的射线分别表示上面所说的射线旋转过程中的初始位置和终止位置,就组成了角的图形,再用语言描述成图过程即得:"以一点为公共端点的两条射线所组成的图形叫做角。"其实这是角的定义的两种说法。前一种是从运动的观点来揭示角的发生过程,是一种发生式定义;后一种是从静止的观点来揭示角的本质属性,是一种类加属差的定义。两者可以相继给出,都应该为学生所掌握。

(2)从图形直观入手形成概念。有些概念是小学没有接触过的新概念,但这些概念的属性也可以像角一样由图形形成的过程清楚地认识到。我们就从图形入手,引导学生边画图边观察、分析,从中抽象出图形的本质属性,然后顺水推舟地给出概念的定义。例如对顶角概念的教学就可以这样进行:师生一道先画一个角,再从角的顶点引出这个角的两边的反向延长线,它们也是共端点的射线,形成一个新的角。我们把具有上述特殊位置关系的一对角叫做对顶角。在此基础上引导学生作如下的文字叙述就容易了:"一个角的两条边分别是另一个角的两条边的反向延长线,这两个角叫对顶角。"

其他一些概念如圆、余角、补角、邻补角等,都可以仿照上面的做法形成概念。

(3)按照概念的限制方式形成概念。几何中的许多概念的学习都是一种归属学习。例如,三角形、等腰三角形、等边三角形、直角三角形、锐角三角形、四边形、平行四边形、矩形、菱形、正方形、梯形等。在教这些概念时,都可以采取引导学生先认识对象所属的类,然后认识对象的属差的办法,对类概念限制,从而形成新的概念。

在形成概念的过程中,学生的语言表达常常是含糊的,词不达意的。例如,"两直线垂直就叫垂直线";"连结两点的长就叫两点间的距离";等等。因此,教师要特别注意训练学生对概念定义的准确表达,及时纠正学生叙述中的错误。

二、真正理解图形概念的本质属性,防止形式上的死记

正确形成图形概念,给学生理解图形概念的定义提供了良好的基础。但是当给出了图形概念的定义以后,还必须对定义所揭示的本质属性作过细的分析,才能帮助学生去理解概念。例如,对"角"的概念要理解角的边是射线而不是线段,画图时边的长短无关重要;一个角把平面分成两部分。又如,"对顶角"概念要理解以下三点:对顶角是指两个角,它们的图形相依存在,不能说某一个角是对顶角;两角的边互为反向延长线。再如,对"同位角"、"内错角"、"同旁内角"等概念的理解,首先要明确它们都是"两条直线被第三条直线所截"这种三直线关系组成的角。只有三直线是这种关系,才能谈到所成的某两个角是处于"同位"还是"内错"或者是"同旁内"的位置。因此,判断两角的关系时,一定要让学生弄清楚:是哪两条直线被哪一条直线相截所成的角? 是何种位置类型的角? 有些学生虽然能背出这几种类型角的定义,但遇到图 5-7 时,却误认为甲图中的∠1 与∠2 是同位角;乙图中的∠1 与∠2 是内错角;丙图中的∠1 与∠2 是同旁内角。其原因主要是没有弄清上述三条直线,当图中出现其他直线时,易被它们所干扰。

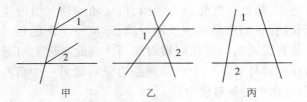

图 5-7

三、认识图形概念的外延,防止片面性

学生初接触几何图形概念时,总是把该概念的对象仅仅理解为规范化图形。例如,两条直线互相垂直仅理解为一条是水平位置,另一条是竖直位置(图 5-8 中的甲);同位角、内错角、同旁内角仅理解为三直线处于图 5-8 中乙的位置关系。

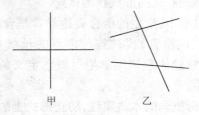

图 5-8

为了使学生易于形成概念,开始可以从规范化图形引进。但随后应该用变式图形让学生认识概念的外延。例如,当用规范化图形引进同位角、内错角和同旁内角等概念以后,可以依次出现图5-9和图5-10,要求学生辨认图5-9中的∠1与∠2,∠4与∠2,∠3与∠1各是一对什么角,图5-10中的∠1与∠2,∠3与∠4又是一对什么角。

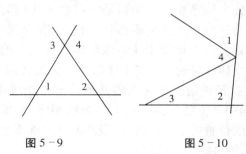

图5-9　　　　　　　　　图5-10

四、了解图形概念间的相互联系,形成概念系统

平面几何中的图形概念很多,教学时是一个个单独讲授的。其实,这些图形概念按其逻辑推理联系分别组成若干概念系列。当教学进行到一定阶段后,及时揭示它们之间的这种逻辑联系,将有关图形概念纳入概念系列,有助于深化对各个概念的认识,牢固掌握图形的概念。例如,有关角的概念,可以把平角、直角、锐角、钝角等单角纳入一个体系(图5-11):

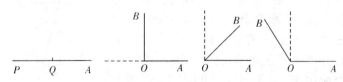

图5-11

而把余角、补角、邻角、邻补角、对顶角、同位角、内错角、同旁内角等双角纳入另一个体系:

只有度量关系:余角、补角;

只有位置关系:邻角、同位角、内错角、同旁内角;

兼有度量和位置关系:邻补角、对顶角。

另外,如三角形和特殊三角形的概念,四边形和特殊四边形的概念都分别形成概念系列。

5.3.2　空间图形

比起平面图形概念来,学生学习空间图形概念要难一些。其原因主要有以下几个方面:

(1)已有的平面图形概念对形成空间图形概念的负迁移作用。

平面几何的各个概念和有关知识是学习立体几何的基础。平面几何中研究的对象是三维空间的组成部分,当它们嵌入到三维形体时,平面几何的有关知识就可以运用于认识该形体和探究它的属性。所以平面几何的学习对立体几何的学习产生迁移是毫无疑义的。但是,平面几何中的某些概念在某种情况下对立体几何的学习也可以产生负迁移。例如,在平面几何中学生熟知两直线不平行就相交,形成定势,于是,在考虑空间中两直线位置关系时,常忽略了两条直线既不平行又不相交的情形。试看下题的解法:

设 A、B、C、D 不在同一平面上,试求一点,到这四点距离相等。

解　如图 5 – 12,作 $\triangle ABC$ 和 $\triangle ACD$ 的外心 O 与 O'。过 O 作平面 ABC 的垂线 l,过 O' 作平面 ACD 的垂线 l'。l' 与 l 的交点 P 即为所求。这里 l' 与 l 的相交是要证明的,而学生却误认为是当然的。

以上这种负迁移的产生,主要是由于概念领域扩大,凭原来相应的概念不能全面感知推广了的概念而造成的。学习平面几何,原始对象是点和直线,平面没有被列为研究的对象,因此学习者心理上不需要考虑甚至不需要意识到平面的存在。在立体几何中,平面作为原始对象增加进来,对于形成空间概念,它居于显要位置,初学者却不易领会。由于平面的参入,平面几何中许多概念的领域因而扩大,如平行、垂直、角、距离等概念都是如此。

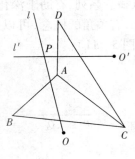

图 5 – 12

(2)图形的表达方式发生了改变。

平面几何中的图形反映实物的实际形状和尺寸比例关系。而立体几何中的图形是先将三维空间中的实物按一定的投影原理和规则画在二维平面上的直观图,它不像平面几何中的图形那样能反映实物的实际形状,尺寸比例关系也发生了改变。这就使初学者在识图和绘图时,受原来熟知的平面图形概念的习惯影响而造成理解上的失误。例如,在直观图上不易区分相交直线与异面直线;画成锐角或钝角的两条边所在的直线不易想象为互相垂直的直线;相等的两条线段或两个角在直观图上却不一定画成相等。对这些变了形的图形,要理解它们,已经不能凭直观形象,而是依靠抽象的逻辑思维和空间想象力。可是,空间想象力又恰恰是在由实物画它们的直观图以及由直观图想象它们所表达的实物的反复训练过程中才能培养起来。因此,初学时有困难是难免的。

为了克服或者减少上述困难,教学时可以采取以下措施:

1. 每次由平面几何中的概念引申出一个相关的立体几何概念时,要识辨其间的异同。例如,"角"的概念推广后,不仅是直线间可以成角,直线与平面之间、平面与平面之间也都可以成角;不仅是相交直线成角,不相交的直线(异面直线)也可以成角。这些都是平面角概念与空间角概念的不同的一面。但二者又有共同的一面,即都是用"平面角"来定义的。

2. 教会学生正确地绘图和识图。

关于直观图的绘制方法,现行中学课本作了较详细的介绍。这里只指出教师在黑板上画图时某些应注意的事项。

(1)正确处理虚、实线。直观图中的虚线和实线分别反映空间形体的不可见的线和可见的线。但是,稍不注意,就可能出现这种情形:本来应该画虚线的部分,在匆忙中却画成了实线。这种错误表达会破坏图形的认识结构,引起视觉的混乱。在表示三棱锥的图 5-13 中,甲图错误,乙、丙、丁三图都正确。在三个正确图形中,图乙虚线太多,图丙可能引起视觉的不稳定性,时而好像点 C 在平面 *ABD* 前面,时而又像在平面 *ABD* 后面,图丁则既避免了过多的虚线,又使视觉稳定。因此,在一般情况下,常采用丁图作为三棱锥的直观图。

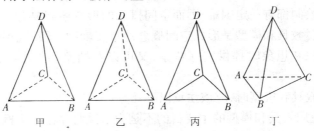

图 5-13

（2）在一个图形中，只能采用一种投影。立体几何中的直观图都是按照平行投影原理画出的。不同的空间形象可以采用不同方向的平行投影来绘制它们的图形。中学里介绍了斜二测和正等测两种投影图。但是，在同一个图形绘制中，只能采用一种投影，而不能同时使用两种。例如图 5 - 14 中的（1）是错误的。

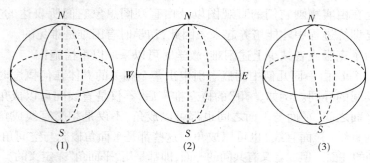

图 5 - 14

它的轮廓线，经过 N、S 的直径和大圆是按正前投影绘出的，而赤道则是按正前斜投影绘出的。如果按正前投影来画，过 W、E 的大圆是一条线段，如图 5 - 14 中的（2）；如果按正前斜投影来画，则过 N、S 的大圆是如（3）所示的椭圆。

（3）每绘制一个图形，应向学生指明形体的哪些元素的大小、形状和元素的关系，在它的直观图中哪些仍然保留，哪些已经改变。一般说来，空间形象上平行于投影面的部分在直观图上保持形状和大小不变，其他部分在直观图上只保留平行关系，线段和角的大小都有了改变，从而也引起形状改变。

3. 恰当地使用教具和模型。由于学生在初学立体几何时，对直观图的识读和绘制都有一定困难，因而空间概念的形成还需要有其他辅助手段的帮助。教具和模型是形成空间概念的重要辅助手段，既可以给学生在进行抽象和想象时提供实际背景，又可以对抽象和想象的产物提供实证。

使用教具和模型时，应该注意以下几点：

（1）使用教具和模型的主要目的不是为了说明存在相应概念的原形以及它们的基本形状，而在于借用教具或模型进行观察、分析，然后抽象概括出准确的概念，最后还得离开模型画出图形，并在头脑中形成有关的形象。所以,使用教具或模型的目的主要不是使抽象概念形象化,而在于完成具体到抽象再到具体的完整的认识过程。

(2)使用教具和模型必须掌握一定的尺度。既要有利于学生接受,也要有利于发展学生的思维,特别是要有利于发展学生的空间想象力。所以在立体几何教学的初始阶段,多用模型或教具是可取的。但是随着学习过程的进展,应当逐步有控制地使用类似的教具。如果高一学生在学习立体几何的整个过程中过多地依赖直观教具,将不利于培养学生的抽象思维和空间想象能力。

(3)应当要求学生自己动手制作简易模型或选用相应的学具。这对于帮助学生形成空间图形概念,理解图形的性质,比单纯只看教师演示教具或模型更为有效,同时还有利于学生养成独立地准确地工作的习惯。

§5.4　关系概念的教学

数学中大量概念是由关系来确定的。在这类概念中,就定义看,不在于从一组对象中区分出某种对象,而在于指出关联着的对象。例如,"b 是 a 的倍数","倍数"本身并不是一个特殊数,只是指出 a 与 b 的一种关系。每一个关系定义包含两个成分:关系以及这个关系关联的对象。

在现代数学中,把 n 元关系定义为 $A_1 \times A_2 \times \cdots \times A_n$ 的子集,其中 A_i($i = 1, 2, \cdots, n$)表示集合,$A_1 \times A_2 \times \cdots \times A_n$ 是笛卡尔积。中学数学涉及的大多是二元关系,即 $A \times B$ 的子集。而且这些二元关系中,除了函数关系以外,基本上都属于 $A = B$ 的情形,即是 $A \times A$ 的子集(称为 A 中的二元关系)。

下面我们就中学数学里常见的一些主要关系概念,讨论它们的教学问题。

5.4.1　函数

一、函数概念的各种解释

函数可以看作是一种特殊的关系,即函数关系:xFy,其中 $x \in X$, $y \in$

Y, 序偶(x,y)的集合是右单值的, 即满足条件

$$(\forall x(\forall y_1,y_2)[xFy_1 \wedge xFy_2 \Rightarrow y_1=y_2]$$

上述表达方式是对函数概念的一种现代解释。它的另一种现代解释是用对应来定义, 即函数是一种对应, 在这种对应下, 某集合 X 的每一个元素 x, 对应于某集合 Y 的惟一元素 y。

在中学数学里, 没有引进一般的关系概念, 只引进了对应。所以, 函数概念也不用关系解释, 而是利用对应来定义。但是, 考虑到学生的可接受性, 又不完全是采用现代化的对应解释, 即不把单值对应本身看作函数, 而是把单值对应中集 Y 的变元素(变量)称作函数。简言之, 即把函数看作是一种变量, 这是函数概念发展历史上持续时间最长的一种观点。

二、中学数学里函数概念的形成与发展

中学数学中的函数概念是分阶段逐步形成和发展的。大体可分为四个阶段:

第一阶段是引入函数概念之前的预备阶段, 以积累形成函数概念所必需的素材和初步渗透其思想为主要任务。例如, 通过数概念的发展的教学, 方程和不等式的解集的教学等, 积累关于"集合"的初步观念; 通过数轴与坐标的教学, 积累关于"对应"的初步观念; 通过代数式和列方程解应用题的学习, 使学生认识如何用字母表示一般的量, 如何用代数式或方程表示量与量之间的关系; 通过求代数式的值, 了解代数式与其所含字母在数值上的对应关系; 等等。

第二阶段是初步形成函数概念阶段。在这个阶段里, 通过实例引进常量和变量的概念, 在此基础上, 用浅显的、直观描述性的叙述方式让学生了解一般的函数概念, 进而掌握正比例函数、反比例函数、一次函数、二次函数的一些性质和图象作法, 为系统研究基本初等函数的一般性质作准备。同时, 为了解三角形的需要, 还引进了三角函数的初步概念, 即锐角和钝角三角函数。

第三阶段是函数概念的认识深化阶段。在这一阶段里, 用集合、对应观点重新认识函数概念, 加深对函数概念的理解, 并开始系统地用初等方法研究幂函数、指数函数、对数函数、三角函数和反三角函数的图象和性质。

第四个阶段是用极限微积分方法进一步深入研究函数性质的阶段。

以上四个阶段对函数概念的认知层次是逐步提高的,即符合从感性到初步理性,然后深化,再进一步发展的认识过程。

三、函数概念初步形成阶段的教学

初步形成函数的一般概念是初中代数教学的重要任务之一。其教学过程大致如下图所示:

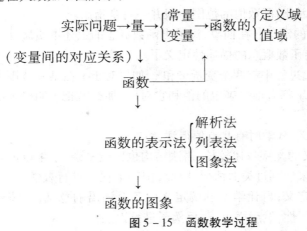

图 5 - 15 **函数教学过程**

这里,我们特别提出两个问题来讨论。

1. 关于函数概念的引入。通常的做法是从研究含有两个相互依赖、相互制约的变量的实例问题入手,经过观察、分析、抽象、概括认识到两个变量之间的相应变化规律,然后逐步导入函数的初步概念。在这个过程中应该注意以下几个方面:

(1)选择实例要力求典型、全面。教学实践表明,初学函数概念时,学生往往把函数狭义地理解为能用自变量的解析式表示的一种因变量,并且自变量的变化范围仅仅理解为是解析式有意义的实数值的集合。为了预防学生认识上可能产生的这种片面性,有效的途径是从一开始就向学生展现函数的各种表现形式,自变量取值的各种范围,使学生清楚地意识到,函数的表现形式以及自变量取值范围的类型并不是函数概念的本质属性。

(2)对实例的分析要突出函数概念的本质属性。在举出的几个实例中,通过观察、分析,发现它们都是研究两个相互依赖的变量 x 与 y 之间的变化规律的。这种规律尽管在所举实例中表现形式不同,有的是由一个表格给出,有的是用一个公式反映,有的则是通过一条曲线体现,但它们都具有如下两个共同特性:第一,对其中一个变量 x 变化范围内的每一个值,另一个变量 y 都有相应确定的值与之对应;第二,与每一个 x 值对应的 y 值是惟一的。这两个特征涉及函数概念的三个要素,即变量间的对应规律、自变量的变化范围和函数值的范围。其中,前两个要素是基础,当变量间的对应规律和自变量的变化范围确定后,函数值的范围也就随之确定。因此,函数值的范围一般并不特别指出。

2. 关于函数的定义。在抽象、概括出函数概念的上述本质属性的基础上,就可以给出函数概念的描述性定义了。

"设在某变化过程中有两个变量 x 和 y,如果对于 x 在某一范围内的每一个确定的值,y 都有惟一确定的值和它对应,那么就把 y 叫做 x 的函数,x 叫做自变量。"

对于以上定义,教学时有几点值得注意:

(1)由于定义的文字叙述较长,语法结构也比较复杂,学生以前学过的概念定义中尚未遇到过类似情形,因此,按以下程序进行教学为宜:先由教师直接给出定义,再让学生理解定义中各个词语的意义,弄清定义中所揭示的本质属性,然后举出正、反例子进行识别。

(2)在随后的正比例函数、反比例函数、一次函数、二次函数和三角函数教学中,也应该按照归属学习的概念限制方法进行。这样,在多次反复运用上述定义的过程中,可以巩固对一般函数概念的本质属性的理解和记忆,同时也就区分了各个特殊函数的特殊属性差异。

3. 注意函数概念认识上的阶段性。在初中阶段,要求学生能够理解上述描述性定义就行了,不必过分要求函数概念的严谨性,不要急于加深认识,把后继学习的有关内容提前教给学生。

四、函数概念再认识阶段的教学

到了高中阶段,由于正式引进了集合和对应等概念,这就给学生进一步加深对函数概念的理解创造了条件。

在这个认识阶段上,加深的内容主要有以下几个方面:明确提出定义域、值域或定义域到值域的单值对应等概念;引进了函数的一般记号 $y = f(x)$;进一步丰富了定义域、函数的表示法以及图象的种类(例如,定义域可以是一些离散的数集,出现了分段函数,图象可以是一些点或线段,等等);引进了"区间"的概念和符号,这样,连续实数集合的表示方法就可以有三种:集合表示法、不等式表示法和区间表示法。

　　这个阶段的主要教学任务就是用集合和对应的观点对初中已学的函数定义重新认识。要使学生完成这项认识任务并不太困难，只要在运用圆圈与箭头图示的基础上，把原有定义中的相应语句翻译成集合和对应的语句就可以办到。但是，在要求学生对函数概念的实质性理解方面，还有值得引起教师注意的地方。

　　1. 关于对应关系。首先，函数概念中的对应是有方向的，即是指定义域（集合）到值域（集合）的对应。其次，这种对应是单值对应。强调这两点，对于深刻理解函数概念，特别是理解反函数概念十分重要。

　　2. 关于函数符号。使用符号 $y = f(x)$ 表示"变量 y 是变量 x 的函数"是对函数概念的进一步抽象化、形式化。学生初接触这个符号时可能有一定的困难。教学时应该让学生真正理解如下几点：

　　（1）在符号 $y = f(x)$ 中，x 表示自变量；y 表示函数；f 表示由 x 到 y 的对应法则，在具体问题中，它可能是表格，可能是曲线或公式，还可能是别的形式（例如，用语言叙述的对应法则）；$f(x)$ 一方面与 y 的意义一样，也表示函数，另一方面它还表示由自变量 x 的每一个值，通过 f 都可以得到函数 y 的惟一确定的值。具体地说，如果自变量 $x = a$，那么它所对应的函数 y 的值就是 $f(a)$；等式 $y = f(x)$ 正是反映 $f(x)$ 的这种双重意义。

　　（2）符号 $y = f(x)$ 只是函数的一般记号，它可以表示任何一个函数，但是，它并没有指明某个具体函数的三个具体要素。因此，我们认识一个具体函数时，还必须弄清它的三个具体要素，缺一不可。一般情况下，定义域和对应法则是已经给出的，值域则不必给出，可以由定义域和对应法则求得。

　　（3）符号 $y = f(x)$ 中的三个字母都可以改换成别的字母。例如，$\mu = v(a)$，$x = \varphi(y)$ 等。判断两个函数是否相同，不是看函数符号中的字母是否都相同，而是看它们的三个要素是否都相同。例如，函数

$$y = f(x) = x^2, x \in \mathbf{R}$$

与函数

$$\mu = v(a) = a^2, a \in \mathbf{R}$$

尽管表达式所含字母不一样，但三个要素都相同，因而，不认为是两个函数，而是同一个函数。而第一个函数与函数

$$y = f(x) = x^2, x \in \mathbf{R}^+$$

虽然表达式完全相同，但定义域不一样，因而是两个不同的函数。学生

弄清了这一点,对指数函数

$$y = a^x, x \in \mathbf{R}(a > 0, a \neq 1)$$

的反函数

$$x = \log_a y (a > 0, a \neq 1), y \in \mathbf{R}^+$$

可改写为

$$y = \log_a x (a > 0, a \neq 1), x \in \mathbf{R}^+$$

也就不难理解了。

最后我们指出,现代定义把关系或对应法则"f"作为函数,而中学是把"变量 y"看作函数,这是因为"变量"比"关系"或"对应法则"要具体得多,易为学生接受。

5.4.2 等价关系

设 ρ 是集合 A 上的一个关系。

1)若对任何 $a \in A$,有 $a \rho a$,则称 ρ 为自反的;否则称 ρ 为非自反的。

2)对任何 a、$b \in A$,若 $a \rho b$,则 $b \rho a$,就称 ρ 为对称的;否则称 ρ 为非对称的。

对任何 a、$b \in A$,若 $a \rho b$ 且 $b \rho a$,则 $a = b$,就称 ρ 为反对称的;否则称 ρ 为非反对称的。

3)对任何 a、b、$c \in A$,若 $a \rho b$ 且 $b \rho c$,则 $a \rho c$,就称 ρ 为传递的;否则称 ρ 为非传递的。

具有反身性、对称性和传递性的关系叫做等价关系。

中学数学里涉及的等价关系包括数之间的相等;代数式和函数式的恒等;几何图形之间的全等、相似;集合之间的相等;方程(不等式)之间的同解;命题之间的等价。此外,如果把直线与直线重合,平面与平面重合也分别当作这两类元素平行的特殊情形的话,那么,直线与直线平行,平面与平面平行也属于等价关系。

本节一开始就提到,关系概念有两个成分,即关系和关系中关联的对象。这两个成分的强度一般是不相等的。在大多数情况下,前者是弱成分。因此,在传统的中学数学教学中,往往只注意到关联的对象,而忽视了对关系本身的理解。上述等价关系的教学也是如此,即只考察处于等价关系的事物的性质,而不研究等价关系本身的性质。例如,学习相似关系时,主要注意的是处于相似关系的图形,而不是注意相似关系本身;学习平行关系时,注意的是平行的直线,而不是直线的平行性本身,等等。

其实,学习关系概念,必须同时研究关系的两个成分。就等价关系而言,这样做有几个好处:

(1)一个集合上的等价关系可以对该集合作出无遗漏的不重复的分解。也就是说,可用集合 A 上的一个等价关系 ρ 把 A 分成若干子集的并,且各子集互不相交,分成的每个子集,叫做关系 ρ 下 A 的一个等价类。

例如,平面上的方向就可用等价来定义。设 A 是平面上射线的集合。把平行的和同向的射线归为一类。于是,根据平行与同向就可把集合 A 分为等价类。集 A 上的每一射线必属于一类且仅可属于一类。任意两条不平行或不同向的射线必属于不同的类,每一类定义了一个方向。

在数的概念一节里我们曾经提到过利用等价类定义分数的事。这里不妨再举一个用等价类定义实数的例子。

设 $a_1, a_2, \cdots, a_n, \cdots$ 为有理数序列。如果任给有理数 $\varepsilon > 0$,有自然数 N,当 $m, n > N$ 时,$|a_m - a_n| < \varepsilon$,则称 $\{a_n\}$ 为基本有理序列。设 $\{a_n\}$、$\{b_n\}$ 为两基本有理序列。如果任给有理数 $a > 0$,有自然数 N,当自然数 $n > N$ 时,有 $|a_n - b_n| < a$,则称 $\{a_n\}$ 与 $\{b_n\}$ 对等。显然,对等是一种等价关系。

设 A 为全体基本有理序列的集合。根据上述等价关系,可把 A 分解为等价类。A 中的每个序列必属于其中一类,任何两个不对等的序列必属于不同的类。A 的每一个等价类就叫做实数。

(2)等价关系和它的属性构成一个整体,学生理解了这个整体,才能理解这个关系,并形成完整的认知结构。例如,学生懂得了等价关系之后,就能把相等、恒等、全等、相似、平行、同解等大量个别的具体关系,同化到关于等价关系的知识结构中去。

(3)研究关系本身的性质,也是使中学生在思想方法上逐步接受现代数学科学的一个方面。

在中学实际教学中,关于等价关系的讲授可以分为两种水平。

第一种水平。在初中阶段从几何中的线段相等、角相等、三角形全等和相似等具体关系入手,初步建立起等价关系的概念,然后再扩大到代数中的数相等、代数式和函数式的恒等、方程同解等关系中去,使学生初步领会等价关系的共性。这时,平行关系只限于狭义的,暂不列入等价关系。

第二种水平。到了高中阶段,在继续扩大对具体的等价关系(例如集合的相等关系,广义的平行关系)认识的基础上,抽象概括出等价关系的三个本质属性,并利用等价类对集合进行划分。前面提到的利用射线的同向关系定义方向就是一个可行的例子。此外,还可以介绍利用剩余类把自然数集或整数集划分成类的例子:

"对模 m,x 与 y 同余"(即 x 和 y 除以 m 得相同的余数),记为"$x \equiv y$(mod m)"。这里,"模 m 的同余"是一种等价关系。利用这种等价关系,就可以把自然数集(或整数集)划分成类,使得数集中的每个数都属于且仅属于一类,一个类的任意两个数都有"模 m 同余"这种关系;不同类的任意两个数都没有这种关系。

例如,利用"模 3 同余"关系,可以把自然数集分为三个类:除以 3 余 0 的数的类 $\{x_0\} = \{3k\}$;除以 3 余 1 的数的类 $\{x_1\} = \{3k + 1\}$;除以 3 余 2 的数的类 $\{x_2\} = \{3k + 2\}$。

让学生也作这种类似的分类,不仅对于理解等价关系概念是有益的,而且使学生学会了一种分类研究问题(包括解题)的思想方法。

5.4.3 顺序关系

非自反的、非对称的、具有传递性的关系称为严格的顺序关系。

自反的、反对称的、传递的关系称为非严格的顺序关系。

对于数集 A 来说,如果其上的元素既满足严格的顺序关系(以 $x < y$ 或 $x > y$ 表示这种关系,其中 x、$y \in A$),又满足:

(1)对任何 a、b、$c \in A$,若 $a < b$,则 $a + c < b + c$;(称为加法的单调性)

(2)对任何 a、b、$c \in A$,若 $a < b$ 且 $0 < c$,则 $ac < bc$。(称为乘法的单调性)那么,称数集 A 上的元素具有数目大小顺序关系。

中学数学里涉及的严格顺序关系有数之间的小于、大于;直线上的点之间的在前、在后(或在左、在右);集合之间的真包含等。非严格顺序关系有数之间的不小于、不大于、整除、被整除;集合之间的包含;命题之间的推出等。具有数目大小顺序关系的数集有自然数集、整数集、有理数集、实数集。复数集不具备数目大小顺序关系,但可以建立严格的或非严格的一般顺序关系。

在传统的中学数学中,对顺序关系本身的性质比起对等价关系的性质来,注意得稍好些,因为顺序关系的性质在数学学习中常常用到。例如,在证明某些不等式时,有时要用到小于或大于的三个属性,有时又要用到不小于或不大于的属性;在证明集合的包含关系时,也要用到包含关系的属性。

以上讨论的函数关系、等价关系、顺序关系是中学数学中遇到的三类主要关系。此外,中学数学里还遇到一些其他的关系。例如,直线之间的相交、垂直、共面、异面;角之间的互余、互补、同位、内错、同旁内、对顶;圆之间或圆与直线之间的相离、相切、相交;集合之间的相交、不相交等等。所有这些关系概念,在教学中除了给出相应的定义以外,在适当的时候还应讲清它们各自的属性。学生只有在把一个具体关系和它的属性构成整体时,才会深刻地理解这个关系概念。例如,理解了相关元素的对称性,在说"两角互为对顶角"或"两直线互相垂直"时,学生才会深刻领会"互"字的含义。又如,学生仅只记住了两角互余的定义是不够的,记住了定义,他只会求出一个已知角的余角,他理解余角而不一定明确"互余"这个关系本身。只有理解了互余是非自反的、对称的和反传递的,关于"两角互余"的概念才是完整的。

§5.5　概率统计概念的教学

随着社会的信息化进程和经济的快速发展,概率统计的应用越来越广泛,人们常常需要收集数据,根据所获的数据提取有价值的信息,作出合理的决策。因此,概率统计的基础知识已经成为一个未来公民的必备常识。

5.5.1　中学数学里概率统计概念的发展

数学新课程标准已将概率统计作为重要的教学内容并贯穿于小学、初中和高中各个学习阶段。

第一学段(1～3年级),学生将对数据统计过程有所体验,学习一些简单的收集、整理和描述数据的方法,能根据统计结果回答一些简单的问题;初步感受事件发生的不确定性和可能性。在这一学段,主要是借助日常生活中的例子,让学生经历简单的数据统计过程,对不确定性和可能性进行直观感受。第二学段(4～6年级),学生将经历简单的数据统计过程,进一步学习收集、整理和描述数据的方法,并根据数据分析的结果作出简单的判断与预测;将进一步体会事件发生可能性的含义,并能计算一些简单事件发生的可能性。在这一学段主要是联系现实生活,使学生有意识地经历简单的数据统计过程,根据数据作出简单的判断与预测,进行交流,并在具体情境中体验可能性。第三学段(7～9年级,即通常所说的初中),学生将体会抽样的必要性以及用样本估计总体的思想,进一步学习描述数据的方法;进一步体会概率的意义,能计算简单事件发生的概率。在这一学段主要是联系日常生活、自然、社会和科学技术领域的实际,使学生体会统计与概率对制定决策的重要作用;使学生从事数据处理的全过程,根据统计结果作出合理的判断;使学生在具体情况中体会概率的意义,对有关概念和术语不要求进行严格表述。

高中阶段,在必修课程数学3中,学生通过实际问题情境,学习随机抽样、样本估计总体、线性回归的基本方法,体会用样本估计总体及其特征的思想;通过解决实际问题,较为系统地经历数据收集与处理的全过程,体会统计思维与确定性思维的差异;结合具体实例学习概率的某些基本性质和简单的概率模型,加深对随机现象的理解,并通过实验、计算器(机)模拟估计简单随机事件发生的概率。在选修1－2和选修2－3中分别学习统计实例、计数原理和概率,学生通过对典型案例的讨论,了解和使用一些常用的统计方法,进一步体会运用统计方法解决实际问题的基本思想,认识统计方法在决策中的作用;学习某些离散型随机变量分布列及其均值、方差等内容,初步学会利用离散型随机变量思想描述和分析某些随机现象的方法,并能用所学知识解决一些简单的实际问题,进一步体会概率模型的作用及运用概率思考问题的特点,初步形成用随机观念观察、分析问题的意识,在高中阶段应让学生了解随机现象与概率的意义,结合具体问题对统计中的概念进行描述说明,对概念不刻意追求形式化的描述。

5.5.2　中学生学习概率统计概念的困难

概率统计是研究随机现象(或不确定现象)的科学。统计与概率研究对象的总体一般具有不确定性,应用统计与概率方法由部分推断总体具有随机性;用统计与概率来解决问题,其结论往往以不确定现象和不完全的信息作为依据,这样的结论可能是错误的。总之,统计与概率往往不提供确实无误的结论,这是由随机现象的本性造成的。这一思想方法与确定性思维存在着巨大的差异,同时统计与概率由不确定的数据进行推理的思考与运用逻辑依据进行推理的思考方式也存在着巨大的反差,统计与概率的许多说法与日常直觉相违背,这些学科专业的特点为学生的学习造成了潜在的困难。

学生在学习统计与概率的概念时,常存在以下一些问题:

1. 易受日常直觉的影响。不能把握概念的实质,他们会把某一事件发生机会大于还是小于50%作为预言该结果会发生还是不会发生的标准,并且把概率看作一种预测,在每次试验以后就判断说某一概率是预测对了还是错了。他们会用自己的看法比较或计算机会,比如在解决两步试验机会比较问题时,他们会将一个两步试验分割为两个一步试验,然后将每个一步试验中发生机会较大者进行简单复合,认为此复合的结果就是两步试验中发生机会较大者。

2. 易受逻辑因果思维的影响而错误地理解概念。他们认为随机实验中每一可能的结果都有同等的发生机会,认为在抽样中一个样本应该看起来与其总体相像,他们常用数值匹配或文字匹配来解释机会值。

3. 不能区分可能性与确定性。他们认为很可能就是必然,不太可能就是不可能,且容易混淆可能发生与必然发生。他们常用举例的方式来说明可能与不可能,比如,中奖率为$\frac{1}{1000}$的彩票,买1000张一定会中奖。

4. 把握不住随机现象。他们认为随机现象是没有规律可言的,是不确定的,因而机会不能量化及预测。有的学生则认为一次试验的所有结果只有两种可能,发生或者不发生各有50%的机会,认为每次机会与累积频率无关,一再重复试验并无益处。他们在面临可能性问题时,常常凭主观作出判断。

学生在统计与概率概念学习中出现的问题和存在的困难,必须引起教师的高度重视。在教学中,应切实采取有效措施,使学生掌握好这些概念,发展统计观念。

5.5.3 随机事件及其概率概念的教学

概率教学的核心问题是让学生了解随机现象与概率的意义。教学中,教师应采取由具体到抽象、由简单到复杂、由特殊到一般的方法,通过日常生活中的大量实例,鼓励学生动手试验,使学生正确理解随机事件与概率的直观意义,从而归纳出随机事件与概率的本质特征。

对于随机事件的概念,教学中必须着重强调四个方面:首先是强调在相同条件下作试验或观察;其次是说明可以重复地做大量试验或观察;其三是强调每一次试验或观察的结果不一定相同,且无法事先预测试验或观察的结果是什么;其四是强调应将必然事件与不可能事件看作随机事件的极端情形。在日常生活中,我们遇到尽管结果是多种可能的一种,但试验条件不同或只能作一次试验或观察的情况时,不能把它作为随机事件来理解。教学中可让学生辨析如事件"某考生在今年的高考中数学考试得 90 分"与概率中所讲的随机事件的异同,以加深对随机事件概念的理解。

对于事件概率的概念,教材中一般是先给出统计定义,然后在等可能性的基础上给出古典概型和几何概型。这种处理方式照顾了中学生的实际情况,便于学生接受,但应注意,统计定义和古典定义都各有其局限性。

古典定义的局限性有三个方面:一是该定义基于另一个没有定义的"等可能性"的概念之上,这在逻辑上有缺陷。其二,这种定义还不能应用到许多没有"等可能性"的事件上去。其三,这种定义中的试验结果只限于有限种,而不能应用到试验次数可无限重复但结果又不止有限种的问题中去。

统计定义虽然突破了"等可能性"的束缚,可以应用于一般事件上,也容易为学生理解、接受,但逻辑上仍是不严谨的。主要问题是统计定义以"概率稳定性"的事实为前提,需借助于"当重复足够多次试验时频率总是接近于某个常数,在它附近摆动"的事实,这种描述性说明也不够确切,也无法得到"频率的变化呈现稳定"。而其科学抽象却是一个常数(概率),人们自然会想到视概率为当试验次数趋于 ∞ 时频率的极限,但这仍不严谨,因为试验次数是无法做到 ∞ 次的,且无法证明频率的极限一定存在。

从目前来看,严谨的定义是概率的公理化定义,但考虑到中学生的知识基础和接受能力,公理化定义不宜在中学讲授。

对于概率的统计定义,教学时应强调以下几点:其一,事件的概率与频率有本质区别,不可混为一谈。频率是随着试验次数的改变而变化的,概率却是一个常数,是频率的科学抽象(当试验次数越来越大时频率向概率逐步靠近)。其二,在实际应用中,只要试验次数取足够大时,所得频率就近似地当作该事件的概率。其三,概率意义下的"可能性"是大量随机现象的客观规律,与我们日常所说的"可能"、"估计"是不同的。也就是说,单独一次结果的不肯定性与积累结果的有规律性才是概率意义下的"可能性",而日常所说的"可能性"多指某一次结果的不肯定性,并不是概率意义下的"可能性"。

在教学策略上,教师应注意收集在研究学生认知方面出现的新成果,了解和分析学生心中存在的错误概念,在教学中采取相应对策;应舍得花时间创造情境,鼓励学生用真实的数据、活动以及直观的模拟试验去检查、修正或改正他们对概率的认识;应注意使用多种材料,有意识地训练学生用不同的替代物模拟同一问题,促进学生的理解,提高他们的认知水平。

5.5.4　基本的统计概念的教学

统计教学的核心目标是发展学生的"统计观念",使学生能有意识地从统计的角度思考问题,当遇到有关问题时能想到收集和分析数据。教学中应通过对一些典型案例的处理,使学生经历收集数据、整理数据和分析数据的较为系统的数据处理全过程,并在此过程中理解基本的统计概念,学习一些数据处理的方法,运用所学知识及方法去解决实际问题。教学时应引导学生根据实际问题的需求选择不同的方法合理地选取样本,并从样本数据中提取需要的数字特征。

基本的统计概念有总体、样本、样本容量、平均数、数学期望、大数、中位数、方差、标准差、频数、频率、频率分布、随机抽样、线性回归等一系列概念,这些概念大多与统计的操作和计算相关联。对这些概念的教学,要关注概念的实际背景与形成过程,让学生在活动过程中学会概念,帮助学生克服机械记忆概念的学习方式;应结合具体问题进行描述性说明,不应追求严格的形式化定义,也不宜从一般的抽象概念出发来教统计,以免煮成"夹生饭"。

关于总体和样本的概念,教学时一般可通过实例来加以描述性的说明。在随机现象发生的范围内,把所关注的对象全体称为总体,把其中个别对象称作个体,若干有代表性的个体组成一个样本,这种描述通俗易懂,但却没有数学化,要数学化则需用到随机变量,分布函数等概念。这一工作当然可留到大学去做。事实上,总体样本等概念的内涵是十分丰富的,这些复杂的概念,很难对中学生严格地说清楚。中学阶段,只要求学生通过一些简单实例,通俗地理解这些概念以发展其统计观念。

有了总体与样本的概念,接下来自然就是抽样、样本数据的描述和处理。因此,按序整理的中位数、众数,分组整理的频数、频率等概念,可结合实例的分析处理,自然引入。教学中应注意说明引入这些概念的必要性问题,也可提示平均数的不足,如易受极端值的影响。应通过频数、频率分布图的制作加深对这些概念的理解。除了用平均数、中位数和众数来描述样本数据的集中趋势外,还需要换一个角度来描述样本数据的离散程度,这就是离差的计算。中学数学中的离差计算主要涉及极差、方差和标准差。这些概念的教学可结合实例的操作进行,应注意使学生了解到用方差和标准差能比较全面地反映样本数据的离散程度,又便于进一步的数学处理的优点,加深对方差、标准差概念的理解。

思考题

1. 数学概念教学的主要要求有哪些?

2. 在进行一个新概念的教学时,引入概念有哪些常见的方法?

3. 何为明确概念? 在教学中怎样才能使学生明确概念?

4. 数概念的扩充原则是什么? 有几种扩充的方法? 中小学数学中的数概念是如何扩充的?

5. 有理数概念和复数概念的教学难点各是什么? 教学中可以采取哪些措施?

6. 平面图形概念的教学应注意些什么问题?

7. 学生学习空间图形概念有些什么困难? 教学中可以采取哪些措施帮助学生克服困难?

8. 中学数学中涉及哪些关系概念?

9. 试就中学的函数教学提出一个方案。

10. 中学生学习概率统计概念有些什么困难? 教学中可采取哪些措施帮助学生克服困难?

11. 试就中学的概率概念教学提出一个方案。

第六章　数学命题的教学

同前一章类似,本章将先对数学命题的教学作一般
论述,然后按不同类型的数学命题分节阐述它们的有关
教学问题。

§6.1　数学命题教学概述

数学命题包括公理和定理。关于公理的教学我们在下一节专门讨
论,这里仅就定理教学作一般论述。

6.1.1　数学定理教学的一般要求

定理教学要达到如下要求:

1. 使学生明确定理的条件和结论,定理所说明的事实,以及定理的
表达形式(包括文字语言表达和符号语言表达)。

2. 使学生掌握定理的证明方法,特别是某些重要定理的证明。

3. 明确定理的应用范围,并能熟练运用。

4. 了解相关定理之间的内在联系,与有关概念一起构成数学知识体系。

5. 对某些重要定理能作适当的推广。

在理解上述教学要求时,对其中的第二点,即掌握定理的证明方法
问题,有必要作些专门的讨论。

这里,主要涉及对"证明的教学"如何理解的问题。从单纯传授数学
知识的观点看,证明教学只要求学生掌握课本上现成的证明就够了。但
从培养学生的能力的观点看,证明教学应着眼于让学生善于寻求、发现
和作出证明,而不是再现和熟记现成的证明。我们认为,这两者应该兼
顾。根据数学教学应理解为主要是数学思维活动的教学这一认识,证明
教学的主要任务当然应该是让学生熟悉寻求、发现和作出证明的整个思

维过程,学会独立求证。但是,要完成这一教学任务,使学生能达到善于独立求证的要求,需要一个较长的过程。在证明教学的开始阶段,先教会学生学习课本上所提供的现成证明是必要的、有益的。因为这种再现式学习是独立地、创造性地学习的基础,学生学习证明是从模仿开始的。学生通过模仿,才能掌握证明的基本程式、基本方法和技能,熟悉证明所需要的各种智力动作方式,同时,教师通过富有启发性地讲述现有证明,可以把发现证明方法的途径显示给学生,教他们提出论据,进行推理和独立探求证明的各个细节。

根据以上分析,对于证明教学问题,我们认为原苏联学者斯涅普坎提出的如下教学程序是合适的:

(1)学习各种现有证明,并能再现它们;

(2)根据已学证明类推,独立构成证明;

(3)按教师指定方式寻求和叙述证明;

(4)学生独立寻求和叙述数学命题的证明。

为了使证明教学顺利进行,对于学生来说,前提是必须掌握相当完整的理论知识和技能的体系,掌握一般的智力动作(如分析、综合、抽象、概括等等)以及作为证明技能基础的特殊的智力动作;对于教师来说,则必须了解数学证明的心理过程,在此基础上,研究采取何种相应措施才能使学生顺利地学会并进而能独立地完成证明。

6.1.2 定理的教学方法

一、恰当地引出定理

按照现代教育原理和心理学原则,教定理时,不宜由教师先提出定理的现成内容,而应该是有目的地提出一些供研究的素材,并作必要的启示或指引,让学习者自己进行思考,通过演算、实践或观察、分析、类比、归纳、作图等步骤,自己探索规律,建立猜想,发现命题。这种引导探究式的教学方法,不仅能调动学习者的主动性和积极性,而且能有效地提高学习者的能力,并使学习者对定理理解深刻,记忆牢固。至于提供何种素材,怎样组织学习者研究,则要根据具体定理灵活处理。一般说来,可以从以下几方面去考虑:

1. 先进行实习作业,然后观察实习结果,导出命题。例如,教"三角形内角和"定理时,可以布置学生像图6-1那样,把其中的两个内角∠1

和∠2 剪下来,与另一个内角拼在一起,然后引导学生观察三内角之和,从而发现这个定理。又如教"等腰三角形的性质定理"时,可先组织学生剪一个等腰三角形的纸片,如图 6-2,把它沿着顶角的平分线 *AD* 对折过来,引导学生观察∠*B* 和∠*C* 是否重合,从而自己得出这个命题。

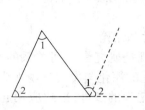
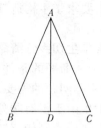

图 6-1　　　　　　　　图 6-2

这样做,不仅能使学生自己发现命题,也为命题的证明铺平了道路。

2. 先组织学生进行演算和推理,然后归纳出命题。例如,在教"商的算术平方根的性质"时,可以先组织学生演算:$(\sqrt{\frac{2}{5}})^2 = ?$ $(\frac{\sqrt{2}}{\sqrt{5}})^2 = ?$ 然后提问:"演算结果表明,$\sqrt{\frac{2}{5}}$ 和 $\frac{\sqrt{2}}{\sqrt{5}}$ 都是 $\frac{2}{5}$ 的算术平方根,而 $\frac{2}{5}$ 的算术根只有一个,你由此可以得到什么等式?"接下来由特殊到一般,以 $\frac{a}{b}(a \geq 0, b > 0)$ 代替 $\frac{2}{5}$,逐步引导学生得到商的算术平方根的性质:

$$\sqrt{\frac{a}{b}} = \frac{\sqrt{a}}{\sqrt{b}} (a \geq 0, b > 0)$$

3. 通过对图形的量的关系分析,得出命题。例如,教"两数和的平方公式"时,可以布置学生作出图 6-3 那样的正方形,引导他们分析其面积与组成这个正方形的四块面积之间的关系,使学生自己获得公式:

$$(a+b)^2 = a^2 + b^2 + 2ab。$$

a^2	ab
ab	b^2

图 6-3

4. 在已知定理的基础上构造逆命题。一般说来，凡是原命题和逆命题都成立的一对命题，在学过其中一个定理后再学习另一个与之互逆的定理时，都可以采用这种方法引出定理。例如，教过线段垂直平分线的性质定理以后，在教判定定理时，就可引导学生把已学的上述性质定理作为原命题，要求学生构造其逆命题，再加以证明，就得到了线段垂直平分线的判定定理。

二、引导学生切实分清命题的条件和结论

让学生分清命题的条件和结论，既是研究命题间关系的基础，也是应用它解决实际问题的需要，对于命题的深化与发展来说尤为重要。目前，许多中学生由于没有很好地掌握定理的条件，以致应用起来张冠李戴，产生严重错误。例如，对定理"在同一三角形中，大边对大角"，由于忽略了条件"在同一三角形中"，因而在应用中，出现"在两个三角形中，大边对大角"的错误。又如在教一元二次方程 $ax^2 + bx + c = 0 (a \neq 0)$ 的根与判别式的关系时，由于是在实数范围内教这一内容，当时没有必要指出 a、b、c 都是实数这一条件，但到高中学习复数时，一定要指出这一条件；否则，学生将同样利用 $b^2 - 4ac$ 去判断复系数一元二次方程的根的情况，这就产生严重错误了。

分清命题的条件和结论，要特别注意如下两类命题：一类是简化式命题，条件和结论不十分明显，初学者往往难以掌握。解决的办法是恢复成命题的标准形式"$P \rightarrow Q$"。例如，"圆的内接四边形的对角互补"，可以改叙成"若两个角是圆的内接四边形的一组对角，则此两角互补"。另一类是有多个结论的命题，实际上是若干命题的合取。初教时，最好把它按结论的个数分解成若干个命题。例如，梯形的中位线定理最好分解为"梯形的中位线平行于两底"、"梯形的中位线等于两底和的一半"两个定理。

即使到了高中，让学生分清命题的条件和结论有时也不可忽视，例如，等比数列的求和公式：

$$S = \frac{a_1(q^n - 1)}{q - 1}$$

的条件是 $q \neq 1$，当 $q = 1$ 时，$S = na_1$。

又如，二次曲线的统一极坐标方程：

$$\rho = \frac{ep}{1 - e\cos\theta},$$

当它表示椭圆时,极点是左焦点;当它表示双曲线时,极点却是右焦点,这是学生极易忽视的。

三、教会学生理解定理的意义,能正确叙述和用式子(如果可能的话)表达定理

在定理的表达方式上,教材中的定理,有的只有语言叙述,有的只有公式表达,有的两者兼有。凡是两者都有的,都应要求学生掌握;只有一种表达形式的,一般地说,应要求学生掌握另一种表达形式。例如对数运算法则:

$$\log_a MN = \log_a M + \log_a N \quad (a > 0, a \neq 1, M、N > 0)$$

教材上只有这种公式表达,应当告诉学生叙述成:"积的对数等于诸因数的同底对数之和。"几何上的大部分定理都只有语言叙述,应当告诉学生结合图形用式子去表示它们。例如,梯形的中位线性质定理,应当结合图 6 - 4,把它表示为:在四边形 $ABCD$ 中,$AD /\!/ BC$,E、F 分别为 AB、CD 的中点,则

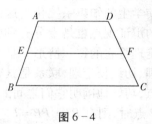

图 6 - 4

$AD /\!/ EF /\!/ BC$,且 $EF = \dfrac{1}{2}(AD + BC)$。

四、帮助学生掌握定理的证明

定理的证明是定理的组成部分,它往往能揭示定理的来龙去脉。因此,应要求学生掌握。特别是有些重要定理的证明,在证题方法上往往有代表性,学生掌握它的证法,无疑将提高解题能力。例如,相交弦定理的证明,通过找四线段所在的两个三角形相似去证明两线段的积等于另外两线段的积,这是证明这类问题一种极为常用的方法。

为了帮助学生掌握定理的证明,教师要着重分析,使学生了解证明的思路和方法。关于这方面的具体做法,在本章后两节中还要详细举例讨论。这里从略。

五、及时指出定理的应用价值和适用范围,并通过适量的练习进行巩固

让学生明确定理的应用价值和适用范围,对形成学生的有意注意,提高学习积极性、目的性以及运用知识的准确性都是十分必要的。例如,教余弦定理时,应向学生指出,它不仅在以后解三角形中广泛应用,

而且在解有关测量问题、其他平面几何问题、解析几何问题时都要用到。

对于定理的应用,学生顺用较易,逆用、变用则较难,教材中逆用定理的习题也不多,因此,教师应适当补充这方面的例题和习题,注意培养学生逆用、变用定理的能力。这方面的具体例子,在本章第 3 节以及下一章中再介绍。

六、及时揭示定理的内在联系,使学生的知识系统化

中学数学中的许多定理,彼此联系紧密。但有些在教材体系中,前后相距甚远;在些虽相距不远,但教材没有阐明它们之间的逻辑联系。在教学中,当教完这些定理之后,应注意及时揭示它们之间的内在联系,使学生的知识系统化。这样做,对于学生牢固掌握这些定理,培养他们的辩证观点也是十分有利的。例如,教了余弦定理以后,应当指出勾股定理是它的特殊情形。平面几何中的相交弦定理、割线定理、切割线定理、切线长定理,联系是紧密的,在章末小结时,可以运用运动变化的观点,巧妙地阐明它们之间的内在联系:$\odot O$ 的两弦 AB、CD 相交于圆内的 P 点时,则有 $PA \cdot PB = PC \cdot PD$,这是相交弦定理;设想弦 AB 不动,移动弦 CD,至两弦相交于圆外的 P 点时,仍有 $PA \cdot PB = PC \cdot PD$,但此时 PA、PC 已成圆的割线,因而叫割线定理;若 CD 继续运动到 C、D 重合,此时 PC 成了圆的切线,但仍有 $PA \cdot PB = PC \cdot PD = PC^2$,这是切割线定理;再固定 PC,使割线 PA 同样运动到它变成圆的切线 PA 时,导出 $PA = PC$,这是切线长定理。

引导学生对某些定理作适当的推广,既是使学生认识定理间关系的好方法,也利于培养学生的创造才能。例如把两数和的平方公式推广到 n 个数的和的平方的计算;由三角形内角和定理推广到凸 n 边形的内角和计算公式;由勾股定理推广到"以直角三角形的斜边为直径的半圆的面积等于以两直角边为直径的两个半圆的面积之和",再进一步推广到"以直角三角形三边为对应边的一切相似形,斜边所在的图形的面积等于其他两边所在的两个相似形面积的和",等等。

§6.2 公理的教学

6.2.1 公理和公理法

一、公理

按照前面提到的对数学证明的要求,在一个学科体系中,必然会出现这样一些命题,它本身不能由其他真实性已经确定的命题来证明,而是作为证明其他定理的基础。这一类命题就是公理。正如恩格斯所说:"数学上的所谓公理,是数学需要用作自己出发点的少数思想上的规定。"

我们不妨把数学公理说成是不经证明而采用的数学命题。为了说服学生相信公理是不需证明的,有些教师常常这样解释:公理所说明的只是显而易见的事实,所以它不要证明。其实,一个公理显然真实的性质并不是选它为公理的依据,选择公理的标准主要是它便于用来推导其他命题。例如,在几何中,经过两个不同的点可作且仅可作一条直线,一般列为公理,而同样是显而易见的另一命题"两条相交的直线只能有一个公共点"则作为定理,并给予证明,原因并不在于前一命题的真实性显而易见,而是由于它用于证明定理时作为出发点比后者方便。"显然真实的事实可不予证明"还可能对学生造成错误的印象。例如,他们在证明几何题时,常凭图形的直观,把某个他们认为显然真实的东西作为理由来进行论证,这对于他们的学习是非常有害的。

二、公理法

公理法也称公理化方法。它是现代科学的重大成就之一,不仅在现代数学中广泛应用,而且已应用到其他学科领域。

用公理化方法建立一个数学体系需要做下列一些工作:

1. 确定公理体系。公理体系包括三项内容:其一是一组原始概念,这些原始概念就是从该学科体系中挑选出来的若干对象和对象之间的基本关系的命名。它们是不予定义的,而是作为该体系其他一切概念下定义的出发点。其二是一组公理,用来刻画各原始概念并作为证明该体系的一切定理的基础。其三是一组演绎推理规则,作为该体系内推理的依据。

2. 证明所确定的公理体系满足三性,即相容性、独立性、完备性。

为了证明一个公理体系是相容的,通常的办法是作出一个模型来,显示满足这个体系的对象确实存在。所谓作出一个模型,就是取定一组具体对象来代替公理体系的研究对象,也就是说,后者的对象解释为某种具体对象,对公理体系原来的对象之间的关系用所取的对象予以确切的定义,也就是对原来的各个关系分别作出具体的解释,使选取的对象和关系满足所给的公理组。这样的模型的存在,就可以说明所给公理体系是相容的。

为了证明所给公理体系的公理组$(A_1, A_2, \cdots, A_n)$中各公理是各自独立的,我们应对每个公理A_i作出一个模型,它满足这个体系的其余公理,但不满足A_i,也就是作出一个模型满足公理组$(A_1, A_2, \cdots, A_{i-1}, \bar{A}_i, A_{i+1}, \cdots, A_n)$。这个模型的存在就足以说明$A_i$是独立的。

关于公理体系的完备性,可以有不同的理解。简单地说,是指这个公理体系足够证明这个体系的所有定理。对公理体系完备性的论证,包含许多复杂问题,这里从略。

公理化的数学体系具有高度抽象化和形象化的特征,使人看不到它的现实来源。这绝不是公理化的缺陷,公理化数学体系的抽象性保证了有可能把理论应用到各种具体情况中去。

6.2.2 公理的教学

一、中学数学的公理体系

如前述,公理化的数学体系具有高度抽象化和形式化的特征,它只研究由公理建构起来的一般理论而不涉及具体内容,这样的公理化体系对中学数学显然是不适合的。

在中学数学课程中能够实现的只限于有实际内容的公理体系,而且只选择几何学科作为示范。其中对公理体系的严谨性要求也大大放宽。关于这一点,我们已在第四章的“严谨与非严谨结合”的原则中谈及,这里不再重复。下面只列出中学几何的全部公理:

1. 两点确定一条直线。

2. 两点间以连接这两点的线段为最短。

3. 经过一点有且只有一条直线垂直于已知直线。

4. 从直线外一点到这条直线的所有线段中,垂直线段最短。

5. 经过直线外一点,有且只有一条直线和这条直线平行。

6. 两条直线被第三条直线所截,如果同位角相等,那么这两条直线平行。

7. 边、角、边公理。

8. 角、边、角公理。

9. 矩形面积公理。

以上是平面几何中的公理。在立体几何中增加下面六条公理:

10. 如果一条直线上的两点在一个平面内,那么这条直线上所有的点都在这个平面内。

11. 如果两个平面有一个公共点,那么它们相交于过这个点的一条直线。

12. 经过不在一条直线上的三点有且只有一个平面。

13. 如果两条直线都与第三条直线平行,那么这两条直线也平行。

14. 长方体的体积等于它的长、宽、高的积。

15. 祖暅原理。

除了以上明确提出的几何公理外,还默认了顺序公理和连续公理等,同时还用到十一条关于等量和不等量的公理。

二、公理的教学

在中学的任何学习阶段,尽管抽象逻辑思维逐步发展成思维的核心,仍然需要感性经验和具体形象的支持,不能脱离形象思维。何况公理是不能用演绎推理来证明的,公理的建立尤其要依赖直观因素和学生的生活经验。因此,对公理的教学,我们必须注意下列几个方面:

1. 每次提出一条公理时,应引用社会生活和生产实践中的事例来说明该公理的含义和现实来源,使学生体会到公理不是人们任意杜撰的或无根据地捏造的。这一点,对培养学生的辩证唯物主义的世界观无疑是有重要意义的。例如,对于公理"两点确定一条直线",用步枪射击的瞄准来讲就很合适。枪上的照门(缺口)和准星两点确定一条直线,当视线沿这直线对准目标时,射击就能中的。另外一个例子是用标杆测量直线:要沿一条直线栽一行树,先立两根标杆,再用目测,要栽的树苗恰好被两标杆遮住了视线时,树苗就在直线上了。几乎对每条公理我们都可以举出这样的例子。

2. 演示教具,或让学生作图,根据公理来作某些判断,不仅可以加深学生对公理的理解,还可提高他们对公理的现实感。例如,提问:"怎样检查你的直尺的侧棱是否成直线?"要求学生实际作图:把直尺的侧棱接触两点 A 和 B,用铅笔画一条线,然后把直尺翻到另一侧,再画一条线,如果画成的两条线重合为一条,则侧棱是一条直线,否则不是。还可以要求学生作图:过三个点可作出多少直线? 过四点可作多少直线?

3. 在任何教学阶段,直观教学只是手段,它追求的目的在于由生动的直观引导学生到积极的抽象思维。在公理的教学中,更重要的方面是要使学生懂得公理是演绎推理的依据,有了公理,对某些事物就可用公理、推理来作判断,不必凭直接经验去观察了。特别的是,根据公理作出的判断是具有普遍的规律性的。例如,两条直线相交有几个交点? 学生绘图,得出只有一个交点的结论,但要确信这个结论是普遍规律,一两次作图不能令人信服,必须经过证明,以公理作依据来判断。

中学里,公理的教学应有两种不同水平的要求。在初中平面几何学习阶段,由于学生的抽象逻辑思维能力还不强,讲授公理时宜多采用直观教学和通过学生的活动来展开思维,这是第一种水平。到高中立体几何学习阶段,讲授公理可借助事物的表象来促进学生的思维,对建立在公理基础上的演绎推理也提高了要求,这是第二种水平。

§6.3　几何定理的教学

几何定理是几何知识体系的主要组成部分。几何定理的学习对发展学生的逻辑思维能力和空间想象能力有着特殊的作用,因此,几何定理的教学问题值得着重研究。

中学生学习几何定理是有一定困难的。对平面几何来说,主要困难在于:

1. 研究对象由代数的数量关系转变为几何中的图形性质,在初始阶段不太习惯;

2. 研究方法由代数的运算变形转变为以推理论证为主,在一段时间内不太适应;

3. 对几何推理论证中的规范化语言不易迅速掌握;

4. 几何定理的证明思路相当灵巧,学生不易找到正确、简捷的途径。

以上前三个困难主要出现在几何教学的入门阶段,即通常所说的几何教学入门难,最后一个困难存在于几何教学的提高阶段,即思维能力的发展不易。这是初二学生数学学习能力两极分化严重的一个重要原因。

对于立体几何定理的学习,学生也有一些困难:一是识图、绘图难,这是由于图形的表达方式发生改变带来的;二是叙述定理的证明难,因为立体几何定理的证明,文字表达增多,又引进了抽象的集合符号语言,同时涉及的空间元素之间的关系更为复杂。

6.3.1　入门阶段的定理教学

这一阶段定理教学的主要任务是让学生弄清定理的形式结构,明确证明的意义,学会证明的规范化叙述格式,初步掌握证明的方法。

一、弄清定理的形式结构

初学者对几何定理的形式结构是不理解的,划分不出哪些是论证的前提,哪些是要证明的结论。特别是定理的文字叙述是以压缩的形式表现(即§6.1 中所说的简化式命题)的时候,要学生写出"已知"和"求证",更是无从下手,不知道如何写。要克服这一困难,必须从两方面进行工作。

1. 使学生明了定理的形式结构,每个定理都可以写成"如果 P,那么 Q"或"若 P,则 Q",或"$P \rightarrow Q$"的形式。教学中,可先把定理写成标准形式,然后再以压缩的简化形式写出;也可反转来。例如,对定理:"如果 a、b、c 为三角形三边的长,那么,$a+b>c, b+c>a, c+a>b$",可简述为"三角形任何两边之和大于第三边"。相反的情形,对定理"对顶角相等"可写成:"若两个角是对顶角,则这两个角相等。"这两种表达能力都是学生必须学会的。在课堂上,提出一个定理最好是首先只提出条件,让学生自己去寻找结论。由于结论是他们自己找出,他们就更加确信无疑,条件与结论也就区分得清楚了。

区别定理中的条件与结论,还要求能画出图形,针对图形写出已知、求证。画图时要不失一般性,忌画特殊位置,图上应标明必要的字母、符号,画图的顺序与定理所给条件的顺序不一定一致。已知和求证应写完整,有条理。例如,书写等腰三角形,要指明两腰;书写直角三角形,要指明直角。凡求证中涉及的图形,在已知中都应写明。例如,定理"等腰三角形顶角的平分线垂直平分底边"。有的学生这样书写:

已知　△ABC 是等腰三角形,AD 是 ∠A 的平分线。

求证　$AD \perp BC, BD = CD$。

这里,已知的书写是不完整的,不合要求。因为未指明 ∠A 是顶角。

（2）使学生懂得划分出定理的条件和结论两部分的必要性。从技术上训练学生分离出定理的条件和结论两个组成部分,这固然是需要的,但这还只是了解定理的形式结构。更重要的是使学生要懂得这两个部分之间的内在联系,理解条件对结论的制约性,知道哪些是证明的依据,哪些是要证明的。只有弄清了这些,才能着手进行论证。此外,清晰分出条件和结论,对研究命题的四种形式及其相互关系也是必要的。不过,这是进一步学习所要研究的问题,对初学者可暂时不作要求。

二、使学生明确推理必须有据

初学几何的学生,由于以前没有接触过正式的推理证明,因此,不明白证明的意义,不理解一个几何定理为什么要证明,更不知道应该怎样证明。为了解决学生的这些疑难,应该做以下工作:

1. 使学生明确一个命题是否正确必须说出道理。用日常生活中的一些判断作为例子要求学生说出道理是合适的。例如,判断:"甲同学比乙同学大。"根据是什么呢? 根据就是他们的出生年、月、日。甲出生得早,所以甲比乙大。判断:"甲同学比乙同学高。"根据又是什么呢? 根据他们身高的量数,或者站在同一水平面上直接进行身高对比的情况。通过这样的说理,使学生养成事事说理的习惯。

2. 使学生明确,用来作为理由的事实,其真实性应事先已知。在上面的例子中,作为理由的事实是"出生年、月、日"或"身高的量数",这都是事先已知的。在数学中,作为判断一个命题是否正确的理由,限于已知的概念的定义、公理、已证的定理、命题的条件,以及上述各项按一定的逻辑规则推出的结论。

3. 让学生熟悉一些常用的基本推理,例如下列推理:

（1）根据中点定义:∵ C 是 AB 的中点,∴ AC = CB。

（2）根据角平分线定义:∵ OC 是 ∠AOB 的平分线,∴ ∠AOC = ∠BOC。

（3）根据垂直定义：$\because AD \perp BC$ 于 D，$\therefore \angle ADC = 90°$。

（4）根据对顶角性质：$\because \angle 1$ 与 $\angle 2$ 是对顶角，$\therefore \angle 1 = \angle 2$。

（5）根据同角的余角相等：$\because \angle 2$ 与 $\angle 3$ 都是 $\angle 1$ 的余角，$\therefore \angle 2 = \angle 3$。

（6）根据平角定义：$\because \angle 1$、$\angle 2$、$\angle 3$ 组成一个平角，$\therefore \angle 1 + \angle 2 + \angle 3 = 180°$。

在中学课本中安排的简单推理还有：两直线相交，只有一个交点；同平行于第三条直线的两条直线互相平行；平行线的判定与性质；以及习题中的一些推理题，等。

学生熟悉这些常用的基本推理后，可用于组成证明的基本环节，为较复杂定理的证明打好基础。

三、使学生掌握证明的格式

对初学者来说，主要是学会现成的证明，而首先是学会规范化的证明书写格式，其途径是教师示范，学生模仿。

证明是由若干推理步骤组成的。在一般情况下，每一个推理步骤是一个三段论。课本上定理的证明的规范表达用的是简化复合三段论形式。学生初学时有困难，主要是弄不清书写的顺序以及该证明的理由。一些有经验的教师提出下述教法是适宜的：教师先按复合三段论写出证明，然后从中删去各个三段论的大前提和重复的小前提，最后再整理成简化的复合三段论形式。这样示范以后，适当选择部分论证习题，要求学生解答时，也先按复合三段论详写一遍，再按简化的复合三段论整理。经过一定数量的练习，待学生真正掌握了简化复合三段论的表达形式后，就可以只要求学生按课本上的格式书写证明了。这样做，符合从开展的、详尽的思维活动过渡到压缩的、省略的思维活动的过程，虽然开始多花了些时间，但以后将带来好处。学生明白了如何从正确的复合三段论证法的形式中，摘出简化的复合三段论证法的形式所需的内容，因而既能较快地写出，又能保证逻辑顺序前后无误，同时，这也是培养学生压缩思维过程能力的有效措施之一。

在学习证明规范书写格式的过程中，还应注意防止和纠正学生的下述错误：

1. 需作辅助线的题，应在证明中写清楚，但学生往往只画不写，或写而不全。

2. 不会按特殊书写方式写。例如,证两个三角形全等时,应先写"在某两个三角形中",再用括号将三个判定条件连在一起。

3. 证图形全等或相似时,对应元素应写在对应位置上,不能错乱,但学生往往乱写。

四、初步掌握证明的方法

掌握证明的方法主要是掌握思考的方法。入门阶段的教学,要让学生掌握"从求证着想,从已知入手"的方法。"从求证着想",即通常所说的分析法或逆推法,从要证的结论想起,看看要使之成立必须具备些什么条件;进一步又想,要使这些条件成立,又需什么条件……仿此继续下去,直到与已知条件或已学的定义、公理、定理联系上。然后"从已知入手"即综合法或顺推,将组成证明的推理过程从已知开始逐步展开,直至推出结论为止。通过前一过程,找到证明的途径,通过后一过程,完成证明的书写。

例 等腰三角形的两底角相等。

如图 6 - 2,已知、求证略.

寻求证明途径的思考过程如下:

要证 $\angle B = \angle C$,前面学了全等三角形的对应角相等,如能构造两个全等三角形,使 $\angle B$、$\angle C$ 分别为对应的内角就好了。为此,可将原三角形一分为二。要保证所分的两个三角形全等,可使两边夹角对应相等,或三边对应相等。联系到已知 $AB = AC$,若要满足前者,可作顶角 A 的平分线;若要满足后者,可作底边 BC 的中线,均可达到目的。

证明的书写过程略。

6.3.2 提高阶段的定理教学

这一阶段定理教学的任务,不只在于掌握定理本身的证明,更主要的是要培养学生综合运用知识证几何题的能力,培养思维的灵活性、广阔性。换言之,即主要是证明方法和手段的教学。

几何证明题千变万化,思路广阔,学生的困难主要是难于打开思路。因此,教师在教学中应着眼于开拓学生的思路。

一、进一步熟练掌握顺向思维与逆向思维的技巧

几何证明题给出了条件和结论,证明的任务在于找出联结条件与结论的一条逻辑链的所有中间环节。前面说过,思考的方法既可以是从结

论着想逆推,也可以是从条件入手顺推,还可以是两者结合。

　　1. 顺向思维。由图形的已知条件出发,逐步揭示图形的性质,有选择地利用这些性质,一直到推出待证的结论。

　　掌握这种思维方法必须以熟悉各种基本图形的全部性质(图形的性质定理)为基础。这样才有可能谈到选择合适的性质往下推理。

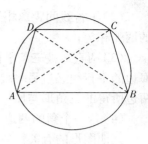

图 6-5

　　例 1　已知梯形 $ABCD$ 中,$AB /\!\!/ CD$,$AD = BC$。求证梯形 $ABCD$ 内接于一圆。

　　思考过程如图 6-6 所示:

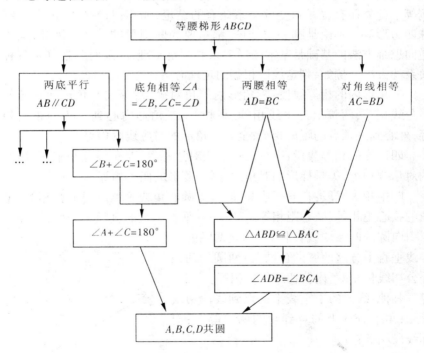

图 6-6

　　系统掌握图形的性质定理,要及时归类整理。例如,平行线的有关性质定理有:

　　(1)同位角相等,内错角相等,同旁内角互补。

（2）平行线间距离相等,夹在平行线间的平行线段相等,平行线所夹的两弧相等。

（3）两直线被三条平行线所截得的线段成比例;过梯形一腰中点引底边的平行线必过另一腰的中点;一直线平行于三角形一边截三角形另两边所得的三角形与原三角形相似。

（4）若一个角的两边与另一角的两边分别平行,则两角相等或互补。

其他图形的有关性质定理也可仿上归类整理,不再赘述。

2. 逆向思维。由结论出发,探索使结论成立的充分条件直到题中的已知条件为止。

几何证明题的结论形式主要分为两类:一类是位置关系,如平行、共点、共线、共圆、相等;另一类是度量关系,如相等、全等、大于、小于、成比例等。此外还有位置和度量关系兼有的结论,如相似,判定某图形是特殊四边形等。不论是哪一类结论,都是要判断图形的关系。因此,运用逆向思维方法的基础是基本图形关系的判定定理,应及时掌握判定各种关系的方法。例如,判定线段相等的定理有:

三角形内的相等线段:三角形内等角对等边;等腰三角形两底角的平分线相等;两腰上的中线相等、高相等;三角形内心到三边的距离相等;外心到三顶点的距离相等;全等三角形的对应线段相等。

四边形的相等线段:平行四边形的对边相等,对角线互相平分;矩形的对角线相等;等腰梯形的对角线相等;菱形的四边相等。

圆中相等线段:在同圆或等圆中,等圆心角或等弧所对的弦相等;等弦的弦心距相等;弦心距相等的弦相等;垂直于弦的直径平分弦;圆外一点引向圆的两条切线长相等;相交两圆的连心线垂直平分这两圆的公共弦;两圆的两条外公切线长相等,内公切线长也相等。

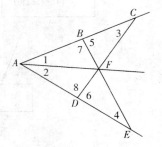

图 6-7

其他:线段的中垂线上的点到线段两端等距;角平分线上的点到角的两边等距;对称线段相等;等等。

例2 如图 6-7,已知 C、E 分别在线段 AB、AD 的延长线上,$AB = AD$,$BC = DE$,BE 与 CD 交于 F,求证 F 在 $\angle CAE$ 的平分线上。

逆向思考过程如图 6-8(由下往上按充分条件):

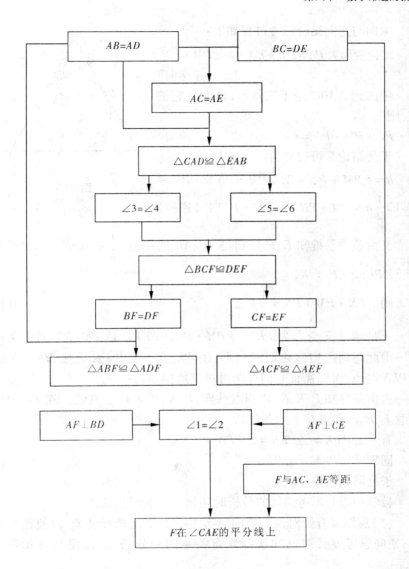

图 6-8

3. 顺向、逆向思维结合。

例 3　如图 6-9，正三角形 ABC 的内切圆 O 与 BC、CA、AB 相切于 D、E、F，P 为圆 O 的劣弧 $\overset{\frown}{EF}$ 上任意一点，P 在 BC、CA、AB 上的射影为 L、M、N。求证 $\sqrt{PL} = \sqrt{PM} + \sqrt{PN}$。

顺向与逆向结合思考过程如下:

结论变形为 $PL = PM + PN + 2\sqrt{PM \cdot PN}$

（逆向）

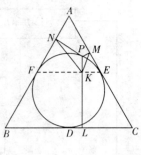

考虑到 $\triangle ABC$ 是正三角形,设 h 是它的高,则

$$PL + PM + PN = h$$　　　　　（顺向）

于是结论又可变形为

$$h = (PM + PN + 2\sqrt{PM \cdot PN}) + PM +$$

PN 即 $\dfrac{1}{2}h = PM + PN + \sqrt{PM \cdot PN}$ 时（逆向）

图 6-9

又由条件易推知 E、F 分别是 AC、AB 的中点,$\dfrac{1}{2}h$ 就是正 $\triangle AEF$ 的高,设 PL 交 EF 于 K,

则　　$PK + PM + PN = \dfrac{1}{2}h$　　　　　　　　　　　　　（顺向）

于是结论又变形为 $PK = \sqrt{PM \cdot PN}$。即 PK 是 PM、PN 的比例中项。由此想到需构造相似三角形,使 PK 为一公共边,连接 MK、KN 得 $\triangle PKN$ 与 $\triangle PMK$,需证它们有两对对应角相等。　　　　（逆向）

再由条件知 P、K、E、M 四点共圆,P、K、F、N 四点共圆。连 PE、PF,注意 E、P、F 在圆 O 上的条件,

有　　$\angle PMK = \angle PEK = \angle PFN = \angle PKN$

同理　　$\angle PKM = \angle PNK$　　　　　　　　　　　　　　（顺向）

于是问题获得解决。

教学中进行思考路线的分析时还须注意下列几点:

(1)思维要有针对性。顺向思考要针对结论选择性质,以便逐步靠近;逆向思考要针对已知选择判定关系的充分条件,以便与已知发生联系。

(2)要充分利用已知条件。若漏掉一个条件或在思考过程中某条件用不上,在一般情况下,说明思路还有问题,应该仔细找原因,或改变思路。

(3)在大多数情况下,应该使顺向与逆向思考相结合,但以逆向思考为主。这样做,有利于打通思路。

以上介绍的思考方法是平面几何定理教学中最基本的、最重要的思考方法，贯穿于几何定理教学的始终，必须让学生切实掌握。

二、反面思考的方法（反证法）

在平面几何入门教学阶段就已经用到了反面思考的方法，例如证明定理"如果两条直线都和第三条直线平行，那么这两条直线也互相平行"时，就用这种方法。但并未给出反证法的名称，也没有给出这种思考方法的一般步骤。

将反证法作为一种证明方法正式介绍给学生已经是在平面几何学习的较晚阶段了。在讲授圆的内接四边形的性质定理的逆定理时正式给出了"反证法"的名称，并介绍了用反证法证明命题的一般步骤：

（1）假设命题的结论不成立；

（2）从这个假设出发，经过推理论证，得出矛盾；

（3）由矛盾判定假设不正确，从而肯定命题的结论正确。

此后，多次运用这种方法证明与圆有关的命题，并布置了一定数量的习题让学生练习这种证法。

在立体几何教学中，反证法又是证明空间元素的位置关系的一种重要方法。例如异面直线的存在性定理，直线与平面平行的判定定理，直线和平面垂直的性质定理，等等。

尽管正式使用反证法证题安排在几何学习的较晚阶段，但是，学生初接触这一证法时还是有疑虑的。这是由于他们以前习惯了从正面思考问题，由此形成的思维定势对反面思考的方法起了干扰作用。消除疑虑的办法：一是适当举出日常生活中从反面思考问题的实例，说明这种推理方法的合理性，让学生信服；二是指出反证法的逻辑依据（见第三章）。在具体运用反证法时，学生也会遇到困难。例如，当求证结论的反面不止一种情形的时候，学生不会一一穷举归谬，常常漏掉了某种特殊情形；在运用假设、已知公理、定理、定义导出矛盾的过程中，方向不明确，不知道可能导出什么样的矛盾，甚至出现了矛盾还不能发现。为了克服上述困难，教学中可注意以下两个方面：

1. 让学生弄清一些常用词语的反面意义。

（1）"惟一"的反面是"不惟一"，即"至少有二"。几何题的结论中有些是指几何元素的惟一性的，例如，"两直线相交只有一个交点"，"过已知点与已知平面的垂线只有一条"，"过平面外一点平行于这个平面的平面只有一个"等等。用反证法证这些命题时,反面假设应该分别是:有两个交点,有两条直线,有两个平行平面等等。

(2)"四点共圆"的反面是"四点不在同一个圆上"。如果已知其中任三点都不共线,那么它的反面也可以说成是"有一点不在其余三点确定的圆上"。而"一点不在圆上"又包括两种情形:"点在圆内"和"点在圆外"。例如,定理"如果一个四边形的一组对角互补,那么这个四边形内接于圆"和定理"如果两个三角形有一条公共边,这条边所对的角相等,并且在公共边的同侧,那么这两个三角形有公共的内接圆"的结论都涉及四点共圆。作反面假设时,就是按上面所说的分为两种情形讨论。

(3)"小于"的反面是"大于或等于";"大于"的反面是"小于或等于";"等于"的反面是"不等于",即"大于或小于"。例如,"在 $\triangle ABC$ 中,$c^2 = a^2 + b^2$,求证 $\angle C = 90°$",用反证法证明时,反面假设要分 $\angle C > 90°$ 和 $\angle C < 90°$ 两种情况。此外,如果用反证法证明具有某条件的三角形是锐角三角形,作反面假设时也要分钝角三角形和直角三角形两种情况。

(4)"至少有一个"的反面是"一个也没有"。例如,用反证法证明"$\triangle ABC$ 中至少有一个内角大于或等于 $60°$",其反面结论是"$\triangle ABC$ 中没有大于或等于 $60°$ 的内角"。值得注意的是,有些学生误以为"$\triangle ABC$ 至少有一个内角小于 $60°$"是它的反面结论。其实这是错误的。因为尽管"小于 $60°$"是"大于或等于 $60°$"的反面结论,但 $\triangle ABC$ 中至少有一个内角小于 $60°$ 却不是"$\triangle ABC$ 中至少有一个内角大于或等于 $60°$"的反面。例如,$\angle A = 20°$,$\angle B = 100°$,$\angle C = 60°$,三个内角中既有大于和等于 $60°$ 的角,也有小于 $60°$ 的角,所以在 $\triangle ABC$ 的内角中,大于、等于 $60°$ 和小于 $60°$ 的情况可以同时存在,并不互相排斥。因此,作出"$\triangle ABC$ 中至少有一个内角小于 $60°$"的反设是错误的。

2. 使学生明确导出矛盾的各种类型。反证法的第二步是导出矛盾,为了使学生方向明确,可介绍如下几种矛盾类型:

假设要证的命题形式是 $A \rightarrow B$,可证

(1)$A \wedge \bar{B} \rightarrow \bar{A}$,即与欲证命题的已知矛盾。

(2)$A \wedge \bar{B} \rightarrow P$,其中 P 是已知的真命题,包括定义、公理、定理以及由它们导出的其他真命题。这种情况,即与已知真命题矛盾。

(3)$A \wedge \bar{B} \rightarrow B$,即与欲证命题的结论矛盾。

(4)$A \wedge \bar{B} \rightarrow Q \wedge \bar{Q}$,其中 Q 是某个不知其真假的命题。这种情况下,

推出的结论自相矛盾。

在几何题证明中，用反证法导出的矛盾大多数属于(1)、(2)两种类型，少数属于类型(4)，极少数属于类型(3)。

三、运动变化的观点

有些几何题是考查图形在运动变化过程中的性质或规律的，例如轨迹问题、定值问题、等积变形问题等等。这时，就必须从运动变化的观点处理问题。

1. 轨迹。几何图形是点的集合，但任一几何图形都不是杂乱无章的一群点的任意集合，它们必须满足某些共同的条件。一个图形可以看作是一个动点按照某个确定的条件运动而形成的。如果已知点运动时应满足的条件，要求找出动点运动形成的图形，就是"轨迹问题"。

中学几何课本上介绍了六个基本轨迹，即

轨迹 1 到定点的距离等于定长的点的轨迹，是以定点为圆心，定长为半径的圆。

轨迹 2 和已知线段两个端点的距离相等的点的轨迹，是这条线段的垂直平分线。

轨迹 3 到已知角两边的距离相等的点的轨迹，是这个角的平分线。

轨迹 4 到一条已知直线距离等于定长的点的轨迹，是平行于这条直线，并且到这条直线的距离等于定长的两条直线。

轨迹 5 到两条平行线距离相等的点的轨迹，是和这两条平行线距离相等的一条平行线。

轨迹 6 和已知线段两个端点连线的夹角等于已知角的点的轨迹，是以已知线段为弦，所含圆周角等于已知角的两段弧（端点除外）。

以上基本轨迹是用来解其他轨迹问题或有关作图问题的基础。

例 1 $\triangle ABC$ 的底边 BC 固定，顶角 $\angle A = \alpha$ 为定角，求重心 G 的轨迹。

思路分析 如图 6-10，设 G 是符合条件的点，则 G 是 BC 边上的中线 AD 的三等分点，$DG = \dfrac{1}{3}AD$。过 G 作 AB，AC 的平行线分别交 BC 于 E、F，易知 E、F 是 BC 的三等分

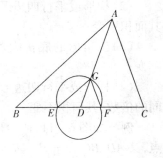

图 6-10

点,$\angle EGF = \angle BAC = \alpha$,即点 G 对 EF 所张的视角为 α,由基本轨迹 6 知 G 点的轨迹是对 EF 所张视角为 α 的两段弧(E、F 两点除外)。

证明略。

例 2 已知 $\angle AOB$。以已知长 R 为半径,作圆与 OA、OB 都相切。

这是几何课本上的一个例题,是以基本轨迹 3 和 4 为基础完成作图的(俗称交轨法作图)。具体分析和作法可参看课本,这里不重述。

2. 定值。在有些几何图形中,当一部分图形元素按某种规律在一定范围内变动时,与之有关的某种几何量却始终保持不变,这类问题称为几何定值问题。解这类问题的关键是探求定值,然后把定值问题化为一般的证明题。

例 正三角形 ABC 内任意一点 P 到三边的距离之和为定值。

思路分析 为了找到定值,可从动点 P 的特殊位置观察。假定 P 点与正三角形的一个顶点重合,则 P 点到这个顶点所在的两条边的距离都等于 0,而到第三边的距离是这个正三角形的高 h,由此知定值即为 h。剩下的只是设法证明:P 在一般位置时,它到三边的距离和也等于 h。用面积法容易达到目的(证明略)。

3. 等积变形。有些几何问题属于面积(体积)问题或需要用面积(体积)证题。这时,一个基本的方法是将图形中的某些元素变化,但保持图形的面积(体积)不变;或者是用不同的方法计算同一图形的面积(体积)。

以下几种常见的平面图形的等积变形应让学生掌握:

(1)三角形的顶点和底边沿着两条平行直线相对移动时,其面积不变;

(2)梯形或平行四边形的上、下底沿着所在的两条平行线相对移动,其面积不变;

(3)三角形的底扩大若干倍而其高相应缩小相同的倍数,其面积不变;

(4)梯形或平行四边形两底之和扩大若干倍而它的高相应地缩小相同的倍数,其面积不变。

例 如图 6-11,四边形 $ABCD$ 中,M、N 分别是对角线 AC、BD 的中点,又 AD、BC 交于 P。求证:

$$S_{PMN} = \frac{1}{4} S_{ABCD}。$$

思路分析 为了便于比较与四边形 $ABCD$ 的面积,我们设法将 $\triangle PMN$ 分成几部分,把这几部分等积变形到 $ABCD$ 内部,然后再证明其面积是四边形 $ABCD$ 的面积的 $\dfrac{1}{4}$。

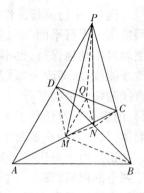

为此,取 CD 的中点 Q,连 PQ、MQ、NQ,则 $QM /\!/ AP$,$QN /\!/ BP$。

由上面提到的等积变形(1),知 $S_{QDM} = S_{QPM}$,$S_{QCN} = S_{QPN}$,从而

$$S_{PMN} = S_{DMNC}。 \qquad ①$$

连 MB,则 $S_{DMN} = \dfrac{1}{2}S_{DMB}$,$S_{DNC} = \dfrac{1}{2}S_{DCB}$,

$$\therefore S_{DMNC} = \dfrac{1}{2}S_{DMBC}。 \qquad ②$$

又 $S_{CMB} = \dfrac{1}{2}S_{CDA}$,$S_{CMD} = \dfrac{1}{2}S_{CBA}$,

$$\therefore S_{DMBC} = \dfrac{1}{2}S_{ABCD}。 \qquad ③$$

由①、②、③得

$$S_{PMN} = \dfrac{1}{4}S_{ABCD}。$$

图 6-11

四、类比方法

几何中,类比方法最重要的应用在于平面几何问题与立体几何问题的类比。立体几何问题揭示三维空间基本图形的基本性质,三维空间图形与二维空间(平面)图形有许多类似性质,因此,在立体几何教学中,运用类比方法有两个方面的作用:

1. 把平面几何的某些结论类推到空间。立体几何的一部分结论是在平面几何相应结论的基础上经类比和推广得到的。例如,从平面几何中两直线的位置关系,类推出空间两直线的相互位置关系,再类推到空间两平面的相互位置关系;从三角形类推出四面体,从多边形类推出多面体,从圆类推出球;等等。

应该使学生注意的是,由平面图形性质类推得出的空间相应图形性质,有时相同,有时类似,有时却有极大差异。

例如,平行的传递性,既可无保留地适用于空间的任意平行直线,又可适用于平行平面,而"垂直于同一直线的两条直线平行",在空间却不能原封不动地保持,也不能适用于平面与平面之间的关系,必须适当修改才能成立,即改为"垂直于同一平面的两条直线平行",或"垂直于同一直线的两个平面平行"。至于正多边形类推到正多面体,则有极大的差异,前者存在着任意正 n 边形($n \geqslant 3, n \in \mathbf{N}$),而后者却不存在任意的正 n 面体,只有五种正多面体。

正是由于类比得出的结论不一定可靠,所以,把平面几何的结论推广到空间以后,要有一个检验、修改、论证的过程。应教会学生掌握这套思想方法。只有这样,才能不仅使学生理解立体几何定理的发展体系,而且使学生能根据解题的需要拓广平面几何其他的相关结论,具备一定的独立解题能力。

2. 从平面几何问题的思考方法类比出立体几何问题的解法。上面说过,三维空间图形与二维平面图形有许多类似性质,而后者对于前者来说,其表现形式较为简单,易于寻求这些性质成立的前因后果。因此,当我们研究某一立体图形是否具有某一性质时,如果与之对应的某一平面图形的类似性质易于研究,我们可以先研究这个平面图形的性质,然后把寻求该性质成立的思考方法推广到三维情形,常常可以使问题获得解决。

例 如图 6-12(1),过四面体 $D-ABC$ 的底面 ABC 上任一点 O 分别作 $OA_1 /\!/ AD, OB_1 /\!/ BD, OC_1 /\!/ CD, A_1, B_1, C_1$ 分别是所作直线与侧面的交点,则有

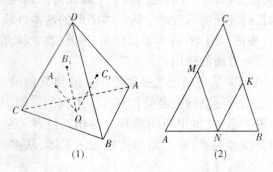

(1)   (2)

图 6-12

$$\frac{OA_1}{DA} + \frac{OB_1}{DB} + \frac{OC}{DC_1} = 1$$

思路分析 平面上有类似问题:过三角形 ABC 的 AB 边上任一点 N 作 $NM /\!/ BC, NK /\!/ AC, NM \cap AC = M, NK \cap BC = K$,则有

$$\frac{NM}{BC} + \frac{NK}{AC} = 1$$

此式可利用相似形的性质,由 $\dfrac{NM}{BC} = \dfrac{AN}{AB}$ 及 $\dfrac{NK}{AC} = \dfrac{BN}{BA}$ 推出。

对空间情形,若考虑用相似形性质,设平面 $OA_1DA \cap BC = M$,平面 $OB_1DB \cap AC = N$,平面 $OC_1DC \cap AB = L$。则有 $\triangle MOA_1 \backsim \triangle MAD$,$\triangle NOB_1 \backsim \triangle NBD$,$\triangle LOC_1 \backsim \triangle LCD$,从而推出

$$\frac{OA_1}{DA} + \frac{OB_1}{DB} + \frac{OC_1}{DC} = \frac{OM}{AM} + \frac{ON}{BN} + \frac{OL}{CL}$$

平面几何中易证上面等式的右端等于 1(用面积性质证)。因此问题获得解决。

若类比"面积法"而尝试用"体积法"求解,可连接点 O 与四面体的各个顶点,分四面体 $ABCD$ 为三个四体面 $OABD$、$OACB$、$OBCD$,求出这三个四面体的体积与四面体 $ABCD$ 的体积之比。设 AA'、OO' 是从 A 和 O 到面 BCD 的距离,则有

$$\frac{V_{OBCD}}{V_{ABCD}} = \frac{OO'}{AA'}$$

易证 $\triangle OO'A_1 \backsim \triangle AA'D$。由此推得

$$\frac{V_{OBCD}}{V_{ABCD}} = \frac{OA_1}{AD}$$

同理得到

$$\frac{V_{OACD}}{V_{ABCD}} = \frac{OB_1}{BD}, \frac{V_{OABD}}{V_{ABCD}} = \frac{OC_1}{CD}$$

三式相加即得所欲证。

五、转化

转化是解决数学问题的一种重要的思想方法。在某种意义上,解决任何数学问题都得运用转化:复杂转化为简单,模糊转化为清晰,未知转化为已知,一个领域的问题转化为另一个领域的问题去处理等等。这里,我们讨论的是几何定理教学,只着重介绍如何将立体几何的证明问

题,转化为平面几何问题来解决。至于其他类型的几何题,以及几何问题转化为其他领域内的问题去处理,不作讨论。

首先,立体几何课本上一些主要定理的证明,基本上是按照这种思路进行的。例如,定理"如果一个角的两边和另一个角的两边分别平行并且方向相同,那么这两个角相等"的证明过程,完全是由平面几何的有关推理组成的;直线与平面垂直的判定定理也是转化为平面几何中的线段、角、三角形来解决的;其他,如面面平行(垂直)的问题,转化为线面平行(垂直)的问题,而线面平行(垂直)的问题,又转化为线线平行(垂直)的问题,归根结底,还是转化为平面几何的问题来处理。

其次,一些立体几何的证明也是如此。

例 直角三角形 ABC 所在平面外一点 P 到三角形的三个顶点的距离如果相等,则连结 P 和这个直角三角形的斜边 AB 的中点 N 的直线 PN 垂直平面 ABC。

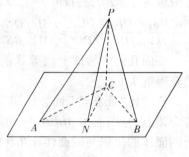

图 6-13

思路分析 欲证 PN 垂直平面 ABC,只要证 PN 与平面 ABC 内两相交直线垂直,而 $PN \perp AB$ 是显然的(等腰三角形底边上的中线就是底边上的高),所以,只要在平面 PCN 中证明 $PN \perp NC$。这结论只要通过 $\triangle PCN \cong \triangle PAN$(又是根据平面几何中三角形全等的判定定理1)即能得到。

在立体几何教学中,让学生切实掌握这种转化的思想方法,对学生学好立体几何具有十分重要的意义。

6.3.3 题图在几何证明中的作用

几何定理都是研究图形的性质的。对几何定理本身的理解以及对其证明的思考都需要以理解已知题图和在已知题图上添构新图为基础。因此,在几何定理教学中必须教会学生正确地理解题图,并使学生能根据证明的需要添画必要的辅助元素,构造新图。

一、对题图的理解

初学几何的学生,在对题图的理解上,常出现如下一些问题:

1. 如果原题没有绘出图形,要求学生自己画图时,有的学生常把图形特殊化，或画得不准确。

例如，证"两圆外公切线上两切点间的线段相等"，学生往往画两个等圆，这样就在无意中增添了命题的条件。更多的情形是只会按书上的标准图形画。在概念教学中我们曾经指出过，学生常常将标准图形的位置特征作为本质特征理解，因此，不会根据题中变化了的情况画出变式图形，这也是图形特殊化的一种表现。

学生画错图的例子也时有发生。例如本来不共点的三条直线，有时却画成相交于一点。本来不在一条直线上的三点却画成在一条直线上。这样的图形必然会使学生产生错觉，以致得出不正确的论证或者增加解题的困难。

2. 对已经给出的题图不会作变式理解。这在学生运用定理解题时表现得十分明显。许多学生使用定理之所以感到吃力，其原因就在于不会识别对于课本而言有所改变的图形中的本质特征。例如，学生清楚地了解了三垂线定理的表述及其证明，并且也知道这个定理实质上是平面的一条斜线和平面内的一条直线垂直的判定定理，但是，他们只能理解课本上给出的标准题图（平面是水平放置的，斜线的可见部分在平面上方），当遇到需应用此定理判定变式图形（例如平面是侧立，或平面虽然仍是水平位置，而平面的斜线却只显出在平面下方的部分）中类似结论时，却不能识别。

要正确地理解题图，学生必须学会识别图中本质的、一般的关系和非本质的、个别的关系，并将它们彼此区分开来。为此，像概念教学一样，对定理的题图也采用变式教学是适宜的。经常让学生将课本上的标准图和习题中的变式图作比较，并从中找出共同的本质关系，这是十分有益的。对于课本上定理的标准题图，要求学生用口头表达：在保持本质关系的情况下，图中哪些成分可以变换和怎样变换。这种做法也是有效的。

二、添构辅助图形

辅助图形包括直线、圆以及平面。辅助图形在定理证明及其他解题中有重要的作用。恰当的辅助图形，是沟通已知和求证的渠道，是使证题获得成功的关键。但是，初学几何的学生，往往容易出现两个极端：要么不知从何着手添构，要么盲目乱添乱画。为了防止这两种极端情况的发生，教学中应该让学生懂得添构辅助图形的基本原则，明确添构辅助图形的目的,掌握添构辅助图形的常用方法。

1. 添构辅助图形应遵循的基本原则

(1)应该在深入分析题意,熟悉有关定理,掌握基本图形性质的基础上着手添构辅助图形。如果对题意还不甚理解,或者对已知条件和结论之间的中间环节可能有哪几种组合方式没有细致的分析,就动手添构辅助图形,那只能是盲目乱添乱画,不仅不能启发思路,而且还会搅乱思路。另一方面,尽管对题意作了认真分析,如果对证这个题所需要用的有关定理不熟悉,或者对所借助的辅助图形性质没有很好掌握,那么,即使是画出了所需的辅助图形,也仍然不知道它在证题过程中有何作用,桥搭好了,因为你视而不见,依然达不到河的彼岸。

(2)添构的辅助图形,必须符合基本作图法。也就是说,在原图基础上添加的每个新的点、直线、圆、平面,它们的存在性都是有逻辑根据的,是根据推理可以完成的。例如,作已知线段的垂直平分线,作已知角的平分线,过两点连直线,过一点作已知直线的平行线或垂线,过不共线的三点作圆,作已知直线或圆的相切圆,过直线和线外一点作平面,过平面外一点作它的平行平面……。这些图形的作法在逻辑上都是认可的。值得注意的是,有的学生常按照自己的意图,不管可能与否,胡乱添构图形。例如,凭直观写出:"过 A、B 两点作直线平行于 MN(图中确实有 $AB//MN$)"。又如,某四点共圆还是未知的或待证的,却有学生写成"过 A、B、C 三点作圆,使它过 D 点"。为防止这类错误,应要求学生在添构辅助图形时,要说明作图的理论依据。

(3)添构辅助图形的目的是为了建立已知条件和结论之间的联系,不能离开已有条件,破坏已知和未知的联系。一般是在原图中难以展开思路(包括起步艰难或中间受阻)的情况下才考虑添构辅助图形的,其作用主要体现在如下方面:一是显露图形中的隐蔽性质、关系。例如证等腰三角形底角相等时,作顶角的平分线,即可显露两底角恰处于两个全等三角形的对应角的位置。二是使分散的有关的元素相对集中,便于发现它们之间的关系,常采用平移或对称的办法。例如证三角形内角和定理时,反向延长角的一边。并过这个角的顶点作对边的平行线,这样就使本来分散的三角形的三个内角集中在一起,便于发现它们的和与平角的关系。

2. 平面几何问题中如何添构辅助图形

（1）直线形证明题常见辅助图形添加法

a. 在证边、角相等或证成比例线段时，通过添加辅助线，作相应的对应边或对应角，构成全等形或相似形。

例 （托勒密定理）如图 6-14，$ABCD$ 是圆内接四边形。求证：
$AC \cdot BD = AB \cdot CD + AD \cdot BC$。

思路分析 我们知道，证两条线段的乘积等于另外两条线段的乘积时，一般常用相似三角形来证明。现在待证等式右端是两个乘积的和式，由此启发，可把左端也分解为两个乘积的和式，然后有可能利用相似形获证。为此，在 BD 上取分点 E，待证等式化为

$AC \cdot BE + AC \cdot ED = AB \cdot CD + AD \cdot BC$。

于是只须证

$AC \cdot BE = AB \cdot CD, AC \cdot ED = AD \cdot BC$。

即证

这只要 $\triangle ABE \sim \triangle ACD$，$\triangle ABC \sim \triangle AED$ 就行。而关键是使 $\angle BAE = \angle CAD$。这就是对辅助线 AE 的要求。

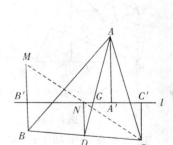

图 6-14

b. 在有关和差的证题中，可用辅助线分解或合并已知线段。

例 过 $\triangle ABC$ 的重心 G 任作一直线 l，设与 AB、AC 相交。则 A 到 l 的距离等于 B、C 两点到 l 距离的和。

图 6-15

思路分析 设 A'、B'、C' 分别是 A、B、C 到直线 l 的垂线的垂足。延长 BB' 至 M，使 $B'M = CC'$。由 $B'M \underline{\underline{\parallel}} CC'$，易知 MC 与 $B'C'$ 互相平分于 N。取 BC 的中点 D，连 DN，则 DN 为 $\triangle BMC$ 的中位线，故 $BM = 2DN$。又由重心 G 的性质，易知 $AA' = 2DN$，问题得证。

c. 有关面积的证明题，可根据结论的要求，添加一些有助于等积变

形的辅助线,以创造等积变形的条件,使问题获证。(参见前面"等积变形"中所举例题)

d. 在有关三角形的证题中,可引高线,构造直角三角形,应用直角三角形的性质解题;或延长中线一倍,构造平行四边形,利用中心对称图形的性质解题;或作平行线,利用中位线或成比例线段的性质解题。

例 $\triangle ABC$ 中,H 是垂心,O 是外心。求证 H 到顶点 A 的距离等于 O 点到 BC 边的距离的两倍。

思路分析 如图 6 – 16,平移 AH 至 BE,易知 A、E、B、C 四点共圆,且 EC 为此圆的直径,故圆心 O 必是 EC 的中点。这样,即可推出 $BE = 2OD$,从而 $AH = 2OD$。

e. 在有关四边形的证题中,可连一对角线转化为三角形处理,或连邻边中点构成平行四边形;延长梯形两腰交于一点,转化为三角形,平移梯形的腰、对角线或高线,使元素相对集中,便于发现其间的关系。

例 已知梯形 $ABCD$ 的上、下底 CD、AB 的长分别为 a、$b(a < b)$。求证两对角线长的平方和等于两腰长的平方和加上 $2ab$。

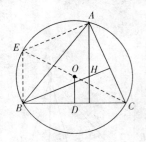

图 6 – 16

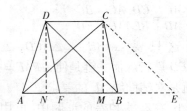

图 6 – 17

思路分析 为使上、下底及两腰分别集中,如图 6 – 17,平移 DB 至 CE,平移 CB 至 DF,易知 $AE = a + b,AF = b - a$。由此,相关的线段都集中到 $\triangle ACE$ 和 $\triangle ADF$ 中了。在三角形中,三边的关系还需中线联系。因此,又引 $\triangle ACE$ 的中线 CM,$\triangle ADF$ 的中线 DN。由

$$MN = AM - AN = \frac{1}{2}(b + a) - \frac{1}{2}(b - a) = a$$

推知 $DN = CM$。这样一来,就不难得出待证的等式了。

(2)与圆有关的证明题常见的辅助图形

a. 已知一直线和圆相切,添过切点的半径,利用它与切线垂直的性

质;反过来,已知圆半径,添过半径外端的切线,利用弦切角性质。

例　已知圆内接 $\triangle ABC$ 两边上的高线为 BE,CF。试证圆心 O 与顶点 A 的连线垂直于 EF。

思路分析　考虑结论与半径有关,如图 $6-18$,过 A 引切线 AT。只要证 $AT /\!\!/ EF$。于是转化为证 $\angle\alpha = \angle\beta$。由于 $\angle\alpha = \angle\gamma$,又只要证 $\angle\beta = \angle\gamma$。这只须 B、C、E、F 四点共圆即可。再由已知条件,问题得证。

b.已知两圆相交,添公共弦或连心线,易于把两圆的关系联系起来。

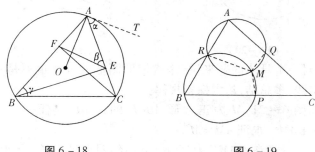

图 $6-18$　　　　　　　　图 $6-19$

例　在 $\triangle ABC$ 的边 BC、CA、AB 上分别取 P、Q、R 点。求证 $\triangle AQR$、$\triangle BRP$、$\triangle CPQ$ 的外接圆交于一点。

思路分析　如图 $6-19$,先作 $\triangle ARQ$、$\triangle BRP$ 的外接圆,令它们的另一交点为 M,只要证 P、C、Q、M 四点共圆即可。连 RM,MP,MQ。只要证 $\angle BPM = \angle CQM$。由这两个角与 $\angle ARM$ 的关系,立即可得结论。

c.已知两圆相切,添两圆的公切线或连心线,利用两圆与切线或连心线的共同关系处理问题。

例　两圆内切于 P,过 P 作直线交两圆于 A、B,过 A、B 各作弦 AC、BE 相交于 D。求证:P、C、D、E 共圆。

思路分析　如图 $6-20$,只要证 $\angle BEP = \angle ACP$。这两个角分别是两圆的圆周角。过 P 作两圆的公切线,利用弦切角搭桥可立得结论。

此外,根据题中条件与结论的不同特点,还有许多添构辅助图形的方法。例如,已知直径要利用直角的性质证题时,可添半圆所对的圆周角;已知弦,可添弦心距,以便利用垂径分弦定理;已知四点共圆,可添辅助圆,以便利用圆中角或线段的等量关系;等等。

最后,我们对添构辅助图形还指出值得注意的几点:

第一,添构辅助图形没有普遍适用的统一方法。上面结合实例介绍的一些常用辅助图形,即使对于解同类题也不是通用的、绝对有效的。具体证题时最重要的是必须遵循前面提到的几条原则。

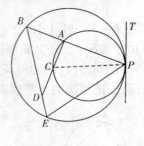

图 6 - 20   图 6 - 21

第二,对一个具体的题来说,添构辅助图形的方法也不是一成不变的。要多实践,多总结,从中探索规律。

例 如图 6 - 21,M 为正方形 $ABCD$ 的边 BC 上任一点,CE 平分 $\angle FCD$,$ME \perp AM$。求证 $AM = ME$。

思路一 考虑在 $\triangle AME$ 内来证。连 AE,只要证 $\angle MAE = 45°$。由于 $\angle ECF = 45°$,又只要证 A、M、C、E 四点共圆。联想到已知 $\angle AME = 90°$ 及 $ABCD$ 是正方形,自然想到连 AC,于是发现 $\angle ACE = 90°$,问题获证。

思路二 考虑添构全等三角形,使 AM、ME 为对应边。由于有 $\angle BAM = \angle EMC$,可在 AB 上取 $AN = MC$,连 MN,不难证得 $\triangle ANM \cong \triangle EMC$。

§6.4 代数定理的教学

代数定理包括各种公式、法则、方程和不等式的性质及各种函数的性质等等。它们的共同特点在于一是揭示数量关系,二是涉及数学演算。考虑到数学演算的教学要求和教学方法有别于一般定理的教学,我们将辟专章讨论。同时,又为了便于叙述,因此作为数学演算的基础的大部分代数定理也放在演算一章一并讨论。这里,仅抽出与一般定理(特别是几何定理)的教学特点相近的两个问题来研究。

6.4.1 不等式证明的教学

不等式是许多数学分支的重要基石,在解各类实际问题中有广泛的应用。凡是与比较量大小有关的问题,都要用到不等式的知识。在中学数学里,要讨论函数的定义域,函数的一些性质(如单调性、凸凹性等),方程的根的性质,极值问题,等等,就都用到不等式。由此可见,让学生牢固地掌握不等式的有关知识,是中学数学重要的教学任务之一。

不等式的性质和一些重要不等式的证明的教学属于定理教学的范畴。本节仅讨论这些内容的教学。

一、不等式的基本性质

不等式的基本性质是解各类不等式问题的基础和依据。中学数学里介绍了不等式的如下一些基本性质:

1. 如果 $a > b$,那么 $b < a$;反之,如果 $b < a$,那么 $a > b$。

2. 如果 $a > b, b > c$,那么 $a > c$。

3. 如果 $a > b$,那么 $a + c > b + c$,这里 c 为任意实数。

4. 如果 $a > b, c > 0$,那么 $ac > bc$;如果 $a > b, c < 0$,则 $ac < bc$。

这四条基本性质就是第五章第四节已经提到过的数目顺序关系的非对称性、传递性、加法的单调性和乘法的单调性。

根据以上基本性质又推出下面七条不等式的性质:

5. 如果 $a > b, c > d$,那么 $a + c > b + d$。

6. 如果 $a > b, c < d$,那么 $a - c > b - d$。

7. 如果 $a > b > 0, c > d > 0$,那么 $ac > bd$。

8. 如果 $a > b$,且 a、b 同号,那么 $\dfrac{1}{a} < \dfrac{1}{b}$。

9. 如果 $a > b > 0, 0 < c < d$,那么 $\dfrac{a}{c} > \dfrac{b}{d}$。

10. 如果 $a > b > 0, n \in \mathbf{N}_+$,那么 $a^n > b^n$。

11. 如果 $a > b > 0, n \in \mathbf{N}_+$,那么 $\sqrt[n]{a} > \sqrt[n]{b}$。

关于绝对值不等式,有如下两条基本性质:

12. $|a| + |b| > |a + b|$(当且仅当 a、b 同号或 $b = 0$ 时取等号)。

13. $|a| - |b| \leqslant |a - b|$(当且仅当 a、b 同号或 $b = 0$ 时取等号)。

要求学生掌握不等式的上述所有性质是不困难的,这只要通过一定量的基本练习题即可达到目的。但是其中的 8、9 两条,必须特别提醒学生注意条件,因为稍不留意,在应用时就可能出错。

二、不等式的证明

不等式的证明问题包括两大类:一类是给出两个式子的大小关系,要我们证明这种关系;另一类是要我们判断两个式子的大小关系。

因为不等式的证明涉及的知识面很广,且题型多变,思路因题而异,没有固定程序可循,所以,中学生学习这项内容时,像证几何题一样,常常感到困难。但是,也正如证几何题那样,虽无统一的思维模式,基本的思考方法却还是有的。首先,因为每一个待证的不等式都是一个命题,所以,证明命题的一般思考方法都可用于不等式的证明。如顺向思考(综合法)、逆向思考(分析法)、反面思考(反证法)、转化的思想(几何证法)以及数学归纳法等。其次,由于不等式是在实数范围内研究的,因此,实数的性质(如数目顺序关系的性质、实数的稠密性、连续性等)以及式的运算性质(主要是各种变形)也都可用于不等式的证明,如常用的比较法、配方法、放缩法等。此外,不等式还与函数的知识联系着,因而在必要时还可利用函数的有关性质来证不等式。如判别式法就是利用了二次函数的性质。

在运用一般的思考方法寻找不等式证明的途径时,由于不等式的条件比结论简单,条件提供的信息较少,所以,最基本的思考路线往往是先从结论出发,找出使结论成立的充分条件,一步步追索下去,再在适当的时候结合已知条件达到目的,即逆向与顺向思维结合,以逆向为主的思考方法。例如:

若 $a \geqslant 3$,求证 $\sqrt{a} - \sqrt{a-1} < \sqrt{a-2} - \sqrt{a-3}$。

我们可以这样思考:为了证明这个不等式,考虑到 $a \geqslant 3$ 时不等式两边均为正数,故只需证明

$$(\sqrt{a} - \sqrt{a-1})^2 < (\sqrt{a-2} - \sqrt{a-3})^2$$

即 $\sqrt{a(a-1)} > \sqrt{(a-2)(a-3)} + 2$

这又只需证明

$$(\sqrt{a(a-1)})^2 > (\sqrt{(a-2)(a-3)} + 2)^2$$

即 $2a - 5 > 2\sqrt{(a-2)(a-3)}$

同样的理由,又只需证明

$$(2a-5)^2 > (2\sqrt{(a-2)(a-3)})^2$$

即 $25 > 24$

而这是显然的,故结论得证。

学生掌握了上述基本的思考方法以后,为了帮助他们从结论出发时易于打开思路,教师应该介绍下列三种运用实数的性质或式的变形来证不等式的方法:

1. 比较法。比较有两种形式:一种是求差比较,即要证 $a > b$(或 $a < b$),只需证 $a - b > 0$(或 $a - b < 0$)。这是根据不等式的定义来证明不等式的最基本的方法。另一种是求商比较,即要证 $a > b$(或 $a < b$),只要证 $\dfrac{a}{b} > 1$(或 $\dfrac{a}{b} < 1$)。

例 1 已知 $a_1, a_2, \cdots a_n$ 为 n 个两两互不相同的正整数,求证下列不等式成立:

$$\sum_{k=1}^{n} \frac{a_k}{k^2} \geqslant \sum_{k=1}^{n} \frac{1}{k}$$

思路分析 我们来考察不等式两边之差的正负情况:

$$\sum_{k=1}^{n} \frac{a_k}{k^2} - \sum_{k=1}^{n} \frac{1}{k} = \sum_{k=1}^{n} \frac{a_k - k}{k^2}$$

如果能保证所有的 $a_k - k \geqslant 0$,那么问题立刻解决。可是这不一定能如愿。因为 $a_1, a_2, \cdots, a_n$ 这 n 个数不一定是由小到大排列的,所以,其中的某些 $a_k(2 \leqslant k \leqslant n)$ 可能比 k 小。看来,必须通过变形另想办法。考虑 $a_1, a_2, \cdots, a_n$ 是两两互不相同的正整数,虽然不一定保证对每一个 $k(k = 1, 2, \cdots, n)$ 都有 $a_k - k \geqslant 0$,但从整体看,都能保证有 $\sum\limits_{k=1}^{n} (a_k - k) = (a_1 + a_2 + \cdots + a_n) - (1 + 2 + \cdots + n) \geqslant 0$。问题是和式的各个分母不相同,因而通分后不能使分子恰好是上面的和式。不过,我们可以通过逐步放大前面各项的分母,来达到既通分又能保持分子是上述和式的形式的目的。试看:

$$\sum_{k=1}^{n} \frac{a_k - k}{k^2} = \frac{a_1 - 1}{1^2} + \frac{a_2 - 2}{2^2} + \cdots + \frac{a_n - n}{n^2}$$

$$\geqslant \frac{a_1 - 2}{2^2} + \frac{a_2 - 2}{2^2} + \cdots + \frac{a_n - n}{n^2} (\because a_1 - 1 \geqslant 0)$$

$$= \frac{(a_1 + a_2) - (1 + 2)}{2^2} + \frac{a_3 - 2}{3^2} + \cdots + \frac{a_n - n}{n^2}$$

$$\geqslant \frac{(a_1 + a_2) - (1+2)}{3^2} + \frac{a_3 - 1}{3^2} + \cdots + \frac{a_n - n}{n^2}$$

$$= \frac{(a_1 + a_2 + a_3) - (1+2+3)}{3^2} + \frac{a_4 - 4}{4^2} + \cdots + \frac{a_n - n}{n^2}$$

$$\geqslant \cdots$$

$$\geqslant \frac{(a_1 + a_2 + a_3 + \cdots + a_n) - (1+2+\cdots+n)}{n^2} \geqslant 0$$

终于达到了目的。

例2 设 $a > b > c > 0$，求证：

$a^{2a} b^{2b} c^{2c} > a^{b+c} b^{c+a} c^{a+b}$

思路分析 这个不等式的两边都只有一项，且皆为幂的乘积形式。这些特点适合于用求商比较的思路来证明不等式。其程序是先求商，再变形，最后作判断。

$$\frac{a^{2a} b^{2b} c^{2c}}{a^{b+c} b^{c+a} c^{a+b}} = \left(\frac{a}{b}\right)^{a-b} \left(\frac{b}{c}\right)^{b-c} \left(\frac{a}{c}\right)^{a-c}$$

由条件显然有 $a^{b+c} b^{c+a} c^{a+b} > 0$，且知 $\frac{a}{b} > 1, \frac{b}{c} > 1, \frac{a}{c} > 1, a - b > 0,$

$b - c > 0, a - c > 0$。从而 $\left(\frac{a}{b}\right)^{a-b} > 1, \left(\frac{b}{c}\right)^{b-c} > 1, \left(\frac{a}{c}\right)^{a-c} > 1$，上面等式的右端也就大于1。于是可得结论。

2. 配方法。这种方法是：要证一式大于或等于零，通过配方可将此式表示成若干个平方之和或积。

例 试证：对任意 θ，都有

$5 + 8\cos\theta + 4\cos2\theta + \cos3\theta \geqslant 0$

思路分析 首先把左式化为同角的三角函数表达式然后配方。左式变成：

$$5 + 8\cos\theta + 4(2\cos^2\theta - 1) + (4\cos^3\theta - 3\cos\theta)$$

$$= 1 + 5\cos\theta + 8\cos^2\theta + 4\cos^3\theta$$

$$= (1 + \cos\theta)(1 + 4\cos^2\theta + 4\cos\theta)$$

$$= (1 + \cos\theta)(2\cos\theta + 1)^2$$

由于对任意 θ 都有 $1 + \cos\theta \geqslant 0$，故结论获证。

3. 放缩法。这种方法的基本思路是：将要证的不等式一边或两边"放大"或"缩小"，得到一个新的不等式，而这个新不等式的成立可以保

证原不等式的成立。于是,我们改证新不等式。

在比较法例 1 中,我们证 $\sum\limits_{k=1}^{n}\dfrac{a_k}{k^2} - \sum\limits_{k=1}^{n}\dfrac{1}{k} \geqslant 0$ 时,使用的就是放缩法。其中间过程,实际上是将不等式的左边表达式逐步缩小,最后缩小为 $\dfrac{(a_1 + a_2 + \cdots + a_n) - (1 + 2 + \cdots + n)}{n^2}$。

下面再举一例。

设 a、b 为不同的任意两个正实数,n 为正整数,求证:

$$\dfrac{a^n + b^n}{2} > (\dfrac{a+b}{2})^n$$

思路分析　从不等式两边都与二项式定理中的有关项形式类似,可考虑先将左边变形,然后利用二项式定理"放缩"。

不妨设 $a > b > 0$,

$$\dfrac{1}{2}(a^n + b^n) = \dfrac{1}{2}\left[(\dfrac{a+b}{2} + \dfrac{a-b}{2})^n + (\dfrac{a+b}{2} - \dfrac{a-b}{2})^n \right]$$

对 $(\dfrac{a+b}{2} + \dfrac{a-b}{2})^n$ 及 $(\dfrac{a+b}{2} - \dfrac{a-b}{2})^n$ 分别用二项式定理展开,经合并化简后得

$$\dfrac{1}{2}(a^n + b^n) = C_n^0 (\dfrac{a+b}{2})^{n-2} \cdot (\dfrac{a-b}{2})^2 + C_n^4 (\dfrac{a+b}{2})^{n-4} \cdot (\dfrac{a-b}{2})^4 + \cdots + C_n^{2k}(\dfrac{a+b}{2})^{n-2k} \cdot (\dfrac{a-b}{2})^{2k}$$。（其中 k 为 $\dfrac{n}{2}$ 的整数部分）

上式右边各项均为正数,舍去第二项以后的所有各项,即得

$$\dfrac{1}{2}(a^n + b^n) > (\dfrac{a+b}{2})^n$$。

此外,对于某些特殊类型的不等式,还可介绍下面两种特殊证法:

4. 数学归纳法。这是证明对于任意自然数 n 都成立的不等式的一种方法。

例　设非负数 $a_1, a_2, \cdots, a_n$(n 是任意自然数)满足不等式 $a_1 + a_2 + \cdots + a_n \leqslant \dfrac{1}{2}$。求证

$$(1 - a_1)(1 - a_2) \cdots (1 - a_n) \geqslant \dfrac{1}{2}$$

思路分析　$n = 1$ 显然成立。主要任务是从 $n = k$ 时不等式成立,推

证 $n = k + 1$ 时不等式仍然成立。这可通过变形处理,再利用放缩法获证。

令 $a_k' = a_k + a_{k+1}$,有 $a_k' \geq 0$,且

$$a_1 + a_2 + \cdots + a_{k-1} + a_k' \leq \frac{1}{2}$$

由归纳假设知

$$(1 - a_1)(1 - a_2) \cdots (1 - a_k') = (1 - a_1)(1 - a_2) \cdots (1 - a_k - a_{k+1}) \geq \frac{1}{2}$$

。因 $a_k k_{k+1} \geq 0$,所以

$$(1 - a_k)(1 - a_{k+1}) = 1 - a_k - a_{k+1} + a_k a_{k+1} \geq 1 - a_k - a_{k+1},从而$$

$$(1 - a_1)(1 - a_2) \cdots (1 - a_k)(1 - a_{k+1}) \geq (1 - a_1)(1 - a_2) \cdots (1 - a_k') \geq \frac{1}{2}$$

。

5. 几何证法。有些不等式,其中各项都可以表示同类的几何量,这时,我们利用几何量之间的关系来证明这些不等式。例如,证明不等式 $\sin x < x < \tan x \left(0 < x < \frac{\pi}{2}\right)$ 就可以转化为单位圆中,x 弧度的圆心角所对应的正弦线、圆弧以及正切线三者之间的长度关系,如图 6 - 22 所示:$AM < \overset{\frown}{AB} < AC$。又如,基本不等式 $\frac{a+b}{2} \geq \sqrt{ab}(a \geq 0, b \geq 0)$ 也有相应的几何表示。如图 6 - 23,圆 O 的直径 $AB = a + b$,$AC = a$,$CB = b$,$DC \perp AB$,$DC = \sqrt{ab}$。显然有 $DC \leq \frac{1}{2}AB$。当 C 是圆心时,等号成立。

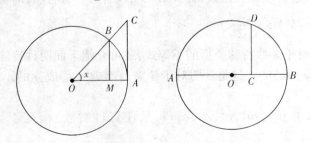

图 6 - 22   图 6 - 23

上面这种几何证法,把式子变成图形,一方面形象直观,一目了然,使问题化难为易;另一方面,培养了学生数形结合处理问题的辩证思维能力。

221

第六章 数学命题的教学

现行中学数学课程标准对不等式的证明要求不太高,一般学生掌握以上常用的思考方法也就够了。对于数学尖子学生,在课外活动中可以适当补充其他内容,如用反证法、判别式法证明不等式,介绍一般均值不等式、柯西不等式、三角形不等式、贝努利不等式等,并利用这些不等式证明一些难度较大的不等式,等等。这样可以扩大学生的知识视野,提高他们的推理论证能力。

6.4.2 函数性质的教学

前一章里,我们讲过函数概念的教学。函数的性质属于函数概念的内涵,本来在函数概念的教学中也可以包含进去。但在前一章的概念教学中,我们的着重点放在一般函数概念的形成和发展上,并没有深入讨论各个基本初等函数定义以外的其他性质。何况各个函数的具体性质的表达形式又属于定理的范畴,因此,我们在这里才作进一步的讨论。

关于基本初等函数的性质,除相应概念的定义中已经揭示的定义域、值域、对应法则等以外,作为定理形式表达的,主要是函数的单调性、奇偶性、周期性、凹凸性、极值等。

一、函数的单调性

一次函数 $y = kx + b(k \neq 0)$ 在整个定义域 $(-\infty, +\infty)$ 内是单调的,当 $k > 0$ 时递增,当 $k < 0$ 时递减;二次函数 $y = ax^2 + bx + c(a \neq 0)$ 在区间 $(-\infty, -\frac{b}{2a}]$ 和区间 $[-\frac{b}{2a}, +\infty)$ 内分别是单调的,当 $a > 0$ 时,在前一区间内递减,在后一区间内递增,当 $a < 0$ 时,情况恰好相反;整数指数幂函数 $x = x^n(n \in \mathbf{N}_+)$ 其单调性如表一。

正分数指数的幂函数,其单调性如表二。

表一

函数	正整数指数的幂函数 $y = x^n(n \in \mathbf{N}_+)$		负整数指数的幂函数 $y = x^{-n}(n \in \mathbf{N}_+)$	
	n 为偶数	n 为奇数	n 为偶数	n 为奇数
单调性	在 $(0, +\infty)$ 内由 0 递增到 $+\infty$,在 $(-\infty, 0)$ 内由 $+\infty$ 递减到 0	在 $(-\infty, +\infty)$ 内由 $-\infty$ 递增到 $+\infty$	在 $(0, +\infty)$ 内由 $+\infty$ 递减到 0,在 $(-\infty, 0)$ 内由 0 递增到 $+\infty$	在 $(0, +\infty)$ 内由 $+\infty$ 递减到 0,在 $(-\infty, 0)$ 内由 0 递减到 $-\infty$

表二

函数	正分数指数的幂函数 $y=x^{\frac{p}{q}}$（其中 $\frac{p}{q}$ 为既约分数）		
	q 为偶数 P 为奇数	q 为奇数	
		P 为奇数	P 为偶数
单调性	在 $(0,+\infty)$ 内由 0 递增到 $+\infty$	在 $(-\infty,+\infty)$ 内由 $-\infty$ 递增到 $+\infty$	在 $(0,+\infty)$ 内由 0 递增到 $+\infty$，在 $(-\infty,0)$ 内由 $+\infty$ 递减到 0

负分数指数的幂函数 $y=x^{-\frac{p}{q}}$ 的单调性，只要注意到 $x^{-\frac{p}{q}}$ 是 $x^{\frac{p}{q}}$ 的倒数，参看表二即可得知。

指数函数 $y=a^x(a>0,a\neq0)$ 与对数函数 $y=\log_a x(a>0,a\neq1)$ 的单调性见表三。

表三

函数	指数函数 $y=a^x(a>0,a\neq1)$		对数函数 $y=\log_a x(a>0,a\neq1)$	
	$a>1$	$0<a<1$	$a>1$	$0<a<1$
单调性	在 $(-\infty,+\infty)$ 内由 0 递增到 $+\infty$	在 $(-\infty,+\infty)$ 内由 $+\infty$ 递减到 0	在 $(0,+\infty)$ 内由 $-\infty$ 递增到 $+\infty$	在 $(0,+\infty)$ 内由 $+\infty$ 递减到 $-\infty$

三角函数的单调性见表四。

表四

函数	正弦函数 $y=\sin x$	余弦函数 $y=\cos x$	正切函数 $y=\tan x$	余切函数 $y=\cot x$
单调性	在 $\left[-\dfrac{\pi}{2}+2k\pi,\dfrac{\pi}{2}+2k\pi\right]$ 上由 -1 递增到 1，在 $\left[-\dfrac{\pi}{2}+2k\pi,\dfrac{3\pi}{2}+2k\pi\right]$ 上由 1 递减到 -1	在 $[2k\pi,(2k+1)\pi]$ 上由 1 递减到 -1，在 $[(2k-1)\pi,2k\pi]$ 上由 -1 递增到 1	在 $\left(-\dfrac{\pi}{2}+k\pi,\dfrac{\pi}{2}+k\pi\right)$ 内由 $-\infty$ 递增到 $+\infty$	在 $[k\pi,(k+1)\pi]$ 内由 $+\infty$ 递减到 $-\infty$

反三角函数的单调性见表五。

表五

函数	反正弦函数 $y = \arcsin x$	反余弦函数 $y = \arccos x$	反正切函数 $y = \arctan x$	反余切函数 $y = \text{arccot} x$
单调性	在 $[-1,1]$ 上由 $-\dfrac{\pi}{2}$ 递增到 $\dfrac{\pi}{2}$	在 $[-1,1]$ 上由 π 递减到 0	在 $(-\infty,+\infty)$ 内由 $-\dfrac{\pi}{2}$ 递增到 $\dfrac{\pi}{2}$	在 $(-\infty,+\infty)$ 内由 π 递减到 0

关于以上函数的单调性的教学，注意下面几点：

1. 充分利用函数图象的直观性来弄清函数的单调性。函数图象的上升与下降分别反映函数值的递增与递减。掌握了各个基本初等函数的图象，也就明确了相应函数的单调性。因此，务必让学生熟悉各种具体函数的图象。

2. 逐步加深对函数单调性的认识。在函数教学的第一阶段(初中阶段)，只要求学生借助图象直观地认识一次函数和二次函数在定义域内函数值的增减情况，并没有明确提出"增函数"、"减函数"和"函数的单调性"等概念。在函数教学的第二阶段(高中阶段)，自幂函数开始，正式提出了上述几个概念，并在图象直观认识的基础上，举例说明证明函数的单调性的一般方法。不过，对于一般的有理指数幂函数、指数函数、对数函数以及三角函数和反三角函数的单调性，考虑到证明的难度较大，学生不易接受，因而没有给出一般的证明，仍然是通过图象并利用函数的其他性质(如奇偶性、周期性等)作说明。这样处理，基本上是恰当的。但是，教师在具体教学时，应根据班级学生的实际情况作适当的调整。在一般水平的班级，可补充作出一次函数、反比例函数和二次函数的单调性的一般证明；在较高水平的班级，除了上述补充外，还可补充有理指数幂函数、三角函数的单调性的证明，并增加一些讨论具体函数增减情况的例题，可讨论函数 $y = x + \dfrac{1}{x}$ 的增减情况。至于指数函数和对数函数单调性的证明太繁，不宜补充，等到学了导数以后，再用导数方法来证明。

二、函数的奇偶性

函数的奇偶性也是在幂函数一章的教学中正式提出的。整数指数的幂函数 $y = x^n$ 和 $y = x^{-n}$（$n \in \mathbf{N}^+$）的奇偶性与 n 的奇偶性相同；分数指数的幂函数 $y = x^{\pm\frac{p}{q}}$（$\frac{p}{q}$ 为既约分数）只有当 q 为奇数时才有奇偶性，其奇偶性与 p 的奇偶性相同；指数函数和对数函数没有奇偶性；三角函数中，正弦函数、正切函数、余切函数都是奇函数，而余弦函数是偶函数；反三角函数中只有反正弦函数和反正切函数是奇函数，反余弦函数和反余切函数谈不上奇偶性。

对以上函数的奇偶性，给出解析证明并不困难。因此，应该要求学生掌握，并能用函数奇偶性的定义去判断或证明其他一些复合函数的奇偶性。

此外，还应该使学生理解，函数的奇偶性对讨论函数的单调性和作函数的图象有重要的作用。由于奇、偶函数的定义域是关于数 0 对称的区间，因此，讨论奇、偶函数的单调性时，只需讨论这些函数在 x 为非负值时的单调性，而在另一半的相应区间上，当函数为奇函数时单调性不变，当函数为偶函数时单调性相反。这个结论完全可以由学生作出一般证明。

至于函数奇偶性对作出函数图象的作用，体现在下述两个定理中：

定理 1　奇函数的图象关于原点成中心对称图形；反过来，如果一个函数的图象关于原点成中心对称图形，那么这个函数是奇函数。

定理 2　偶函数的图象关于 y 轴成轴对称图形；反过来，如果一个函数的图象关于 y 轴成轴对称图形，那么这个函数是偶函数。

根据这两个定理的前半部分，作奇、偶函数的图象时，只要画出 x 为非负值时函数的图形，另一半图形就可利用对称性作出。两个定理的后半部分则可作为由函数图象判断函数奇偶性的依据。

三、函数的周期性

函数的周期性在中学课本中出现得较晚。这是因为，在研究任意角的三角函数以前，其他已学习过的函数都不具备这个性质，只有任意角的三角函数才有这个性质。所以，在研究三角函数性质时才提出一般周期函数的概念。

所有三角函数都是周期函数。其中正弦函数和余弦函数的最小正

周期都是 2π,正切函数和余切函数的最小正周期都是 π。这些结论在中学课本上都已明确给出,并利用诱导公式对三角函数的周期性作了证明。但是,对各个三角函数最小正周期的结论却未予论证。其实,在有条件的班级,让学生掌握下述证明是有益的(以余弦函数的最小正周期是 2π 为例):

对于所有 $x \in (-\infty, +\infty)$,$l = 2\pi$ 满足等式

$$\cos(x + l) = \cos x \tag{①}$$

对于满足条件 $0 < l < 2\pi$ 的任何 l,总可以找出这样的 x 值,使①式不成立。例如,取 $x = 0$,则①式右边:

$$\cos x = \cos 0 = 1$$

而①式左边:

$$\cos(x + l) = \cos l \neq 1$$

思考题

1. 数学定理教学的一般要求有哪些? 对证明的教学应如何理解? 谈谈你的见解。

2. 教学中引出定理的方法有哪些?

3. 我国现行中学课本列出的几何公理是哪一些? 如何进行公理教学?

4. 中学生学习几何定理的困难何在? 为了帮助学生克服困难,在教学中可采取哪些措施?

5. 几何定理证明中用到的思考方法主要有哪些? 教学中各应注意些什么问题?

6. 题图在几何定理教学中有什么作用? 如何帮助学生添构辅助图形?

7. 中学代数中关于不等式的证明介绍了哪些基本方法?

8. 试举例说明函数的性质的教学要点。

第七章 数学演算的教学

数学演算也是数学学科的重要组成部分。数学演算在中学数学中占有十分重要的地位,主要内容有数和式的运算、解方程、解不等式、几何量的计算、排列和组合问题的计算以及集合的基本运算等。这些内容的学习,对于培养学生正确、合理、迅速的运算能力以及分析问题、解决问题的能力,有着特殊的作用。本章将分节论述以上主要内容的教学。

§7.1 数和式的运算的教学

数和式的运算必须遵循一定的法则和定律。数和式的运算方式往往又以一定的公式形式表现出来。因此,讨论数和式的运算的教学问题实质上是讨论法则、定律和公式的教学问题。

7.1.1 数的运算法则和定律

小学数学中已经完成了非负有理数的运算学习任务。中学阶段开始是学习一般有理数的运算,然后是学习实数的运算,最后学习复数的运算。

在§5.2中我们曾经简要地介绍了概念的理论扩张体系,指出过在数系的纯理论研究中,各个数域里的各种运算法则和定律是必须经过演绎证明的。但是,中学数学不可能采取这样严谨而又形式化的体系来阐述数的概念、运算法则和运算定律。在中学代数课程中,各个数域的运算法则和定律实际上是以公理的形式提出来的。教学的目的主要是使学生确信运算法则、定律的正确性,理解法则、定律的合理性,熟练地掌握和灵活地运用法则、定律。

一、运算法则、定律的导出

在中学数学教学中,数的运算法则、定律的导出一般是遵循从特殊到一般的认识规律,用不完全归纳推理的方式来进行的。

以有理数的运算为例。有理数的加法、乘法法则,就是通过分析日常生活中的实例,从中归纳概括出来的。加法法则的导出过程如下:

从一点出发,经过两次运动(向东为正),结果怎样?

(1)向东 5 米,再向东 3 米,结果是向东 8 米。

$(+5)+(+3)=+8$

(2)向西 5 米,再向西 3 米,结果是向西 8 米。

$(-5)+(-3)=-8$

(3)向东 5 米,再向西 3 米,结果是向东 2 米。

$(+5)+(-3)=+2$

(4)向东 3 米,再向西 5 米,结果是向西 2 米。

$(+3)+(-5)=-2$

(5)向东 5 米,再向西 5 米,结果是 0 米。

$(+5)+(-5)=0$

(6)向西 5 米,再向东 0 米,结果是向西 5 米。

$(-5)+0=-5$

分析以上各种情况下,加数的符号有什么特点,和的符号与加数的符号有什么关系,和的绝对值与加数的绝对值有什么关系,就可综合概括出有理数加法的法则。

有理数的乘法法则也类似地通过分析生活中的实例导出。

有理数的减法和除法法则,则是根据它们分别是加法和乘法的逆运算,通过若干具体数目运算的例子归纳得出。

有理数加法和乘法的运算律也都是从具体数目运算的实例概括出来的。

在导出法则、定律的过程中,最重要的是要让学生理解。主要方法是分析具有现实意义的事例。但是,我们不能简单地认为,教师按课本上的实例概括出法则和定律后,学生就真正理解了。还应让学生举出类似的实例来说明法则和定律。此外,对法则和定律的表述是逐步完成的,先是实例分析,尔后是脱离实际内容归纳出简洁的便于记忆的语言算式,最后才使用字母符号表示。在这个过程中,语言的调节作用十分重要,符号表示不宜过早出现。因为对数字结构与符号结构,学生在心理上的反应是不同的。如果其间没有语言的调节,这两种结构加在一起,后者的介入会造成对前者的干扰,妨碍学生理解。

例如,导出加法交换律可举类似下面的实例:

① $\begin{cases} (+3)+(+5)=+8 \\ (+5)+(+3)=+8 \end{cases}$

② $\begin{cases} (-3)+(-5)=-8 \\ (-5)+(-3)=-8 \end{cases}$

③ $\begin{cases} (+3)+(-5)=-2 \\ (-5)+(+3)=-2 \end{cases}$

由第一组算式可引起学生对小学已学过的加法交换律的联想,加上两组变式,形成了对交换律的再认识。这个过程是容易实现的。但用字母表示出定律

$$a+b=b+a$$

时,勤于思考的学生会怀疑$(+3)+(-5)$与$(-5)+(+3)$的和都是-2,因此它们相等。$a+b$与$b+a$的和各是多少不知道,怎么能断定二者相等呢? 这里,学生产生疑虑正是字母符号结构对数字结构知识上的干扰。解除学生疑虑的有效办法是借助语言的调节:"我们只不过用这个等式概括已经看到的事实,即两个数相加,交换加数的位置,和不变。"

从学习心理学角度看,导出法则、定律的思维过程是从开展的、详尽的思想开始,过渡到压缩的、省略的思维。例如,正整数指数幂的运算律:

$$a^m \cdot a^n = a^{m+n} \tag{$*$}$$

其思维过程如下:先详尽地展开

$$a^m \cdot a^n = \underbrace{(a \cdot a \cdots \cdots a)}_{m\text{个}} \cdot \underbrace{(a \cdot a \cdots \cdots a)}_{n\text{个}} \quad (根据正整数指数幂定义)$$

$$= \underbrace{a \cdot a \cdots \cdots a}_{(m+n)\text{个}} \quad (根据乘法结合律)$$

$$= a^{m+n} (根据正整数指数幂定义)$$

后来再省略中间过程,压缩为上面的$(*)$式。

在运算定律的导出过程中,学生能不能根据已知的运算定义和运算定律将问题展开和整理是其中的关键。在数学学习中,学生往往由于数学符号与语义内容脱节和对运算定律表面上的理解,而不能将问题展开。因此,在数学教学中,帮助学生理解符号的意义和掌握运算定律的

作用是十分重要的。

二、运算法则、定律的巩固与应用

正确、合理、迅速的计算能力必须以牢固地掌握运算法则、定律,并能灵活地运用于各种计算为前提,通过练习来培养。

1. 及时的、适当的单项练习。这种练习的目的,一是加深对法则、定律的理解和记忆,二是形成基本技能。练习题一般有两种,一种是直接按法则、定律计算的题,另一种是变式题。仍以有理数的运算为例。在讲过有理数加法的运算法则之后,先让学生练习一批加数和被加数都为整数的练习题,帮助学生初步熟悉有理数的加法法则;其次,让学生练习一些加数、被加数为 0 或分数、小数的练习题,进一步帮助学生熟悉加法的运算法则,并掌握加数为 0、分数、小数时的运算;在此基础上再让学生练习三个以上的有理数的加法运算,使学生能熟悉应用加法的运算定律解决连加的问题。

2. 混合运算练习。准确、灵活地运用法则、定律完成较复杂的计算是这类练习的主要目的。在混合运算练习中,学生对运算法则、定律的作用将获得更深刻的体会。

一般情况下,混合运算是按下列顺序进行演算的:先算乘方,再算乘除,最后算加减;如果有括号,就先算括号里面的;同级运算,按自左至右的顺序进行演算。

练习中的多数题目是按这种顺序进行演算的。严格地遵循顺序可以使演算有条不紊,不容易出错。但是,不应把上述顺序看成刻板的、丝毫不能改变的教条。在需要时,我们完全可以根据运算定律改变这种顺序。例如,计算

$$\frac{3}{2} \times (-1\frac{5}{6})^2 + 27 \times (-\frac{1}{5}) - 1.5 \times (-1\frac{5}{6})^2 + 12 \times \frac{1}{5}$$

按上面所述的一般顺序演算虽然正确,但计算过程比较麻烦。如果巧用加法和乘法的交换律、结合律以及乘法对加法的分配律,改变上述顺序,反而会起到简化演算过程的作用:

$$原式 = \frac{3}{2} \times [(-1\frac{5}{6})^2 - (-1\frac{5}{6})^2] - \frac{1}{5} \times (27 - 12) = -\frac{1}{5} \times 15 = -3$$

由此可见,灵活地运用定律,可以优化混合运算的演算程序,使演算既合理、迅速,又能保证结果的正确性。

适当地让学生做一些类似上例的练习是有益的,有助于培养学生灵活运用法则、定律的能力,提高学生的数字计算速度和准确性,从而提高学生的运算能力。应该引起教师注意的是,计算的正确性、速度和灵活性虽然都是运算能力所要求的,但其中最重要的是正确性。如果正确性没有保证,迅速和灵活也就失去了意义。在学生的作业和测验中,出现大量计算错误,其中主要原因之一是由于求快而不重视检查所致。因此,我们对忽视计算准确性的学生要经常提出忠告:宁可慢一点,必须首先保证准确。随着计算器的日益广泛使用,人们的数字计算工作减轻了。在日常生活中,复杂的多位数字的计算是很少的,在科学研究和生产技术中的复杂计算则是依赖电子计算机来完成,所以在教学中不必做过于繁复的计算练习。

7.1.2 式的运算的教学

用字母表数以后,字母就和数系中的数一起参加运算。数和字母用运算符号连接起来就成了式。这是中学数学里对式的解释。式又可以按对字母进行的运算特征分成不同的类。对字母只含代数运算的式称为代数式,对字母含有非代数运算的式称为超越式。代数式中,对字母只含算术运算(加、减、乘、除、乘方)的,称有理式;对字母含有开方运算的,称为无理式。有理式又按分母是否含字母而分为分式和整式。整式中又有所谓单项式和多项式。超越式在中学学习的有无理指数幂式、指数式、对数式、三角式和反三角式等。式也像数一样要进行运算。

上述分类,便于对各种不同的式的运算分别讨论。但是,这种分类未必是尽善尽美的。常常有教师提出如下问题来讨论:$(2+a)b$ 是单项式还是多项式? $\dfrac{(x^2+1)^2}{x^2+1}$ 是分式还是整式?一般的理解,前者是多项式,后者是分式。不过也有异议:多项式是若干单项式的和,前者并没有表示成单项式和的形式,化成 $2b+ab$ 才是这种形式;后者确实是分母中含有字母的有理式,可是它又可以化简成整式 x^2+1。因此,如果仅从形式看,后者当然是分式,但前者却不便叫多项式;如果从变形后的式子看,则前者可称为多项式,而后者又不好叫分式了。我们认为,中学课本上对式的分类本来就是不十分严格的(事实上课本中并未给出各种名称的式子的正式定义),上述争论无论是在理论上或在实际运算中都没有多大意义,因为即使有不同看法,仍然不影响后续内容的学习。

关于式的运算概念,中学数学里的理解也是初步的、不作严格要求的。正如小学研究自然数的运算一样,尽管按"运算"的现代解释,减法和除法还不能算作是自然数集内的两种运算,可是并不妨碍小学生照常学习。

下面我们就式的运算教学中的一些问题作些讨论。

一、代数式的运算

代数式为什么能进行运算? 向中学生作下述解释也就够了:因为字母表示数,由字母和数用代数运算符号连接起来的式子当然也表示数。因此就可以把代数式当作数一样对它们进行各种运算。

导出代数式的运算法则和性质可以有两种方式。一是利用类比方法。例如从整数的运算导出整式的运算,从分数的运算导出分式的运算;二是将未知转化为已知。例如多项式的运算法则是根据多项式的运算性质将它们转化为单项式的运算来解决的,分式的运算是根据分式的性质转化为整式的运算来解决的,根式的运算是根据根式的运算性质转化为有理式的运算来解决的。

在代数式的运算教学过程中,如下几点值得注意:

1. 及时调整从数的运算过渡到式的运算的认知结构,整数运算与整式运算,分数运算与分式运算,在整体结构上都有某种类似性。我们正是利用这种类似性,才采用了并列结合的学习方式,由学生原有的关于数的运算的认知结构过渡到建立关于代数式的运算的认知结构。但是,由于研究对象的改变,新的内容和新的要求产生了,必然引起某些观念的相应改变。在整式加法中,需增加合并同类项和去括号、添括号的法则。在除法中,要限制字母,使除式不为 0。此外,在数的运算中,加、减、乘、除(运算)与和、差、积、商(运算结果)分别有不同的表示,而在代数式的运算中,像下列简单情形:$a+b,a-b,ab,a/b$,它们本身却都具有既表运算又表运算结果的双重意义。代数运算的这些新的特征必须让学生及时地纳入已有的认知结构,使之得到调整。

2. 充分发挥数的运算知识对式的运算学习的正迁移作用,防止负迁移。导出式的运算法则和性质时,联想数的相应运算法则和性质,可以形成正迁移,但也可能产生负迁移。例如,数的乘方的运算可以迁移到字母的正整数指数幂的运算,数的乘法对加法的分配律可以迁移到单项式乘多项式和多项式乘多项式的运算。这些都是正迁移的情形,但是,在另外一些情况下,却可能产生负迁移。例如,联想到 $+3$ 是正数, -5 是负数,学生便认为 $+a$ 表正数, $-a$ 表负数,而不去考虑 a 本身所取的值;联想到带分数是表示整数部分与分数部分的和,有的学生就把 $a\frac{c}{b}$ 也理解成 $a+\frac{c}{b}$。殊不知在代数式运算中,符号意义有特殊的约定:乘号可以省去不写。为了防止上述负迁移的产生,必须经常提醒学生:注意对象领域扩大后带来的变化。例如,用字母表数后,一个字母不再只是表示某个确定的数,而是可以表示所研究的数集中的任何一个数,因此,给出字母 a,不能只认定它是正数,它既可以是正数,也可以是负数或 0。同样, $-a$ 表示 a 的相反数,它也可以是正数、负数或 0。不过, a 与 $-a$ 中,当 $a\neq0$ 时,有一个且只有一个是正数,另一个是负数。在符号的书写中,为了防止错误联想,像 $a\frac{c}{b}$ 这类式子,如果表示运算过程,应写成 $a\cdot\frac{c}{b}$ 或 $a(\frac{c}{b})$,如果表示运算结果,则应写成 $\frac{ac}{b}$。这样就表达得明确无误了。

3. 代数式的运算,其思维过程也像数的运算一样,从开展、详尽过渡到压缩、省略。在说明法则的初步例子中,每个中间环节都必须详细写出,不宜省略,在进一步的练习中,就可以借助心算完成其中的数字计算,省去中间环节,直接写出结果。

4. 训练学生用口头语言表达代数式的运算法则和性质,这对于保证运算的正确性,以及压缩运算的中间环节都有积极的作用。

5. 实数集内的根式运算是教学难点。掌握算术根的概念,变形法则和运算法则是学好根式运算的关键。要让学生养成这样一种思维习惯:遇到偶次方根要先判断它的被开方数(式)是否非负,它是不是有意义?什么条件下才有意义?对于奇次方根,当被开方数(式)为负时,要利用法则 $\sqrt[2n-1]{-A}=-\sqrt[2n-1]{A}(A\geq0)$ 把它转化为相应的算术根的相反数,这样,就使得所有根式的运算都转化为算术根的运算。在进行算术根变形时,根号下的字母移出根号外要保持整个根式值的非负性。为此,先将移出的字母取绝对值,然后再去掉绝对值符号是稳妥的办法。当然,如果事先约定了根号下的字母表正数,就可以不加绝对值符号而直接写出移出的字母。

二、超越式的运算

超越式也是表示数的,因此超越式的代数运算也是按数的代数运算法则和定律进行的。至于其中某些超越式的特殊运算法则,如同底的对数的加法和减法:

$$\log_a M + \log_a N = \log_a MN \,(a > 0, a \neq 1, M > 0, N > 0)$$

$$\log_a M - \log_a N = \log_a \frac{M}{N}$$

既可以看作是对数式的加、减运算法则(从左到右看),也可以看作是对数运算的性质(从右到左看),中学数学中强调的是后者。而三角式的加、减、乘,例如:

$$\sin A + \sin B = 2\sin \frac{A+B}{2}\cos \frac{A-B}{2}$$

$$\sin A - \sin B = 2\cos \frac{A+B}{2}\sin \frac{A-B}{2}$$

$$\sin A \cdot \sin B = \frac{1}{2}\big[\cos(A-B) - \cos(A+B)\big]$$

却不是当作三角式的运算法则介绍的,而是作为三角式的一种基本恒等变形公式。其他,如和(差)角、半角、倍角的三角公式,就更不能算是三角式的运算性质,而是三角运算的性质,或者看作是三角式的变形。因此,对超越式的运算,在中学数学教学中不必单独提出来讨论,都可归入公式或式的恒等变形问题,这在下一节再来专门讨论。

§7.2 公式及式的恒等变形的教学

公式是指用字母符号反映量与量之间某种确定的基本关系的一类恒等式。例如,上一节讨论过的数和式的运算法则、定律,可以用公式表示;几何量之间的度量关系表现为一些公式;某些类型的方程的解可以用公式来表达;一些数列的通项、前几项的和,以及一些函数关系的表示,都用到公式。此外,还有排列、组合公式,行列式的计算公式,微积分计算公式等等。更一般地说,凡恒等式都可以看作公式。由此可见,在中学数学中,公式是大量存在的,是一项十分重要的数学基础知识,必须使学生切实学好。

公式是一种特殊形式的定理。公式与其他定理一样,需要推理论证。因此,关于定理教学的一般注意事项,在公式教学中也必须遵循。但是,就公式的推理论证过程来说,基本上属于数学演算过程,同时,公式又是其他数学演算的算理依据,这就使得公式的教学还有不同于一般定理教学的特点。

7.2.1 公式的导出

导出公式的方法是多种多样的。属于运算法则和定律的一类公式的导出方法已如前一节所述,导出其他类型的公式可以采用以下方法:

一、直接作为公理提出

例如,作为排列、组合问题计数基础的加法原理和乘法原理,关于等量的几个公理等等,就是如此。

二、从定义直接导出

例如,对数恒等式 $N = a^{\log_a N}(a>0, a \neq 1, N>0)$ 就是直接从指数与对数的意义: $a^b = N$ 及 $\log_a N = b(a>0, a \neq 1, N>0)$ 导出的,行列式的计算公式也是直接从行列式的定义导出的。

三、通过逻辑推理导出

这是用得最多的一种方法,一般是在分析已知与未知或新知与旧知之间的逻辑联系的基础上逐步通过演算、变形或其他推理得到的。例如,排列数、组合数公式,一元二次方程的求根公式,根与系数的关系公式,一大批三角公式,等差数列、等比数列的通项公式、前 n 项和公式,等等,都是采用逻辑推理的方法导出的。

作为公理提出的公式,与一般公理的教学类似,这里不再重复。

直接从定义导出的公式,教学的关键是让学生真正理解定义中的数学符号表达的语义内容。如果数学符号与语义内容脱节,就不可能很好地理解导出的公式。

对于从知识之间的逻辑联系导出的公式,学生的思维过程一般是:

感知对象→识别目的→激活知识→建立猜想→推理论证→得出结果。

例如,导出两角和的余弦公式

$$\cos(\alpha + \beta) = \cos\alpha\cos\beta - \sin\alpha\sin\beta$$

的思维过程如下：

通过感知和辨认，明确了任务是要用单角 α、β 的正弦、余弦来表示复角 $\alpha+\beta$ 的余弦。联想到正弦、余弦在坐标平面内的单位圆中的意义，面临的任务便纳入了如图 7-1 所示的已有认知结构之中：

$p_1(1,0)$

$p_2(\cos\alpha,\sin\alpha)$

$p_3[\cos(\alpha+\beta),\sin(\alpha+\beta)]$

$p_4(\cos\beta,\sin\beta)$

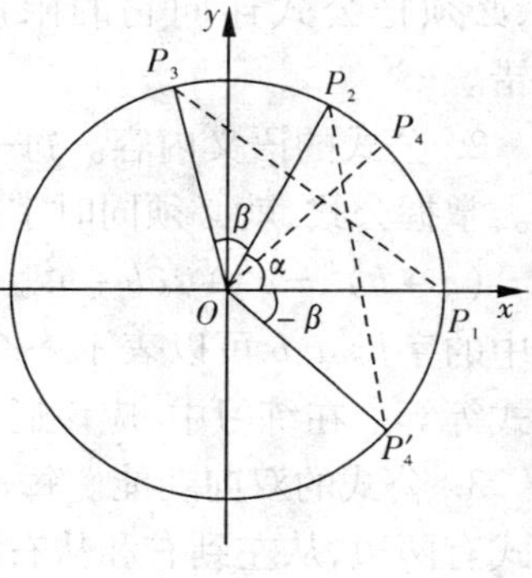

图 7-1

由于上述认知还难以沟通 $\cos(\alpha+\beta)$ 与 $\sin\alpha$、$\sin\beta$、$\cos\alpha$、$\cos\beta$ 的联系，继续激活原有知识网络，回想起全等三角形的有关知识，作 p_4 关于 Ox 轴的对称点 p_4'，就构造出了两个全等三角形：$\triangle Op_1p_3$ 和 $\triangle Op_4'p_2$。在看到 $|p_1p_3|=|p_4'p_2|$ 后进一步再联想到余弦定理，就发现所提出的问题已经在被逐步激活的这个认知结构中初见解决的端倪了。余下只要完成演算和推理论证。

从上例的思维过程可见，这类公式的顺利导出，关键是要能激活原有认知结构中的有关知识，建立起所面临的新任务与原有知识之间的逻辑联系。教师的责任就在于创设合适的问题情境，促进学生的联想，加速这种思维的激活过程。

7.2.2　公式的巩固与应用

一、公式的巩固

与运算法则、定律的巩固一样，公式的巩固也主要靠练习来达到。在练习过程中，要使学生明确以下几点：

1. 公式的适用范围。每个公式都有适用的范围。一般情况下，凡公式后面附有限制条件的，必须事先判别满足限制条件时，才能使用这种公式。例如，下列公式：

$\log_a MN = \log_a M + \log_a N\ (a>0,a\neq1,M>0,N>0)$

$\sqrt[n]{ab}=\sqrt[n]{a}\sqrt[n]{b}\quad(a>0,b>0)$

$\tan(\alpha+\beta)=\dfrac{\tan\alpha+\tan\beta}{1-\tan\alpha\tan\beta}(\alpha+\beta\neq n\pi+\dfrac{\pi}{2},\alpha,\beta\neq n\pi+\dfrac{\pi}{2})$

就只能分别在满足所列的限制条件下才能成立。因此,理解和记忆公式时,必须把公式连同它的限制条件一起作为一个整体。否则就容易出错。

2. 公式的语义内容。每一个公式都有它一定的形式结构和语义内容。掌握公式,就必须同时掌握这两者。例如,简乘公式:

$$(a+b)^2 = a^2 + 2ab + b^2。$$

其中的字母 a、b 可以表示一个数,也可以表示单项式、多项式、分式、超越式等等。在练习中,应该通过多种变式题让学生真正理解。

3. 公式的双向功能。每一个公式都由一个恒等式或条件等式表示。等式有两边,从左到右和从右到左都是公式所反映的语义内容。但两者的功能往往不同。例如,公式

$$\cos(\alpha+\beta) = \cos\alpha\cos\beta - \sin\alpha\sin\beta$$

从左到右是复角的三角函数式化为单角的三角函数式,从右到左却是单角的三角函数式化为复角的三角函数式。又如,公式

$$(a+b)^2 = a^2 + 2ab + b^2$$

从左到右用于把二项式的平方运算结果写成多项式,从右到左却用于多项式的因式分解。只有这两方面的意义、功用都理解了,才算是全面掌握了公式。

4. 掌握公式的来龙去脉以及相关公式之间的逻辑体系。凡是由推理导出的公式,在获得公式后,学生最好是作为练习,自己再独立推导一次。这不仅可以加深对公式的理解,也利于牢固记忆。特别是逻辑联系紧密的相关公式,掌握其间的逻辑关系,不仅有助于对单个公式的理解和记忆,更重要的是掌握了相关公式构成的整个知识体系。在应用时,即使某个公式记不清楚了,只要记住了体系,临时推导也不困难。例如,三角函数的和角公式、半角公式、倍角公式、和差化积公式、积化和差公式等等,构成了逻辑关系紧密的公式体系,记住了和角公式,其他公式都可以由此导出。可以要求学生做这种由一个公式导出其他公式的练习。这对于学生掌握整个公式体系是十分有益的。

此外,注意公式的变形,用适当的简化语言帮助记忆公式等等,也都是巩固公式的有效措施。

二、公式的应用

公式在式的变形、求值、证明中都有广泛的应用。式的变形包括多

项式的因式分解,式的化简以及其他目的的恒等变形;求值包括求各种式的值,计算排列数、组合数,求各种几何量(线段长、角度、面积、体积),求方程的解等;证明则主要是指对恒等式或条件等式的证明。

　　在公式应用的教学中,下面两个方面值得教师特别注意:

　　1. 要特别重视公式的逆用。前面提到过,每个公式都有双向功能,从左到右是顺用公式,从右到左是逆用公式。由于公式的推导一般是从左到右,这种思维定势使得学生只注意公式的顺用。当解题需要顺用某个公式时,往往比较顺利。例如,当看到 $(ab)^2$ 时,容易想到积的平方公式,得出 a^2b^2;当看到 $\tan(\alpha+\beta)$ 时,容易想到正切的和角公式,得出 $\dfrac{\tan\alpha+\tan\beta}{1-\tan\alpha\tan\beta}$。但是,当解题过程中需要逆用某个公式时,学生却常感到困难。例如,同样是应用积的平方公式,学生对求 $(x+1)^2(x^2-x+1)=?$ 却不知如何去做;同样是应用正切的和角公式,学生却在遇到形如 $\dfrac{a+b}{1-ab}$ 的式子时,很难想到它与该公式的联系。因为在这两个例子中,都要逆用公式。逆用公式是一种逆向思维,而从顺向转换到逆向,需要重建心理过程,这对学生来说不是容易实现的。为了克服思维定势的消极影响,促成思维的转换,教师应该在教学中有意识地多举顺逆两方面应用公式的例子,使学生应用公式解题时,思维变得灵活,能迅速地根据需要联想公式的顺用或逆用。

　　2. 注意变式应用公式。有些公式,其外形有不同变式。例如,对数换底公式

$$\log_b N = \frac{\log_a N}{\log_a b}$$

的变式有

$$\log_a N = \log_a b \cdot \log_b N$$

和

$$\log_a b = \frac{\log_a N}{\log_b N}。$$

和角的正切公式

$$\tan(\alpha+\beta) = \frac{\tan\alpha+\tan\beta}{1-\tan\alpha\tan\beta}$$

的变式有

$$\tan\alpha + \tan\beta = \tan(\alpha + \beta)(1 - \tan\alpha\tan\beta)$$

等等。在解某些题时,直接套用公式的原形(或称标准形)不方便,或者比较麻烦,我们可根据实际需要选用公式的变式,使问题获得简捷的解法。例如,化简下式

$$\frac{\log_a(\log_b a)}{a^{\log_b(\log_b a)}}$$

直接套用换底公式的解法是:

$$原式 = \frac{1}{a^{\log_b(\log_b a)}} \cdot \log_a(\log_b a)$$

$$= a^{\frac{\log_a b}{\log_a(\log_b a)}\log_a(\log_b a)}$$

$$= a^{\log_a b}$$

$$= b$$

如果选用换底公式的变式,可以简捷地得出:

$$原式 = a^{\log_a^b} = b$$

又如在 $\triangle ABC$ 中,证明

$$\tan A + \tan B + \tan C = \tan A \tan B \tan C$$

这里,直接套用和角的正切公式不方便。但选用它的变式,立即可得:

$$左式 = \tan(A + B)(1 - \tan A\tan B) + \tan C$$

$$= \tan(\pi - C)(1 - \tan A\tan B) + \tan C$$

$$= -\tan C(1 - \tan A\tan B) + \tan C$$

$$= \tan A\tan B\tan C$$

此外,有些题目按原问题的形式不便利用公式解题。如果将问题形式适当变形后,就可以套用公式了。例如,化

$$1 + \sin(2\alpha + \frac{\pi}{5})$$

为积的形式。将原式的正弦变形为余弦,即可利用半角公式化成积:

$$1 + \sin(2\alpha + \frac{\pi}{5}) = 1 + \cos\left[\frac{\pi}{2} - (2\alpha + \frac{\pi}{5})\right]$$

$$= 1 + \cos(\frac{3\pi}{10} - 2\alpha)$$

$$= 2\cos^2(\frac{3\pi}{20} - \alpha)$$

教师在教学中,应注意培养学生这种灵活运用公式的能力。为此,

可在典型示范的基础上,有意识地安排一定数量的这类习题,让学生自己在独立练习中去体会。

7.2.3　关于恒等变形的若干问题

从本质上来说,公式、法则的应用都是某种形式的恒等变形,因此,我们有必要对恒等变形的教学作一些专门的讨论。

一、恒等变形的概念

中学数学里的许多内容都用到式的恒等变形,但是并没有明确给出恒等变形的概念。我们认为,让学生明确这个概念是有益的,也是他们不难接受的。

每一个式都是在数集中研究的。在指定的数集内,如果式中某个字母取某数值时,使得该式所包含的一切运算都能施行,那么,这字母所取的值叫做许可值,所有许可值的集合,叫做这个字母的许可值集。当式中只含一个字母时。字母的许可值集也称为式子的许可值集。

在指定的数集内,如果两个式子对于每一个相同字母所有公共的许可值,都有相等的值,就称它们是恒等式。由恒等式中的一个式子变形到另一个式子的变换过程,称为恒等变形。

要提醒学生注意的是:

1. 两个式子恒等,是相对于它们的各个字母的许可值集的交集来说的。至子交集以外仅属于一个式子的字母的许可值集的值,两式不能相互代换,应另行讨论。例如,解方程

$$\frac{(x-1)^2(x+2)}{x-1}=0$$

时,我们不能因为

$$\frac{(x-1)^2(x+2)}{x-1}=(x-1)(x+2) \qquad (*)$$

转而解

$$(x-1)(x+2)=0$$

就断定原方程的解为 $x_1=1, x_2=2$。事实上,这里的恒等变形是在 $x \neq 1$ 的情况下进行的,即恒等式 $(*)$ 中的两个式子只在它们的许可值集的交集 $\{x \mid x \in R, x \neq 1\}$ 内才能互换,所以 $x=1$ 是不是原方程的解,还得由原式

$$\frac{(x-1)^2(x+2)}{x-1}$$

所对应的方程来检验。

2. 恒等变形是在指定的数集内进行式的转换的。在不同数集内,式中的字母和数允许取值的范围发生变化。因此,同一个式子在不同数集内与它恒等的另一个式子的表达形式可能不同。在多项式因式分解和解方程时应特别注意这一点。例如,将 x^4-4 分解因式。在有理数集内,可变形为 $(x^2-2)(x^2+2)$;在实数集内,可变形为 $(x-\sqrt{2})(x+\sqrt{2})(x^2+2)$;在复数集内,可变形为 $(x-\sqrt{2})(x+\sqrt{2})(x-\sqrt{2}i)(x+\sqrt{2}i)$。这三种表达形式是有区别的。

3. 有些本来不恒等的式子,在对许可值集作附加限制时也可能恒等。例如,$\sqrt{x^2}$ 和 x。它们的公共许可值集都是实数集,但取负值时它们不相等。因而 $\sqrt{x^2}$ 和 x 不是恒等式。当限制在非负实数集上时,它们却是恒等的,可以由 $\sqrt{x^2}$ 变形为 x。这种相对性,值得我们随时注意。

二、恒等变形的目的

同一个式子,与它恒等的式子不只一个。这些不同的恒等式各有其形式上的特点。利用这些特点,可以从各个侧面对同一个式子进行讨论。例如,

$$(x+5)^2-10(x+5)+21 \tag{①}$$
$$x^2-4 \tag{②}$$
$$(x-2)(x+2) \tag{③}$$

这三个式子是互相恒等的。①式是按 $(x+5)$ 的降幂排列的,便于求 $x=-5$ 时代数式的值;②式是按 x 的降幂排列的,显得简单。且可知它的最小值是 -4;③式是乘积的形式,便于判断 $x=\pm2$ 时代数式的值为零。因此,恒等变形不是盲目地变来变去,而是为了深入揭示式子所表示的数量关系的实质。但实质的揭示,与式的表达形式有密切联系。如果表达形式选择恰当,讨论起来就方便得多。所以,解答问题时,必须根据问题的条件和目标,将已知式作有效的恒等变形,这对于许多问题的解答来说,可能是关键的一步。

例 1   若 $abc=1$,求证

$$\frac{a}{ab+a+1}+\frac{b}{bc+b+1}+\frac{c}{ac+c+1}=1$$

　　思路分析　这是一个条件等式的证明题。待证等式的左边是三个异分母的分式相加,而右边是1。如果能使左边的三个分式变形为同分母的分式,且分子之和恰为相同的分母就好了。显然,通分是一个可行的办法,但太麻烦了。考虑到条件 $abc = 1$,而三个分母中都有1,能不能保持一个分式不变,利用这个条件将另两个分式变形达到上述目的呢?

第一个分式以 abc 代1。就变形为 $\dfrac{1}{bc + b + 1}$。剩下只要将第三个分式变

形为 $\dfrac{bc}{bc + b + 1}$ 即可。这只要将第三个分式乘以 $\dfrac{b}{b}$(这是"1"的一种恒等

变形),再利用条件就可达到目的。

　　例2　求证

$$\frac{1 - 2\sin\alpha\cos\alpha}{\sin\alpha - \cos\alpha} = \sin\alpha - \cos\alpha$$

　　思路分析　这是一个三角恒等式的证明题,根据待证等式的特征,为了使左式恒等变形为右式,必须设法将 $1 - 2\sin\alpha\cos\alpha$ 恒等变形为 $(\sin\alpha - \cos\alpha)^2$,这只要把1变形为 $\sin^2\alpha + \cos^2\alpha$,再根据平方公式即可达到目的。

　　例3　若 $a > b > 0$,求证

$$a + \frac{1}{(a - b) \cdot b} \geqslant 3$$

　　思路分析　这是一个证条件不等式的题。如果左边不作变形处理,一时看不出什么证题线索。考虑到左式在给出的条件下,恒为两个正数之和,而右式是3。根据以前的解题经验,联想到均值不等式。如果能把左式恒等变形为三正数之和,且这三数之积又为1,那么问题就迎刃而解。为此,将 a 变形为 $(a - b) + b$,终于达到了目的。

　　例4　求和

$$\frac{1}{1 + x} + \frac{2}{1 + x^2} + \frac{4}{1 + x^4} + \cdots + \frac{2^n}{1 + x^{2^n}}$$

　　思路分析　这个求和题实际上是要求将和式化简。直接通分是不能达到目的的。为此,必须作恒等变形,看是否能逐步化简。通过观察,发现和式中的每一项(从第二项起)与它的前一项都有结构上完全相同的关系:前一项

$$\frac{2^k}{1 + x^{2^k}}$$

加上与之对应的项

$$\frac{2^k}{1-x^{2k}}$$

都得到紧接着的后一项的对应项

$$\frac{2^{k+1}}{1-x^{2k+1}}$$

因此,只要在第一项的前面添上它的对应项

$$\frac{1}{1-x}$$

就可达到逐步化简的目的。为了保持恒等变形,还要减去添加的这个项。即原式变形为

$$-\frac{1}{1-x}+\frac{1}{1-x}+\frac{1}{1+x}+\frac{2}{1+x^2}+\frac{4}{1+x^4}+\cdots+\frac{2^n}{1+x^{2n}}$$

以下就是反复将

$$\frac{2^k}{1-x^{2k}}+\frac{2^k}{1+x^{2k}}$$

恒等变形为

$$\frac{2^{k+1}}{1-x^{2k+1}}\qquad(1\leqslant k\leqslant n-1)$$

直到最后一项为止。

三、恒等变形的主要类型

式的恒等变形有各种类型。就代数式的恒等变形而言,主要分两大类:一类是组合变形,即指按给定的法则把 n 个数、式组合成一个数或式,也就是把较复杂的代数式变形为与之恒等的较简单的代数式。例如数、式的加、减、乘、除、乘方、开方等。它们的和、差、积、商、幂、方根等都是一个简化了的数、式,目的在于简化结果。另一类是分解变形,即指将一个数、式分解为 n 个数、式的和或积等形式,直接的目的不在于简化形式,而是使新出现的代数式的形式,能利用已知的公式或方法简捷求解。在上述四个例子中,这两类变形都用到了。譬如,例 1 中,第一项的分母以 abc 代 1,第三项乘以 $\frac{b}{b}$,都是对 1 进行的分解变形;接下来,第三项约分以及三个同分母分式相加、化简,则是组合变形。又如在例 4 中,将原式加一项又减去同一项,这是对 0 的一种分解变形;以后的运算则属于

组合变形。从所举例题的变形过程可以看出,一般说来,分解变形要比组合变形困难些。因此,教学中需要花更多的气力,才能使学生掌握这种变形。下面就几种常用的分解变形作简要的讨论。

1. 配方。配方是指通过对代数式增加并减去相同的项,而把代数式中的一部分配成完全平方的形式。

配方变形有多方面的应用。

(1)易于求平方根,降低多项式的次数。如果一个 $2n$ 次的多项式 $f(x)$ 能配成 n 次多项式 $g(x)$ 的完全平方,则由 $[g(x)]^2 = A(A \geq 0)$ 转化为 $g(x) = \pm\sqrt{A}$,即 $2n$ 次的多项式降为 n 的多项式。例如一元二次方程

$$ax^2 + bx + c = 0 \quad (a \neq 0)$$

的左式通过配方变形为

$$a(x + \frac{b}{2a})^2 - \frac{b^2 - 4ac}{4a}$$

就可转化为一次方程

$$x + \frac{b}{2a} = \pm\sqrt{\frac{b^2 - 4ac}{4a^2}}$$

求解。

(2)由于代数式的完全平方在实数范围内非负,可简化函数值变化的研究,特别是对于研究函数的极值带来方便。例如,二次函数 $y = ax^2 + bx + c$ 经配方变形为

$$y = a(x + \frac{b}{2a})^2 + \frac{4ac - b^2}{4a}$$

后,函数值的变化规律就鲜明地显示出来了。从这个表达式立即可看出二次函数的极值是 $\frac{4ac - b^2}{4a}$,当 $a > 0$ 时是极小值,当 $a < 0$ 时是极大值。

(3)便于将二次曲线的研究归结为最简形式。任何一个二元二次方程

$$Ax^2 + Bxy + Cy^2 + Dx + Ey + F = 0$$

都可以通过转轴消去 xy 项,使它化简为

$$A'x'^2 + C'y'^2 + D'x' + E'y' + F' = 0$$

如果 $A'C' \neq 0$,经配方,方程又可简化为

$$A'(x' + x_0)^2 + C'(y' + y_0)^2 = F''$$

再通过移轴,最后归结为最简形式

$$A'x''^2 + C'y''^2 = F''$$

如果 $A'C' = 0$，经配方，方程化为

$$A'(x' + x_0)^2 + E'(y' + y_0) = 0$$

或　$C'(y' + y_0)^2 + D'(x' + x_0) = 0$

移轴后也可归结为最简形式

$$A'x''^2 + E'y'' = 0$$

或　$C'y''^2 + D'x'' = 0$

2. 分解为和式。恒等变形中，常将一式分解为几个式子的和，使它符合解题的需要。例如，$x^3 - 4x^2 + 5x - 2$ 分解因式时，将其中的 $5x$ 分解成和式 $4x + x$，使与 $x^3 - 4x^2 + 4x$ 与 $x - 2$ 有公因式，于是

$$\begin{aligned} x^3 - 4x^2 - 5x - 2 &= x(x^2 - 4x + 4) + (x - 2) \\ &= (x - 2)(x^2 - 2x + 1) \\ &= (x - 2)(x - 1)^2 \end{aligned}$$

又如计算 $2\cos 52°30' \cos 7°30'$ 的值，先按积化和差公式将它写成两个三角函数的和：

$$\cos(52°30' + 7°30') + \cos(52°30' - 7°30')$$

即　$\cos 60' + \cos 45°$

这就容易得出计算结果了。

对真分式 $\dfrac{A}{PQ}$（分子次数低于分母次数，P、Q 除常数外 没有其他的公因式）而言，如果它恒等于两个真分式 $\dfrac{B}{P}$ 与 $\dfrac{C}{Q}$ 的和（$\dfrac{B}{P}$ 与 $\dfrac{C}{Q}$ 叫做 $\dfrac{A}{PQ}$ 的部分分式），进行这种分解变形，对于解决某些类型的问题，十分有用。例如，求和：

$$\frac{1}{(x-1)(x-2)} + \frac{1}{(x-2)(x-3)} + \cdots + \frac{1}{(x-n)(x-n-1)}$$

因为

$$\frac{1}{(x-n)(x-n-1)} = -\frac{1}{x-n} + \frac{1}{x-n-1}$$

式中的每一个分式都可分解为两个分式之和，这样一来，

$$\begin{aligned} 原式 &= \frac{-1}{x-1} + \frac{1}{x-2} + \frac{-1}{x-2} + \frac{1}{x-3} + \cdots + \frac{-1}{x-n} + \frac{1}{x-n-1} \\ &= \frac{-1}{x-1} + \frac{1}{x-n-1} \end{aligned}$$

$$= \frac{n}{(x-1)(x-n-1)}$$

将分式分解为部分分式的和,在微积分中用处更广。例如求分式的积分,将分式展开成幂级数,等等,都要用到这种恒等分解变形。

3. 分解为乘积。在恒等分解变形中,将一个式分解为乘积的形式也是常用的。例如,计算

$$\tan 67°30' - \tan 22°30'$$

时,逆用正切的差角公式,将它变形为

$$(1 + \tan 67°30' \cdot \tan 22°30')\tan(67°30' - 22°30')$$

再利用正切与余切的关系即得

原式 $= (1 + \tan 67°30' \cdot \cot 67°30')\tan 45°$

$$= 2$$

又如,求 $y = \sin x + \cos x$ 的最大值和最小值时,改写成

$$\sin x + \cos x = \sqrt{2}(\frac{1}{\sqrt{2}}\sin x + \frac{1}{\sqrt{2}}\cos x) = \sqrt{2}\sin(x + \frac{\pi}{4})$$

就将问题归结为正弦函数的最大值和最小值了,这是学生已经熟知的。

再如,解三角方程

$$\sin 4x + \sin 2x = 0$$

时,如果利用和差化积公式化方程左边为

$$2\sin 3x \cos x,$$

问题就归结为解简单三角方程

$$\sin 3x = 0$$

和　$\cos x = 0$

这是容易的事。

分解成乘积形式的变形,在中学数学里用得最多的是将多项式分解因式。课本上介绍了公式法、提公因式法、分组分解法、待定系数法等一般方法。对于二次三项式还介绍了十字交叉法。这些方法都是学生应该切实掌握的。但是,在教学实践中发现,即使学生掌握了上述分解因式的基本方法,当遇到稍为复杂一点的多项式时,要学生将它们分解因式却仍然有一定的困难。原因是多方面的。其中主要是由于学生综合运用已有知识灵活选择方法的能力较弱。因此,在教学中应加强这方面的训练。

§7.3 解方程(不等式)的教学

方程和不等式的知识在中学数学里占有十分重要的地位,有所谓中学代数四大主干之一的说法。其中,尤以方程知识占的篇幅较大,学习的时间最长,几乎在中学的所有年级都要学习这方面的内容。但是,在中学数学里,方程和不等式主要是作为数学演算来学习的,偏重于它们的解法和实际应用,至于理论上的要求则不高。这是符合中学的培养目标和学生的接受水平的。本节从教学的角度,对有关的几个重要问题作些讨论。

7.3.1 方程和不等式的有关概念

在中学数学课本里,方程和不等式是两个并列的概念,它们在许多方面有类似之处。对方程而言,有所谓"解方程","方程的解集","方程的解法","同解方程"(或"方程同解"),等等;对不等式而言,也类似地有"解不等式","不等式的解集","不等式的解法","同解不等式"(或"不等式同解"),等等。但是,也并非处处类似。最明显的区别是:对不等式而言,除了"解不等式"以外,还有所谓"证不等式";对方程而言,却只能说"解方程",而不能说什么"证方程"。与"证不等式"相应的类似说法是"证恒等式"或"证等式",但却又无所谓"解等式"。为什么会有上面所述的情况出现呢? 关键在于这两个概念的定义。

我国中学代数课本,把方程定义为"含有未知数的等式"。其中的等式,指的是表示相等关系的数学表达式。不等式则是由数的大小关系推广而来的,用大于符号(>)或小于符号(<)把两个式连接起来就称为不等式。

在这里,我们明显地看到,不等式是与等式"平行"的概念。不等式和等式中的字母都可以在一定的数集范围内取值,但并未明确地指出是已知的还是未知的。不等式和等式都有三种可能的情况:对字母的所有许可值都成立的,分别称为绝对不等式或恒等式;只对字母的部分许可值成立,而对字母的另一部分许可值不成立的,分别称为条件不等式和条件等式;对字母的每一个许可值都不成立的,分别称为矛盾不等式和矛盾等式。因此,对第一种情况下的不等式和等式,我们可以说"证不等式"和"证等式";对第三种情况下的不等式和等式,我们也可以说"证不等式恒不成立"或"证等式恒不成立",但是,这对于数学研究和解决实际问题都无多大意义,所以我们一般不研究它们(特殊需要例外);对于第二种情况下的不等式和等式,按理,我们可以说"解不等式"和"解等式",但是,实际上我们只用了前一个术语,后一个术语却为"解方程"所代替。由此看来,"方程"的实质是"条件等式",可是,按照前述关于方程概念的定义,等式的三种情况在方程中都可能出现。这就引起了对"方程"定义的争议。

国内外对方程概念提出过各种定义。归纳起来,大致有如下四类:

一、用等式定义方程

这一类定义中又有区别:

1. 包含三种情况的等式。例如上面提到的我国中学课本的定义。与其本质上一致还有下述定义:

形如 $f(x,y,\cdots,z)=g(x,y,\cdots,z)$ 的等式叫做方程,其中 $f(x,y,\cdots z)$ 与 $g(x,y,\cdots z)$ 是在它们的定义域的公共部分里同时研究的两个函数。

2. 排除恒等式的等式。把方程定义为"不是对于其字母(未知数)的所有许可值都成立的等式"。或者说:"在式子里的字母是特定值时才成立的等式叫方程。"

3. 排除矛盾等式。这种意见认为,矛盾等式不应该归入方程,因此,把方程的定义修改为:"含有未知数,并且未知数取某些值时能够成立的等式。"

二、用问题定义方程

典型的说法有如下几种:

"带变数的等式,在需要求出使它满足的变数值时叫方程。"

"表达已知数和未知数关系的式子叫方程,如 $b+x=a$,它表示如下问题:即有没有与 b 相加等于 a 这样的数 x 呢?"

"$a*x=c$ 为一个方程,其中 $*$ 代表一种运算,对任何一对有序数对 (a,b),在运算 $*$ 下,$a*b$ 对应一个数 c,这个式子表示如下问题:a、c 已知,问 x 是什么值时,$a*x$ 才能对应 c 呢?"

这种把方程当作问题看待的定义,相当于第一类把方程看作等式时的"解方程"概念。例如解方程 $x^2-5x+6=0$,实际上是问:当 x 取什么数值的时候,这个等式才能成立。这是一个问题。

三、用函数定义方程

在引进了逻辑函数概念的中学数学课本中,方程有下述定义:

1)如果项 T_1 和 T_2 都不含变元,那么方程 $T_1 = T_2$ 就是关于等式的真命题或假命题。

2)如果项 T_1 和 T_2 至少有一个含变元,那么,方程 $T_1 = T_2$ 是定义域为某个集合 A 的逻辑函数。

这个定义中的"项",即我们通常所说的"式";"等式"理解为相等关系;逻辑函数则指的是映射 $F:A \rightarrow \{0,1\}$,其中 A 是某个数的集合,0,1 是命题的两个值,"0"表示命题假,"1"表示命题真。

四、用"开句"统一定义方程和不等式

"含有变量的数学句子叫做开句。"

这里的数学句子是指数学短语与数学动词符号的结合。常用数学动词符号有" = "、" < "、">"、" ≤ "、" ≥ "。数学短语则是指数、变量或它们和运算符号的有意义的结合。数学短语又按其是否含有变量而区分为开短语和闭短语。至少含有一个变量的称为开短语,不含变量、只含数的称为闭短语。对变量提出了替换集的概念,即:当开短语中的变量在某一集合上取值时,这个集合叫做关于这个变量的替换集。由此又定义所谓闭句——用替换集的一个元素来替换开句中的变量,结果是一个对应的闭句。这样,就把方程和不等式不加区分地统一在"开句"的概念中了。利用上面这套术语,可以进一步统一解释什么是"解开句"以及什么是"开句的解集"等等。

对方程概念的上述各种解释,我们认为,后两种解释(特别是看作逻辑函数的解释)是符合现代数学观点的。就我国中学数学的现有体系而言,却是不适宜的,因为它们都与现有体系不协调。第二类解释实质上把"方程"概念与"解方程"概念等同起来了,至于方程本身是什么,并没有明确解释。因此,这种解释也不是合理的。合适的解释是把方程看作等式,但不包括恒等式,即第一类中的第二个定义,它既回答了方程是什么的问题,又比较符合方程产生的自然背景。

7.3.2 解方程和解不等式的过程分析

对于一些简单类型的方程、方程组和不等式的解法,中学生是不难

掌握的。但是,在解方程和解不等式的教学中,有两个问题值得引起重视:一是学生是否真正理解了解方程和解不等式的过程? 二是解方程和解不等式时为什么有时会扩大解集,有时却会缩小解集? 怎样弃去多余的解,找回丢失的解?

一、解方程和不等式的过程

先看两个简单例子的详细解答过程。

例1　解方程 $x^2 - x = 4x - 6$

解　两边同加上 $-(4x-6)$,得

$$x^2 - x - (4x-6) = 4x - 6 - (4x-6)$$

去括号并合并同类项,得

$$x^2 - 5x + 6 = 0$$

分解因式,得

$$(x-2)(x-3) = 0$$

由 $x-2=0$ 两边同加 2 得

$$x = 2$$

由 $x-3=0$ 两边同加 3 得

$$x = 3$$

∴　方程的解集是 $\{2,3\}$。

(其中两边同加上一个式并合并同类项,起到了把方程一边中的某些项改变符号后移到另一边的作用。因此,中学课本把这一步操作叫做移项)。

例2　解不等式　$x^2 - x > 4x - 6$

解　移项得

$$x^2 - x - 4x + 6 > 0$$

合并同类项得

$$x^2 - 5x + 6 > 0。$$

分解因式得

$$(x-2)(x-3) > 0$$

由

$$\begin{cases} (x-2) > 0 \\ (x-3) > 0 \end{cases}$$

移项得

$$\begin{cases} x > 2 \\ x > 3 \end{cases}$$

$$\therefore \quad x > 3$$

由

$$\begin{cases} x - 2 < 0 \\ x - 3 < 0 \end{cases}$$

移项得

$$\begin{cases} x < 2 \\ x < 3 \end{cases}$$

$$\therefore \quad x < 2$$

从而得原不等式的解集是 $\{x | x < 2 \vee x > 3\}$。

从以上两例不难发现,所谓解方程和不等式,无非是将原方程和原不等式逐步变形,直至变形为最简方程 $x = a$ 和最简不等式 $x > a$ 或 $x < a$。这些变形归纳起来可分为以下几类:

1. 两边分别作恒等变形。如去括号,合并同类项,分解因式,以及按式的运算法则或其他公式所作的变形。

2. 两边同时施以某种运算。如某种代数运算或初等超越运算。

以上两类变形对解方程和不等式是通用的。对解方程而言,还有:

3. 利用数域上没有零因子的性质,将方程

$$a_1 \cdot a_2 \cdot \cdots a_n = 0$$

变形为

$$a_1 = 0 \quad \vee a_2 = 0 \vee \cdots\cdots \vee a_n = 0$$

与此相对应,解不等式

$$a_1 \cdot a_2 \cdots\cdots a_n > 0$$

时变形为所有如下形式的不等式组的析取。这种不等式组的每一个都由 n 个不等式组成,其中偶数个(包括零个)$a_i < 0 (1 \leqslant i \leqslant n)$,其余 $a_j > 0$ $(j \neq i, 1 \leqslant j \leqslant n)$。

解不等式

$$a_1 \cdot a_2 \cdots\cdots a_n < 0$$

时,变形的情况与上面类似,不同的只是在每个不等式组中,奇数个 $a_i < 0$,其余 $a_j > 0$。

除了上述三类主要变形以外,有时还用到一些其他的特殊变形,如

利用诱导比将某些分式方程变形等。

　　方程和不等式为什么可以施行上述类型的变形呢？如果学生不理解这一点,而只是形式上学会上述变形操作,那么对学生理解数学是无益的,对培养学生思维的深刻性品质也是有妨碍的。方程和不等式之所以能够作上述变形,其实质就在于方程和不等式的两边都是表示一定数集内的数,因此,方程和不等式就可以当作数值等式和数值不等式一样看待。凡是对数值等式和数值不等式能够施行的变形,自然就可以对方程和不等式施行了。

二、增解和遗解

　　在解方程和解不等式的过程中,由于施行了各种各样的变形,而每一次变形,不一定能保证变形前后的两个方程或两个不等式同解(即有相同的解集),因而就可能产生增解或遗解。下面以解方程为例,分析在什么情况下可能产生增、遗解。

　　1. 方程两边分别作恒等变形,由

$$f(x) = g(x) \tag{A}$$

变为

$$f_1(x) = g_1(x) \tag{A_1}$$

如果方程(A)的许可值集 M 与方程(A_1)的许可值集 N 不相同,则(A)与(A_1)可能不同解。当 $N - M \neq \varnothing$ 时,可能产生增解;当 $M - N \neq \varnothing$ 时,可能产生遗解。

　　例如,方程 $\dfrac{x^2 - 4x + 4}{x - 2} = 0$

恒等变形为 $x - 2 = 0$。显然 $x = 2$ 是变形后的方程的解,但不是原方程的解。所以 $x = 2$ 是增解。原因就是方程两边作恒等变形时,许可值集由 $\{x \mid x \neq 2, x \in \mathbf{R}\}$ 扩大到 $\mathbf{R}$。增解恰在许可值集扩大的部分。

　　又如,方程 $\tan(x + 45°) + \tan(x - 45°) = 2\tan x$ 恒等变形为

$$\frac{\tan x + 1}{1 - \tan x} + \frac{\tan x - 1}{1 + \tan x} = \frac{2}{\cot x}$$

时,许可值集由 $\{x \mid x \in \mathbf{R}, x \neq n\pi + \dfrac{\pi}{2} \pm \dfrac{\pi}{4} \wedge x \neq n\pi\}$ 变为 $\{x \mid x \neq n\pi + \dfrac{\pi}{2}$

$\wedge x \neq n\pi \wedge x \neq n\pi + \dfrac{\pi}{2} \pm \dfrac{\pi}{4}, x \in \mathbf{R}\}$。不难检验,$x = n\pi + \dfrac{\pi}{2}$ 是原方程的解,但不是变形后方程的解,因此它是遗解。这个遗解恰在许可值集缩

小的部分。

在中学遇到的方程中,除了上述两例涉及的约分变形和三角公式变形改变许可值集可能产生增、遗解外,还有利用算术根的性质变形(如 $\sqrt{f_1} \cdot \sqrt{f_2} = g$ 变形为 $\sqrt{f_1 f_2} = g$)或利用对数性质变形[如 $\lg f_1 + \lg f_2 = g$ 变形为 $\lg(f_1 f_2) = g$,$\lg f^2 = g$ 变形为 $2\lg f = g$ 等]时也可能出现类似问题。

2. 方程两边同施以某种运算时,也有两种情况使新方程可能与原方程不同解。

(1)许可值集发生变化。例如,方程
$$\lg 2(x^2 - 4) = \lg(x + 2)^2$$
两边去对数,变形为
$$2(x^2 - 4) = (x + 2)^2$$
解之,得 $x_1 = 6, x_2 = -2$。-2 是扩大了的许可值集内的解,所以是增解。

(2)逆运算不是单值的。例如,方程
$$\sqrt{5x + 4} - \sqrt{2x - 1} = \sqrt{3x + 1}$$
两边平方,整理得
$$2x + 1 = \sqrt{(5x + 4)(2x - 1)}$$
再两边平方,整理得
$$6x^2 - x - 5 = 0$$
解得 $x_1 = 1, x_2 = -\dfrac{5}{6}$。显然,$-\dfrac{5}{6}$ 是增解。

在这个变形过程中,许可值集两次发生改变,原方程的许可值集是 $x \geqslant \dfrac{1}{2}$,中间方程的许可值集是 $x \geqslant 1 \vee x \leqslant -\dfrac{4}{5}$,最后方程的许可值集是 **R**。$-\dfrac{5}{6}$ 虽不在原方程的许可值集中,但不是由于许可值集的改变引进的解。因为它也不是中间方程的解,而是方程
$$-(2x + 1) = \sqrt{(5x + 4)(2x - 1)}$$
的解。这是由于平方的逆运算(开平方)是双值的原因,由
$$(2x + 1)^2 = (5x + 4)(2x - 1)$$
两边开平方,应得
$$\pm(2x + 1) = \sqrt{(5x + 4)(2x - 1)}。$$

3. 将方程 $f_1(x) \cdot f_2(x) \cdots f_n(x) = 0$ 变形为

$$f_1(x) = 0 \lor f_2(x) = 0 \lor \cdots \lor f_n(x) = 0$$

时,应该在后 n 个方程的公共许可值集上求解,否则也可能增解。

例如,方程

$$\cos x \tan 3x = 0$$

变形为

$$\cos x = 0, \tan 3x = 0$$

得　$x = k\pi + \dfrac{\pi}{2}, x = \dfrac{k\pi}{3}$。

由于 $x = k\pi + \dfrac{\pi}{2}$ 对 $\tan 3x$ 无意义,所以它是增解。

从上面列举的三类变形中产生增、遗解的原因看出,最基本的原因是两条:一是许可值集的改变,二是所施运算其逆运算非单值。抓住这两条基本原因,判定解方程过程中的增、遗解问题就比较好办了。

根据以上分析,解分式方程时,因为要转化为整式方程,常需去分母,这就易使许可值集发生改变;解无理方程时,在转化为有理方程过程中,常需两边乘方,一来使许可值集可能改变,二来乘方的逆运算不一定单值;解简单超越方程也有类似的问题。因此,在解以上类型的方程时,当求出变形后的最后一个方程的解之后,必须有一个将所求解代入原方程检验的步骤。这样就可以去掉增解。为找回遗解,需要特别注意解题过程中那些缩小许可值集的变形。一般情况下,遗解常常是变形后的方程许可值受到限制的某个特殊值,例如前面举过的解三角方程的例子就是如此。

在中学数学教学中,结合不同类型的方程,指明解方程过程中可能产生增、遗解的原因是必要的。但是,介绍成套的方程同解理论却未必合适。只要学生理解了解方程的实质,懂得了解方程过程中可能产生增、遗解的原因,学会了检验增、遗解的方法,解方程的教学目的就已经达到了。

关于解不等式,中学教材的内容比解方程简单,要求也低一些。我们可以大致仿照方程的教学去做。不过,应特别注意与解方程有区别的几点:

1)对不等式两边同乘一数时,如果乘正数,变形后的不等式与原不等式同向;如果乘负数,变形后的不等式与原不等式反向。

2)对不等式两边乘以含字母的式子必须十分谨慎。只有能判明所乘的式恒为正或恒为负时,才能按乘一个数一样变形,否则不能作这种变形。

3)在实数范围内,方程的解集一般是离散的数集,且除三角方程的解集以外,都是有限集。但不等式的解集通常是一个或几个连续的实数区间。

7.3.3 列方程解应用题

列方程解应用题,是运用中学数学理论知识解决实际问题的一个重要方面,也是学生初步接触数学模型化方法,培养学生将实际问题转化为数学问题的能力的一个开端。因此,应该引起教师的高度重视。

学生初学列方程解应用题时,存在一定的困难。

首先,由于算术解法的定势影响,建立代数解法需要一个心理适应过程。

例如,已知一个数的 5 倍与 6 的差等于 14,求这个数。

以前学过的算术解法是:

所求数 $= (14 + 6) \div 5$。

现在的代数解法是:

设所求数为 x,据题意得

$$5x - 6 = 14$$

解得 $x = (14 + 6) \div 5$

又如,铜、铁总重 46 千克,又铁的 $\frac{1}{7}$ 与铜的 $\frac{1}{3}$ 之和为 10 千克,求铜与铁各多少千克?

算术解法:铜重 $= (10 - 46 \times \frac{1}{7}) \div (\frac{1}{3} - \frac{1}{7})$(千克)。

代数解法:设铜重为 x 千克,据题意得

$$\frac{1}{3}x + (46 - x) \cdot \frac{1}{7} = 10$$

解得 $x = (10 - 46 \times \frac{1}{7}) \div (\frac{1}{3} - \frac{1}{7})$。

比较两种解法,可以发现:算术解法仅由已知数用运算符号连接成的算式直接表示所求量。即 $x = f(a, b, \cdots, c)$(其中 x 是所求量,$a, b, \cdots, c$ 是已知量,f 是连接 $a, b, \cdots, c$ 的已知运算),求解过程在列式中一次完

成;代数解法则是暂不考虑解的过程,把列方程和求得数作为两件事分别处理:先根据题意列出方程 $f_1(x)=f_2(x)$(就一个未知量而言),解出结果的表达式(不求出中间运算结果)恰好是算术解法中的表达式。两种解法的思路互逆。

由一个熟悉的思路(算术解法)改变为另一个与之互逆的思路(代数解法)是一个顺应过程,需要对原有的认知结构进行调整、改造,才能构建起新的认知结构。

其次,一些学生在用算术解法解应用题时,就存在如下一些问题:由于语文水平差,理解能力弱,因而弄不清某些关键词语的意义;没有仔细审题的习惯,不会审题,一看完题就急于动手列式,等等。这些问题在初学列方程解应用题时依然存在,这也是造成学习困难的原因之一。

此外,学生在遇到较复杂的应用题时,不善于分析问题中的等量关系,这一方面是由于对某些数量的基本关系不熟悉,另一方面则主要是对问题中隐含的等量关系未引起注意。

为了使学生顺利地掌握列方程解应用题,提出下列几点需要注意的事项。

一、重视布列方程的预备知识和技能的教学

布列方程需要用到代数运算、比例的性质、分数的基本性质、几何形体的面积、体积计算方法等知识和技能。因此,在学习解应用题之前,必须让学生熟练地掌握这些知识和技能。

布列方程前,学生还需熟悉常见的数量以及物理量之间的关系:如物品单价、件数与物品总价的关系;速度、时间与距离的关系;体积、比重与重量的关系;增长数、计划数与增长率的关系等等。此外,对于一些基本单位(如长度、质量、重量、时间等)和导出单位(如速度、加速度、密度、面积、体积等)的用法和单位换算也必须弄清楚。

把普通语言(自然语言)准确地写成数学式子是布列方程的一项基本功。平时教学中注意经常进行这项训练,将有助于解应用题的教学。

二、抓住列方程的关键

解应用题的重点和难点都在于列出方程。列方程的一般步骤是:审题,弄清题中已知、未知、需求的量各是什么,分析各量之间的关系;选择基本未知量,设为 $x(y,\cdots,z)$,把其他未知量用基本未知量的解析式表达出来;根据前面还没有用过的关系,把相等的量(含已知量和未知量的解析式)用等式表达出来,列出方程。

在上述列方程的步骤中,分析各个量之间的关系是二、三两步的依据,而其中的已知量和未知量之间的等量关系是关键。因此,列方程首先要集中精力找出这种等量关系。

找等量关系的主要方法是抓住题中的关键语句和关键的量。应该设法引导学生找出那些能给出等量关系的关键词;发现那些保持不变的关键的量。此外,还可通过画图、列表等辅助手段帮助发现隐含的等量关系。

例 某人从 A 地到 B 地,第 1 小时走了 3 千米。若以这速度前进,将要比预定时间迟到 40 分钟;改以每小时 4 千米的速度前进,则早到 45 分钟。问 A、B 之间的距离多少?

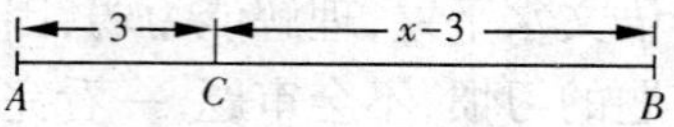

图 7-2

解法一 图示如图 7-2。

题设条件:

(1)以 3 千米/小时的速度走完 AB 的时间(t_1) = 预定时间小时(t) $+\dfrac{40}{60}$小时。

(2)1 小时 + 以 4 千米/小时的速度走完 CB 的时间(t_2) = 预定时间(t) $-\dfrac{45}{60}$小时。

基本关系:路程 = 速度 $\times$ 时间

未知量:距离 AB、CB;时间 t_1,t_2,t。

选基本未知量 $AB = x$ 千米,则 $CB = (x-3)$ 千米,$t_1 = \dfrac{x}{3}$,$t_2 = \dfrac{x-3}{4}$,由等量关系(1)得

$$t = \frac{x}{3} - \frac{40}{60}.$$

由等量关系(2)得方程

$$\frac{x}{3} - \frac{40}{60} = 1 + \frac{x-3}{4} + \frac{45}{60}$$

(解方程略。以下解法都只列出方程。)

解法二 分析如解法一。选预定时间为基本未知量 x,于是距离 AB

有两种表示法：

$$AB = 3\left(x + \frac{40}{60}\right);$$

$$AB = 3 + 4\left(x - 1 - \frac{45}{60}\right)$$

因而得方程

$$3\left(x + \frac{40}{60}\right) = 3 + 4\left(x - 1 - \frac{45}{60}\right)$$

解法三 分析如解法一。若同时选距离 $AB(x)$ 和预定时间 (y) 都为基本未知量，则由（1）、（2）两个等量关系得二元方程组：

$$\begin{cases} \dfrac{x}{3} = y + \dfrac{40}{60} \\ 1 + \dfrac{x-3}{4} = y - \dfrac{45}{60} \end{cases}$$

以上三种解法说明在列方程中要处理好三个选择：

（1）等量关系的选择。即选择哪个等量关系列方程。

（2）直接未知数与间接未知数的选择。即直接选择需求的未知量为基本未知数还是选择另外的未知量为基本未知数。

（3）列方程与列方程组的选择。这实质上是一步走还是分两步走的问题。列方程组用代入法解，变为一元方程；列方程就是将这两步——"列方程组"和"代入"——并为一步完成。

三、在布列方程时，还应使学生明确所列的方程必须满足的一些基本要求

这些基本要求就是：方程两边所表示的实际意义必须相同，两边的单位必须一致，两边的数量必须相等。要防止学生犯类似下列的错误。

有含盐 12% 的盐水 4 升。问需加入多少克的盐就得到含盐 20% 的盐水？

有学生这样解：

设加入 x 克盐，由题意得方程

$$4 \cdot 12\% + x = (4 + x)20\%$$

这是学生不明确布列的方程应满足的基本要求的典型表现。在这个方程里，单位不同的量居然可以相加，本来不相等的两个量也成了相等的量。像这类错误，一旦发现就应抓住机会，引导学生分析：究竟错在哪里？原因何在？

§7.4 几何量计算的教学

几何量包括长度、面积和体积。几何量的计算也是一种重要的数学演算,它涉及中学几何的大部分内容。

7.4.1 几何计算的一般理论和中学教学的基本要求

一、几何量的度量

在现代数学中,"长度"、"面积"、"体积"都是点集的一种测度,这种测度是一个具有下列性质的实值函数。

(1)非负性。即每一个点集(线段、封闭的平面图形、封闭的几何体)都对应于一个非负实数,空集对应于数零。

(2)不变性。即相等的集合所对应的数相等。

(3)可加性。即两个不相交集合的并集对应的数等于这两个集合对应的数的和。

(4)存在单位。即存在某一个集合,它对应数1。

把这种一般的测度概念具体化,就分别得到长度、面积、体积概念。

1. 线段的长度

每一条线段对应一个正数作为它的长度,满足:

(1)相等的线段有相同的长度;

(2)一条线段等于另两条线段的和,则这条线段的长度等于另两条线段长度的和;

(3)有一条线段的长度 为1,叫做单位线段。

有了上述长度概念以后,线段的度量理论就可以阿基米德公理和康托公理为基础建立起来。

阿基米德公理:两条线段 a、b,并且 $a > b$。我们总可以求得一个整数 m,使

$$mb \leqslant a < (m+1)b。$$

康托公理:设已给内含线段序列是无限递减的,则存在一个而且只有一个点,为这些线段的每一线段的内点或端点。

　　根据阿基米德公理可以证明,选定了单位线段后,每一线段都可以用唯一的正数表示它的长度;反之,根据康托公理又可以证明,每一个正数对应着一条线段,以这正数为其长度。即长度等于任何正数的线段都是存在的。于是,在线段与正数之间存在着一一对应关系。

　　2. 图形的面积

　　每一个平面封闭图形对应一个正数作为它的面积,满足:

　　(1)全等的图形有相等的面积;

　　(2)一个图形分割成两个图形,则这个图形的面积等于分割成的两个图形的面积之和;

　　(3)存在一个图形的面积为1,叫做单位面积。

　　有了线段的度量理论作基础,我们选择边长为1个长度单位的正方形作为单位面积,就可以导出各种平面图形的面积公式。当然,比线段的度量理论稍微复杂一些,因为其中要用到剖分相等(或叫组成相等)的概念,并且要证明定理:"面积相等的多边形都是剖分相等的。"

　　3. 几何体的体积

　　体积概念和面积概念完全类似。几何体的度量理论与平面图形的度量理论也有许多部分类似,但不是完全类似。其中最重要的区别在于:体积相等的两个多面体不一定剖分相等。

　　二、几何度量的教学要求

　　严格的几何度量理论是中学生难于接受的,为了克服困难,花费过多的精力和时间未必值得。因此,中学几何课本里不讲上面提到的严格理论。但是,这并不是说中学几何课不必讲任何几何量的度量理论,倘若这样,只要凭实验就可以得出各种长度、面积、体积的计算公式,那么小学数学就已经够了,因为那里已经介绍过用实验方法得出的一些基本几何图形的度量公式。

　　我国中学课本关于几何量的度量知识,在小学数学的基础上提高了理论要求。虽然长度、面积、体积这三个概念仍然是沿用小学的直观描述性定义,没有进一步提高到测度的概念。但是,从面积概念开始已经明确指出这三个量的共同性质,增加了线段的度量关系的研究,对已学过的或未学过的几何度量公式统一作了逻辑证明,并且使这些知识与几何的其他知识一起纳入了几何的公理体系(尽管很不严格)。

　　应该要求学生像学习其他几何定理一样来学习这些几何度量的有

关公式。要弄清它们的来龙去脉,理解证明过程,熟记公式,并能灵活地运用公式去解有关几何量的计算题。

下面分别就线段的度量关系、面积计算和体积计算,讨论一些教学上的问题。

7.4.2 线段的度量关系

关于线段的度量,平面几何主要是研究了线段间的度量关系。这种关系与线段的长度单位的选择无关,而只是线段的量数与量数之间的关系。例如,三角形的中位线等于底边的一半,圆外切四边形两组对边的和相等,就是属于这种关系。

掌握线段间的基本度量关系,不仅可以用来推证线段间的其他度量关系,而且在已知其中某些线段的长度时,用于计算与它们相关的线段的长度。

一、段间成比例的度量关系

在这类度量关系中,"平行线分线段成正比例定理"是最基本的定理。教学时有两个问题值得高度重视:一是定理的证明,二是定理的应用。

课本上的证明思路大致如下:

如图 $7-3$,$l_1 /\!/ l_2 /\!/ l_3$。$AB \neq AC$。以 B 为起点,在 BA 上顺次截取和 BC 相等的线段。分以下三种可能情形讨论:

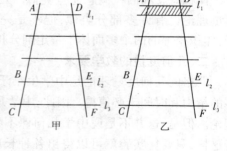

图 7 – 3

(1) $\dfrac{AB}{BC}$ = 整数。

(2) $\dfrac{AB}{BC}$ = 有限小数。

(3) $\dfrac{AB}{BC}$ = 无限小数。

这个证明虽然是不严格的,但是隐含了线段度量的理论基础之一——阿基米德公理。

由这条定理直接推出了三角形角平分线的性质定理、相似三角形的判定定理。然后又利用相似三角形的性质推出一系列其他度量关系定理,如直角三角形中成比例的线段(斜边上的高是两条直角边在斜边上的射影的比例中项,每一条直角边是这条直角边在斜边上的射影和斜边的比例中项),圆幂定理等。还可以推出在解题中有重要应用的托勒密定理。因此,让学生理解这条定理并善于应用,是顺利学好一系列线段间成比例的度量关系的关键。

二、线段间的平方关系

这类关系中,余弦定理是核心。由它可推出凸四边形两对角线与四边的度量关系、三角形中线与边的关系。勾股定理也可以作为它的特例看待。此外,如果作为数学活动小组的学习内容,还可以推出斯德瓦特定理:

$\triangle ABC$ 中顶点 A 与对边 BC 上任一点 P 之间的距离 AP 由下列等式确定:

$$AB^2 \cdot PC + AC^2 \cdot BP = AP^2 \cdot BC + BP \cdot PC \cdot BC$$

这个定理可以作为推导三角形中线、角平分线、高的计算公式的依据。这些计算公式如下:

$$m_a = \frac{1}{2} \sqrt{2(b^2 + c^2) - a^2}$$

$$t_a = \frac{2}{b+c} \sqrt{bcs(s-a)}$$

$$t_a' = \frac{2}{|c-b|} \sqrt{bc(s-b)(s-c)}$$

$$h_a = \frac{2}{a} \sqrt{s(s-a)(s-b)(s-c)}$$

其中 a、b、c 表示三角形三边的长,S 为三角形半周长,m_a、h_a 分别是 a 边上的中线和高,t_a、t_a' 分别是 a 边的对角的内角和外角平分线。

余弦定理和正弦定理结合,还是解决三角形的边、角计算问题的有力工具。

7.4.3 面积计算

一、中学几何教材的面积理论体系

1. 面积概念和公理。多边形面积定义为它所围的平面部分的大小。大小是用数来表示的,要表示一个多边形的面积,先选定一个单位,然后看这个多边形所围平面部分是单位的多少倍,这个倍数就是面积的数值。面积的单位,通常是取边长为单位长度的正方形。接着指出圆形的面积具有前面提到过的(1)、(2)两条性质。有了面积概念以后,作为推算面积的基础,就把矩形的面积公式当作公理。

2. 平面图形的面积计算公式。正方形的面积很自然地作为公理的推论。以公理为基础,采用割补法、分割法,依次导出平行四边形、三角形、梯形、正 n 边形的面积公式。任意多边形的面积没有一般的计算公式,可以分割成三角形去求。圆的面积则是运用极限的思想,由圆内接正 n 边形的面积当边数不断地倍增时的变化趋势导出。

3. 空间图形的面积计算公式。空间图形的表面积、全面积和侧面积分三种情况导出。棱柱、棱锥、棱台的表面都是由已有面积计算公式的平面特殊多边形组成,因此直接利用组成其表面的那些多边形的面积之和来表示这三种多面体的表面积和侧面积。圆柱、圆锥、圆台的侧面是曲面,但是,展开在同一个平面以后,它们却分别是矩形、扇形和扇环。因此这三种旋转体的侧面积是利用侧面展开图来求得的;球和球的部分其表面不可能展开在同一个平面上,因此不能再用上面的方法导出表面积。采取的办法是,先证一个预备定理:"球面内接圆台(圆锥、圆柱)的高为 h,球心到母线的距离为 p,那么圆台的侧面积为 $2\pi ph$。"然后运用极限的思想,把半球面的 n 个内接圆台的侧面积之和近似地看作半球面的面积,当 n 无限增大时,这个和就无限地接近 $2\pi R^2$。于是得出了球的表面积计算公式 $S = 4\pi R^2$。

二、面积计算教学中应当重视的几个问题

1. 使学生认识建立面积理论体系的必要性。学生在小学已经学过了一些面积计算公式,中学重新学这些公式不易引起他们重视。因此,引导学生重温中学平面几何的基本任务和教学目的是有益的,可以唤起他们对过去在直观水平上认识的几何事实寻求逻辑论证的意愿。

2. 使学生掌握面积计算中的一般思想方法。分割法、割补法不仅是导出课本上几个面积公式的方法,也是推证或计算其他有关面积问题的方法,而且其基本思想还贯穿在体积计算公式的过程中。因此,必须让学生重视并掌握这种思想方法。此外,"等底等高的三角形面积相等"还提供了等积变形的重要思想方法。它对于解决某些有关面积的问题有重要作用,同时可以推广到类似的体积问题中去。"面积法"有广泛的应用,是解平面几何题的一种重要"工具"。

3. 要特别重视三角形的面积计算。三角形的面积公式不仅是整个面积计算公式体系的核心,而且它的变形可以联系范围广泛的平面几何知识、三角知识和代数知识,甚至由它出发,可以推导出众多的几何定理。

4. 圆面积的推导不能当作一种严格的证明(圆周长的推导也是如此)。因为其中还有许多逻辑漏洞。限于学生的接受能力,教学时不宜补作严格证明,但也应指出课本上推证的不严格性,并告诉学生在后续的学习中可以得到补证,以解除他们的疑虑。

7.4.4　体积计算

一、中学教材中的体积理论体系

与面积理论类似,体积理论也是从体积概念和体积公理开始的。体积定义为"几何体占有空间部分的大小"。作为推算体积的基础有两条公理:长方体体积公式和祖暅原理。

柱体(棱柱、圆柱)的体积直接由两个公理结合推出。锥体(棱锥、圆锥)的体积分三步导出:先由祖暅原理得到"等底等高的两个锥体等体积",再用拼补和分割的方法证明三棱锥的体积等于与之同底同高的三棱柱的体积的三分之一,最后又根据"和一个三棱锥等底面积等高的任何锥体与这个三棱锥的体积相等"得出一般锥体体积。有了锥体体积公式之后,台体(棱台、圆台)和拟柱体的体积都由它导出。最后,球的体积也是应用祖暅原理和已知的圆柱、圆锥体积推出的:取一个底面半径和高都等于球半径的圆柱,从圆柱中挖去一个圆柱的上底面为底面,下底面圆心为顶点的圆锥,把所得的几何体和半球置于同一个平面上,由祖暅原理,就可以证明它们等体积。

二、体积教学的注意事项

一般说来,学生学习多面体体积和旋转体的体积困难不大,没有必要一一详细讨论。这里只就其中的两个问题作些分析。

1. 祖暅原理是推导体积最主要的依据,必须使学生真正理解原理的条件。为此,让学生将原理的条件细分为三个,并理解其中的关键词语是有益的。这三个条件是:

(1)底面置于同一个平面上的两个几何体是等高的(对"夹在两个

平行平面之间的两个几何体"一语的理解）；

（2）截面是平行于底面的任意平面（关键词是"平行"和"任意"）；

（3）截得的两个截面的面积总相等（关键词是"总"）。

可以告诉学生，祖暅原理在立体几何中只能当作公理使用，不能给出逻辑证明。但在今后学习的微积分中，却是用定积分容易证明的定理。

2. 柱、锥、台、球的体积推导，较难的是三棱锥和球的体积。前者难在证明。因为三棱柱分割成的三个三棱锥，不能同时证明三个锥的体积相等，必须分别证两组锥的体积相等，而且要根据两组锥的不同特点从不同的角度去选定锥的底和高。引导学生观察三个锥的特点，两两比较，辨认相等的底是解决问题的关键。后者难在发现与半球等体积的几何体。为了帮助学生理解这个发现过程，可从待证的球体积公式入手分析；我们的目的是要利用已知几何体的体积导出球的体积。那么，球体积的表达式与什么样的已知几何体体积相关呢？试作下列变形：

$$V_{球} = \frac{4}{3}\pi R^3 = 2 \cdot \frac{2}{3}\pi R^3（两个半球体积）$$

$$V_{半球} = \frac{2}{3}\pi R^3 = \pi R^3 - \frac{1}{3}\pi R^3（一个圆柱体积减去一个圆锥体积）$$

至此，与半球等体积的几何体就不难发现了。

思考题

1. 举例说明数和式的运算法则教学的方法。

2. 公式的导出方法有哪些？试举例说明。

3. 如何才能使学生掌握公式？试以中学数学中的某些具体公式为例加以说明。

4. 何谓恒等变形？中学数学中涉及的恒等变形主要有哪些类型？

5. 方程的概念应如何理解才合理？解方程过程的变形有哪几类？增解和遗解的原因何在？

6. 应用题的教学要注意些什么问题？

7. 我国现行中学课本中对几何量的度量理论要求到什么程度？

第八章　数学思想方法的教学

数学思想方法也属于数学知识范畴,但与数学概念、数学命题等数学知识比较,它是更高层次的数学知识,因而也是更为重要的数学知识。从人的基本数学素养的构成分析,数学思想方法是数学素养的核心成分。因此,数学思想方法的教学应该引起中学数学教师的高度重视。本章首先对数学思想方法作一般性概述,然后重点介绍中学数学中常用的主要数学思想方法,最后再就数学思想方法的教学谈几点意见。

§8.1　数学思想方法概述

8.1.1　数学思想方法界说

关于数学思想方法的研究,由来已久,至今已逐步形成专门的学科——数学方法论。我国现代最早研究这门学问的是徐利治先生。

1983 年,徐利治著的《数学方法论选讲》问世。随后,国内陆续出版了多部数学方法论专著。同时,在一些有关数学教育著作中也有讨论"数学思想方法"的章节。在这些著作中,"数学思想"、"数学方法"、"数学思想方法"三个术语频繁出现,但对它们各自含义的解释却并没有统一。

在徐利治先生最早出的《数学方法论选讲》一书里,"数学方法"、"数学思想"、"数学思想方法"三个术语都未明确给出定义,使用时看作是同义词而不加区别。随后,张奠宙先生在《数学方法论稿》中虽然对"数学方法"、"数学思想"单独作了解释,指出"同一数学成就,当用它去解决别的问题时,就称之为方法,当评价它在数学体系中的自身价值和意义时,称之为思想。"但是,在实际使用时,也同意数学思想和数学方法不加区别,而且常可并称为数学思想方法。

明确主张要区分数学方法与数学思想的是《中学数学教学导论》一书(朱水根、王延文等著,教育科学出版社 1998 年第 1 版),书中指出:"数学方法就是提出、分析、处理和解决数学问题的概括性策略。""数学思想是数学中的理性认识,是数学知识的本质,是数学中高度抽象、概括的内容,它蕴涵于运用数学方法分析、处理和解决数学问题的过程之中"。

我们认为,无论从理论上还是从应用上来看,严格区分"数学方法"与"数学思想"并无多大必要,它们都是数学知识在更高层次上的抽象和概括,是数学的灵魂,都深藏于数学知识发生、发展和应用的过程中,能够迁移并广泛应用于相关学科和社会生活中。因此,在以下的讨论中,我们统称之为数学思想方法。

在一般的数学方法论中,对数学思想方法的研究,其范围十分广泛,最广义的提法,是徐利治先生的观点,认为数学方法应包括宏观和微观两类,所谓宏观的数学方法是指"数学发展规律",而微观的数学方法则是指数学研究工作者个人必须遵循的方法与法则。不过,国内大多数数学方法论的研究者都倾向于对数学方法作狭义的理解,即上面所指的微观数学方法。张奠宙先生对这种狭义的数学方法从总体上又作了分析,将它们分成以下不同层次:

第一,基本的和重大的数学思想方法,如模型化方法、微积分方法、概率统计方法、拓扑方法等,它们决定一个大的数学学科方向,是一些哲学范畴的数量侧面。

第二,与一般科学方法相应的数学方法。如数学中应用的类比联想、分析综合、归纳演绎等一般科学方法。

第三,数学中的特有方法,如数学等价、数学表示、公理化、关系映射反演、数形转换等方法。

第四,中学数学中的解题技巧。

此外,还提到第五个层次,即局部有用的特殊数学技巧,如因式分解中的十字相乘法、解二次方程中的配方法等。

对数学方法作以上层次的划分,我们认为,有利于对数学方法的系统认识。

8.1.2　中学数学中涉及的数学思想方法简介

中学数学只是整个数学中极小的一部分,而且大多数内容是初等数学,但是,其中蕴涵或运用的数学思想方法却几乎涉及到了数学思想方法的各个层面。

一、基本的重大的数学方法

随着近代、现代数学的初步知识引入中学数学,微积分方法、概率统计方法已成为中学生必须初步领会的重大数学思想方法,通过导数及其应用等微积分初步知识的学习,学生将经历由平均变化率到瞬时变化率刻画现实问题的过程,理解导数的含义,体会导数的思想及其内涵;应用导数探索函数的单调、极值等性质及其在实际中的应用,感受导数在解决数学问题和实际问题中的作用,体会微积分的产生对人类文化发展的价值。通过古典概型、随机分布列、数学期望等概率初步知识的学习,学生将对随机性现象的数学描述有一个粗略的了解,对日常生活中出现的一些简单的随机现象能作一定的数量刻画和分析;通过对平均数、中位数、众数、统计图表、样本、总体等统计初步知识的学习,体会用代表数刻画总体在数量上的集中趋势,用图表反映总体在数量上的变化趋势,体会用样本估计总体的思想,掌握初步的数据处理技能。

模型化方法也是一种基本的、重大的数学方法,中学数学中引入数学建模的内容,通过学生亲历实际问题—理论假设—数学模型—求解—检验—修正等过程,让学生认识、体会数学中的模型化思想方法。

二、一般的科学方法

1. 抽象

抽象的方法在任何科学研究中都用。所谓抽象,就是不考虑事物所有其他方面的特性,而把某一方面的特性分离出来。数学抽象则是分离出事物或对象的空间形式和数量特征,或者统称为分离出对象的量的特征。数学抽象的方法很多,大的方面可分为两类:一类是从外部世界进入数学的抽象,一般是数学模型,通过数学模型方法实现的抽象;另一类是数学内部世界概念的发展,形成不同层次的数学对象,具有不同层次的抽象度,中学数学中,这两方面都涉及到。对于后一类,又有不同的抽象方法,中学数学中常用的抽象方法有弱抽象和强抽象。例如,从任意四边形到梯形,到平行四边形,到矩形或菱形,到正方形,这是一个强抽象过程;反之,是弱抽象过程。强抽象过程,外延缩小,内涵增多;弱抽象过程,外延扩大,内涵减少。

解析几何中,先分别讨论圆、椭圆、双曲线、抛物线等,然后讨论一般的二次曲线,这是一个弱抽象过程。

在传统代数内容中,先讨论集合与映射,再进入较为具体的函数概念,然后逐个讨论更为具体的幂函数、指数函数、对数函数、三角函数等,这是一个强抽象过程。

数学的深入,既包括弱抽象,也包括强抽象。在弱抽象下,是对内涵少而外延广的对象进行研究,越深入,抽象度越高,困难相应增大。例如,对于集合与映射的一般理论是高度抽象的,其深入的讨论十分困难。由集合、映射到函数概念,这是强抽象过程。中学数学中采用强抽象过程是一种特殊方法,它虽然从最抽象的概念开始,但并不作深入的讨论,在学生易于接受的条件下,由抽象到具体,形成准确的概念,再对具体的对象进行深入的讨论和学习。

在强抽象过程中,讨论的对象虽然越来越具体、狭窄了,但内涵更丰富了,在对这些内涵的充分认识过程中也常常碰到很多困难的问题。

中学数学教学中,掌握抽象过程的主要脉络,弄清概念发展的主要线索,看准重点,把握分寸,是最为重要的基本前提。

2. 分析与综合

分析与综合是中学数学中运用的另一种一般科学方法。所谓"分析",是指对对象加以分解,对它的各个组成部分、方面、因素、层次分别加以研究,从而认识事物本质的一种思维方法;反之相反,"综合"则是把分解的各个部分联合起来成为一个整体,对整体加以观察的思维方法。例如,要化简

$$\frac{n^3 - 3n + (n^2 - 1)\sqrt{n^2 - 4} - 2}{n^3 - 3n + (n^2 - 1)\sqrt{n^2 - 4} + 2} \qquad (n \geqslant 2)$$

在思维操作中需要先作分析:分别观察分子、分母(将分式分解),仅最后一项符号相异;观察分子,可拆作两部分(又一次分解),一部分是 $n^3 - 3n - 2$,不是积的形式,另一部分为积的形式,必先将前者化为积:$(n-2)$ · $(n+1)^2$。然后作综合:分子可化积,分母类似操作。再进行综合:把分子、分母合起来考察,约分化简。

数学中还用到另一种特定含义的"分析法"和"综合法",这就是本

书第三章第四节中介绍过的"执果索因"和"由因导果"的思考方法。就上面的例子而言,给出的分式是因,化简所得的式子是果。"执果索因"的思考路线是:要得化简后的式子,只要约去分式中分子与分母的公因式,于是,又只要将分子、分母分别进行因式分解,这就追索到了给出的分式,观察发现,分子、分母确实都能分解因式,至此问题获得解决。若是换一种方法思考,"由因导果"的思路则是:由给出的分式出发,将分子、分母分别分解因式,约去分子、分母的公因式,即得化简后的式子。

在数学推理中,上述方法更为典型。所谓推理,实质上就是探求因果关系。有人说,数学就是由一切"P 蕴涵 Q"的命题组成的,P 即"因",Q 即"果",这种说法当然过于概全了,但至少对理论数学基本上是如此。所以,执果索因、由因导果及其相互配合的方法是基本的方法之一。这种方法也就提示了我们的数学教学方法,对如何教和教什么,都将可以受到启示。

3. 归纳与演绎

归纳与演绎是数学中用得最多的一般逻辑推理方法。我们在第三章第三节中曾经详细介绍。这里只补充强调一点:归纳和演绎同样重要,都是学生必须掌握的一般科学方法。

在传统的数学教科书中更多的是演绎,数学教学的一个重要任务就是训练学生使用演绎法进行论证。演绎在数学中具有独特的地位,数学中普遍使用公理化方法,就是从最一般的前提出发进行演绎。所以人们常说数学是演绎的科学,精密的科学,指的就是这个意思。中学数学没有也不可能按照严格的公理方法来安排教学内容和进行教学,但它也大体在这个思路上展开,作相对放宽或相对粗糙的处理。

学生在中学数学学习阶段需要进行大量演绎训练,既学习演绎的技巧,更养成严密的思维习惯,培养科学的治学方法,其意义已超出学习数学本身。

然而,我们在这里要着重强调归纳,特别是不完全归纳。这是因为演绎的实际地位十分突出,教学中的权威主义与演绎的联系最密切;而归纳的作用和地位事实上是不容忽视的。

首先,真理的早期发现更需要归纳;其次,演绎固然十分重要,但在演绎过程中也常常伴随着归纳思维(借助特殊、个别来思索一般结论与方法),归纳与演绎常常是穿插进行的;最后,说得更远一点,我们知道,公理体系是演绎的出发点,然而公理不再从演绎而来,更多的是与归纳思维相联系。

除以上方法外,数学中还用到类比、化归(或称转化)、分类整合等其他一般方法。其中,转化的思想方法和分类整合的思想方法尤其普遍使用。我们将在下一节分别专门介绍。

三、数学中特有的方法

中学数学中涉及的这类方法有公理化方法,关系映射反演方法,函数与方程方法,几何变换方法等,其中公理化方法已在第六章中提到,其他方法将在下面分两节介绍。

至于中学数学中常用的一些解题技巧,我们将在下一章解题教学中讨论。

§8.2　中学数学中的主要数学思想方法(一)

上一节简介了中学数学中涉及的各个层次的一些数学思想方法,本节和下节抽出其中应用最为广泛,中学生应该重点掌握的几种主要的数学思想方法作专门介绍。它们虽然不属于同一层次,且有交叉,但我们仍将它们并列,这些数学思想方法依次是:化归、数形结合,分类整合、函数与方程、几何变换。

本节先介绍化归。

所谓"化归",从字面上可以理解为转化和归结的意思。"化归方法"就是指如下手段和方法:一个问题 A,通过某种转化过程,归结为另一已能解决的问题 B,B 既然已解决,最终 A 也获得解决。

化归方法不仅在数学中使用,其他学科也采用。譬如,要测炼钢炉中的高温,用普通玻璃水银柱的温度计无法测量,于是使用热电阻材料,将温度转变为电流,利用热电转换公式,只要测量出电流,就能知道温度有多高了。这是将测温问题化归为测电问题,用到的就是一种化归方法。

中学数学中运用化归方法解决问题极为普遍,具体的化归手段也很多。下面介绍一些主要的化归手段。

8.2.1　关系映射反演方法

这是徐利治先生总结提出的一种化归方法。可以说，它是数学中化归法的主要形式。为了说明什么是关系映射反演方法，先看两个例子。

例 1　计算　$\dfrac{5.16^3}{2.78 \times \sqrt{0.637}}$

解题过程：第一步，令 $x = \dfrac{5.16^3}{2.78 \times \sqrt{0.637}}$，对 x 取对数，

$$\lg x = 3\lg 5.16 - \left(\lg 2.78 + \frac{1}{2}\lg 0.637\right)$$

第二步，查对数表并计算，得

$$\lg x = 3 \times 0.7126 - \left(0.4440 + \frac{1}{2} \times \overline{1}.8041\right) = 1.7917$$

第三步，记 $x^* = \lg x$，对 x^* 查反对数表，

得　　　$x = 61.90$

上述解题过程用框图表示如下（图 8 - 1）：

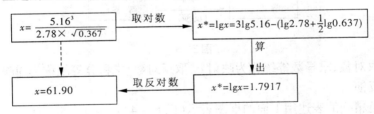

图 8 - 1

例 2　求级数

$$S = x + \frac{x^3}{3} + \cdots + \frac{x^{2n+1}}{2n+1} + \cdots \qquad (|x| < 1)$$

的和函数。

解题过程：第一步，对 S 求导

$$S' = 1 + x^2 + \cdots + x^{2n} + \cdots \qquad (|x| < 1)$$

第二步，由等比数列求和公式得

$$S' = \frac{1}{1 - x^2} \qquad (|x| < 1)$$

第三步，记　$S^* = \dfrac{1}{1 - x^2}$，$(|x| < 1)$，对 S^* 积分

$$S = \int_0^x s^* \, dx = \int_0^x \frac{1}{1-x^2} dx = \frac{1}{2}\ln\frac{1+x}{1-x} \qquad (\mid x \mid < 1)$$

上述解题过程用框图表示如下(图 8 - 2):

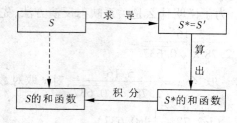

图 8 - 2

将上述两例问题的解决过程归纳成如下框图(图 8 - 3):

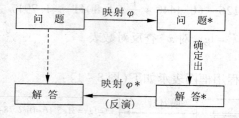

图 8 - 3

取对数、求导数等统称为映射 φ,取反对数、求积分等统称为逆映射,也叫反演。

更精确的表述用下面的框图表示(图 8 - 4):

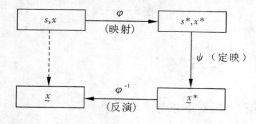

图 8 - 4

框图中的有关符号和术语所表达的含义见下面的解释:

s—— 某种数学关系结构系统。

x—— s 中的一个未知目标。

φ—— 某种映射。

s^*, x^* —— 分别为在映射 φ 下 s, x 的映象。

ψ —— 定映。指在 S^* 中通过已知的数学方法确定目标映象 x^* 的过程。

$\underset{\sim}{x}^*$ —— 已求得的 x^*

φ^{-1} —— 映射 φ 的逆映射，称为反演。

$\underset{\sim}{x}$ —— 已求得的 x。

于是，上面的框图又可简记为：

$$(s, x) \xrightarrow{\varphi} (s^*, x^*) \xrightarrow{\psi} \underset{\sim}{x}^* \xrightarrow{\varphi^{-1}} \underset{\sim}{x}。$$

这表明，关系映射反演方法是通过映射、定映和反演等三个步骤来解决问题的。在这个过程中，关键在于依据问题的特殊性能否选择一个"合适"的映射。所谓"合适"的映射，它应具备两个必要条件：一是它必须可逆，即存在逆映射；二是它为可定映映射，即目标映象 x^* 在 s^* 中可通过已知数学方法被确定下来。

关系映射反演方法运用于中学数学时，最常见的有下列几种具体形式：

一、坐标法

坐标法是实现几何问题与代数问题相互转化的桥梁。坐标法的实质是实现点集（平面或空间）与有序实数组集之间的一一对应，从而使得几何问题可以映射为代数问题去处理；反过来，代数问题也可以映射为几何问题来解决。

例1　求 $f(x) = \sqrt{x^2 + 9} + \sqrt{x^2 - 10x + 29}$ 的最小值。

分析　这是较复杂的无理函数的极值问题。若建立坐标系如图 8 - 5，则 $\triangle ABP$ 的两边之和不小于第三边，得

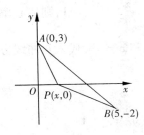

图 8 - 5

$$f(x) = \sqrt{(x-0)^2 + (0-3)^2} + \sqrt{(x-5)^2 + (0+2)^2}$$
$$= |PA| + |PB|$$
$$\geq |AB| = \sqrt{(0-5)^2 + (3+2)^2} = 5\sqrt{2}。$$

其中等号在 $P、A、B$ 三点共线时成立。

故 $f(x)$ 的最小值为 $5\sqrt{2}$。

例2 （2000年高考题）如图 8 − 6，已知梯形 $ABCD$ 中，$|AB| = 2|CD|$，点 E 将有向线段 $\overrightarrow{AC}$ 分割成的比为 λ，双曲线过 $C、D、E$ 三点，且以 $A、B$ 为焦点，当 $\dfrac{2}{3} \leq \lambda \leq \dfrac{3}{4}$ 时，求双曲线离心率 e 的取值范围。

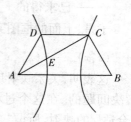

分析 这是几何问题，运用坐标法可化为代数问题处理。

图 8 − 6

如图 8 − 7，以直线 AB 为 x 轴，线段 AB 的垂直平分线为 y 轴，建立直角坐标系 xOy，依题意，记 $A(-c,0)$，$C(\dfrac{c}{2},h)$，$E(x_0,y_0)$，其中 $c = \dfrac{1}{2}|AB|$ 为双曲线的半焦距，h 是梯形的高。

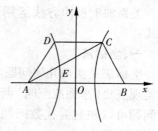

图 8 − 7

由定比分点坐标公式，得

$$x_0 = \frac{-c + \dfrac{c}{2}\lambda}{1+\lambda} = \frac{(\lambda-2)c}{2(\lambda+1)}, \quad y_0 = \frac{\lambda h}{1+\lambda}$$

设双曲线的方程为 $\dfrac{x^2}{a^2} - \dfrac{y^2}{b^2} = 1$，则离心率 $e = \dfrac{c}{a}$，由点 $C、E$ 在双曲线上，将点 $C、E$ 的坐标和 $e = \dfrac{c}{a}$ 代入双曲线方程，得

$$\frac{e^2}{4} - \frac{h^2}{b^2} = 1 \qquad\qquad ①$$

$$\frac{e^2}{4}\left(\frac{\lambda-2}{\lambda+1}\right)^2 - \left(\frac{\lambda}{\lambda+1}\right)^2 \frac{h^2}{b^2} = 1 \qquad\qquad ②$$

由 ① 式得 $\dfrac{h^2}{b^2} = \dfrac{e^2}{4} - 1$ $\qquad\qquad ③$

将 ③ 式代入 ② 式,整理得

$$\frac{e^2}{4}(4 - 4\lambda) = 1 + 2\lambda$$

故 $\quad \lambda = 1 - \dfrac{3}{e^2 + 2}$

由题设 $\dfrac{2}{3} \leqslant \lambda \leqslant \dfrac{3}{4}$ 得

$$\frac{2}{3} \leqslant 1 - \frac{3}{e^2 + 2} \leqslant \frac{3}{4}$$

解得 $\quad \sqrt{7} \leqslant e \leqslant \sqrt{10}$

所以,双曲线的离心率的取值范围为 $[\sqrt{7}, \sqrt{10}]$。

二、复数法

当我们把平面看作复平面时,平面上的点集与复数集之间也可以建立一一映射关系。因此,一些待解决的几何问题,往往可以映射为复数集中的问题来处理,这种解决问题的方法就是复数法。

例 3 (1987 年全国高中联赛试题)如图 8－8,$\triangle ABC$ 和 $\triangle ADE$ 是两个不全等的等腰直角三角形,现固定 $\triangle ABC$,而将 $\triangle ADE$ 绕 A 点在平面上旋转。试证:不论 $\triangle ADE$ 旋转到什么位置,线段 EC 上必存在一点 M,使得 $\triangle BMD$ 为等腰直角三角形。

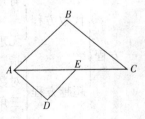

图 8－8

分析 设 A 点位于复平面的原点,C 点位于正实轴上,因此,$A = 0$;不妨设 $C = \sqrt{2}$,$E = \lambda$ $(0 < \lambda < \sqrt{2})$,则

$$B = e^{i\frac{\pi}{4}} = \frac{\sqrt{2}}{2}(1 + i), \quad D = \frac{\lambda}{\sqrt{2}} e^{-\frac{\pi}{4}i}$$

在旋转任一角度 θ 之后,E 变为 $\lambda e^{i\theta}$,D 变为 $\dfrac{\lambda}{\sqrt{2}} e^{(\theta - \frac{\pi}{4})i}$。取 EC 的中点为 M,则有

$$M = \frac{1}{2}(\lambda e^{i\theta} + \sqrt{2})$$

于是,

$$M(1+i) = M \times \sqrt{2}e^{i\frac{\pi}{4}} = \frac{\lambda}{\sqrt{2}}e^{i(\theta - \frac{\pi}{4})} \cdot i + e^{i\frac{\pi}{4}}$$

$$= Di + B$$

从而有

$$(B-M)i = D-M$$

此式表明:由向量 $\overrightarrow{MB}$ 绕点 M 沿反时针方向旋转 $90°$ 之后得到向量 $\overrightarrow{MD}$,可见 $\triangle BMD$ 为一等腰直角三角形,直角顶点为 M。

8.2.2　变形法

在中学数学中,解方程、不等式,求对数式或三角函数式的值,证各种恒等式,求函数的导数、积分等,都广泛使用变形的方法。

以解方程为例,中学数学里的方程可分类如下:

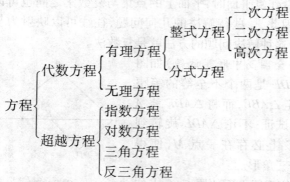

在代数方程中,无理方程通过变形转化为有理方程;在有理方程中,分式方程通过变形转化为整式方程;在整式方程中,最基本的是一元一次方程和一元二次方程,一元三次和一元四次方程通过变形可转化为一元二次方程求解,五次以上的方程无一般解法,某些特殊类型的高次方程也是通过变形转化为一次或二次方程求解。在初等超越方程中,先通过变形转化为代数方程,最后再归结为最简超越方程求解。

施行变形的具体形式有多种。最常见的有恒等变形、放缩变形、变量替换等。

例4　若 $x = \sqrt{19 - 8\sqrt{3}}$,求分式

$$\frac{x^4 - 6x^3 - 2x^2 + 18x + 23}{x^2 - 8x + 15}$$ 的值。

分析　本题若以题设 x 的表达式代入分式计算,显然繁琐。不妨将题设 x 的表达式和分式都作恒等变形,看能否化繁为简。事实上,

$$x = \sqrt{19 - 8\sqrt{3}} = 4 - \sqrt{3},$$

由此得　$x - 4 = \sqrt{3}$,两边平方,整理得

$$x^2 - 8x + 13 = 0$$

用此式分别去除分式的分子和分母,可得

$$原式 = \frac{(x^2 + 2x + 1)(x^2 - 8x + 13) + 10}{(x^2 - 8x + 13) + 2} = 5。$$

例 5　已知在 $[a,b]$ 上 $f(x)$ 连续,M 和 m 分别为 $f(x)$ 在 $[a,b]$ 上的最大值和最小值。求证　$m \leqslant \dfrac{1}{b-a}\displaystyle\int_a^b f(x)\,\mathrm{d}x \leqslant M$。

分析　本例中求证的式子,其几何意义显然。$\dfrac{1}{b-a}\displaystyle\int_a^b f(x)\,\mathrm{d}x$ 可看作 $f(x)$ 在 $[a,b]$ 上的平均值,它当然介于 $f(x)$ 在 $[a,b]$ 上的最大值与最小值之间。但这不能代替逻辑证明。利用 1 的恒等变形式:$1 = \dfrac{1}{b-a}\displaystyle\int_a^b \mathrm{d}x$ 可将求证结论转化为积分不等式。

$$\frac{1}{b-a}\int_a^b m\,\mathrm{d}x \leqslant \frac{1}{b-a}\int_a^b f(x)\,\mathrm{d}x \leqslant \frac{1}{b-a}\int_a^b M\,\mathrm{d}x$$

再转化为函数不等式:

$$m \leqslant f(x) \leqslant M, x \in [a,b]$$

由于最后这一不等式是显然成立的,倒推上去,即得欲证结论。

例 6　证不等式 $(1 + \dfrac{1}{n})^n < 3$

分析　$(1 + \dfrac{1}{n})^n = 1 + n \cdot \dfrac{1}{n} + \dfrac{n(n-1)}{2!} \cdot \dfrac{1}{n^2} + \dfrac{n(n-1)(n-2)}{3!} \cdot$

$$\dfrac{1}{n^3} + \cdots + \dfrac{n!}{n!} \cdot \dfrac{1}{n^n}$$

$$= 1 + 1 + \dfrac{1}{2!}(1 - \dfrac{1}{n}) + \dfrac{1}{3!}(1 - \dfrac{1}{n})(1 - \dfrac{2}{n}) + \cdots +$$

$$\dfrac{1}{n!}(1 - \dfrac{1}{n})(1 - \dfrac{2}{n}) \cdots (1 - \dfrac{n-1}{n})$$

将右端放大,各括号都换为 1 得

$$(1 + \frac{1}{n})^n < 1 + 1 + \frac{1}{2!} + \frac{1}{3!} + \cdots + \frac{1}{n!}$$

再放大：$\frac{1}{3!} < \frac{1}{2^2}, \cdots, \frac{1}{n!} < \frac{1}{2^{n-1}}$，得

$$(1 + \frac{1}{n})^n < 1 + 1 + \frac{1}{2} + \frac{1}{2^2} + \cdots + \frac{1}{2^{n-1}} = 3 - \frac{1}{2^{n-1}} < 3$$

例7　求积分 $\displaystyle\int \frac{dx}{x - \sqrt[3]{3x + 2}}$。

分析　这是求无理函数的不定积分问题。解决这类问题的基本途径是通过变量替换将无理函数的积分转化为有理函数的积分，求出积分后，再通过回代即得所求。

引入变量　$t = \sqrt[3]{3x + 2}$，得 $x = \dfrac{t^3 - 2}{3}$，$dx = t^2 dt$，于是有

$$\int \frac{dx}{x - \sqrt[3]{3x + 2}} = \int \frac{t^2 dt}{\dfrac{t^3 - 2}{3} - t} = \int \frac{3t^2}{t^3 - 3t - 2} dt$$

$$= -\int \frac{dt}{(t + 1)^2} + \frac{5}{3}\int \frac{dt}{t + 1} + \frac{4}{3}\int \frac{dt}{t - 2}$$

$$= \frac{1}{t + 1} + \frac{5}{3}\ln(t + 1) + \frac{4}{3}\ln(t - 2) + C$$

$$= \frac{1}{\sqrt[3]{3x + 2} + 1} + \frac{5}{3}\ln(\sqrt[3]{3 + 2} + 1) + \frac{4}{3}\ln(\sqrt[3]{3x + 2} - 2) + C$$

8.2.3　典型化方法

把一般性问题化归为个别典型的情形，而解决了这个典型问题，一般问题也就迎刃而解。

最典型的例子是讨论三次方程

$$ax^3 + bx^2 + cx + d = 0 (a \neq 0)$$

的根。

分析　不失一般性，只要讨论

$$x^3 + ax^2 + bx + c = 0$$

即可。

甚至还可以说，不失一般性，只要讨论形如

$$x^3 + px + q = 0$$

①

即可。这是因为若令 $x = y - \dfrac{a}{3}$，则

$$x^3 + ax^2 + bx + c = \left(y - \frac{a}{3}\right)^3 + a\left(y - \frac{a}{3}\right)^2 + b\left(y - \frac{a}{3}\right) + c$$

$$= y^3 + \left(3a^2 - \frac{2}{3}a^2 + b\right)y + \left[\left(-\frac{a}{3}\right)^3 + \frac{a^3}{3^2} - \frac{ab}{3} + c\right]$$

记　$P = \dfrac{7}{3}a^2 + b, q = \dfrac{2}{27}a^3 - \dfrac{1}{3}ab + c$，即得如上缺二次项的方程 ①

利用变量替换，又可将三次方程化归为求二次方程的根。

令　$x = u + v$，代入方程 ①，得

$$u^3 + (3uv + p)u + (3uv + p)v + v^3 + q = 0$$

若选择　$uv = -\dfrac{p}{3}$，则得

$$\begin{cases} u^3 + v^3 + q = 0 \\ uv = -\dfrac{p}{3} \end{cases}$$

或　$\begin{cases} u^3 + v^3 = -q \\ u^3v^3 = -\dfrac{p^3}{27} \end{cases}$

故　u^3 和 v^3 是二次方程

$$z^2 + qz - \frac{p^3}{27} = 0$$

的两根，于是

$$u^3 = -\frac{q}{2} + \sqrt{\frac{q^2}{4} + \frac{p^3}{27}}, v^3 = -\frac{q}{2} - \sqrt{\frac{q^2}{4} + \frac{p^3}{27}}$$

从而　$x = u + v = \sqrt[3]{-\frac{q}{2} + \sqrt{\frac{q^2}{4} + \frac{p^3}{27}}} + \sqrt[3]{-\frac{q}{2} - \sqrt{\frac{q^2}{4} + \frac{p^3}{27}}}$。

这一方法在初等平面几何中也用到。例如，作两圆外公切线问题，可以设想其中半径较小的圆退化为一点，从而典型化为由一点向圆作切线的问题。

若一般情形是某几种特殊情形的线性组合，则这时对一般情形的讨论便化归为对几种特殊情形的讨论。

8.2.4 分割法

有些问题,要想解决它,常常需要将原问题作适当的分解,使之成为一组问题,然后待这一组问题都解决好了,再用某种方式重新组合,从而获得原问题的解答,这种解决问题的化归方法,称为分割法。

依据分解对象的差异,分割法又有下列常见的不同形式:

一、整体分割

这是把问题本身作为被分解的对象,又有两种表现形式:把问题分解成几个局部之和;把问题分解成另一个整体与局部之差。

例如,要求凸 n 边形内角之和,可将它分割为 $(n-2)$ 个三角形去求,这是前一种整体分割;要计算弓形的面积,可将其化归为扇形面积与三角形面积之差,这是后一种整体分割。在解题中,下面两例分别是这两种方法的应用。

例 8 如图 8 − 9,三棱锥 $P - ABC$ 中,$PA \perp$ BC,且 $PA = BC = l$,PA,BC 的公垂线 $ED = h$。求证

$$V_{P-ABC} = \frac{1}{2}l^2h。$$

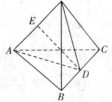

分析 直接去求 V_{P-ABC} 比较困难。注意到 $PA \perp BC$,$ED \perp BC$,则 $BC \perp$ 平面 APD。可将原棱锥分解为两个棱锥:$B - APD$ 和 $C - APD$,于是

图 8 − 9

$$V_{P-ABC} = V_{B-APD} + V_{C-APD} = \frac{1}{6}lh \times BD + \frac{1}{6}lh \times CD$$

$$= \frac{1}{6}l^2h。$$

例 9 已知 $Z_2 = Z_1 \cdot Z$,$Z_3 = Z_1 \cdot Z^2$,其中 $Z = \frac{\sqrt{3}}{2}(1 + \sqrt{3}i)$,$|Z_1| = r$,求复平面内以复数 Z_1,Z_2,Z_3 的对应点为顶点的三角形面积。

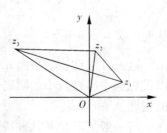

分析 在复平面内作出 Z_1,Z_2,Z_3 的对应点的位置(如图 8 − 10)

直接求 $\triangle Z_1 Z_2 Z_3$ 的面积较繁。将

图 8 − 10

$S_{\triangle Z_1Z_2Z_3}$ 视为 $S_{四边形 OZ_1Z_2Z_3} - S_{\triangle OZ_1Z_3}$，则可达化繁为简的目的。

因为 $|\overrightarrow{OZ_1}| = r, Z = \dfrac{\sqrt{3}}{2}(1 + \sqrt{3}i) = \sqrt{3}(\cos60° + i\sin60°)$，所以

$|\overrightarrow{OZ_2}| = \sqrt{3}r, |\overrightarrow{OZ_3}| = 3r, \angle Z_1OZ_2 = 60°, \angle Z_1OZ_3 = 120°$。

于是　　$S_{OZ_1Z_3} = \dfrac{1}{2}r \cdot 3r \cdot \sin120° = \dfrac{3\sqrt{3}}{4}r^2$

又　　　$S_{四边形 OZ_1Z_2Z_3} = S_{\triangle OZ_1Z_2} + S_{\triangle OZ_2Z_3}$

$$= \dfrac{1}{2}r \cdot \sqrt{3}r \cdot \sin60° + \dfrac{1}{2}\sqrt{3}r \cdot 3r \cdot \sin60°$$

$$= 3r^2$$

故　　　$S_{\triangle Z_1Z_2Z_3} = S_{四边形 OZ_1Z_2Z_3} - S_{\triangle OZ_1Z_3} = 3r^2 - \dfrac{3\sqrt{3}}{4}r^2 = \dfrac{3(4 - \sqrt{3})}{4}r^2$。

二、条件分割

这是把问题的条件作为被分割的对象,其作用在于能暂时解除它们之间的制约关系,能更自由地分别探求只满足部分条件的对象的集合,或使制约关系变得清晰,有利于化归。

代数中的列方程组或不等式组解应用题,就是运用这种分割方法来解决问题。

例 10　某人从 A 地到 B 地,若以每小时 3 公里的速度前进,则比规定时间迟到 40 分钟;若以每小时 4 公里的速度前进,则早到 1 小时。问 A、B 之间的距离和规定时间各是多少?

分析　设 A、B 之间的距离为 x 公里,从 A 地到 B 地的规定时间为 y 小时,将题设条件分为两部分:

① 以 3 公里／小时的速度走完 AB 的时间 = 规定时间 $+ \dfrac{40}{60}$ 小时;

② 以 4 公里／小时的速度走完 AB 的时间 = 规定时间 $- 1$ 小时。

只考虑条件 ①,得方程

$$\dfrac{x}{3} = y + \dfrac{40}{60}$$

只考虑条件 ②,得方程

$$\dfrac{x}{4} = y - 1$$

联立两个方程得方程组,解此方程组即得符合全部题设条件的未知量。

平面几何中的尺规作图问题,也经常采用这种化归方法。例如,已知一个三角形的三边长 a,b,c,求作这个三角形。解题思路是:先作线段 $BC=a$,问题转化为确定三角形的另一顶点 A,使 $AB=c$,$AC=b$,单独考虑条件 $AB=c$,则点 A 应在以 B 为圆心、c 为半径的圆上;再考虑条件 $AC=b$,则点 A 又应在以 C 为圆心、b 为半径的圆上,这两个圆的交点就是点 A 的位置。

三、外延分割

这是把问题的外延作为分割的对象。这种分割化归,实际上是分类整合思想的一种表现形式。为避免重复,留待以后介绍。

四、过程分割

这是把实现目标的过程作为分割对象,即把过程分割为几个阶段,每一阶段都有一个小目标,每个小目标即形成一个台阶,使我们得以沿着这些台阶一步一步地逐步逼近问题获解的总目标。因此,又称此法为逐步逼近法。

例 11 (1993 年全国高考试题)已知数列 $\{a_n\}$ 的公差为 $d>0$,首项 $a_1>0$,$S_n=\sum\limits_{i=1}^{n}\dfrac{1}{a_i a_{i+1}}$,则 $\lim\limits_{n\to\infty}S_n=$ _____。

分析 解本题的过程最好分割为以下几步:

第一步,化简数列前几项和的表达式

$$S_n=\sum_{i=1}^{n}\frac{1}{a_i a_{i+1}}=\frac{1}{d}\left[\left(\frac{1}{a_1}-\frac{1}{a_2}\right)+\left(\frac{1}{a_2}-\frac{1}{a_3}\right)+\cdots+\left(\frac{1}{a_n}-\frac{1}{a_{n+1}}\right)\right]$$

$$=\frac{1}{d}\left(\frac{1}{a_1}-\frac{1}{a_{n+1}}\right)$$

第二步,将上式转化为关于自然数 n 的函数式

$$\frac{1}{d}\left(\frac{1}{a_1}-\frac{1}{a_{n+1}}\right)=\frac{n}{a_1^2+na_1 d}=\frac{1}{\dfrac{a_1^2}{n}+a_1 d}$$

第三步,求极限

$$\lim_{n\to\infty}S_n=\frac{1}{a_1 d}$$

例 12 不用公式,用迭代和递归方法求方程 $x^2-3x+1=0$ 的解。

分析 将方程变形为易于迭代和递归的形式:

$$x=3+\frac{1}{x}。$$

取初始值 x_0，令 $x_1 = 3 + \dfrac{1}{x_0}$，且作递归 $x_n = 3 + \dfrac{1}{x_{n-1}}$，这样就可依次求得方程根的近似值 $x_1, x_2, \cdots, x_n, \cdots$。$x_n$ 的极限正是方程的解 $x = \dfrac{3 + \sqrt{13}}{2}$。

§8.3　中学数学中的主要数学思想方法(二)

8.3.1　数形结合思想方法

数学所关注的是事物的数量关系和空间形式。或简言之，数学研究数和形。但数和形是相互关联着的，通过数量关系可以了解形的性状，通过形的性状也可以了解数量关系，因此，在一定条件下，它们之间可以实现相互转化。数和形是同一事物的两个不同侧面，数形结合有助于我们完整地了解事物的全貌。在处理数学问题时，若能从数和形两方面结合着思考，常常能帮助我们找到解决问题的途径。这种处理问题的思想方法也就称为数形结合。

数形结合的思想方法对于数学的发展起了巨大作用。笛卡尔就是运用这一思想方法，把传统的代数和几何联系起来，创立了解析几何，从而为数学研究开辟了新天地，现代的微分几何、拓扑、代数几何等，都是数形结合思想方法运用的典范。

在中学数学里，数形结合思想方法的运用也很普遍。最典型的是平面解析几何，这一思想方法贯穿其内容的始终。其次是代数、微积分和统计等方面的有关内容，也运用数形结合方法研究某些相关性质，具体做法多半是采用图解法。下面看几个例子。

例 1　（2004 年湖南高考题）设函数

$$f(x) = \begin{cases} x^2 + bx + c, & x \leqslant 0 \\ 2, & x > 0 \end{cases}$$

若 $f(-4) = f(0)$，$f(-2) = -2$，则关于 x 的方程 $f(x) = x$ 的解的个数为

A. 1　　　　　　B. 2

C. 3　　　　　　D. 4

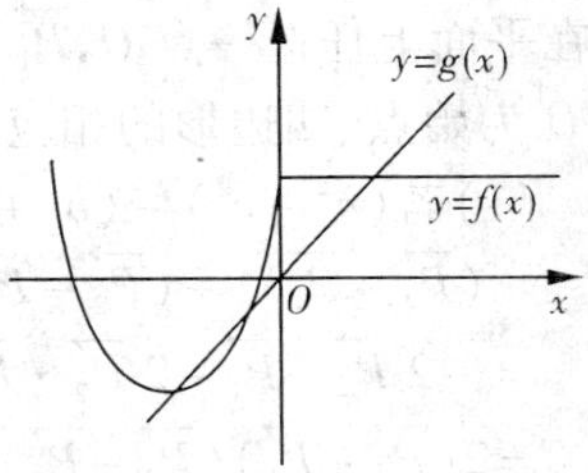

图 8 - 11

    分析　本题用纯代数方法可以解出。但用图解法更直观,容易得结论。在同一坐标系中分别作出函数 $f(x)$ 及 $g(x)=x$ 的图象(图 8–11),易知两个图象有三个公共点,故应选 C。

    例 2　(2004 年湖南高考试题)设 $f(x)$、$g(x)$ 分别是定义在 **R** 上的奇函数和偶函数。当 $x<0$ 时,$f'(x)g(x)+f(x)g'(x)>0$,且 $g(-3)=0$。则不等式 $f(x)g(x)<0$ 的解集是

    A. $(-3,0)\cup(3,+\infty)$ B. $(-3,0)\cup(0,3)$

    C. $(-\infty,-3)\cup(3,+\infty)$ D. $(-\infty,-3)\cup(0,3)$

    分析　本题比上例复杂,又无具体函数表达式,因此,用纯代数方法很难下手。但若采用数形结合方法思考,则易于找到正确答案。

    由已知,易推知 $f(x)g(x)$ 是定义在 **R** 上的奇函数,且当 $x<0$ 时,该函数单调递增。因此,可画出该函数的示意图象如右图 8–12。

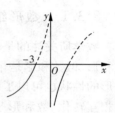

    从图象直观,知正确答案应选 D。

图 8–12

    一些平面几何问题,若用数形结合思想方法处理,常可获得别开生面的新颖解法。前面介绍关系映射反演法时谈到的坐标法和复数法,就属于此类情形,下面再看一例。

    例 3　证明四边形的对角线互相垂直的充要条件是它们的一双对边的平方和等于另一双对边的平方和。

    分析　向量是数形结合的数学对象,利用它作为工具,常有利于数或形的问题相互转化处理,设四边形 $P_1P_2P_3P_4$ 的边长依次为 a、b、c、d,在平面上任选一点 O,$\vec{P_1}$、$\vec{P_2}$、$\vec{P_3}$、$\vec{P_4}$ 分别表示以 O 为始点、四边形的相应顶点为终点的向量。

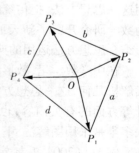

图 8–13

    (1)若 $(a^2+c^2)-(b^2+d^2)=0$,则

$$(\vec{P_4}-\vec{P_1})^2+(\vec{P_2}-\vec{P_3})^2-(\vec{P_3}-\vec{P_4})^2-(\vec{P_1}-\vec{P_2})^2$$

$$=-2\vec{P_4}\cdot\vec{P_1}-2\vec{P_2}\cdot\vec{P_3}+2\vec{P_3}\cdot\vec{P_4}+2\vec{P_1}\cdot\vec{P_2}$$

$$=2(\vec{P_3}-\vec{P_1})(\vec{P_2}-\vec{P_4})=0$$

这表明 $(\vec{P_3}-\vec{P_1})\perp(\vec{P_2}-\vec{P_4})$,即 $P_1P_3\perp P_2P_4$

    (2)若 $P_1P_3\perp P_2P_4$,即 $(\vec{P_3}-\vec{P_1})\perp(\vec{P_2}-\vec{P_4})$,

则　$(\vec{P_3}-\vec{P_1})(\vec{P_2}-\vec{P_4})=0$

将(1)的推导过程逆过来,可得

$$(a^2+c^2)-(b^2+d^2)=0$$

8.3.2　分类与整合思想方法

当面临的数学问题不能以统一的形式寻求解决途径时,可以把问题分解为若干问题分别寻求解答,然后再综合起来得到原问题的解答,这是前面已讲过的分割化归法。当我们分割问题时,如果是针对问题的已知条件所涉及的范围——即条件所涉及概念的外延作逻辑上的划分的话,那么,这种分割就属于分类。将问题已知条件涉及的集合划分为若干子集,在各个子集内分别讨论问题的局部解,然后通过组合各局部解而得到原问题的解答,这种思想方法就是分类与整合法。

在中学数学里,给某些概念下定义和对某些概念进行归纳总结,某些定理的论证过程及结论的表现形式,研究解方程问题,不等式的证明与解不等式,函数单调性的判断与证明以及各种含有参数的问题,等等,分类与整合是一种十分有效的思想方法。下面看一些实例。

例 4　关于实数 a 的绝对值的概念,可以这样定义:

$$|a|=\begin{cases}a\,(a>0)\\0\,(a=0)\\-a\,(a<0)\end{cases}$$

例 5　圆周角定理的证明,采用了圆心与圆周角的关系的不同情况来分类(如图 8-14):

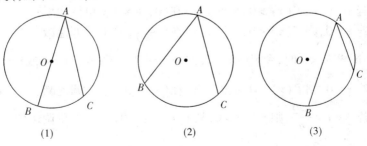

(1)　　　　　　　　(2)　　　　　　　　(3)

图 8-14

(1)圆心 O 在圆周角 $\angle BAC$ 的一边上;

(2)圆心 O 在圆周角 $\angle BAC$ 的内部;

(3)圆心 O 在圆周角 $\angle BAC$ 的外部。

例 6 解方程 $|6x - |3x - 1|| = -m^2 x$。

解 在原方程中显然有 $x \leqslant 0$，于是原方程化为

$$|6x - (1 - 3x)| = -m^2 x$$

即 $\quad |9x - 1| = -m^2 x$

$$1 - 9x = -m^2 x$$

亦即 $\quad (9 - m^2)x = 1$

下面分类讨论：

(1)当 $m = \pm 3$ 时，方程无解；

(2)当 $-3 < m < 3$ 时，$x = \dfrac{1}{9 - m^2} > 0$，由于 $x \leqslant 0$，故应舍去；

(3)当 $m < -3$ 或 $m > 3$ 时，$x = \dfrac{1}{9 - m^2} < 0$，此为原方程的解。

故原方程仅在 $m < -3$ 或 $m > 3$ 时有解，

$$x = \dfrac{1}{9 - m^2}。$$

例 7 (2004 年湖南高考试题)已知函数 $f(x) = x^2 \mathrm{e}^{ax}$，其中 $a \leqslant 0$，e 为自然对数的底数。

(Ⅰ)讨论函数的单调性；

(Ⅱ)求函数 $f(x)$ 在区间 $[0,1]$ 上的最大值。

解 (Ⅰ)$f'(x) = x(ax + 2)\mathrm{e}^{ax}$

(i)当 $a = 0$ 时，令 $f'(x) = 0$，得 $x = 0$。

若 $x > 0$，则 $f'(x) > 0$，从而 $f(x)$ 在 $(0, +\infty)$ 上单调递增；

若 $x < 0$，则 $f'(x) < 0$，从而 $f(x)$ 在 $(-\infty, 0)$ 上单调递减。

(ii)当 $a < 0$ 时，令 $f'(x) = 0$，得 $x(ax + 2) = 0$，故 $\quad x = 0$ 或 $x = \dfrac{-2}{a}$。

若 $x < 0$，则 $f'(x) < 0$，从而 $f(x)$ 在 $(-\infty, 0)$ 上单调递减；

若 $0 < x < \dfrac{-2}{a}$，则 $f'(x) > 0$，从而 $f(x)$ 在 $(0, \dfrac{-2}{a})$ 上单调递增；

若 $x > \dfrac{-2}{a}$，则 $f'(x) < 0$，从而 $f(x)$ 在 $(\dfrac{-2}{a}, +\infty)$ 上单调递减。

(Ⅱ)(i)当 $a = 0$ 时，$f(x)$ 在区间 $[0,1]$ 上的最大值是 $f(1) = 1$。

(ii)当 $-2 < a < 0$ 时，$f(x)$ 在区间 $[0,1]$ 上的最大值是 $f(1) = \mathrm{e}^a$。

（iii）当 $a \leqslant -2$ 时，$f(x)$ 在区间 $[0,1]$ 上的最大值是 $f(-\dfrac{2}{a}) = \dfrac{4}{a^2 e^2}$

例8 （2003 年全国高考试题）某城市在中心广场建造一个花圃，花圃分为 6 个部分（如图 8-15）。现要栽种 4 种不同颜色的花，每部分栽种一种且相邻部分不能栽种同样颜色的花，不同的栽种方法有_____种。

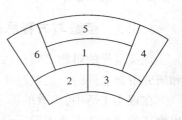

图 8-15

解法1 将 6 个区域分成 4 组，不同组栽种不同颜色的花，同一组栽种同一颜色的花。因为区域 1 与其他 5 个区域都相邻，所以为了栽种方案合乎题意，分在同一组的区域至多只能有 2 个。因而，由图形可知，不同分组法有且只有 5 类，如下表（表中数字为区域号）：

	第一组	第二组	第三组	第四组
第一类	1	2	3,5	4,6
第二类	1	2,5	3,6	4
第三类	1	2,5	3	4,6
第四类	1	2,4	3,5	6
第五类	1	2,4	3,6	5

每一类分组法，都有 P_4^4 种不同的栽种方法，应用加法原理，得到所有符合题意的不同栽种方法的种数为

$$N = 5P_4^4 = 120$$

解法2 分两类情况考虑：

第 1 类，第 1、2、3、5 等四个区域栽种不同颜色的 4 种花，共有 P_4^4 种栽法，对于每一种栽法，第 4,6 区分别都只有 1 种颜色的花可栽。

第 2 类，第 1、2、3、5 等四个区域栽种不同颜色的 3 种花，共有 $2C_4^3 P_3^3$ 种栽法，对于每一种栽法，要么 2、5 区栽同色花，要么 3、5 区栽同色花。对于前者，第 6 区有 2 种颜色的花可供选择，第 4 区只能栽第 4 种颜色的花；对于后者，第 4 区有 2 种颜色的花可供选择，第 6 区只能栽第 4 种颜色的花，即无论何种情形，第 4、6 区的栽法都是 2 种。

综合上述情形，应用加法原理与乘法原理，得不同栽种方法的种

数为

$$N = P_4^4 + 2 \times 2C_4^3 \cdot P_3^3 = 120。$$

8.3.3 函数与方程思想方法

现实世界的事物之间存在着各种各样的联系,函数正是数学中反映和研究事物之间的一类普遍联系和变化规律的重要方法。

在现实生活中,函数的影子无处不在。随意翻阅报纸,就可能看到房地产价格变化率或者股票走势图等函数图象;留心观察周围的经济生活,就会遇到各式各样的函数关系:出租车的里程与计价之间的关系;银行的存款与利息之间的关系;邮件的重量与邮费之间的关系;气温变化与时间之间的关系,等等。

函数在数学的发展过程中起着十分重要的作用,许多数学分支都是以函数为中心来展开研究的。在中学数学里,函数也起着主导的作用,处于核心地位,传统中学代数中有所谓"数、式、方程(不等式)、函数四大主干"之说,其实,这四项内容都可以用函数观点来统帅:数集的发展是为函数的定义域和值域研究作准备的;"式"是函数关系的重要表达形式,"式"也可以看作是关于式中某个(或某些)字母的函数;方程或不等式的两端可以看作在公共定义域内研究的两个函数,方程或不等式的解集则可以理解为使左右两个函数值相等或不等的公共定义域的子集。举例来说,方程 $ax^2 + bx + c = 0 (a \neq 0)$ 的解集就是使函数 $y = ax^2 + bx + c$ 值为零所对应的自变量集;不等式 $ax^2 + bx + c \geq 0 (a \neq 0)$ 的解集就是使函数 $y = ax^2 + bx + c$ 值非负所对应的自变量集。中学数学的其他许多内容也与函数密切相关。譬如,数列是以自然数集或其子集为定义域的函数;微积分初步研究的内容主要是初等连续函数的一些性质;解析几何研究的曲线与方程其实是一类隐函数。

不仅中学数学的上述内容可以有机地统一在"函数"观点之下,而且在遇到有关上述内容的数学问题时,也常可将其转化为函数问题来处理,这种用函数观点处理问题的思想方法,就称为函数思想方法。

方程也是数学中处理现实问题的一个重要工具。在解决某些数学问题时,也常用方程去处理。所谓方程的思想就是突出研究已知量与未知量之间的等量关系,通过设未知数,列方程或方程组,解方程或方程组等步骤,达到求值目的的解题思路和策略,它是解决各类计算问题的基本思想。

因为方程与函数有如前所述的联系，所以，把用方程处理问题的思想与函数思想归并，统称为函数与方程思想方法。

下面看几个实例。

例9　已知 a、$b \in \mathbf{R}$，求证：$a^2 + b^2 \geqslant ab + a + b - 1$。

分析　只要证　$a^2 + b^2 - (ab + a + b - 1) \geqslant 0$。

令　$f(a) = a^2 + b^2 - (ab + a + b - 1) = a^2 - a(1 + b) + (b^2 - b + 1)$。

这样就将不等式问题转化为函数问题：

求证关于 a 的一元二次函数（b 为参数）在定义域 $a \in \mathbf{R}$（参数 $b \in \mathbf{R}$）内其值非负。

这只要判别式非正即可，事实上，其判别式

$$\Delta = (1 + b)^2 - 4(b^2 - b + 1) = -3(b - 1)^2 \leqslant 0$$

所以，$f(a) \geqslant 0$。

例10　已知　$P = \dfrac{\sin x - 2}{\cos x - 2}$，求证

$$\frac{4 - \sqrt{7}}{3} \leqslant P \leqslant \frac{4 + \sqrt{7}}{3}。$$

分析　注意到 $\dfrac{4 - \sqrt{7}}{3}$ 与 $\dfrac{4 + \sqrt{7}}{3}$ 的结构形式，由于

$$\frac{4 - \sqrt{7}}{3} + \frac{4 + \sqrt{7}}{3} = \frac{8}{3}, \quad \frac{4 - \sqrt{7}}{3} \cdot \frac{4 + \sqrt{7}}{3} = 1$$

易知 $\dfrac{4 \pm \sqrt{7}}{3}$ 是方程 $x^2 - \dfrac{8}{3}x + 1 = 0$ 的两个根。考虑到函数 $f(x) = x^2 - \dfrac{8}{3}x + 1$ 与上述方程的关系，要证题中结论，即证 P 在这两根之间，这只要证 $f(p) \leqslant 0$。事实上，

$$f(p) = \left(\frac{\sin x - 2}{\cos x - 2}\right)^2 - \frac{8}{3} \cdot \frac{\sin x - 2}{\cos x - 2} + 1$$

$$= \frac{1}{3(\cos x - 2)^2}[3(\sin x - 2)^2 - 8(\sin x - 2)(\cos x - 2) + 3(\cos x - 2)^2]$$

$$= -\frac{[2(\sin x + \cos x)^2 - 1]^2}{3(\cos x - 2)^2} \leqslant 0$$

故　$\dfrac{4 - \sqrt{7}}{3} \leqslant P \leqslant \dfrac{4 + \sqrt{7}}{3}$。

例 11   已知 a、b、$c \in \mathbf{R}$,且 $a+b+c=0$,$abc=1$。求证 a、b、c 中必有一个大于 $\dfrac{3}{2}$。

分析   由已知条件知,a、b、c 中必有一个正数,两个负数。不妨设 $a \in \mathbf{R}^+$,则有

$$b+c=-a,bc=\frac{1}{a}$$

联想到根与系数的关系,易知 b、c 是方程

$$x^2+ax+\frac{1}{a}=0$$

的两实数根。所以

$$\Delta=a^2-4\cdot\frac{1}{a}\geq 0$$

解得 $a\geq\sqrt[3]{4}=\sqrt[3]{\dfrac{32}{8}}>\sqrt[3]{\dfrac{27}{8}}=\dfrac{3}{2}$

这表明 a、b、c 中的那个正数一定大于 $\dfrac{3}{2}$。

例 12   (2004 年全国卷高考试题)给定抛物线 $C:y^2=4x$. F 是 C 的焦点,过点 F 的直线 l 与 C 相交于 A、B 两点。

(Ⅰ)设 l 的斜率为 1,求 $\overrightarrow{OA}$ 与 $\overrightarrow{OB}$ 夹角的大小;

(Ⅱ)设 $\overrightarrow{FB}=\lambda\overrightarrow{AF}$,若 $\lambda\in[4,9]$,求 l 在 y 轴截距的变化范围。

分析   在第(Ⅰ)问中,需求 $\overrightarrow{OA}$、$\overrightarrow{OB}$ 与 $|\overrightarrow{OA}|\cdot|\overrightarrow{OB}|$ 的值。由已知条件,直线 l 的方程为:$y=x-1$。设 $A(x_1,y_1)$,$B(x_2,y_2)$。解方程组

$$\begin{cases}y=x-1\\y^2=4x\end{cases}$$ 消去 y,并整理,得

$$x^2-6x+1=0$$

则 $x_1+x_2=6,x_1x_2=1$

所以 $\overrightarrow{OA}\cdot\overrightarrow{OB}=(x_1,y_1)\cdot(x_2,y_2)=x_1x_2+y_1y_2$

$$=2x_1x_2-(x_1+x_2)+1=-3$$

$$|\overrightarrow{OA}|\cdot|\overrightarrow{OB}|=\sqrt{x_1^2+y_1^2}\cdot\sqrt{x_2^2+y_2^2}$$

$$=\sqrt{x_1x_2[x_1x_2+4(x_1+x_2)+16]}$$

$$=\sqrt{41}$$

所以　$\cos\langle\overrightarrow{OA}\cdot\overrightarrow{OB}\rangle=\dfrac{\overrightarrow{OA}\cdot\overrightarrow{OB}}{|\overrightarrow{OA}|\cdot|\overrightarrow{OB}|}=-\dfrac{3\sqrt{41}}{41}$。

在第（Ⅱ）问中，先列出直线方程：$y=kx-k$，它在 y 轴上的截距为 $-k$，以下是找 λ 与 k 的函数关系。

由 $\overrightarrow{FB}=\lambda\overrightarrow{AF}$，得 $\begin{cases}x_2-1=\lambda(1-x_1)&①\\y_2=-\lambda y_1&②\end{cases}$

解方程组 $\begin{cases}y=kx-k\\y^2=4k\end{cases}$ 消去 x，得

$ky^2-4y-4k=0$　③

由根与系数的关系，得

$\begin{cases}y_1+y_2=-\dfrac{4}{k}&④\\y_1y_2=-4&⑤\end{cases}$

由②④⑤消去 y_1、y_2 后，得

$$-\lambda\left(\frac{4}{k(1-\lambda)}\right)^2=-4$$

化简后得　$k^2=\dfrac{4\lambda}{(1-\lambda)^2}=\dfrac{4}{\lambda+\dfrac{1}{\lambda}-2}$

由 λ 的取值范围 $[4,9]$，求得 $k^2\in\left[\dfrac{9}{16},\dfrac{16}{9}\right]$，进而求得 $-k\in\left[-\dfrac{4}{3},-\dfrac{3}{4}\right]\cup\left[\dfrac{3}{4},\dfrac{4}{3}\right]$。

本例的内容属于平面向量与解析几何知识的结合，但解题过程却集中体现了函数与方程的思想。

8.3.4　变换思想方法

前面说到函数是中学数学内容的一条主线，特别是代数方面的内容，完全是围绕函数这个中心展开的。在中学数学里，还有一条主线，就是"变换"，尤其是平面几何的内容，完全是围绕几何变换展开的。

变换属于化归的一种形式。前面在化归中提到的变形法，其实属于变换的范围。为了不与前面重复，这里只介绍几何变换方法。

几何变换有许多种类，如合同变换、相似变换、仿射变换、射影变换、

拓扑变换等。不过,中学平面几何涉及的只有合同变换和相似变换。其中,合同变换又包括平移、反射(轴对称)、旋转等三个子类。概括地说,中学平面几何的内容就是研究平面图形在合同变换和相似变换下的不变性质。

在平面解析几何中,也用到合同变换的方法,不过现行中学课程中很少涉及(仅涉及到平移)。

几何变换法用于解决几何问题常常十分有效。下面看几个例子。

例13 设 P 为 $\square ABCD$ 内部一点,证明:$\angle BAP = \angle PCB$ 当且仅当 $\angle PBA = \angle ADP$。

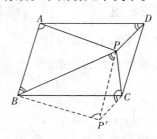

证明 如图 8 – 16,作变换 $T(\overrightarrow{AB})$,则 $A \rightarrow B, D \rightarrow C$;设 $P \rightarrow P'$,则 $\angle BCP' = \angle ADP$,且四边形 $ABP'P$ 为平行四边形,所以,$\angle BAP = \angle PP'B$,$\angle PBA = \angle BPP'$。于是,$\angle BAP = \angle PCB \Leftrightarrow \angle PP'B = \angle PCB \Leftrightarrow B$、$P'$、$C$、$P$ 四点共圆 $\Leftrightarrow \angle BPP' = \angle BCP' \Leftrightarrow \angle PBA = \angle ADP$。

图 8 – 16

例14 (第26届国际数学奥林匹克试题)设四边形 $ABCD$ 内接于圆。另一圆的圆心在边 AB 上,且与四边形的其余三边相切。求证:$AD + BC = AB$。

证明 如果 $AD // BC$,则结论显然成立;如果 AD 与 BC 不平行(如图 8 – 17),设其延长线交于 P,位于 AB 上的圆心为 O。显然,OP 是 $\angle APB$ 的角平分线。

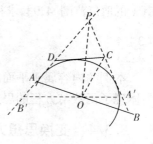

作变换 $S(OP)$,设 $A \rightarrow A', B \rightarrow B'$,则 A'、B' 分别在直线 BC、AD 上,且 $A'B = AB'$,$A'B'$ 过点 O,若 $A' = B$,则 $B' = A$;不妨设 A' 在线段 BC 上,则 B' 在 DA 的延长线上,且 $\angle B' = \angle B$;因四边形 $ABCD$ 内接于圆,所以

图 8 – 17

$\angle CDP = \angle B$,因此 $\angle CDP = \angle B'$,从而 $CD // A'B'$,于是 $\angle A'OC = \angle DOC$;但 $\angle DOC = \angle OCA'$,所以 $\angle A'OC = \angle OCA'$,因而 $CA' = OA' = OA$;同理,$B'D = OB$。又 $A'B = AB'$,故 $AD + BC = AD + BA' + A'C = AD + AB' + OA = B'D + OA = OB + OA = AB$。

上面是利用轴对称变换证明的,本题也可利用旋转变换证明。

另证 如图 8 – 18,设位于 AB 上的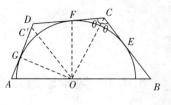
圆心为 O,$\odot O$ 与 BC、CD、DA 分别相切于
E、F、G,则 $OF = OG$;作 变 换 $R(O,$
$\angle FOG)$,则 $F \to G$;设 $C \to C'$,由 $CD \perp OF$,
$AD \perp OG$ 知 C' 在直线 AD 上,且 $GC' =$
$FC = CE$,$\angle GC'O = \angle FCO$;令 $\angle FCO = \theta$,
则有 $\angle AC'O = \theta$,$\angle OCB = \theta$;因四边形

图 8 – 18

$ABCD$ 内接于圆,所以 $\angle OAC' = \pi - 2\theta$,从而 $\angle C'OA = \theta = \angle AC'O$。于是,
$AO = AC' = AG + GC' = AG + EC$;同理,$OB = GD + BE$。故 $AB = AO + OB =$
$AG + EC + GD + BE = AD + BC$。

例 15 在 $\triangle ABC$ 中,AM、AD 分别为中线和角平分线,E 为直线 AM
上一点。求证:$BE \perp AD$ 的充分必要条件是 $DE /\!/ AB$。

证明 如图 8 – 19,作变换
$C(M)$,则 $C \to B$;设 $A \to A'$,则 M 为
AA' 的中点,$BA' \underset{=}{/\!/} AC$,所以 $\angle A'BA$ 与
$\angle BAC$ 互补;由三角形的角平分线性
质定理,有 $\dfrac{AB}{AC} = \dfrac{BD}{DC}$;于是,$BE \perp AD \Leftrightarrow$

$\angle EBA + \angle BAD = 90° \Leftrightarrow BE$ 为 $\angle A'BA$

图 8 – 19

的平分线 $\Leftrightarrow \dfrac{AE}{EA'} = \dfrac{AB}{BA'} \Leftrightarrow \dfrac{AE}{EA'} = \dfrac{AB}{AC} \Leftrightarrow$

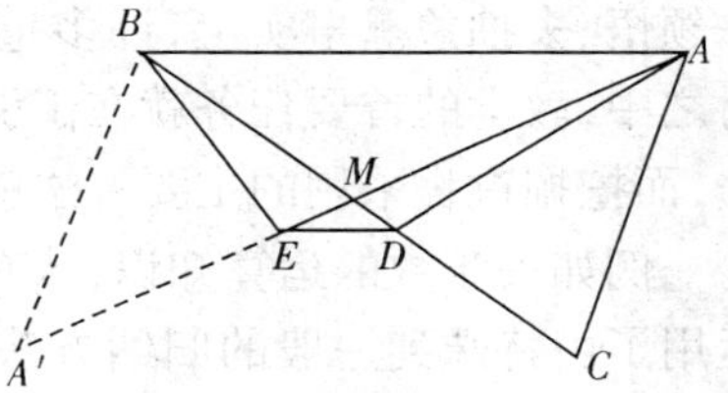

$\dfrac{AE}{EA'} = \dfrac{BD}{DC} \Leftrightarrow \dfrac{AM + ME}{MA' - ME} = \dfrac{BM + MD}{MC - MD} \Leftrightarrow \dfrac{AM + ME}{AM - ME} = \dfrac{BM + MD}{BM - MD} \Leftrightarrow \dfrac{AM}{ME} = \dfrac{BM}{MD} \Leftrightarrow$

$DE /\!/ AB$。

本题作为一个与中点有关的问题,这里是用中心反射变换来处理
的。结合三角形的角平分线的性质定理与判定定理,再巧妙利用合分比
性质,使充分与必要条件的证明得以同时完成。

§8.4 数学思想方法的教学

8.4.1 数学思想方法的一般教学途径

如§8.1中所述,数学思想方法是数学知识在更高层次上的抽象与概括,它们深藏于数学知识发生、发展和应用的过程中,能够迁移并广泛应用于相关学科和社会生活中,因此,数学思想方法的教学有以下两个基本的途径。

一、在数学知识的教学过程中归纳、提炼数学思想方法

由于数学思想方法是一种深层的数学知识,它以数学概念、数学命题、数学演算等表层的数学为载体,因此,要认识它就只能通过这些载体去领悟、去抽象。事实上,许多重要的数学思想方法已经隐含于数学教材之中,教学的首要任务就在于引导学生充分挖掘教材中的数学思想方法,而挖掘过程采用的主要方法就是"归纳"和"提炼"。

例如关于数的运算知识,从有理数的加法、乘法运算开始,教材中就运用了由特殊到一般的归纳方法以及数形结合的方法得出这两种运算的法则;以后又进一步在实数运算中再次运用上述方法得出类似运算法则;最后,数的概念扩张到复数后,便采用与二项式运算类比的方法得出运算法则,再辅以数形结合方法加深理解。在这里,教材中并没有明确出现"归纳"、"数形结合"、"类比"等数学思想方法名称,教学时也不是开始接触上述数学知识内容就指明运用了什么数学思想方法,而是引导学生一起按这些方法的具体步骤操作,让学生从自己亲身经历的数学活动过程中逐步领悟,待到学生反复运用多次后,教师才不失时机地归纳、提炼出所使用的数学思想方法的名称、步骤等。

一般来说,数学知识的教学可以划分为形成、应用和整理等教学阶段,在不同的教学阶段中,教材中所隐含的数学思想方法各有特点,教师应因势利导,带领学生一道挖掘。例如:

在知识形成阶段(包括概念的形成,命题的发现与推导,公式、法则的导出等),教材中渗透了观察、实验、比较、分析、抽象、概括等抽象化、模型化的思想方法,归纳、类比、演绎等逻辑方法,字母代数的思想方法,函数与方程的思想方法,有限与无限的思想方法,或然与必然的思想方法等。

在知识应用阶段,教材中渗透了分类与整合、转化与化归、特殊化与一般化等思想方法。

在知识整理阶段,教材中渗透了公理化、结构化等思想方法。

二、在数学问题解决的过程中使用数学思想方法

数学教学是数学活动的教学,而数学问题解决是数学活动的主要的、典型的方式。因此,数学思想方法的教学必然要通过数学问题解决的过程来实现,更为重要的是,数学思想方法的源头和主要用武之地恰好是数学问题解决。

在数学问题解决过程中,一些重要的数学思想方法几乎都要用到。例如模型化,转化与化归,分类与整合,特殊与一般,函数与方程,归纳、类比与演绎等。

以解方程为例,这类数学问题解决的基本策略是运用转化与化归的思想方法:超越方程化归为代数方程,代数方程中无理方程化归为有理方程,有理方程中分式方程化归为整式方程,整式方程中高次方程化归为低次方程,最后归结为一次或二次方程。

又如在平面几何问题的解决过程中,运动变化的观点、几何变换的思想方法是重要的法宝。从上一节的应用实例中已经可以初见端倪,这里不再重述。

从全局看,可以说,数学问题解决的过程,就是数学思想方法的选择和运用过程。因此,要让学生真正理解和掌握一些重要的数学思想方法,数学问题解决的教学是一个关键环节。

8.4.2　数学思想方法教学中应注意的几个问题

一、数学思想方法的教学以"渗透"为主要特征

中学数学的课程内容虽然是由具体的表层的数学知识和相对抽象的深层的数学思想方法组成的一个有机整体,但是,数学教材的编排一般是沿具体数学知识的纵向展开的,数学思想方法只是隐含在数学知识的体系之中,并没有明确的揭示和总结。因此,数学思想方法的教学不可能像具体数学知识一样有一条独立与明确的纵向发展的主线,而只能伴随着数学知识教学的过程,有目的、有计划、有步骤地不断"渗透"。

所谓"渗透",指的是在具体数学知识的教学中,通过精心设计的学习情景与教学过程,着意引导学生领悟隐含在其中的数学思想方法,使他们在潜移默化中达到理解和掌握。

二、数学思想方法的渗透具有长期性和反复性

由于数学思想方法比具体的数学知识具有更高的抽象性和概括性,因此,学生对数学思想方法的认知比对具体数学知识的认知更为困难,领悟和理解的过程更长,这就决定了数学思想方法的渗透式教学的长期性,教师务必有耐心,坚持日积月累,长期渗透,只有这样才会见成效。

长期渗透并不只是简单重复,而是如人的一般认识过程那样,必须让学生经历从个别到一般,从具体到抽象,从感性到理性,从低级到高级的过程。这一过程体现了数学思想方法认识的反复性,这种反复显然不是简单重复,而是一种螺旋上升式的逐步深入认识过程。

此外,由于个体差异,学生对数学思想方法的掌握往往表现出很大的不同步性。一些学生对某种数学思想方法掌握了,另一些学生却可能还很难领悟,这也说明了坚持数学思想方法反复渗透的必要性。

8.4.3 数学思想方法教学举例

以分类与整合思想方法的教学为例,介绍大致的教学历程。

按渗透、明朗、熟悉、深化四个阶段教学。

一、渗透阶段

一般来说,学生在生活中已具有一定的关于分类与整合问题的体验,教学中应充分利用这一认识基础进行渗透。

初中阶段的数学内容蕴涵着丰富的分类与整合思想,如数、方程、函数、三角形、四边形等的分类认识;圆和直线的位置关系,两圆位置关系;圆周角定理和正弦定理的证明等。教学时有意识地结合这些内容恰当地介绍一些浅近的分类与整合知识,对今后正确理解和运用分类与整合思想方法十分有益。例如,关于 $|a|$ 的概念,需分 $a > 0, a = 0, a < 0$ 分别讨论再来综合;研究方程 $a^2 + bx + c = 0(a \neq 0)$ 的解时,要对 $\Delta = b^2 - 4ac$ 的值分三种情况讨论然后整合。

在这一阶段,凡提到分类与整合时,都要不失时机地进行纵横联想和回顾,将有关问题串联在分类与整合这根线上,使学生在大量感性材料基础上,对分类与整合的实质逐步产生"悟化"。

二、明朗阶段

这一阶段的教学宜放在高中阶段。当学生学完集合与简易逻辑知识后,可给出科学分类(划分)的定义:

在某一问题中,设符合一定条件的所有元素组成集合 A。按元素的某一性质将 A 无遗漏且无重复地分成若干真子集 $A_1,A_2,\cdots,A_n$。即满足 $A=A_1\cup A_2\cup\cdots\cup A_n,A_i\cap A_j=\varnothing$($i\neq j,i,j\in\mathbf{N}$ 且 $1\leqslant i,j\leqslant n$)。则称 A_1,$A_2,\cdots A_n$ 是 A 的一个分类(划分)。

有了上述定义后,还需进一步挑明,当一个问题从整体上进行研究不好入手时,往往可考虑先分类研究,然后再加以整合。这样有"分"有"合",先"分"后"合"不仅是分类与整合思想方法解决数学问题的主要过程,也是分类与整合思想的本质属性。

此后,就有必要将以前渗透过的问题,从分类与整合思想方法的高度重新认识。

三、熟悉阶段

当学生弄清楚了分类与整合思想方法以后,教师在数学基础知识教学和解题指导中,应尽量体现分类与整合思想方法的运用,使之由自觉、自如到达熟练的程度。

指数函数、对数函数单调性的研究,就是要对集合 $\{a\mid a>0,a\neq1\}$ 进行一级分类,学生对此若有较深印象,那么,以后只要遇见 a^x 或 $\log_a x$($a>0,a\neq1$),脑中就会立即出现 $0<a<1$ 和 $a>1$ 两个区域,以避免不加区分所犯的错误。

解排列组合问题的加法原理是分类与整合思想方法的具体体现,要求熟练掌握。

四、深化阶段

在上阶段的基础上,进一步在运用过程中继续加深对分类与整合思想方法的理解。

这一阶段的教学需要注意两点:

1. 设置阶梯,循序渐进,由浅入深

以函数 $y=ax^2+bx+c(a\neq0)$ 的极值的教学为例。初期,仅就 $a>0$,$a<0$ 两种情况讨论极值。以后,发展为在指定区间求该函数的极值。例如,若规定 $x\in[-1,1]$,则在 $a>0$ 或 $a<0$ 前提下又必须分 $-\dfrac{b}{2a}<-1$,

$-1 \leqslant -\dfrac{b}{2a} < 1$ 和 $-\dfrac{b}{2a} > 1$ 三种情况讨论。再以后,又出现"求函数 $y = \sin^2 x + p\sin x$ 的极值",继续变换,又可得"二次函数 $y = 4x^2 - 4ax + (a^2 - 2a + 2)$ 在 $x \in [0, 2]$ 时的最小值为3,求 a 的所有值","m 为何值时,方程 $2(1 + \cos x - 2\cos^2 x) = m\cos x$ 在 $[0, \pi]$ 内的实数解有一个?两个?三个?"等题。

2. 该分则分,该合则合,一切从实际出发

分类与整合思想方法的运用必须恰当,有时貌似要分,实则不然;有时先需分开讨论,后来又合起来下结论;有时不是一开始就分类讨论,而是研究问题到中途才需分情形讨论。掌握其间的分寸,正是分类与整合思想方法已被深入掌握的表现。

例16 (1989 年理科高考试题)设 $0 < a \neq 1$,试求使方程

$$\log_a(x - ak) = \log_a^2(x^2 - a^2)$$

有解的 k 的取值范围。

分析 由已知方程得

$$(x - ak)^2 = x^2 - a^2 \qquad\qquad ①$$
$$x - ak > 0 \qquad\qquad ②$$
$$x^2 - a^2 > 0 \qquad\qquad ③$$

按照当年高考答案提供的解法,是先由③得出 $x > a$ 或 $x < -a$,然后分两种情况分别解①、②组成的混合组求出 k 的范围。这里的分类较为繁杂。如果注意到①、②两式已蕴涵③式,则可以避免分类讨论。

解 已知方程等价于

$$\begin{cases} (x - ak)^2 = x^2 - a^2 & ① \\ x - ak > 0 & ② \end{cases}$$

由①得 $x = \dfrac{a(k^2 + 1)}{2k}$ $(k \neq 0)$,代入②

得 $\dfrac{a(k^2 + 1)}{2k} - ak > 0$。由于 $a > 0$,

即有 $\dfrac{k^2 + 1}{2k} - k > 0$。

解得 $k < -1$ 或 $0 < k < 1$。

例17 (1990 年理科高考试题)设 $a \geqslant 0$,在复数集 C 中解方程

$$z^2 + 2|z| = a$$

分析　按照通常的方法,设 $Z = x + yi (x, y \in \mathbf{R})$,这样将导致三级分类讨论。若将 Z 视为一个整体,先对原方程进行同解变形,则可以减少分类讨论的层次。

解　原方程化为　$Z^2 = a - 2|z|$。由 $a - 2|z| \in \mathbf{R}$,可知原方程若有解,则其解或者为实数,或者为纯虚数。

(1)若 Z 为实数,则 $z^2 = |z|^2$,原方程

化为　$|z|^2 + 2|z| - a = 0$

解得　$|z| = -1 + \sqrt{1+a}$,于是　$z = \pm(-1 + \sqrt{1+a})$。

(2)若 z 为纯虚数,记 $z = yi (y \in \mathbf{R}, y \neq 0)$,则原方程化为

$|y|^2 - 2|y| + a = 0$

当 $a = 0$ 时,得　$y = \pm 2$;

当 $0 < a \leq 1$ 时,得　$|y| = 1 \pm \sqrt{1-a}$;

当 $a > 1$ 时,y 不存在。

于是,当 $a = 0$ 时,原方程的解为 $z = \pm 2i$;

当 $0 < a \leq 1$ 时,原方程的解为 $z = \pm(1 + \sqrt{1-a})i$ 和 $z = \pm(1 - \sqrt{1-a})i$;

当 $a > 1$ 时,方程无纯虚数解。

例18　(2004 年高考试题)已知函数 $f(x) = ax^3 + 3x^2 - x + 1$ 在 $\mathbf{R}$ 上是减函数,求 a 的取值范围。

分析　本题是一个以导数为工具,研究函数单调性的问题。易求得 $f'(x) = 3ax^2 + 6x - 1$。于是,可以把 $f(x)$ 的增、减性问题转化为 $f'(x)$ 的正、负问题来研究,由于现行教材中学习的函数单调性与导数的关系定理是非充要的,即"一般地,设函数 $y = f(x)$ 在某个区间内有导数,如果在这个区间内 $y' > 0$,那么 $y = f(x)$ 为这个区间内的增函数;如果在这个区间内 $y' < 0$,那么 $y = f(x)$ 为这个区间内的减函数"。由于该定理的局限性,不能把原问题转化为"$f'(x)$ 恒小于零时,求 a 的取值范围"来解决。而要正确使用这个定理,可先求出使 $f'(x)$ 恒小于零时 a 的取值范围,由定理,在这个范围内,$f(x)$ 在 $\mathbf{R}$ 上必为减函数。

$f'(x) = 3ax^2 + 6x - 1$ 在 $\mathbf{R}$ 上恒小于零 $\Leftrightarrow$

$a < 0$ 且 $\triangle = 3b + 12a < 0 \Leftrightarrow$

$a < -3$

到此只能得出:当 $a < -3$ 时,$f(x)$ 在 $\mathbf{R}$ 上为减函数,即所求出的范

围$(-\infty,-3)$只是题中所要求的取值范围的一部分,下面还需对 a 的其他取值范围进行分类,再在每一类内研究 $f(x)$ 是否是 **R** 上的减函数。

由解析式知 a 的取值范围为全体实数。去掉$(-\infty,-3)$以后,再分为 -3 或$(-3,+\infty)$两类讨论即可。

当 $a=-3$ 时,$f(x)=-3x^3+3x^2-x+1=-3(x-\frac{1}{3})^3+\frac{8}{9}$

由函数 $y=x^3$ 的单调性及图象的平移变换,可知当 $a=-3$ 时,$f(x)$ 是 **R** 上的减函数。

当 $a>-3$ 时,在 **R** 上总有 $f'(x)>0$ 的情况出现,所以当 $a>-3$ 时,函数 $f(x)$ 在 **R** 上不是减函数。

综上,所求 a 的取值范围为$(-\infty,-3]$。

本题解法中的分类与整合完全是因为所学定理的局限性引起的,先求出所求取值范围的一个充分条件,然后再进一步分类研究,最后加以整合。

思考题

1. 何谓数学思想方法?谈谈你的理解。

2. 什么是数学抽象化方法?数学抽象有哪些具体方法?试举例说明。

3. 什么是关系映射反演方法?中学数学中有哪些具体表现?

4. 试述数形结合的思想方法及其在中学数学教学中的作用。

5. 试述函数与方程思想方法及其在中学数学中的作用。

6. 什么是分类与整合思想方法?举例说明。

7. 中学阶段如何进行数学思想方法的教学?

8. 结合现行中学数学教材,分析某个年级教材中隐含的数学思想方法。

第九章　数学问题解决的教学

数学问题解决是数学知识和技能学习的延伸,是一种高级形式的学习活动。数学问题解决的教学是数学教学的重要组成部分。本章对数学问题解决的意义及类型、数学解题教学、数学建模教学等进行概括的论述。

§9.1　数学问题解决教学概述

用数学问题解决取代数学解题的提法始于 1980 年美国数学教师联合会的《关于行动的议程——80 年代数学教育的建议》的文件。该文件提出"必须把问题解决作为 80 年代中学数学的核心"。1988 年的第六届国际数学教育会议将问题解决列为大会的主要研究课题之一。使问题解决受到世界数学教育界的普遍重视,成为 20 世纪 90 年代数学教育发展的国际潮流。数学教育似乎又回到了中国古代数学教育的老传统上来了。

9.1.1　问题及数学问题解决的意义

一、问题的本质

问题解决中提到的"问题"似乎有意与解数学题中的"题"(也有人称之为"习题")加以区分,以显示"问题"与"题"的区别。在数学领域内,关于题或问题的理解有不同观点,有人把有待证明的数学命题,所要研究的数学概念的各种情况以及证明概念性质的例子等都称之为题。提出"掌握数学就意味着解题"的教育思想,这是从形式上对"题"的一种广义理解,这与问题解决中的"问题"显然是有所不同的。而波利亚的《怎样解题》中的"题"与问题解决中的"问题"却是基本相同的事。他指出:"有问题指的是有意识地寻求某一适当的行动,以便达到一个被清楚地意识到但又不能立即达到的目的。"可见,问题是个体认知过程中出现心理阻碍,需要克服的东西,它与个体的知识关联在一起,是属于心理层面上的概念。

从系统的观点来看,对于学习者,如果一个系统的全部元素、元素的性质和元素间的关系都是他所知的,那么这个系统对于他就是稳定系统。如果这个系统中至少有一个元素、性质或关系是他所不知的,那么这个系统对于这个学习者就是问题系统,即构成问题;如果这个问题系统的元素、性质和关系都是有关数学的,那么它就是一个数学问题,解题就是将问题系统转变为稳定系统。

奥苏伯尔和鲁宾逊指出:"倘若解决问题这一术语要有些用处的话,这一术语必须指出它独有的,比有意义习得命题的运用中所包括的更复杂的心理过程。我们认为,在解决问题中包括发现学习,除了这个最低限度的条件之外,还应加上一条,学生的原有知识中没有明确的或多次练习过的导致问题解决的步骤。"[1]形式上的题对于学生来说并不都构成问题,根据奥苏伯尔和鲁宾逊提出的解决问题的标准,只需学习者将已学过的原理(概念或命题)直接运用于新情境的题,对学习者不构成问题;那种学习者必须转化原先习得的命题才能达到既定目的,而且这种转化的步骤未曾练习过,必须在一定的策略指导下创造出一种新的解题步骤的题才对学习者构成问题。

1988 年,奈斯(M. Niss)在国际数学教育大会报告中对问题作了明确界定,指出"一个问题是对人具有智力挑战特征的,没有现成的直接方法、程序或算法的问题情境"。并进一步把数学问题解决中的问题界定为两类:一类是非常规的数学问题;另一类是数学应用问题。

综合国内外学者的观点,"问题"应包括如下含义:

问题是相对于行为主体而言的,问题因人因时而异。同一系统对教师来说可能不构成问题,而对于学生来说可能构成问题,过去对学生构成问题,而现在对学生却不构成问题了。

问题是一种系统的状态,对于学生而言,系统状态要构成问题需满足三个条件:一是可接受性,学生具有相应知识基础能够接受这个问题。一个完全没有数学知识的人是不存在数学问题的。二是障碍性,学生当

---

① 参见邵瑞珍:《教育心理学》,上海教育出版社,1988 年。

时很难直接对问题作答,原有对问题的反应和处理的习惯模式用不上。三是探究性,问题迫使学生去探究新的解决问题的方法。

数学问题与数学题(或习题)有区别。习题是形式上的,问题是心理层面上的,而从形式上看,问题是数学题的一部分,但一般不包括常规题,主要指非常规的数学问题和数学应用问题。常规题(教材中的练习和大部分习题)对学生一般不构成问题,主要起巩固知识、训练技能、掌握算法的作用,数学问题则适合于学习发现和探究的技巧,适合于进行数学的原始发现以及学习如何思考。

二、问题的结构

数学问题,包括一般的数学题,可将其结构分成条件和目标两部分。

条件是指问题已知的和给定的东西,它们可以是数据,可以是关系,也可以是问题的状态(解题过程中的某一时刻的表达形式)。在很多情况下,问题的条件不是明确给出的,有些条件不易看出或容易认错,有些条件中又隐含了另外的条件,需要解题者自己去发掘,去寻找。

目标是指在一个问题系统变成稳定系统以后,这个稳定系统的状态,也就是通常所说的问题的所求或所证。目标有时完全给定,有时不完全给定,有时是一个目标函数。在证明题和作图题中,目标状态是完全给定的,在求解题中目标状态不是完全给定的。

问题一旦达到目标状态就不再是一个问题系统,在此之前,该问题的各个状态,包括初始状态,都属于问题系统。在问题由初始状态变成目标状态的过程中所经历的那些状态,可以看做是问题的中间状态。

实际上,数学问题还包括允许施行的运算。这里运算是指在一定范围内对条件采取的行动,它们可以是逻辑运算、数学推导及其根据,也可以是具体的操作:在证明题中允许运用的推理规则、定义、定理,在求解题中允许使用的运算公式、法则,在作图题中允许运用的作图工具和规定等。运算是解题的基础,是问题由初始状态向目标状态转化的理论依据。

三、数学问题解决的意义

邵瑞珍认为问题解决"指的是人们在日常生活和社会实践中,面临新情况、新课题,发现它与主客观需要的矛盾而自己却没有现成的对策时,所引起的寻求处理问题办法的一种心理活动"。[①] 美国数学指导委

---

① 参见邵瑞珍:《教育心理学》,上海教育出版社,1988 年。

员会在《21世纪的数学基础》中指出"问题解决是把前面学到的知识运用到新的和不熟悉的情景中的过程"。可见,问题解决是由处理问题时所涉及的种种心理活动和行为活动构成的。

从教育的角度看,有人把问题解决理解为一种教学形式或教学方法,考克罗夫特在其著名的Cockcroft报告中指出"应当在教学形式中增加讨论、研究问题、解决和探索等形式",并指出"在美国,教师们还远远没有把问题解决的活动形式作为教学的类型"。当今在国际国内"问题解决教学法"的研究已较为普遍并有许多研究成果。这种教学法是以问题解决的形式引导学生学习,以使学生学会问题解决,达到提高问题解决能力的目的。

以数学对象或数学课题为研究客体的问题解决叫做数学问题解决。数学问题解决与通常人们对数学解题的理解是有区别的。传统的数学解题活动注重的是解题的结果,追求的是正确答案和解题的速度,其范围包括一般数学题的解答(这种解题教学也是很必要的)。而数学问题解决注重的是解决问题的过程、策略以及思维方法。那种大量地讲解难题,大量地布置习题的做法并不是重视数学问题解决的教学,倒很可能是"题海战术"式教学。

在数学问题解决过程中,学生不仅需要找到具体的解决问题的办法,而且需要学会如何收集信息,制订解决问题的计划,如何实施计划、评估计划及其实施过程等。数学问题解决作为学习者的一个心智活动过程,应是一个发现的过程、探索的过程、创新的过程。借助这一过程,学习者可以使用原先掌握的知识、技能以及对数学问题的理解来适应一种不熟悉的情形,并把它们用到解决新的困难中去。因此,数学问题解决的教学在数学教学中显得尤为重要,是对有关概念教学、命题教学、演算教学、数学思想方法教学的有力补充。

四、数学问题解决的类型

对于数学题,包括数学问题,可以根据需要依据不同标准将其分为一些不同的类型,从知识的内容和形式上可以分成代数题、几何题、三角题、综合题或者证明题或说明题、求解题、作图题或变换题等。从题的解答与知识背景的关系又可将数学题分成常规题与非常规题。常规题是指教材中解这些题的一般规则和原理已经确定,并对这些题的解法程序和每个步骤都是完全确定的题。从题的设问与答案是否唯一可将数学题分为封闭性题与开放性题。从解题过程出发则可将数学题大致分为算法式题和开拓－探究式题两大类。所谓算法式题，就是对解题者来说解题的策略已包含在问题的陈述中；所谓开拓－探究式题则相反，解题者不能直接有把握地从问题陈述中确定解题策略。这两类题在解题过程中其心理活动存在着差异。这里，我们从宏观上根据数学问题与社会实践活动的关系，将其分为纯数学问题（数学问题）与数学应用问题（实际问题）。纯数学问题解决以开拓－探究式题等的解答为主，数学应用问题解决则与数学建模方法相联系。

9.1.2　数学问题解决教学的任务

解题是实现中学数学教学目的的一种手段，是数学教学活动的重要形式，波利亚说："掌握数学意味着什么呢？这就是说善于解题，不仅善于解一些标准的题，而且善于解一些要求独立思考、思路合理、见解独到和有发明创造的题。"这里，我们将对这种要求独立思考、思路合理、见解独到和有发明创造的题即我们称之为数学问题的题的教学任务作些探讨。

数学解题教学的目的就是要使学生通过解题学会解决数学问题的一般方法，掌握解决数学问题的有关知识和策略，进一步提高数学能力和解决问题的创造性能力。从形式上看，数学解题教学追求的是学生快速得到正确圆满的问题解决的过程。而实际上，学生在解题过程中出现的正确答案往往是建立在多次尝试错误和失败的基础之上。常言道："失败是成功之母。"错误与正确、失败与成功是可以互相转化的。因此，教学时，应重视解题过程的教学，正确对待学生在解题中出现的错误和失败，认真剖析出现错误和造成失败的原因。在学习过程中，只要学生作出了努力，即使没有得出正确解答，也不等于一无所获，总可以得到有关解题的知识规律和思维能力等方面的补偿。这正如数学研究中的问题解决，有些问题虽然还没有得到最终解决，但我们已得到了许多足以补偿所付出的代价的东西，如哥德巴赫猜想的证明就是一例。

数学教学应以提高全人类的数学水平为任务。数学学习及解题是有规律的，按规律做，人人都可学好数学。这是由人的认知特性和数学本身的特征所决定的。日本数学家米山国藏说："数学是由简单明了的事项与逻辑推理的结合而一步一步地构成的，所以，只要学习数学的人注意老老实实地一步一步地去理解,并同时记住其要点,以备以后之需要,就一定能理解其全部内容……在登梯子时,一级一级地往上登,无论多小的人,只要他的腿长足以跨过一级阶梯,就一定能从第一级登上第二级,从第二级登上第三级,第四级……这时只不过是反复地做同一件事……最终一定可以达到'摩天'的高度。一定可以达到连自己也会发出'我竟然也能来到这么高的地方'的惊叹的境界。但若不是这样一步一步地前进,而是企图一次跳过五六级地往上走,则无论有多长的腿,也是做不到的……数学的一大特征在于,若依其道而行,则无论什么人都能理解它,若反其道而行,则无论多么聪明的人都无法理解它。"①数学解题教学正是要教学生去认识数学解题规律并按规律去做。

一、使学生掌握解题程序

对于每一道具体的数学题而言,解题的复杂的、综合的过程都将在一个统一的解题程序中反映出来,无论是中学生、数学教师,还是数学家,解决一个数学问题,都必须经历一定的步骤。因此,解题教学首先应重视解题程序的教学,教学时,教师必须事先对例题进行深入研究,作好充分准备,必须充分展现解题过程,充分暴露各解题步骤中进行的思维过程,帮助学生掌握解题的科学程序。

二、使学生掌握解题的策略原则

探索解题途径的主要工作是根据审题得到的资料信息,制定解题的策略,把所面临的问题逐步转化为有既定解法和程序的规范问题,然后利用已知的理论、方法和技巧,实现问题的解决。这个过程可简单概括成如图 9 – 1 所示。

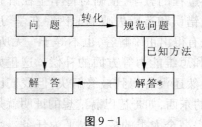

图 9 – 1

① 米山国藏:《数学的精神、思想、方法》,四川教育出版社,1986 年。

这里,问题转化是关键,由于使用的策略不同,问题转化的方向可能也不一样。教学中,教师必须有目的、有计划地帮助学生掌握解题的策略及使用策略的原则,以提高他们的探索能力。

三、使学生掌握解题的常用方法

掌握解题的策略原则,可帮助学生在探索解题途径时,站在战略的高度,把握正确的转化方向,做到思维及时定向。但要将所面临的问题真正转化为规范问题,利用已知的理论、方法和技巧去实现问题的解决,还必须在战术上掌握转化的手段和方法(通称解题方法)。因此,在探索解题途径的教学中,教师应结合例题的教学过程,帮助学生掌握一些常用的变形手段和转化方法,以提高他们的数学问题解决的能力。

§9.2 数学问题解决的程序与策略原则

9.2.1 波利亚的解题思想

美籍匈牙利数学家、数学教育家乔治·波利亚(George Polya,1887—1985)的数学教育思想集中反映在《数学的发现》第十四章:关于学习、教学与学习教学一文之中。他认为中学数学"这门课首要的是要教会年轻人思考","中学数学课程主要目的之一是发展学生解题能力",数学教师应"用尽各种手段去教学生证明问题,甚至也教他们猜测问题"。提出"合情推理"是他的一个重大发现。

在文中,波利亚提出了学习过程(学的过程)和教学过程(教的过程)的共同三原则:主动学习、最佳动机、循序阶段。他认为,"学东西的最好途径是亲自去发现它"、"自己头脑不活动起来,是很难学到什么东西的,也肯定学不到更多的东西"。最佳学习动机是"学生应该对所学知识备感兴趣并且在学习活动中寻找欢乐"。"学习过程是从行动和感知开始的,进而发展到词语和概念,以养成合理的思维习惯而告结束",即可把学习过程区分为有序的三个阶段——探索阶段,阐明阶段和吸收阶段。

波利亚坚持认为"教学是一种艺术",他把教学比作舞台艺术,认为"一些学生从你的教态上学到的东西可能比你要讲的东西还多一些",因此强调教师应倾注教学激情,"你应该略作表演"。他把教学比作音乐艺术和诗歌,教学语言应对学生能够产生较大的吸引力,应能引起学生的兴趣和好奇心。

波利亚的一生与"解题"结下了不解之缘,对解题规律及其教学经过数十年的潜心研究,亲自解决成千上万的各种数学难题,相继写成了《怎样解题》(1944)、《数学与猜想》(1954)和《数学的发现》(1961)三部世界数学教育名著,对世界数学教育产生了深刻的影响。第一部著作《怎样解题》出版后立刻风行世界,被译成 17 种文字出版。波利亚的解题思想与我国重视解题教学的传统正相吻合,20 世纪 80 年代其论著被译成中文后,迅速在我国掀起一股波利亚热潮,使我国的解题思维研究获得了崭新的原动力,使中学数学教学中的解题教学进入了一种新的境界,上升到了一个新的水平。

波利亚认为:"一个数学教师有着极大的机会。如果他把分配给他的时间塞满了例行运算来训练他的学生,他就扼杀了学生的兴趣,妨碍了他们的智力发展,从而错用了他的机会。但是,如果他给他的学生以适合他们程度的问题去引起他们的好奇心,并且用一些吸引人的问题来帮助他们解题,他就会引起学生对独立思考的兴趣并教给他们一些方法。"波利亚正是在对求解方法长期认真研究的基础上,站在一个教师的角度来研究指导学生怎样解题的方法,并归纳成一张"怎样解题"表。这是波利亚解题思想的核心,是他智慧的结晶。我们先看一下《怎样解题》一书中的这张神奇的"怎样解题"表。

"怎样解题"表

弄清问题

第一 你必须弄清问题	未知数是什么？已知数据是什么？ 条件是什么？满足条件是否可能？要确定未知数,条件是否充分？或者它是否不充分？或者是多余的？或者是矛盾的？ 画张图引入适当的符号。 把条件的各个部分分开。你能否把它们写下来？

拟定计划

你以前见过它吗？你是否见过相同的问题而形式稍有不同？

你是否知道与此有关的问题？你是否知道一个可能用得上的定理？

看着未知数！试想出一个具有相同未知数或相似未知数的熟悉的问题。

这里有一个与你现在的问题有关且早已解决的问题。

你能不能利用它？你能利用它的结果吗？你能利用它的方法吗？为了能利用它你是否应该引入某些辅助元素？

你能不能重新叙述这个问题？你能不能用不同的方法重新叙述它？回到定义去。

如果你不能解决所提出的问题，可先解决一个与此有关的问题。你能不能想出一个更容易着手的有关问题？一个更普遍的问题？一个更特殊的问题？一个类比的问题？你能否解决这个问题的一部分？仅仅保持条件的一部分而舍去其余部分，这样对于未知数能确定到什么程度？它会怎样变化？你能不能想从已知数据导出些有用的东西？你能不能想出适于确定某未知数的其他数据？如果需要的话，你能不能改变未知数或数据，或者二者都改变，以使新未知数和新数据彼此更接近？

你是否利用了所有的已知数据？你是否利用了整个条件？你是否考虑了包含在问题中的所有必要的概念？

第二　找出已知数与未知数之间的联系。

如果找不出直接的联系，你可能不得不考虑辅助问题。

你应该最终得出一个求解的计划。

实现计划

实现你的求解计划,检验每一步骤。

你能否清楚地看出这一步骤是正确的？

你能否证明这一步骤是正确的？

第三　实现你的计划。

回　顾

你能否检验这个论证？你能否用别的方法导出这个结果？

你能不能一下子看出它来？

你能不能把这结果或方法用于其他的问题？

第四　验算所得到的解。

　　波利亚专门研究了解题的思维过程,试图回答"一个好的解法是如何想出来的"这样一个难题。在这张表里,他把解数学题的过程分为四个步骤——弄清问题、拟定计划、实现计划、回顾,使完整的解题过程在宏观上程序化,给解题思维一种定势框架,使解题者遇到问题时,能目标明确、及时定向、有的放矢地展开思维活动,找到良好的解法,圆满完成数学解题的全过程,使解题活动收到最好的效果。

这四个步骤中,"弄清问题"是认识问题并对其进行表征的过程,是成功解决问题的一个必要前提。"拟定计划"是关键环节和核心内容。"实现计划"为解题的主体工作,但较为容易。"回顾"是最容易被忽视的一个步骤,是解题的必要环节,是提高解题学习效率的重要一环。

在每一步骤中,如何引导和启发学生,波利亚提出了合理、细致而有效的建议和具有启发性的问题。特别是在第二步拟订计划中,如何引导学生产生顿悟,寻找并发现解题方法,他根据解决问题时思维活动发生的可能性的大小顺序提出了5条建议和23个具有启发性的问题。提出建议和启发性问题的方式也十分灵活,尽量顺乎自然,合乎学习者的心理特点,使学习者易于接受和加以运用。利用这张表,教师可以有效地指导学生的解题学习,发展学生独立思考和进行创造性活动的能力。

"怎样解题"表的精髓是启发学生去联想。联想什么,怎样联想,这可以通过一系列的建议和启发性问题来加以回答。通过联想用来促发顿悟,产生一个求解的好念头。波利亚指出:"求解一个问题的主要成绩是构想出一个解题计划的思路。这个思路是逐渐形成的。或者,在明显失败的尝试和一度犹豫不决之后,突然闪出一个好念头,老师为学生所能做的最大好事是通过比较自然的帮助,促使他自己想出一个好念头。"

《怎样解题》一书正是围绕这张表展开的,可以说是对这张表的进一步阐述和注释,并通过实例表明这张表的实际应用。

9.2.2 数学问题解决的程序

一、弄清问题,理解题意

数学问题解决的第一步是审题,所谓审题就是弄清题意,分清题目的已知事项和求解目标,弄清题目的结构、特征、类型等。这是解题的起点,是发现解法的前提,可以为探索解法指明方向。

例如 有这样一道题:

已知常数 $a > 0$,在矩形 $ABCD$ 中,$AB = 4$,$BC = 4a$,O 为 AB 的中点,点 E、F、G 分别在 BC、CD、DA 上移动,且 $\dfrac{BE}{BC} = \dfrac{CF}{CD} = \dfrac{DG}{DA}$,$P$ 为 GE 与 OP 的交点(如图 9 – 2)。问是否存在两个定点,使 P 到这两点的距离的和为定值? 若存在,求出这两点的坐标及此定值;若不存在,请说明理由。

分析 若解题者在审题时能联系椭圆的定义,则此题转化为求椭圆方程,并讨论方程在什么情况下满足题设条件,什么情况下不满足题设条件,在满足题设条件的情况下再求出焦点坐标和长轴的长。

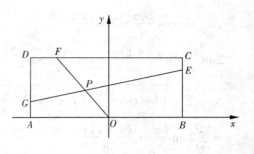

图 9 - 2

有了这样的理解,则本题解题思路即可畅通。

先由 A、B、C、D 的坐标及已知比值等式(可设比值为 k)求得 E、F、G 的坐标;进一步可求出直线 OF 及 GE 的含有参数 k 的方程,消去参数 k 便得到点 $P(x,y)$ 坐标满足的含有常系数 a 的方程。最后讨论 a 的取值情况确定椭圆的存在性,并进一步求出两个焦点以及长轴的长。

一般情况下,一个数学问题中明显给出的条件是不足以为解题者提供解题方向和直接满足解题要求的。审题时,除弄清有关概念的含义外,还要深入挖掘题设中对解题有用的隐含条件,如上例中隐含的椭圆定义。应多角度、多方向、多层次地去探索,把隐含在题中的对解题有用的条件充分挖掘出来,为探索解题途径、确定解题计划提供决策依据。

二、探索解题途径,寻找解题方法

拟订解题计划是解题的关键环节,根据波利亚的解题思想,在这一阶段,解题者的主要任务就是在审题的基础上考虑并解决如下几个问题,最终探索到一条有效的解题途径,找到一个合适的解题方法。

1. 所面临的问题能否归结为某种已经熟悉其解法的类型?

2. 根据问题的特点,应向哪种类型靠拢?

3. 直接归结为某种类型有困难时,如何变化问题形式,促使其实现转化?

4. 转化过程中,遇到障碍,缺少某些条件时,如何搭桥铺路,进行沟通,最后使问题归结为自己已熟悉其解法的类型?

例如　求证:

$$\sum_{k=1}^{n-2}\sqrt{\left(1-\cos\frac{2k\pi}{n}\right)\left[1-\cos\frac{2(k+1)\pi}{n}\right]}=n\cos\frac{\pi}{n} \qquad ①$$

证明

$$\therefore \quad 1 - \cos\frac{2k\pi}{n} = 2\sin^2\frac{k\pi}{n},$$

$$2\sin\frac{k\pi}{n}\sin\frac{(k+1)\pi}{n} = \cos\frac{\pi}{n} - \cos\frac{(2k+1)\pi}{n}$$

$$\therefore \quad \sum_{k=1}^{n-2}\sqrt{\left(1-\cos\frac{2k\pi}{n}\right)\left[1-\cos\frac{2(k+1)\pi}{n}\right]}$$

$$= \sum_{k=1}^{n-2}2\sin\frac{k\pi}{n}\sin\frac{(k+1)\pi}{n} \qquad ②$$

$$= \sum_{k=1}^{n-2}\left[\cos\frac{\pi}{n} - \cos\frac{2(k+1)\pi}{n}\right] = (n-1)\cos\frac{\pi}{n} - \sum_{k=1}^{n-1}\cos\frac{(2k-1)\pi}{n} \quad ③$$

$$= (n-1)\cos\frac{\pi}{n} - \sum_{k=1}^{n-1}2\sin\frac{\pi}{n}\cos\frac{(2k-1)\pi}{n}\Big/2\sin\frac{\pi}{n}$$

$$= (n-1)\cos\frac{\pi}{n} - \sum_{k=1}^{n-1}\left[\sin\frac{2k\pi}{n} - \sin\frac{2(k-1)\pi}{n}\right]\Big/2\sin\frac{\pi}{n}$$

$$= (n-1)\cos\frac{\pi}{n} - \sin\frac{2(n-1)\pi}{n}\Big/2\sin\frac{\pi}{n}$$

$$= (n-1)\cos\frac{\pi}{n} - 2\sin\frac{(n-1)\pi}{n}\cos\frac{(n-1)\pi}{n}\Big/2\sin\frac{\pi}{n}$$

$$= (n-1)\cos\frac{\pi}{n} - \cos\frac{(n-1)\pi}{n} = n\cos\frac{\pi}{n}$$

这里,解题者就是利用三角函数的倍角公式将问题①转化为问题②,再利用三角函数的积化和差公式将问题②转化为问题③。而③是解题者熟悉的三角数列求和类型,于是可运用自己已熟悉的方法,将 $\cos\dfrac{2k-1}{n}$ 表示为

$$\frac{\sin\dfrac{\pi}{n}\cos\dfrac{2k-1}{n}\pi}{\sin\dfrac{\pi}{n}}$$ 的形式,创造拆项的条件,最后采用拆项求和的策略,使问题得到顺利的解决。

三、实现解题方案

实现解题方案是解题者根据所探索的解题思路制定的解题方案,对每一步进行严格的推导和计算,直到实现目标为止。在这一阶段,解题者最重要的工作是选择叙述解的方法。叙述应力求简单明确,能够完整地反映题的解答过程。解题者应考虑问题的所有条件和细节,每一步推

导都必须有理有据。

四、对解题过程的总结、回顾和深化、提高

解题的最后一个步骤是解题者对解答过程进行检查总结,回味引申,对问题作开拓思考。这一阶段,解题者主要是做两件事:一是解题检查,及时发现和纠正错误,使解答正确完整;二是总结解题经验,进行开拓引申,激发创造精神,提高解题能力。

解题检查的内容包括:检查解题思维在逻辑上有无错误;条件是否充分、必要;推理是否步步有据;该求的、该证的是否都有了结果;已知条件是否都用上了,是否用错了,有没有人为地外加什么条件;是否注意了可能的特例,对含有的字母进行了讨论没有;所画图形有无错误,有无一般性;引用的法则、公式是否准确,计算结果是否有误,是否符合客观实际等等。

解题检查的常用方法有:

1. 推理检查:从检查解题的推理入手,全面考虑推理依据是否步步真实,推理过程是否合乎逻辑。

2. 条件检查:从问题的条件入手,全面检查已知条件是否被充分利用,解题过程中的各个环节与已知条件是否矛盾。

3. 概念检查:从检查概念的运用是否正确来判断解答的真实性。

4. 数形互检:从数量关系或与之相对应的几何图形入手,进行相互检查,看是否相互印证来判断解题的正确性。

5. 多解检查:从探求其他解法入手,通过比较不同解法的结果来判断解答是否有误。

6. 量纲检查:从给已知数量关系赋上一个适当的量纲,比如长度单位、重量单位等入手,通过检查变形过程前后量纲是否变化来判断解答是否有误。

以上方法各有其适应的对象,有的方法只适合于查错,不能保证解法正确,如多解检查和量纲检查,解题时应注意有针对性地加以选用。

例如　设数列 $\{a_n\}$ 满足 $a_1 = 2$,$a_{n+1} = S_n + (n+1)$ $(n \geq 1)$,求 a_n。

解　$\because S_n = a_{n+1} - (n+1)$

$\therefore a_n = S_n - S_{n-1} = a_{n+1} - (n+1) - a_n + n$

$a_{n+1} = 2a_n + 1$　即 $a_{n+1} + 1 = 2(a_n + 1)$

令　$b_n = a_n + 1$,则 $b_{n+1} = a_{n+1} + 1 = 2b_n$。

$\therefore$ $\{b_n\}$ 是以 $b_1 = a_1 + 1 = 3$ 为首项、以 2 为公比的等比数列,其中 $b_n = b_1 q^{n-1} = 3 \cdot 2^{n-1}$,故 $a_n = 3 \cdot 2^{n-1} - 1$。

检查,在式 $a_n = S_n - S_{n-1}$ 中,n 的取值范围应为 $n \geqslant 2$ 才符合题意,所以 $b_{n+1} = 2b_n$ 的条件是 $n \geqslant 2$,故 $\{b_n\}$ 是以 b_2 为首项、2 为公比的等比数列。因为 $b_2 = a_2 + 1 = 4 + 1 = 5$,故 $b_n = b_2 q^{n-2} = 5 \cdot 3^{n-2}$ $(n \geqslant 2)$,所以 $a_1 = 2(n = 1)$,$a_n = 5 \cdot 2^{n-2} - 1$ $(n \geqslant 2)$。

此题用到的是条件检查法。

总结解题经验,进行开拓引申,主要是在确认解法完整无误后进行进一步的思考,想一想解决本题的基本方法是什么?关键在哪里?这种解法还可适用哪些类型的问题?本题使用的解法能否简化?是否还有别的解法,特别是更好的解法?本题结论能否推广、变化?条件能否削弱、改变?等等。

例如   如果 $a \, 、 b \in \mathbf{R}^+$ 且 $a \neq b$,求证 $a^3 + b^3 > a^2 b + ab^2$。

证法一 $(a^3 + b^3) - (a^2 b + ab^2)$

$\qquad = (a^3 - a^2 b) - (ab^2 - b^3)$

$\qquad = a^2(a - b) - b^2(a - b)$

$\qquad = (a^2 - b^2)(a - b)$

$\because$ $a \, 、 b \in \mathbf{R}^+$

$\therefore$ 若 $a > b > 0$,则 $a^2 > b^2 > 0$,若 $b > a > 0$,则 $b^2 > a^2 > 0$,故 $(a^2 - b^2)$ 与 $(a - b)$ 同符号,$\therefore (a^2 - b^2)(a - b) > 0$。

即 $(a^3 + b^3) - (a^2 b + ab^2) > 0$

$a^3 + b^3 > a^2 b + ab^2$

(1)回顾上述的解题过程可以看到,本题是用比较法来证明的,关键是要证明 $(a^2 - b^2)$ 与 $(a - b)$ 同号。

(2)显然这种证法适用于如下一类问题:

如果 $a \, 、 b \in \mathbf{R}^+$,且 $a \neq b$,求证 $a^n + b^n > a^{n-1} b + ab^{n-1} (n \geqslant 2)$。

(3)本题尚有如下一些证法:

证法二:因为 $a \neq b$,所以 $(a - b)^2 > 0$,即有 $a^2 - 2ab + b^2 > 0$,因此 $a^2 - ab + b^2 > ab$

$\because$ $a + b > 0$ $\therefore (a + b)(a^2 - ab + b^2) > ab(a + b)$

即 $a^3 + b^3 > a^2 b + ab^2$

证法三 $\because a \, 、 b \in \mathbf{R}^+$,且 $a \neq b$

$$\therefore a^2 b = \sqrt[3]{a^3 \cdot a^3 \cdot b^3} < \frac{a^3 + a^3 + b^3}{3} = \frac{2a^3 + b^3}{3} \qquad ①$$

同理　$ab^2 < \dfrac{a^3 + 2b^3}{3}$ ②

①+②得 $a^2 b + ab^2 < a^3 + b^3$。

即　$a^3 + b^3 > a^2 b + ab^2$。

（4）本题的结论可以推广为：

$a 、b \in \mathbf{R}^+ , n 、r \in \mathbf{N}_+ ,$ 且 $n > r$，则

$a^n + b^n > a^{n-r} b^r + a^r b^{n-r}$。

（证法可仿本题证法一、三）

（5）若去掉条件 $a \neq b$，则 $a^n + b^n \geqslant a^{n-r} b^r + a^r b^{n-r}$。

9.2.3　数学问题解决的策略原则

解决数学问题的常用策略原则有以下几方面：

一、熟悉化原则

熟悉化原则要求策略能把问题转化为与之有关的熟悉问题，以便用熟悉的方法来解题。

　　例如　设 $a 、b 、c$ 为 $\triangle ABC$ 的三边，求证：

$a(b^2 + c^2) + b(c^2 + a^2) + c(a^2 + b^2) > a^3 + b^3 + c^3 + 2abc$

　　此题可转化为在 $\triangle ABC$ 中，求证

$a(b^2 + c^2 - a^2) + b(c^2 + a^2 - b^2) + c(a^2 + b^2 - c^2) > 2abc$ 即求证：在

$\triangle ABC$ 中 $\dfrac{b^2 + c^2 - a^2}{2bc} + \dfrac{c^2 + a^2 - b^2}{2ac} + \dfrac{a^2 + b^2 - c^2}{2ab} > 1$

　　据余弦定理，问题转化为：

在 $\triangle ABC$ 中，求证 $\cos A + \cos B + \cos C > 1$。

这是一个我们熟悉的问题，事实上，在 $\triangle ABC$ 中，有

$$\cos A + \cos B + \cos C = 1 + 4\sin \frac{A}{2} \cdot \sin \frac{B}{2} \cdot \sin \frac{C}{2} > 1。$$

二、简单化原则

简单化原则要求策略能把较复杂的问题形式转化为较简单的问题形式，使问题易于解决。

　　例如　求满足 $|z + 3 - 4i| \leqslant 2$ 的复数 Z 中的模的最大值与最小值。

　　分析　若注意到不等式 $|z - (-3 + 4i)| \leqslant 2$ 的几何意义，则原题就

可以转化为"在复平面上,求以$(-3+4i)$为圆心,2 为半径的圆内(包括边界)的所有点所对应的复数的模的最大值与最小值"这样一个简单几何问题了,如图 9-3,不难求得

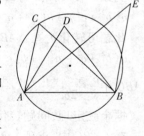

$|z_1|_{max} = 7, |z_1|_{min} = 3$。

图 9-3

三、具体化原则

具体化原则要求策略能使问题中多种概念及概念之间的关系具体明确,有利于把一般原理、一般规律应用到问题中去。

例如　平面上有$(2n+3)$个点,其中任何三点不共线,任何四点不共圆,问能否过其中三点作一个圆,使其余 $2n$ 个点,一半在圆内,一半在圆外?

分析　若直接考虑此题对任意自然数是否成立,则问题显得比较抽象和复杂,为了把问题的实质看得更清楚些,我们不妨给自然数 n 一个具体的值,比如 $n=1$,先研究 $n=1$ 的情形,即 5 个点的情形,找到规律和方法,再回到 n 为任意自然数的情形,去解决原问题。

如图 9-4,设 A、B、C、D、E 为符合条件的 5 点。

由于没有三点共线,则总存在两点(如 A、B),使其余各点在其连线的同侧,连接 AB,且点 C、D、E 向 AB 的张角分别为 $\angle C$、$\angle D$ 和 $\angle E$,由于没有四点共圆,故它们彼此不相等,不妨设 $\angle E < \angle C < \angle D$。因此,过点 A、B、C 三点所作的圆,即为所求。

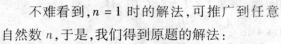

图 9-4

不难看到,$n=1$ 时的解法,可推广到任意自然数 n,于是,我们得到原题的解法:

对于平面内的$(2n+3)$个点,由于没有三点共线,总存在两点(如 A、B),使其余$(2n+1)$个点在 AB 连线的同侧。设这$(2n+1)$个点分别为 $C_1, C_2, \cdots, C_{n+1}, \cdots, C_{2n+1}$,由于没有四点共圆,故这$(2n+1)$个点向 AB 的张角 $\theta_1, \theta_2, \cdots, \theta_{2n+1}$ 彼此不相等,不妨设 $\theta_1 < \theta_2 < \cdots < \theta_{n+1} < \cdots < \theta_{2n+1}$,则由点 A、B、C_{n+1} 三点所确定的圆,即为所求。

四、正难则反原则

正难则反原则要求策略要注意思维的双向性,即在探索解题途径时,从正面解决困难时要考虑从反面解决,直接解决困难时要考虑间接解决,顺推困难时考虑逆推,进不行时则要考虑先"退",探讨可能性发生困难时,要考虑探讨不可能性。

例如　设 $m \neq n, m \cdot n \neq 0, a > 1, x = (a + \sqrt{a^2 - 1})^{\frac{2mn}{m-n}}$,化简 $(x^{\frac{1}{m}} + x^{\frac{1}{n}})^2 - 4a^2 x^{\frac{1}{m} + \frac{1}{n}}$。

分析　初看此题思路极为简单,只要将 x 的表达式代入要化简的式子进行运算即可,但实际上按此思路运算极为麻烦,所以这条思路虽是通道但不是坦途。

若反过来,将 x 表示 a,再代入要化简的式子,问题要简单得多。

$\because a + \sqrt{a^2 - 1} = x^{\frac{m-n}{2mn}}, a - \sqrt{a^2 - 1} = \dfrac{1}{a + \sqrt{a^2 - 1}} = x^{\frac{n-m}{2mn}}$。

$\therefore a = \dfrac{1}{2}(x^{\frac{m-n}{2mn}} + x^{\frac{n-m}{2mn}})$

$\therefore$ 原式 $= (x^{\frac{1}{m}} + x^{\frac{1}{n}})^2 - (x^{\frac{m-n}{2mn}} + x^{\frac{n-m}{2mn}})^2 \cdot x^{\frac{1}{m} + \frac{1}{n}}$

$\qquad = (x^{\frac{1}{m}} + x^{\frac{1}{n}})^2 - (x^{\frac{m-n}{mn}} + 2 \cdot x^0 + x^{\frac{n-m}{mn}})x^{\frac{1}{m} + \frac{1}{n}}$

$\qquad = (x^{\frac{1}{m}} + x^{\frac{1}{n}})^2 - (x^{\frac{2}{n}} + 2 \cdot x^{\frac{1}{m} + \frac{1}{n}} + x^{\frac{2}{m}})$

$\qquad = (x^{\frac{1}{m}} + x^{\frac{1}{n}})^2 - (x^{\frac{1}{m}} + x^{\frac{1}{n}})^2 = 0$。

五、多途径化原则

多途径化原则要求策略注意到可以将数学问题置于不同系统中,赋予其不同的意义、不同的解释,用不同的方法描述,从而通过不同途径求解问题。

例如　求 $y = \dfrac{4 - \cos x}{\sin x}(0 < x < \pi)$ 的最小值。

分析　若视 y 为参数化成 $\sin x$、$\cos x$ 的一次方程,$y \sin x + \cos x = 4$ $(y > 0)$,则可通过三角中的引入辅助角求解,由 $\sqrt{1 + y^2}(\sin x \cdot \dfrac{y}{\sqrt{1 + y^2}} +$

$\cos x \cdot \dfrac{1}{\sqrt{1 + y^2}}) = 4$,有 $\sin(x + \phi) = \dfrac{4}{\sqrt{1 + y^2}}$ $(y > 0)$。$\sqrt{1 + y^2} =$

$\dfrac{4}{\sin(x + \phi)} \geqslant 4$,解得 $y \geqslant \sqrt{15}$。

当 $\sin(x + \phi) = 1$ 时,取等号。

若由 $0 < x < \pi, y > 0$,把 $\dfrac{4 - \cos x}{\sin x}$ 分拆成两个正数之和。

$$y = \frac{1 - \cos x}{\sin x} + \frac{3}{\sin x} = \frac{5}{2}\tan\frac{x}{2} + \frac{3}{2\tan\dfrac{x}{2}},\ 则可通过平均不等式求解。$$

$$y \geqslant 2\sqrt{\frac{5}{2}\tan\frac{x}{2} \cdot \frac{3}{2}\frac{1}{\tan\dfrac{x}{2}}} = \sqrt{15}。\ 当 \tan\frac{x}{2} = \frac{\sqrt{15}}{5} 时取等号。$$

上述这些策略原则对于制定解题策略具有十分重要的意义,它为转化命题、探索解题途径指明了方向。即陌生的问题要向熟悉的题型转化,复杂的问题要向简单的问题转化,抽象的问题要向具体的问题转化,正面难于入手的问题要从反面入手考虑。这些原则是相互联系的、相辅相成的。其中熟悉化原则是这些原则中最根本的原则,因为无论采用何种策略,无论将问题怎样转化,最终都必须将所面临的问题转化为熟悉的题型,转化为有既定解决方法和程序的规范问题,问题才能获得彻底解决。

教师应在探索解题途径的教学中,结合例题的解题过程,让学生领悟并掌握这些原则。

§9.3　数学问题解决的常用方法

中学数学中的主要数学思想方法已在第八章中作出介绍,这里只就数学问题解决中进行问题转化的常用方法作些讨论。

转化问题的方法,大致可分为两类:一是规律性很强的通法,一是技巧性很强的"巧"法。其中通法是基础、是根本、也是重点。"巧"法是通法的发展和变式,也是难点。数学解题教学中,我们要抓住重点并注意逐步地、分散地去突破难点。

中学数学中,最基本最常用的通法有:变量代换法、拆补法、消元法、待定系数法、归纳法与递推法、反证法、分域法、构造法、映射——反演法、基本量法等。我们解题教学的重要任务之一就是要结合教材、结合例题讲解和作业指导,帮助学生理解这些方法的实质,掌握它们的要领、作用、使用条件、适用范围以及它们的"变着",学会灵活运用。

一、变量代换法

变量代换是转化问题的最重要方法之一,解数学问题几乎离不开代换。代换法的应用遍及数学的各个领域和各种题型。通过换元(数、式)可以改变问题的外部形式和内部结构,使代数、三角和几何问题可以在内部和相互之间灵活地进行转化,为解题创造有利的条件。

变量代换的方法很多,最常用的有平均值、自身、奇偶、基元、比值、公比、对称、整体、有理化、增量、复数式、指数与对数、不等式、伸缩、三角、和差、平移与旋转等代换方法。

例如　若 $a+b=1$,求证:$(1)a^4+b^4\geq\dfrac{1}{8}$;$(2)a^n+b^n\geq\dfrac{1}{2^{n-1}}$($n>1$,$n\in\mathbf{N}$)

证明　令 $a=\dfrac{1}{2}+\alpha$,则 $b=\dfrac{1}{2}-\alpha$,此时

$(1)a^4+b^4=\left(\dfrac{1}{2}+\alpha\right)^4+\left(\dfrac{1}{2}-\alpha\right)^4=2\alpha^4+3\alpha^2+\dfrac{1}{8}\geq\dfrac{1}{8}$

($\alpha=0$ 时,即 $a=b=\dfrac{1}{2}$ 时,取等号)

$(2)a^n+b^n=\left(\dfrac{1}{2}+\alpha\right)^n+\left(\dfrac{1}{2}-\alpha\right)^n$

$\therefore$　当 $n=2k+1$ 时($k\in\mathbf{N}_+$)

$a^n+b^n=2\left[\left(\dfrac{1}{2^{2k+1}}+C_{2k+1}^2\left(\dfrac{1}{2}\right)^{2k-1}\alpha^2+C_{2k+1}^4\left(\dfrac{1}{2}\right)^{2k-3}\alpha^4+\cdots+\right.\right.$

$\left.C_{2k+1}^{2k}\cdot\dfrac{1}{2}\cdot\alpha^{2k}\right]\geq\dfrac{1}{2^{2k}}=\dfrac{1}{2^{n-1}}$

当 $n=2k$ 时($k\in\mathbf{N}_+$)

$a^n+b^n=2\left[\left(\dfrac{1}{2^{2k}}+C_{2k}^2\left(\dfrac{1}{2}\right)^{2k-1}\alpha^2+\cdots+C_{2k}^{2k}\alpha^{2k}\right)\right]\geq\dfrac{1}{2^{2k-1}}=\dfrac{1}{2^{n-1}}$($\alpha=0$

时,即 $a=b=\dfrac{1}{2}$,两式取等号)

此题就是利用 a、b 的平均值,将问题转化为研究 a、b 与它们的平均值的差值的问题。

代换法应用极广,如证明不等式常用到伸缩代换;解含有正余弦对偶式的问题常用复数三角式代换;直角坐标化为极坐标;复数的代数式

化为三角式用三角代换;圆锥曲线方程的化简用到平移和旋转代换等等。因为这些在教材中均有较多反映,在此不再举例。

二、拆补法

凑是变形的一种重要技巧。在解题时按照预定的解题方向,对问题中的式子或图形,通过拆(或分割)、补的手段进行凑合,使得凑合后的式子或图形便于套用某种公式;能够用上题设条件或出现结论的形式等,从而使问题得到解决,这种解题方法称为拆补法。

在代数、三角中的因式分解、解方程、特殊数列求和、利用二次函数极值以及用数学归纳法证题等许多问题,都常常要利用拆补法变形。

例如 若 a、b、$c \in \mathbf{R}^+$,求证 $a^3 + b^3 + c^3 \geq 3abc$。

证明 $a^3 + b^3 + c^3 - 3abc$

$= (a + b)^3 + c^3 - 3a^2b - 3ab^2 - 3abc$(补项配立方)

$= (a + b + c)[(a + b)^2 - (a + b)c + c^2] - 3ab(a + b + c)$

$= \dfrac{1}{2}(a + b + c)[2a^2 + 2b^2 + 2c^2 - 2ab - 2bc - 2ac]$

$= \dfrac{1}{2}(a + b + c)[(a - b)^2 + (b - c)^2 + (c - a)^2]$

≥ 0

(乘辅助因子,再拆项配方)

$\therefore \quad a^3 + b^3 + c^3 \geq 3abc$

在平面几何和立体几何中,研究简单图形性质时也经常要用到割补法。如立体几何中常将问题中的三棱柱分割成三棱锥,将三棱锥补为三棱柱或平行六面体,将台体补为锥体,将不规则图形分割或补成简单图形,化繁为简,化难为易,促成问题的解决。

例如 斜三棱柱的一个侧面的面积是 s,这个侧面与它所对的棱的距离为 a,求证这个棱柱的体积 V 等于 $\dfrac{1}{2}sa$。

证法一 如图 9 - 5,设侧面 BB_1C_1C 的面积等于 s,它与 AA_1 的距离为 a,三棱柱的高为 h,连 A_1B、A_1C 将三柱棱分割成三棱锥 $A_1 - ABC$ 和四棱锥 $A_1 - BB_1C_1C$。则

$$V = \frac{1}{3}sa + \frac{1}{3}S_{A_1 - ABC} \cdot h = \frac{1}{3}sa + \frac{1}{3}V$$

$$\therefore \quad \frac{2}{3}V = \frac{1}{3}sa \qquad V = \frac{1}{2}sa$$

证法二　如图 9 – 6 将三棱柱 $ABC – A_1B_1C_1$ 补成平行六面体 $ABCD – A_1B_1C_1D$，则 $V_{ABCD – A_1B_1C_1D_1} = sa$。

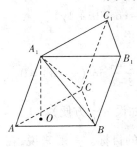

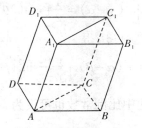

图 9 – 5　　　　　　　　　图 9 – 6

$\because \quad V_{ADC – A_1D_1C_1} = V_{ABC – A_1B_1C_1}$

$\therefore \quad 2V_{ABC – A_1B_1C_1} = sa,\ V_{ABC – A_1B_1C_1} = \dfrac{1}{2}sa$。

三、消元法

若一个问题题设中的某个量，不直接含在结论中，而是通过某种函数关系间接地表示，那么为了由题设推出结论，就必须进行量的转换，把这个量用相应的函数关系代替，将它消去。这种方法称为消元法或消去法。

消元法是数学解题中常用的一种方法，在中学数学中，最常用的有代入消元法、加减消元法、比例消元法和三角消元法等。

例如　若 $\dfrac{\tan(\theta + \alpha)}{x} = \dfrac{\tan(\theta + \beta)}{y} = \dfrac{\tan(\theta + \gamma)}{z}$

证明：$\dfrac{x + y}{x - y}\sin^2(\alpha - \beta) + \dfrac{y + z}{y - z}\sin^2(\beta - \gamma) + \dfrac{z + x}{z - x}\sin^2(\gamma - \alpha) = 0$

证明：设 $\dfrac{\tan(\theta + \alpha)}{x} = \dfrac{\tan(\theta + \beta)}{y} = \dfrac{\tan(\theta + \gamma)}{z} = \dfrac{1}{k}$，

则　$x = k\tan(\theta + \alpha),\ y = k\tan(\theta + \beta),\ z = k\tan(\theta + \gamma)$

$$\therefore \quad \frac{x + y}{x - y}\sin^2(\alpha - \beta) = \frac{k[\tan(\theta + \alpha) + \tan(\theta + \beta)]}{k[\tan(\theta + \alpha) - \tan(\theta + \beta)]} \cdot \sin^2(\alpha - \beta)$$

$$= \frac{\sin(2\theta + \alpha + \beta)}{\sin(\alpha - \beta)} \cdot \sin^2(\alpha - \beta)$$

$$= \sin(2\theta + \alpha + \beta)\sin(\alpha - \beta)$$

$$= \frac{1}{2}\big[\cos(2\alpha + 2\beta) - \cos(2\theta + 2\alpha)\big] \qquad ①$$

同理 $\dfrac{y+z}{y-z}\sin^2(\beta-\gamma) = \dfrac{1}{2}\big[\cos(2\theta+2\gamma) - \cos(2\theta+2\beta)\big]$ ②

$\dfrac{z+x}{z-x}\sin^2(\gamma-\alpha) = \dfrac{1}{2}\big[\cos(2\theta+2\alpha) - \cos(2\theta+2\gamma)\big]$ ③

① + ② + ③,得

$$\dfrac{x+y}{x-y}\sin^2(\alpha-\beta) + \dfrac{y+z}{y-z}\sin^2(\beta-\gamma) + \dfrac{z+x}{z-x}\sin^2(\gamma-\alpha) = 0$$

（此题中比例常数也可设为 k,但不如设为 $\dfrac{1}{k}$ 方便）。

使用消元法最主要的是要找准消去的目标。一般来说,在已知条件中有,而结论中没有的量,是应该消去的。

四、待定系数法

待定系数法的理论依据是多项式的恒等概念及其性质:两个多项式恒等的充要条件是同次项的系数相等。基本方法是先假定两个多项式恒等(其中含有待定的系数),然后根据恒等式的意义及其性质,列出几个方程,再解这些方程组成的方程组,求出各个待定系数或者消去待定的系数得到已知系数间的关系,从而达到解决问题的目的。

待定系数法主要用来解决多项式的恒等变形问题,如有关多项式的整除性问题,多项式的因式分解问题、确定多项式函数问题以及有关方程问题等。

例如 求和 $S_n = \dfrac{1}{1\cdot 2} + \dfrac{1}{2\cdot 3} + \cdots + \dfrac{1}{n(n+1)}$

解 因为 $a_n = \dfrac{1}{n(n+1)}$ 是负二次式,故 S_n 是负一次式,所以可设

$$S_n = \dfrac{1}{An+B} + C_\circ$$

分别取 $n = 1$、2、3,得

$$\begin{cases} \dfrac{1}{A+B} + C = S_1 = \dfrac{1}{2}, \\[2mm] \dfrac{1}{2A+B} + C = S_2 = \dfrac{2}{3}, \\[2mm] \dfrac{1}{3A+B} + C = S_3 = \dfrac{3}{4}_\circ \end{cases}$$

解之得:$A = -1$,$B = -1$,$C = 1$。

$$\therefore \quad S_n = 1 - \frac{1}{n+1}$$

五、反证法

反证法是"正难则反"策略原则的一个重要运用。在解题教学中应注意以下几点：

1. 反证法一般应在命题条件较少，可作为依据的公理、定理不多，直接证明困难，而结论的反面较结论具体、简单、明确时才使用。因此，反证法常用于证明起始性、存在性、唯一性或否定形式的命题。

2. 运用反证法时，由于要作与结论相反的假设，因而增加了题设的条件。因此在运用反证法证题的过程中，一定要注意使用所增加的条件，否则就无法导出矛盾。

六、归纳法与递推法

归纳与递推是人们通过特殊认识一般，通过有限认识无限的思想方法，一般适用于研究与自然数有关的问题。

递推法是从初始值开始，通过递推关系得到所需要的结果的一种思考问题的方法。20世纪80年代以来，在高中数学课本和高考数学试题中均出现了求递归通项公式的问题，因此，在解题教学中，教师也应适当地向学生介绍一下递推法，帮助学生掌握求递归数列通项的几种基本方法，如累加法、累乘法和辅助数列法等。

例如　求递归数列：$a_1 = \frac{1}{3}$，$a_n = \frac{2n-3}{2n+1}a_{n-1}(n \geqslant 2)$ 的通项 a_n。

略解：由递推关系 $a_n = \frac{2n-3}{2n+1}a_{n-1}(n \geqslant 2)$ 可得

$$a_2 = \frac{1}{5}a_1 \qquad a_3 = \frac{3}{7}a_2 \qquad a_4 = \frac{5}{9}a_3 \qquad a_n = \frac{2n-3}{2n+1}a_{n-1}$$

将上面 $(n-1)$ 个等式累乘，得

$$a_n = \frac{1}{5} \cdot \frac{3}{7} \cdot \frac{5}{9} \cdot \cdots \cdot \frac{2n-5}{2n-1} \cdot \frac{2n-3}{2n+1}a_1$$

$$= \frac{1 \times 3}{(2n-1)(2n+1)}a_1 = \frac{1}{4n^2-1}$$

七、分域法

对于研究对象的全体不能用统一的方法处理的，或者结论需用分段形式表述的某些数学问题，常常要分为若干子域来研究，在各子域内分别对问题进行解答,然后综合各子域内的解答对整个问题作出结论,这种解题方法称为分域法。其实就是第八章中介绍过的分类与整合方法,这里不再重复举例。

八、构造法

在解某类数学问题时,往往需要考察和借助与之相关的某些问题,才能使问题获得解决。构造一个(或几个)适合的辅助问题,并借助辅助问题使被研究的问题获解,这种解题方法称为构造法。

根据被研究问题的内容和结构形式,所构造的辅助问题可以是等价命题、辅助命题、函数、方程、表达式,也可以是数列、数组和图形等。

例如 若 α、β、γ 为锐角,且 $\cos^2\alpha + \cos^2\beta + \cos^2\gamma - 1 = 0$,求证:

$$\cot\alpha \cdot \cot\beta \cdot \cot\gamma \leqslant \frac{\sqrt{2}}{4}。$$

分析 由已知可得 $\cos^2\alpha + \cos^2\beta + \cos^2\gamma = 1$,且 α,β,γ 均为锐角,因此不难想到构造一个对角线长为1,且棱长为 a、b、c 的三条棱与对角线所成的角分别为 α、β、γ 的长方体 $ABCD - A_1B_1C_1D_1$,由图 9-7 即可得出:

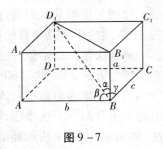

图 9-7

$$\cot\alpha \cdot \cot\beta \cdot \cot\gamma = \frac{a}{\sqrt{b^2 + c^2}} \cdot \frac{b}{\sqrt{a^2 + c^2}} \cdot$$

$$\frac{c}{\sqrt{a^2 + b^2}} \leqslant \frac{a}{\sqrt{2bc}} \cdot \frac{b}{\sqrt{2ac}} \cdot \frac{c}{\sqrt{2ab}} = \frac{\sqrt{2}}{4}$$

由上述例题可以看到,构造法是转化命题来解题的一种重要方法。而构造辅助问题又是十分灵活的、多方面的,因此这种方法具有普遍意义。应帮助学生逐步掌握这种方法的思路:从解题的意向去联想我们已经掌握的方法和手段,得到类似目标的东西。再从这些方法和手段出发,去联想别的通向它们的手段和方法,直到达到我们能力所及的起点,找到要构造的辅助问题。

九、映射-反演法

这一方法在第八章也已介绍过,这里从略。

十、基本量法

基本量法是从整体分析和把握数学问题的一种方法。

1. 基本量的概念。若某个数学对象 F 满足:存在 n 个相互独立的量,使 F 唯一确定;任何 k 个独立的量($k < n$),都不能使 F 唯一确定。则称 F 的自由度为 n。如三角形的自由度为 3,一元二次方程的自由度为 2 等。

若 F 的自由度是 n,而 $G = \{g_1, g_2, \cdots, g_n\}$ 使 F 唯一确定,则称 G 是 F 的一个基,这时 $g_i(i = 1, 2, \cdots, n)$ 称为 F 的基本量。如果 $\triangle ABC$ 的三边为 a、b、c,三内角为 A、B、C,则 $G_1 = \{a, b, c\}$,$G_2 = \{a, B, c\}$,$G_3 = \{A, c, B\}$ 等都是 $\triangle ABC$ 的基。尽管 $\triangle ABC$ 的自由度是 3,但因 $G' = \{A, B, C\}$ 不能唯一确定 $\triangle ABC$,所以 G' 不是它的基。

当 F 的基本量确定后,其他与 F 有关的量就可以用它们来表示。这些其他的量就称为非基本量。如取 $G = \{a_1, q, n\}$ 为等比数列 $\{a_n\}$ 的基,则 $a_i(i = 2, 3, \cdots, n)$ 和 S_n 就都是非基本量(此处 a_1 是首项,q 为公比,n 为项数)。

2. 所谓基本量法,就是在解数学问题时,先恰当地确定它的基本量,然后用基本量去表示与问题有关的非基本量,使问题转化为仅仅涉及到基本量的寻求,从而减少未知量的个数,以求获得问题的解决。

例如 已知 $\triangle ABC$ 的外接圆 O,自点 A 向边 BC 及过 B、C 的切线作垂线 AP、AR、AQ(P、R、Q 为垂足)。求证:$AP^2 = AR \cdot AQ$。

证明 因为定圆的内接三角形的自由度为 2,故此题有两个基本量。观察待证的结论,取图 $9-8$ 中的角 α, β 为基本量,其他有关的非基本量都比较容易用 α, β 表示。$\because AP = AB \cdot \sin\alpha$,$AR = AB\sin\angle ABR = AB\sin\beta$,$AP = AC\sin\beta$,$AQ = AC\sin\angle ACQ = AC\sin\alpha$,$\therefore AP^2 = AB\sin\alpha \cdot AC\sin\beta = AB\sin\beta \cdot AC\sin\alpha = AR \cdot AQ$。

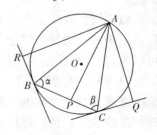

图 $9-8$

基本量法作为一种考虑问题的思想方法,适应面比较广。但由于 F 的基的不唯一性,解决问题时,选择不同的 G 来作为出发点,可以得到不同的解法,因此如何使用这种方法,也有一个技巧问题。比如在探求几何问题时,选择的 G 中含有一个角,则解法就可能简便些,因为对角度,不但可以作代数运算,也可以作三角运算,因而容易用基本量表示非基本量。又如一个问题的自由度是 2,但有时为了表述的方便,除选择两个基本量外,尚可加入一个适宜的量,然后在适当的时候消去它,以达到简化解题过程的目的等。所以教师在学生掌握这个方法时,要引导学生研究它的特点,找出一些规律性的东西,学会灵活运用。

§9.4 数学建模教学

一、数学模型与数学建模

1. 数学模型

数学模型是对于现实世界的一个特定对象,为了一个特定目的,根据特有的内在规律,做出一些必要的简化假设,运用适当的数学工具,得到的一个数学结构,它用数学符号、公式、图表等刻画客观事物的本质属性与内在规律。数学模型是某种事物系统的某种特征、某种关系的本质的数学表达式,是对研究对象的数学模拟,是一种理想化和抽象化的方法,是科学研究中一种重要的方法。

数学模型主要有解释、判断、预见三大功能。其中预见功能是最重要的功能,它是衡量数学模型的价值与数学方法的效力的最重要的标准。

数学模型有广义和狭义之分,广义的数学模型包括从现实原型抽象概括出来的一切数学概念、各种数学公式、方程式、定理、理论体系等等。可以说,整个数学是专门研究数学模型的科学。"数学就是对于模式的研究"(A·N 怀特海语)。狭义的数学模型是将具体问题的基本属性抽象出来成为数学结构的一种近似反映,是那种反映特定的具体实体内在规律性的数学结构。这里我们采用这种狭义的理解。

下面我们给出一个数学模型的经典例子——哥尼斯堡七桥问题。

18 世纪欧洲东普鲁士(现为俄罗斯的加里宁格勒)有个名叫哥尼斯堡的城市,市中有一条河,河中有两个岛,两岸与两岛之间架有七座桥,如图 9-9。

当时城市居民热烈地讨论着这样一个问题:一个散步者怎样才能不重复地走遍所有七座桥并回到原出发点? 这个问题初看起来似乎不太难,很多人都想试一试,寻找这种走法,但谁也没有找到问题的答案。当时大数学家欧拉把这个问题抽象成一个一笔画问题(数学模型)。他把四块陆地简化为四个点 A、B、C、D,把七座桥简化为连接四个点间的连线,如图 9 - 10。则问题转换成从某点出发,能否不重复地把图形一笔画出来。欧拉用奇偶点分析法得出结论:这个图形不可能一笔画出,从而说明七桥问题无解,即一次不重复过七桥不可能。1736 年,欧拉发表了图论的第一篇论文《哥尼斯堡的七座桥》,开创了图论这一组合数学的新分支。这里的一笔画模型,实际上正是图论模型。

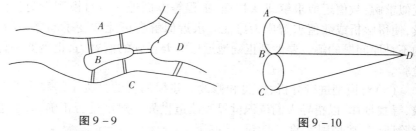

图 9 - 9　　　　　　　　　　　　　　　图 9 - 10

2. 数学建模

数学建模是运用数学思想、方法和知识解决实际问题的过程。一个实际问题往往很复杂,影响它的因素有很多,所建立的理想的数学模型必须能反映这个问题系统的全部重要特性,同时在数学上又易于处理,即它满足模型的可靠性和适用性,但这两者是互相矛盾的。如果想把问题的全部影响因素都反映到数学模型中来,则会导致模型很难且非常复杂,难以进行数学推演和计算。如果建立的模型过于简单,则又难于反映问题系统的主要特性,数学建模必须处理好这一矛盾要求。

数学建模的主要步骤有:

(1)了解问题,明确目的。这一步骤是建模的准备过程,主要是对实际问题进行全面的、深入细致的观察,深入了解实际问题的背景,明确所要解决问题的目的和要求,同时收集必要的数据。

(2)对问题进行抽象简化,提出假设。实际问题往往是极为复杂的,涉及的方面较多,不可能考虑到所有因素,因而只能抓住主要的方面进行定量研究。这就要求我们根据目的要求抓主要矛盾,舍去一些次要因素,对问题进行适当简化,提出合理假设。这里进行简化,提出假设如果不同,有可能得出不同的模型和结果。

(3)建立模型。在简化和假设的基础上,应用某种规律建立变量、参数间的明确数学结构关系。这里的"规律"可以是人们熟知的物理学或其他学科的定律,也可以是实验规律等,这里的明确数学结构关系可以是用各种各样的数学理论和方法得到的等式、不等式及其组合的形式,也可以是一个明确的算法。这里用数学语言把实际问题的诸多方面(关系)"翻译"成数学问题是极为重要的。

(4)求解数学问题。(3)中建立的许多数学模型往往是很复杂,很难求解的,许多模型的求解对数学提出了很多挑战性强、能推动数学发展的问题。因此,当数学问题不能解析地(完全地)解决时,就应先考虑近似求解:数值近似求解或从物理、工程等方面进一步对模型作简化假设,使得解析或数值求解成为可能。求近似解有可能改变了问题,求到的不是原问题的解。要做到正确地近似需要很强的洞察力,也需要进行检验。

(5)对模型进行分析、检验和修改。建模的目的是为了解释自然现象、寻找规律,以指导人们认识世界和改造世界。建模是否正确,必须进行验证(常常是用实验、现场测试或历史记录等进行分析、检验)。必要时要进行修改,调整参数,或者改换数学方法。一般地,一个模型要经过反复修改才能成功。

(6)模型的应用。用已建立的模型分析、解释已有现象,并预测未来的发展趋势,以便给人们的决策提供参考。这一步也是对模型的进一步检验,不能盲目地把这模型用于同检验时所用的迥然不同的问题上。

归纳起来,数学建模的主要步骤可用图 9 - 11 所示的框图来体现。

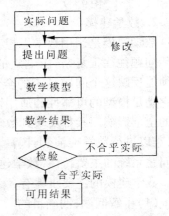

图 9 - 11 建立数学模型的主要步骤

二、中学数学建模教学

1. 中学数学建模教学的意义与要求

数学建模是数学问题解决的一种重要形式。从本质上来说,数学建模活动就是创造性活动,数学建模能力就是创新能力的具体体现。数学建模活动就是让学生经历"做数学"的过程,是学生养成动脑习惯和形成数学意识的过程;它为学生提供了自主学习的空间;有助于学生体验数学在解决实际问题中的价值和作用,体验数学与日常生活和其他学科的联系,体验综合运用知识和思想方法解决实际问题的过程,增强应用意识;有助于激发学生学习数学的兴趣,发展学生的创新意识和实践能力。

中学数学建模教学不要苛求结果的准确,而要重过程,重参与。在《普通高中数学课程标准(实验)》中对数学建模教学提出了明确的要求:

(1)在数学建模中,问题是关键。数学建模的问题应是多样的,应来自于学生的日常生活、现实世界、其他学科等多方面。同时,解决问题所涉及的知识、思想、方法与高中数学课程内容有联系。

(2)通过数学建模,学生将了解和经历上述框图(见图9-11)所表示的解决实际问题的全过程,体验数学与日常生活及其他学科的联系,感受数学的实用价值,增强应用意识,提高实践能力。

(3)每一个学生可以根据自己的生活经验发现并提出问题,对同样的问题,可以发挥自己的特长和个性,从不同的角度、层次探索解决的方法,从而获得综合运用知识和方法解决实际问题的经验,发展创新意识。

(4)学生在发现和解决问题的过程中,应学会通过查询资料等手段获取信息。

(5)学生在数学建模中应采取各种合作方式解决问题,养成与人交流的习惯,并获得良好的情感体验。

(6)高中阶段至少应为学生安排1次数学建模活动。还应将课内与课外有机地结合起来,把数学建模活动与综合实践活动有机地结合起来。

2. 让学生掌握数学建模的一般步骤,参与数学建模的全过程

中学数学教学,应有计划、有步骤地组织学生开展数学建模活动,使学生在数学建模活动的全过程中掌握数学建模的一般步骤。

在模型准备阶段,要求学生了解问题的实际背景,对相关问题进行深入细致的调查研究,碰到疑问要虚心向有关方面的专家能人请教,掌握第一手资料,并将面临建模问题的周围种种事物区分为不重要的、局外的、局内的等部分,想象问题的运动变化情况,用非形式语言(自然语言)进行描述,初步确定描述问题的变量及相互关系。

在模型假设阶段,要求学生对问题进行必要的简化,并用精确的数学语言来描述,提出假设,要善于辨别问题的主次,果断抓住主要因素,抛弃次要因素,尽量将问题均匀化、线性化。

在模型建立阶段,要求学生根据假设,利用适当的数学工具刻画各

变量之间的关系,建立相应的数学结构(公式、表格、图形等),并尽量采用简单的数学工具,以便得到的模型被更多的人了解和使用。

在模型求解阶段,要求学生根据采用的数学工具,对模型求解,包括解方程、图解、逻辑推理、定理证明、稳定性讨论等等。要求学生掌握相应的数学知识,尤其是计算机技术、计算技巧。

在模型分析阶段,要求学生对模型的求解结果进行数学上的分析,应学会根据问题的性质,分析各变量之间的依赖关系或稳定状态,根据所得结果给出数学上的预测,讨论数学上的最优决策或控制等。

在模型检验阶段,要求学生将对模型分析的结果"翻译"回到实际对象中,用实际现象、数据等检验模型的合理性和适用性,即验证模型的正确性。如果检验结果与实际不符或部分不符,或者不如预期的那样精确,则要求学生去弄清原因,揭露出隐蔽的错误或求解失误,必要时应该修改或补充假设,重新建模,最后求得一个可用的结果。

例题 人口预测问题

(1)问题的背景与提出

众所周知,人口是一个现实问题,它是影响一个国家或地区经济发展的重要因素,因此对人口数量进行预测很有必要。早在 18 世纪,英国经济学家马尔萨斯(Malthus)通过分析一百多年的人口资料,提出了一种人口增长的理论,并且指出人口增长能够用数学方法来模拟预测。从此以后,对人口数量进行预测就成为各政治家、科学家关注的焦点。

下面,给出某地区从 1800 年到 1960 年的人口数据(人口单位:百万)资料:

1800 年人口 3.929,1810 年人口 5.308,1820 年人口 7.24,

1830 年人口 9.638,1840 年人口 12.866,1850 年人口 17.069,

1860 年人口 23.192,1870 年人口 31.443,1880 年人口 38.558,

1890 年人口 50.156,1900 年人口 62.948,1910 年人口 75.995,

1920 年人口 91.972,1930 年人口 105.711,1940 年人口 122.775,

1950 年人口 131.669,1960 年人口 150.697.

利用上述资料预测该地区 1990 年,2010 年的人口数。

(2)假设化简

(Ⅰ)因为人类可以被看作一种特殊的生物种群,因此,这里假设该地区人口为一个与外界隔绝的、封闭的种群。

这条假设可以这样来理解,该地区的人口增长数是由该地区人口的生育、死亡所引起的,与外界移民无关。当然如果迁移到该地区的人口数与迁出该地区的人口数相等,也可以看作满足这条假设。

(Ⅱ)该地区的人口数量是时间的连续函数。

这条假设可以这样来理解,该地区的人口数量变化是连续的,不出现间断式的增长或减少。

(Ⅲ)该地区人口的每一个个体都是相同的。

这条假设可以这样来理解,该地区的每一个人具有相同的生育、死亡能力。

(Ⅳ)该地区的人类生存资源丰富,政治、社会、经济环境稳定。

这条假设其实是前三条假设的总前提。

(3)建模求解

基于上述四条假设,我们认为人口数量是时间的函数。

建模的思路就是根据给出的数据资料绘出的散点图,寻找一条直线(或曲线),使它们尽量与这些散点相吻合,从而近似地认为这条直线(或曲线)描述了人口增长的规律,进而作出预测。

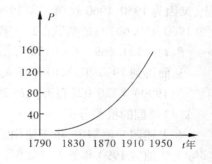

记时间为 t, t 时刻的人口数为 $P(t)$。

图 9－12

模型 I:观察散点图(图 9－12),可以发现从 1890 年后,散点近似在一条直线上,于是过 $(1910, 75.995)$,$(1930, 105.711)$ 两点作直线。

$$\frac{P(t) - 105.711}{t - 1930} = \frac{105.711 - 75.995}{1930 - 1910}.$$

即 $P(t) = 1.4858t - 2747.025.$

从而得到 1990 年,2010 年的人口预测数分别为 $P(1990) = 194.859$(百万),$P(2010) = 224.575$(百万)。

模型 II:从散点图的整体趋势来看,可以认为散点近似在一条关于 P 轴对称的抛物线上,于是过点 $(1800, 3.929)$,$(1900, 62.948)$ 的抛物线方程:

$$P(t) = 3.929 + 0.0059(t - 1800)^2$$

从而得到 1990 年,2010 年的人口预测数分别为

$P(1990) = 216.919$(百万),$P(2010) = 264.019$(百万)。

模型 III:从图中来看,有些点既不在模型 I 的直线上,也不在模型 II 的抛物线上,例如点(1950,131.669)和(1960,150.697)。而这两点离我们的预测时间 1990 年最近,为充分利用这两点的信息,可以采用分段函数来描述,当 $t = 1940$ 时,$P(t)$ 采用模型(II)的抛物线,当 $t > 1940$ 时,$P(t)$ 采用过点(1950,131.669)和(1960,150.697)的直线。

$$P(t) = \begin{cases} 3.929 + 0.0059(t - 1800)^2, & t \leqslant 1940, \\ 1.9028t - 3559.763, & t > 1940 \end{cases}$$

从而得到 1990 年,2010 年的人口预测数分别为

$P(1990) = 207.781$(百万),$P(2010) = 245.837$(百万)。

模型 IV:观察散点的整体趋势,可以认为散点近似在一条指数曲线上,又因为 1950,1960 这两年离 1990 年最近,于是过点(1950,131.669)和(1960,150.6970)的指数曲线方程:

$$P(t) = 131.669 \cdot (1.0136)^{t-1950}$$

从而得到 1990 年、2010 年的人口预测数分别为

$P(1990) = 226.02$(百万),$P(2010) = 305.22$(百万)。

(4)模型的检验分析

在上述四个模型中,由于使用的方法不同,得到的结论也各不相同,实际上该地区 1990 年的人口数为 227(百万),其中以模型 II、模型 IV 的结果最接近,其误差只是 4.4% 和 0.43%。对于 2010 年的人口预测,模型 II 或 IV 的结果也可能接近些。

从上例可以看到,一般地说,建模过程基本上按照上述步骤或循环往复地通过这些步骤。但是,这并不意味着,建模过程总是按照上述次序或者循环往复地通过这些步骤。有时建模过程会十分复杂,上述步骤也往往相互交融,模型形式也不是唯一的。

3. 教学生掌握数学建模中的基本方法

建立数学模型是一种创造性的思维活动,没有统一模式和固定的方法。建立数学模型需要较强的抽象概括能力、数学语言的翻译能力、善于抓住本质的洞察能力、联想及综合分析的能力、掌握和使用当代科技成果的能力等。在中学数学教学中,不可能花大量时间和精力来开展这

种大规模的数学建模活动,一般情况下可通过解数学应用题(在一定程度上作了简化和假设处理的实际问题)来掌握将实际问题转化为数学模型的基本方法。在此基础上开展少数几次数学建模活动,达到数学建模教学的目的。

将实际问题转化为数学模型的常用方法有:代数法、图解法、直(曲)线拟合法、数据比较分析法、分层或分步或分类分析法等等。

(1)代数法。用字母或熟悉的式表示现实问题中的对象及其相互关系而建立数学模型的方法,我们称之为代数法。

例如　某公司每年需要某种计算机元件 8000 个,在一年内连续作业组装成整机卖出(每天需同样多的元件用于组装,并随时运出整机至市场),该元件向外购买进货,每次(不论购买多少件)需花手续费 500 元。如一次进货,可少花手续费,但 8000 个元件的保管费很可观;多次进货,手续费多了,但可节省保管费。请你帮该公司出个主意,每年进货几次为宜?(该公司的库存保管费可按下述方法计算:每个元件每年 2 元,并可按比例折算到更短的时间:如每个元件保管一天的费用为 $\frac{2}{360}$ 元 (一年暂按 360 天收费计算),每个元件的买价、运输费及其他费用假设为一常数。)

如果每年进货 n 次,设购进 8000 个元件的总费用为 F,一年总保管费为 E,手续费为 H,元件买进、运输费及其他费用为 C(C 为常数),则 $F = E + H + C$。

若每次进货 $\frac{8000}{n}$ 个,用完这些元件的时间是 $\frac{1}{n}$ 年,进货后,因连续作业组装,一天保管数量只有 $\frac{8000}{n} - a$(a 为一天所需元件)个,两天后只有 $\frac{8000}{n} - 2a$ 个,$\cdots$,因此 $\frac{1}{n}$ 年中 $\frac{8000}{n}$ 个元件的保管费可按平均数计算,即相当于 $\frac{8000}{2n}$ 个保管了 $\frac{1}{n}$ 年,每个元件保管 $\frac{1}{n}$ 年需 $\frac{2}{n}$ 元。故这 $\frac{1}{n}$ 年中 $\frac{8000}{2n}$ 个元件的保管费为

$$E_n = \frac{8000}{2n} \cdot \frac{2}{n} = \frac{8000}{n^2}$$

每进货一次,花保管费 E_n 元,一共 n 次,故

$$E = nE_n = \frac{8000}{n}, H = n \cdot 500。$$

$$\therefore \quad F = E + H + C = \frac{8000}{n} + n \cdot 500 + C \geqslant 2\sqrt{\frac{8000}{n} \cdot n \cdot 500} + C =$$

$4000 + C$

当且仅当 $\frac{8000}{n} = n \cdot 500$ 时,即 $n = 4$ 时,总费用最少。

注:在求 F 时亦可列出下表分析:

进货次数	保管费 E	手续费 H	总费用 F
1	8000.0	500	8500 + C
2	4000.0	1000	5000 + C
3	2666.7	1500	4166.7 + C
4	2000.0	2000	4000 + C
5	1600.0	2500	4100 + C
6	1333.3	3000	4333.3 + C

由上表也可判定进货 4 次为最佳策略。

另外,求 F 的最小值,也可用导数来处理。

(2)图解法。用图形表示现实问题中的对象及其相互关系而建立数学模型的方法,我们称之为图解法。

例如 某电视机厂计划在下一个生产周期内生产两种型号的电视机,每台 A 型或 B 型电视机所得利润分别为 6 或 4 个单位,而生产一台 A 或 B 型电视机所耗原料分别为 2 或 3 个单位,所需工时分别为 4 和 2 个单位。如果允许使用的原料为 100 单位,工时为 120 单位,且 A 或 B 型电视机产量分别不低于 5 或 10 台。应当生产每种类型电视机各多少台,才能既满足该厂所有约束条件,又使利润最大?

设 x_1, x_2 分别为生产 A、B 型电视机的台数;从生产工时条件看,变量 x_1, x_2 应满足 $4x_1 + 2x_2 \leqslant 120$;从生产原料条件看,变量 x_1, x_2 应满足 $2x_1 + 3x_2 \leqslant 100$;从产量要求上看,又有 $x_1 \geqslant 5, x_2 \geqslant 10$。若假设总利润为 z,则建立利润函数 $z = 6x_1 + 4x_2$,于是把求最大利润转化成数学问题;确定变量 x_1, x_2 的值,使其既满足约束条件

$$\begin{cases} 4x_1 + 2x_2 \leqslant 120, \\ 2x_1 + 3x_2 \leqslant 100, \\ x_1 \geqslant 5, x_1 \in N, \\ x_2 \geqslant 10, x_2 \in N_\circ \end{cases}$$

又使函数 $z = 6x_1 + 4x_2$ 取得最大值。

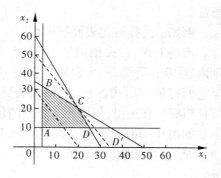

图 9 – 13

我们建立直角坐标系,用图解法表示、研究这个模型。如图 9 – 13,作直角坐标系 x_1Ox_2,画出直线 $2x_1 + 3x_2 = 100$,确定 $2x_1 + 3x_2 \leqslant 100$ 的点集 P,即直线 $2x_1 + 3x_2 = 100$ 的下方区域;画出直线 $4x_1 + 2x_2 = 120$,确定 $4x_1 + 2x_2 \leqslant 120$ 的点集 Q,即直线 $4x_1 + 2x_2 = 120$ 的下方区域;画出直线 $x_1 = 5, x_2 = 10$,确定 $x_1 \geqslant 5$ 的点集 $R, x_2 \geqslant 10$ 的点集 T 分别为 $x_1 = 5$ 的右方区域和 $x_2 = 10$ 的上方区域。

取点集 $P \cap Q \cap R \cap T$,即图 9 – 13 中的四边形 $ABCD$。

显然,满足约束条件的利润函数的最大值的点应在四边形 $ABCD$ 内找。为此,把利润函数 $z = 6x_1 + 4x_2$ 看成以 z 为参数的平行线系 $x_2 = \frac{3}{2}x_1 + \frac{z}{4}$,所谓求 z 的最大值就是求使截距 $\frac{z}{4}$ 达最大时的平行线的位置,即平行线系中过 C 点时的直线截距 $\frac{z}{4}$ 最大。而点 C 是 $2x_1 + 3x_2 = 100$ 与 $4x_1 + 2x_2 = 120$ 的交点,解它们的联立方程可求得 $x_1 = x_2 = 20$,于是得 $z = 6 \cdot 20 + 4 \cdot 20 = 200$,即该厂应生产 A 型、B 型电视机各 20 台,能得到最大利润 200 单位。

（3）直(曲)线拟合法。依据从实际问题中收集的数据,即一组观测或记录在案的数据 $(x_i, y_i)(i = 1, \cdots, n)$ 先画出散点图,估计其中的关系,看是否与某一直线或曲线拟合,而建立数学模型的方法,我们称之为直(曲)线拟合法。

例如　上节中提到的人口预测问题就是用这种方法建立的数学模型。

（4）数据比较分析法。通过对描述问题系统状态的数据进行比较分析了解系统的规律而建立数学模型的方法,我们称之为数据比较分析法。

例如 怎样打包表面积最小。

市场上,一封火柴内装 10 盒火柴,一条香烟内装 10 包香烟,一大盒磁带内装 10 盒磁带,但它们打包的形式各异,哪种包装更能节约包装材料呢? 在这里,仅研究火柴盒的包装问题。

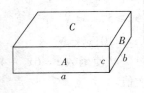

如图 9－14,设一盒火柴盒的长、宽、高分别为 a、b、c。实际测得 $a=46$,$b=36$,$c=16$(单位:mm)。

图 9－14

不计那些不规则的放法(因为那些放法,一般地看,由于凹凸的变化,表面积不会小于某种规则的放法),把 10 盒火柴放在一起有 9 种不同的放法。

第一类 1×10 型

1° 把 10 盒火柴沿 A 面重叠,其表面积记为 S_1,则

$S_1 = 20ab + 20bc + 2ac = 46112 (\text{mm})^2$

2° 把 10 盒火柴沿 B 面重叠,其表面积记为 S_2,则

$S_2 = 20ab + 20ac + 2bc = 48992 (\text{mm})^2$

3° 把 10 盒火柴沿 C 面重叠,其表面积记为 S_3,则

$S_3 = 20bc + 20ac + 2ab = 29552 (\text{mm})^2$

第二类 2×5 型

4° 每一层两盒沿 A 面重叠,向上放五层,记表面积为 S_4,则

$S_4 = 20bc + 10ac + 4ab = 25504 (\text{mm})^2$

5° 每一层两盒沿 B 面重叠,向上放五层,记表面积为 S_5,则

$S_5 = 20ac + 10bc + 4ab = 27104 (\text{mm})^2$

6° 每一层五盒,每层沿 A 面重叠,记表面积为 S_6,则

$S_6 = 20bc + 10ab + 4ac = 31024 (\text{mm})^2$

7° 每一层五盒,每层沿 B 面重叠,记表面积为 S_7,则

$S_7 = 20ac + 10ab + 4bc = 33584 (\text{mm})^2$

8° 只放一层,放两排,每排沿 A 面重叠,排与排之间沿 B 面重叠,记表面积为 S_8,则

$S_8 = 20ab + 10bc + 4ac = 41824 (\text{mm})^2$

9° 只放一层,放两排,每排沿 B 面重叠,排与排之间沿 A 面重叠,记

表面只为 S_9,则

$$S_9 = 20ab + 10ac + 4bc = 42352(\text{mm})^2$$

从以上计算我们可以看出,外包装材料最省的是第二类的第一种,即 S_4。这就是我们日常生活中常见的一种。

类似于上述模型,对于磁带盒的长、宽、高分别为 $a = 119, b = 69, c = 17$(单位:mm),仍按上面 9 种不同的放法进行计算比较,仍然是第二类的第一种 $S_4 = 76534(\text{mm})^2$ 最小;对于香烟盒的长、宽、高分别为 $a = 88$,$b = 58, c = 22$(单位:mm),仍按上面 9 种不同的放法进行计算比较,仍然是第二类的第一种 $S_4 = 65296(\text{mm})^2$ 最小;对于某本书的长、宽、高分别为 $a = 183, b = 129, c = 20$(单位:mm),仍按上面 9 种不同的放法进行计算比较,此时是第一类的第三种 S_3 的表面积最小。由此,便出现了这样的问题;对于不同的长方体物体,数量为 10 时,什么时候 S_3 是 9 种情况的最小值,什么时候 S_4 最小呢? 由

$$S_3 - S_4 = 20bc + 20ac + 2ab - (20bc + 10ac + 4ab) = 2a(5c - b)$$

当 $5c > b$ 时,S_4 最小,如火柴、香烟、磁带都属这一种情况;当 $5c < b$ 时,S_3 最小,如书本的包装形式;当 $5c = b$ 时,$S_3 = S_4$,此时需考虑外形美丽、便于携带等因素,可以从中挑选一种做外包装形式。

最后,还须指出的是,有些外包装在实际操作中考虑各方面因素,不一定按上面的模型处理,例如磁带盒外包装是按上述火柴包装中的第一类中第三种情形(即 S_3)处理的,香烟盒外包装是按上述火柴包装中的第二类中第三种情形(即 S_6)处理的。为什么这样处理,你能够说出其中的一些原委吗?

（5）分层或分步或分类分析法。把一个较为复杂的问题中的各种因素通过划分成相互联系的有序层次或分出步类使之条理化,根据对一定客观现实的判断,就每一层次或步类的相对重要性给予定量表示,利用数学方法确定每一层次或步类的全部元素的相对重要性次序的数值,并通过排序或分类的结果分析来建立数学模型的方法,我们称之为分层或分步或分类分析法。

例如　穿越沙漠问题。

有位探险家须穿过一片 800 km 宽的沙漠,他仅有的交通工具是一辆每 1 kg 汽油走 10 km 的吉普车。这辆车的油箱只能装 10 kg 汽油,另外车上还可携带 8 个可装 5 kg 汽油的油桶,即吉普车总共可带 50 kg 汽

油。现在假定出发地的汽油是无限充足的,问

(1)这位探险家怎样行驶才能通过沙漠?

(2)为了穿越 800 km 的沙漠,他总共用了多少 kg 汽油? 行驶了多少 km 路程?

由题设知这位探险家行驶方案有很多种。

方案 1 因为这辆吉普车最大限度能行驶 500 km,所以这位探险家要完成这次旅行,就必须设法在他前进的道路上储存行驶另外 300 km 的汽油。为此,他先行驶 150 km 后,留下 20 kg,然后返回原地,再行驶 150 km,再留下 20 kg 汽油,再返回原地。这样在离起点 150 km 的地方就有 40 kg 汽油了。

于是,探险家第三次行驶 150 km 后,就捡起了 15 kg 汽油,然后再往前行驶 150 km,在离起点 300 km 的地方,他留下了 20 kg 汽油,倒退 150 km,捡起了余下的 25 kg 汽油中的 15 kg,返回出发点。

最后,探险家第四次加满油从出发点行驶到 150 km 的地方,捡起留下的 10 kg 汽油,再行驶到 300 km 的地方,再捡起留下的 20 kg 汽油,就可以走完剩下的 500 km 沙漠了。

在这次旅行中,探险家总共用 200 kg 汽油,行驶了 2000 km 的路程。

如上的方案可以回答前面的问题,但不是最优方案,即用尽可能少的汽油走最少的路程通过沙漠的方案才算是最优方案。下面再看一种方案:

方案 2 设 $AB = 800$ km,在 AB 上取三点 C, D, E,使 $AC = 50$ km,$CD = 100$ km,$DE = 150$ km,如图 9 – 15。

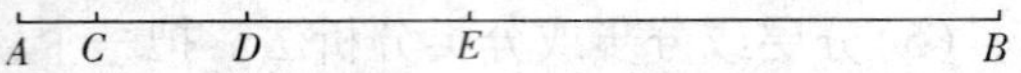

探险家从 A 地带足 50 kg 汽油向 B 处行驶,到达 C 处留下 40 kg 汽

图 9 – 15

油,返回原地 A;再带 50 kg 汽油前行到 C 处捡起 5 kg 汽油,继续前行,到 D 处留下 30 kg 汽油,返回 C 处捡起 5 kg 汽油,返回 A 处(此时,C, D 两地各留有 30 kg 汽油);他第三次又从 A 地带足 50 kg 汽油,前行至 C 处捡起 5 kg 汽油,继续前行至 D 处捡起 10 kg 汽油,继续前行至 E 处留下 20 kg 汽油,返回 D 处捡起 10 kg 汽油,返回 C 处捡起 5 kg 汽油,返回 A 处(此时,C, D, E 三地各留有 20, 10, 20 kg 汽油),他第四次又从 A 地只需带 30 kg 汽油,前行至 C 处捡起 20 kg 汽油,继续前行至 D 处捡起 10

kg 汽油,继续前行至 E 处捡起 20 kg 汽油,此时车上共有汽油 50 kg,他可以顺利地从 E 向 B 走完剩下的 50 km 沙漠地。

采用这个方案完成旅行只需 180 kg 汽油,行程为 1800 km。

4. 进行数学建模的实践训练

学习和运用数学方法,开展数学建模活动,是一种实践性很强的工作,需要学生实际地从具体问题的训练中去领会,去提高。教学中可结合统计、线性规划、数列等内容的教学统筹安排数学建模活动的内容和时间。可采用课题组的学习模式,组织数学建模活动。

教师可根据教学内容以及学生的实际情况提出一些问题供学生选择,或者提供一些实际情景引导学生发现问题。在数学建模活动中,教师应鼓励学生使用计算机、计算器等工具,应指导学生完成数学建模报告(报告中应包括问题提出的背景,问题解决方案设计,问题解决的过程、合作过程、结果的评价及参考文献等)。组织学生间的建模交流活动。

思考题

1. 解题教学在数学教学中的作用和地位如何?

2. 谈谈你对数学问题解决的理解。

3. 波利亚解题思想的核心是什么? 它对于中学数学教学有什么价值?

4. 解决数学问题的常用策略原则有哪些?

5. 解题教学中,怎样帮助学生掌握数学解题的常用通法?

6. 解题教学时对数学教师有哪些要求?

7. 分析下列解题过程中的错误,并改正。

(1) 题目:求 $(\dfrac{1-i}{1+i})^{\frac{4}{x}}$ 的值,其中 $x = \csc 10° - \sqrt{3}\sec 10°$

解:∵ $(\dfrac{1-i}{1+i})^2 = \dfrac{(1-i)^2}{(1+i)^2} = \dfrac{-2i}{2i} = -1$,

∴ $(\dfrac{1-i}{1+i})^{\frac{4}{x}} = \left[(\dfrac{1-i}{1+i})^2\right]^{\frac{2}{x}} = (-1)^{\frac{2}{x}} = \left[(-1)^2\right]^{\frac{1}{x}} = 1$。

(2)题目:设数列 $\{a_n\}$ 的前 n 项和 s_n 与 a_n 的关系式是 $S_n = ka_n + 1$,(其中 k 是与 n 无关的实数,且 $k \neq 1$),求 a_n 的表达式。

解 ∵ $S_n = ka_n + 1, a_n = S_n - S_{n-1}, ∴ a_n = (ka_n + 1) - (ka_{n-1} + $

1),

即 $a_n = \dfrac{k}{k-1}a_{n-1}(k \neq 1, n \geq 2)$。

8. 试分析中学数学建模教学的价值,在教学中,应怎样进行数学建模的教学?

9. 在对口扶贫活动中,为了尽快脱贫(无债务)致富,企业甲将经营状况良好的某种消费品专卖店以 5.8 万元的优惠价格转让给了尚有 5 万元无息贷款没有偿还的小型残疾人企业乙,并约定从该店经营的利润中,首先保证企业乙的全体职工每月最低生活费的开支 3600 元后,逐步偿还转让费(不计息),在甲提供的资料中有:①这种消费品的进价每件 14 元;

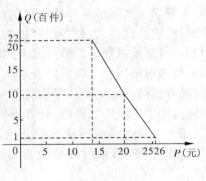

图 9 - 16

②该店月销量 Q(百件)与销售价格 P(元)的关系如图 9 - 16;③每月需各种开支 2000 元。

(1)试问为使该店至少能够维持职工生活,商品价格应控制在何范围内?

(2)当商品的价格为每件多少元时,月利润扣除职工最低生活费的余额最大?并求最大余额。

(3)企业乙只依靠该店,最早可望在几年后脱贫?

10. 某地为促进淡水鱼养殖业的发展,将价格控制在适当范围内,决定对淡水鱼养殖提供政府补贴,设淡水鱼的市场价格为 x 元/千克,政府补贴为 t 元/千克。根据市场调查,当 $8 \leq x \leq 14$ 时,淡水鱼的市场日供应量 P 千克与市场日需求量 Q 千克近似地满足关系:$P = 1000(x + t - 8)$ $(x \geq 8, t \geq 0)$,$Q = 500\sqrt{40 - (x-8)^2}(8 \leq x \leq 14)$。当 $P = Q$ 时的市场价格称为市场平衡价格。(1)将市场平衡价格表示为政府补贴的函数,并求出函数的定义域;(2)为使市场平衡价格不高于每千克 10 元,政府补贴至少为每千克多少元?

第十章　中学数学教学工作

中学数学教学是一项系统工程,它包括备课、上课、课外辅导与作业批改、学生学习质量的检查与评估、教学研究等环节,其中上课是中心环节。

上课即课堂教学,它是在教师的组织和主持下,根据预定的教育教学目的,有计划地为完成既定任务而由师生共同参与的教学活动。它是学生获取知识的主要来源。课堂教学的好坏,直接影响教学质量的高低,为了使课堂教学取得尽可能好的教学效果,教师必须选择合适的课堂教学模式,充分发挥现代教育技术的作用,使用各种教学技能。

就像"诗的功夫在诗外"一样,课堂教学的好坏,功夫也在课外,在于课前的一系列准备工作,即在于备课。备课是教学全过程的基础,是数学各个环节中的关键环节,它对数学教学的质量起着决定性的作用。

个别辅导、作业批改、质量检查、教学研究都要根据数学教学大纲或数学课程标准的要求,紧密配合课堂教学,有目的、有计划、有秩序地进行。

以上各个环节的工作若能一一落实,就可以较好地保证数学教学目标的实现。

本章将对数学教学模式、备课、说课、数学教学技能、数学教学中的现代教育技术等方面作较详细的论述,至于学生学习质量的检查与评估和教学研究等,则分别在后面两章中论述。

§10.1 数学教学模式

教学模式又称为教学策略。它是近几十年来现代教学论中十分关注的一个新的研究领域。

教学模式的概念最早见于美国教育家乔以斯和韦尔于 1972 年合著的《教学模式》一书,该书把教学模式定义为"用于设计面对面的课堂教学情景或辅助情景,确定包括书籍、电影、磁带、计算机程序以及课程在内的教学材料的计划和范型"。国内对教学模式的认识与研究,观点不尽相同,甚至连教学模式的定义也是众说纷纭,但倾向性的意见认为教学模式与"教学结构—功能"这一对范畴密切相关,教学模式实质上是人们在一定教学思想指导下对教学结构作出的主观选择。因此,教学模式的概念一般可表述为:教学模式是指在一定的教育思想、教育理论指导下,在大量的教学实验基础上,为完成特定的教学目标和内容,所形成的相对稳定的、简明的教学活动结构框架和活动程序。其中,"结构框架"是从宏观上把握教学活动各要素之间内部关系的功能,"活动程序"是表明教学模式的有序性和可行性(或称可操作性)。

教学模式强调了教学理论与实践的结合。它不是简单的教学经验汇编,也不是一种空洞理论与教学经验的混合,而是一种中介理论,是教学经验的升华。它反映了教学结构中教师、学生、教材三要素之间的组合关系,揭示了教学结构中各阶段、环节、步骤之间纵向关系以及构成现实教学的教学内容、教学目标、教学手段、教学方法等因素之间的横向关系,是对课堂教学过程的粗略反映和再现。

教学模式具有明显的可操作性,它设计了依序运动、因果关联的教学程序,为人们在课堂教学中进行实际操作提供具体的指导。

教学模式受到教学内容、教学目标和教学思想的制约,在具体的操作过程中还受到教师本身的素质,学生的知识水平、能力结构,以及教师教学风格、学生学习习惯的制约,因此,教学模式具有指导性、灵活性,但不具有规定性、刻板性。换句话说,教学模式是能用来计划课程、选择教材、指导教师行动的"范型或方案",但没有一种教学模式是适应于各种情况的万用灵药。教师在考虑选择教学模式时,首先要考虑教什么、教谁等诸多因素,然后才按这个目标来选择相应的教学模式。

10.1.1　国内主要教学模式简介

国内采用的教学模式有多种,从不同的侧重点出发,对它们的分类也不相同,这里不一一介绍。下面简介几类主要教学模式。

一、讲解－传授模式

这是目前我国中学教学中仍然普遍采用的教学模式,是在传统课堂教学模式的基础上演变而来的,它的操作程序如下:

诱导学习动机——→领会新教材(感知理解)——→巩固知识——→应用知识——→检查反馈。

诱导学习动机的方法很多,可以通过明确学习目的意义,创设问题情景增强教学内容的吸引力,采用新颖生动的教学方法等来实现。

领会新教材是指教师首先通过实际问题情景、直观教具演示、实验以及生动的语言描述等形式,使学生对学习内容形成鲜明的表象,然后在感知的基础上通过抽象思维活动形成科学的概念和规律性的认识,并发展学生的思维。这个环节的核心是对新知识的感知和理解。

巩固知识是指教师及时组织并引导学生进行练习和复习,以巩固知识并发展记忆力。

运用知识是指教师通过包括实践形式在内的各种练习和实际活动,让学生在运用知识的过程中形成技能与技巧,培养分析、解决实际问题的能力。

检查反馈是指及时检查学习效果,分析评价学习的质量。通过检查不仅可以使师生双方进行反馈,而且有利于及时调节教学活动。

这一模式的理论依据是凯洛夫教学思想和奥苏伯尔的"有意义学习"理论,凯洛夫教学思想强调以教师系统讲解知识的课堂教学为中心,重视基础知识、基本技能的教学;奥苏伯尔则认为,学校的主要任务是向学生传授学科中明确、稳定而有系统的知识,学生的主要任务是以有意义接受学习方式获得人类社会积累的丰富知识,形成良好的认知结构。

这种模式的优点是有利于发挥教师的主导作用,强化教学的科学性、直观性和系统性,能使学生在较短的时间内掌握大量的科学文化知识与技能,从而有利于系统文化科学知识的传递和学习,它的缺点是学生处于被动接受地位,不利于学习积极性和主动性的发挥,也不利于创新意识、探索能力的培养。

二、引导－发现模式

引导－发现模式也称探究－研讨式,在我国中学教学中应用比较广泛,这种模式在教学活动中,教师不是将现成的知识灌输给学生,而是通过精心设置的一个个问题链,激发学生的求知欲,使学生在教师的指导下发现问题、解决问题。它的一般操作程序是:

问题——→假设——→推理——→验证——→总结。

"问题"就是由教师提出要解决的问题;"假设"就是在对问题进行分析的基础上提出假设;"推理"就是在教师的引导下,学生运用已有的知识从各个不同的角度对问题进行论证,从中发现必然的联系,形成确切的概念;"验证"就是让学生通过实例来证明或辨认所获得的概念;"总结"就是引导学生分析思维过程,形成新的认知结构。

这一模式的主要理论依据是布鲁纳的"发现学习"理论,布鲁纳认为,发现并不限于那种寻求人类尚未知晓的事物的行为,正确地说,发现包括用自己的头脑亲自获得知识的一切形式;学生在学习过程中必须通过自身的体验,才能掌握发现问题的方法。

采用这一模式可以最大限度地发挥学生的主动性和创造性,有效地激发学生的学习兴趣,产生自行学习的内在动机,增强克服困难的信心。学生可以从发现的试探中学到科学的认识方法,并从已有经验出发提出各种可能的假设,这就有效地促使学生运用迁移规律去获取知识,学会发现的探究方法,而且从发现中获得的知识易于记忆。

这一模式对教师、学生、教材的要求都比较高,教师和学生是一种协作关系,要容许学生有不同的意见,并鼓励学生提出不同的想法,然后由学生自己去评判。教师要熟悉学生形成概念掌握规则的思维过程和学生的能力水平,学生则必须具备良好的认知结构,而教材必须是结构性的、发现式的,符合探究、发现等高级思维活动方式。

三、自学－辅导模式

自学－辅导模式简称学导式模式,是学生在教师的指导和辅导下进行自学、自练和自改作业,获得书本知识、发展能力的一种教学模式。中国科学院心理研究所卢仲衡的中学数学自学辅导实验研究、湖北大学黎世法的六课型单元教学法、辽宁魏书生的六步教学法以及上海育才中学段力佩等总结出的读议讲练八字教学法等,都属于这一教学模式。

　　自学－辅导教学模式把学生的自学作为教学的主要环节,把培养学生的自学能力和发展学生的智能作为主要的教学目标。该模式依据"学生的自我意识和主观能动性具有对客观事物进行能动反应的功能",以及"事物发展的根据在于事物自身的内因"的理论,从教为主导、学为主体的现代教学思想出发,强调把教学活动的主线由知识传授转向开发智能,其操作程序如下:

　　教师提出自学任务和要求──→学生自学──→教师精讲──→学生演练──→归纳总结。

　　教师提出自学任务和要求是指教师根据教学内容和学生的基础水平,提出自学的任务和要求,并指出重点阅读内容或出示阅读提纲和思考要点。

　　学生自学是指学生在教师的启发下阅读教材及有关资料,独立思考并撰写笔记,学生之间可以讨论研究,教师在巡回指导中发现疑点、难点和存在的带有共性的问题,这一环节主要培养学生的阅读能力、自学能力、观察能力和思维能力。

　　教师精讲是指教师围绕学生在自学中无力弄清的主要问题以及教学的重点、疑点、难点进行精讲和点拨,这一环节是教师发挥主导作用的关键。

　　学生演练即练习、实践或操作,使学生加深对知识的理解并形成技能技巧。

　　归纳总结是指学生通过小结把当堂所学知识系统化,教师则通过小结检查和归纳教学情况。

　　自学－辅导教学模式的优点在于可以充分体现学生学习的主体地位,有利于培养学生的自学能力。卢仲衡教授指出:"自学能力是各种能力中最具主动性和独立性的部分,它不是一种单一能力,而是多层次的综合能力,是以独立性为核心的多种优化的心理机能参与的主动获取知识的能力。"正是在培养学生的自学能力方面,自学－辅导教学模式具有独到的作用。同时,这种模式在根据学生的差异因材施教方面也有着良好的效果。不过,这一模式对教师本身素质的要求较高,教师不仅要具备扎实的业务功底和娴熟的教学技巧,而且要有敏锐的观察能力、敏捷的思维能力和驾驭课堂的能力,否则自学环节很容易变成自流,也就难以保证教学质量。

四、目标教学模式

目标教学模式在我国的实验研究始于 20 世纪 80 年代中期,是在借鉴美国教育家布卢姆的教育思想,特别是"教育目标分类学"和"掌握学习策略"等理论的基础上,经过广大教育工作者的不断实践而逐渐形成的。

布卢姆认为,人类在学习、思维及达到某种规定成就水平方面能力的差别比通常预料的要小得多,他在大量的调查和统计分析的基础上指出,除了各占 2% 的天才儿童和弱智儿童之外,其余 96% 的学生的能力差异微乎其微。许多学生在学习上没能取得优异成绩的原因不在智力方面,而在于未能使他们得到适合其各自特点的教学帮助和学习时间,只要提供适宜的条件,所有学生都能达到确定的教学目标。他认为,传统教学中人为地把学生划分为上、中、下三等,并以此认为学生学习成绩基本是正态分布,这几乎是当今教育中最浪费最具破坏性的一面。它不仅压抑了师生的抱负水平,也削弱了学生的学习动机。目标教学模式就是依据布卢姆的上述教育理论和大量的教学实践而形成的,其操作程序如下:

目标认定——→前提补偿——→达标教学——→矫正深化。

目标认定即分解和设置教学目标。有效的教学始于充分的认知准备,明确希望达到的目标从而产生心理预期是认知准备的重要内容之一。教师应依据教学大纲的要求,从教材的重点、难点和学生的实际出发,制订出详细而具体的教学目标,并编制相应的形成性测验题。

前提补偿指教学之前首先要对学生进行诊断性评价,以了解学生的认知准备水平。然后,要根据评价的反馈信息以集体矫正和个别辅导相结合的方式予以补偿,使全体学生都能进入良好的认知准备状态。

达标教学是这一模式的主体部分。要求教师根据教学目标和学生的实际情况,采用适合自己特点的多种教学方法进行教学。这一环节包括定向教学与达标练习两项基本的教学活动。所谓定向教学,就是紧紧围绕目标进行教学,不仅设计的问题和引证的材料必须与教学目标确立的水平相当,而且每一项教学活动、教学措施和教学手段都要围绕着既定的教学目标展开。而达标练习是完成教学目标的重要手段,有助于帮助学生从应用的角度达到教学目标。

矫正深化指在每堂课结束前及一个单元教学结束时都要对学生进

行形成性测试,其目的是考查每个学生的教学目标达成度。根据评价反馈的信息,教师可以采用指导看书、同桌讨论及小组检查等多种方式进行矫正和补救。对于单元复习,在采取矫正和补救措施后,一般还要进行该单元的平行性形成测试,只有当90%以上的学生达到教学目标后才转入下一单元的教学。

目标教学模式的优点在于它以明确具体的教学目标作为课堂教学的导向,使整个教学活动始终处于教学目标的控制之下。这就不仅使师生都有明确的方向,避免了教学的随意性和盲目性,而且对于解决学生学习中的两极分化现象,促进全体学生的发展有着重要的作用。但是,目标教学也存在着明显的弊端:一方面,对教学目标进行分解需要较高的教育理论和专业知识的素养,否则很难保证分解的科学性和可操作性,从而导致目标认定的形式化倾向;另一方面,对教学目标进行分解容易导致划分知识点的现象,从而割裂学科的逻辑体系,这显然有悖于掌握学科基本结构的现代教学思想。此外,在实际教学中大量存在着任意拔高教学目标的倾向,不仅加重了学生的学习负担,也挫伤了学生学习的积极性和主动性。

五、活动－参与模式

这一模式通过教师的引导,学生自主参与学科的实践活动,密切学科知识与生活实际的联系,掌握知识的发生、形成过程,形成用知识的意识。

这一教学模式的理论依据首先是皮亚杰的“发生认知论”。皮亚杰关于儿童认识发展的研究证明了反身抽象是获得数学概念的主要方式,逻辑数学结构不是由客体的物理结构或因果结构派生出来的,而是“一系列不断的反身抽象和一系列连续的自我调节的建构”。在学生能够富有意义地理解概念和原理的抽象形式之前,需要对这些数学对象的具体表现形式的学习,这是数学学习的一个重要环节;其次,生理心理学的研究将人的疲劳分为生理疲劳和心理疲劳,心理疲劳是由长时间集中重复单调工作引起的。安排多样化的教学活动,有助于改变学生重复听课,做题单调的学习方式,消除心理疲劳,提高学习效率。数学教育家弗赖登塔尔提出,与其说让学生学习数学不如说让学生学习“数学化”,学习数学不能满足于记住结论,而要注重数学知识的发生过程。以上教学思想,也为这一教学模式提供了理论依据。

活动－参与教学模式中,教师让学生通过自己的实践学习数学,尽可能让学生在阅读、讨论、作图、制作模型,甚至实验、调查等实践活动中学习数学,让学生主动参与、积极活动是这一教学模式的一个显著特点。

活动－参与教学模式主要有以下几种形式:数学调查,数学实验,测量活动,模型制作,数学游戏,问题解决。

这一模式遵循由实践到理论再到实践的基本原则。它的目标是积极培养学生的主动参与意识,增进师生、同伴之间的情感交流,提高实际操作能力,形成用数学的意识。

上海育群中学在教学实践中总结出了"动手探究法",即以学生的学习为主体,在整个教学过程中不断提供给学生动手的机会,让他们充分进行观察、分析、综合、概括等思维活动,去探究知识,发展能力;让他们在动手中思维,在思维中动手,两者同步进行,相得益彰。教学的基本程序是:在教师引导下学生自己观察比较──→分析综合──→抽象概括──→判断推理──→掌握规律。这种"动手探究法"就属于活动－参与教学模式的一种表现形式,它符合思维活动的基本规律,既发展了学生的思维能力,又有利于学生理解掌握知识,形成完善的数学认知结构。

六、整体－结构模式

这一教学模式是根据学生的认知能力,按照知识的逻辑体系进行分类,以整个章节或典型问题、思想方法为主线,进行类比迁移,从而使学生迅速获得知识,提高能力的一种教学模式。

整体－结构教学模式是认知发展的一个新途径,其主要过程是:知识结构──→教学结构──→认知结构──→自由境界。这个过程是一个复杂的、动态的、多变的、有序的系统工程,很难给出一个实现该过程的固定模式。教师在教学过程中,需要将知识分解成一个个的小单元,先孤立后联系,先分层次后渗透,加强知识间的综合应用,充分发挥知识的结构功能作用。

整体－结构教学模式与传统教学模式明显不同的是要改变按教材逐页讲解的方式,以整体讲解与个别知识点循环交替讲解相结合,对教材处理要大胆,又要有条理,还要注意到知识的内在逻辑体系。

这一教学模式的理论依据主要是布鲁纳的"学科结构教学理论"。布鲁纳认为:基本概念和原理是学科最基本的要素,因此首先要掌握概念和原理;教材的结构是由概念和原理组成的,但各个概念和原理不是彼此割裂的,而是相互关联的,所以要掌握知识间的内在联系。他还认为"学习结构就是学习事物是怎样相互联系的"。而知识的相互联系具体体现在知识的整体性和层次性上。关于知识的整体性,他认为学科的知识体系都是充满关系的有机体,教学中必须以整体观念为指导,克服离散性,构建经纬网络,这样就会既易于学习,也便于深化理解和记忆。奥苏伯尔的"协调统整原则",提倡从整体到局部的教学思想也为此提供了理论依据。

这一教学模式的教学目的是培养学生的自学能力,整体把握、整理、分析知识的能力,形成整体意识。

属于这一教学模式的有安徽六安中学总结出的"知识层次结构教学法"、上海大同中学总结出的"整体设计,分段疏通,自学辅导法"。

10.1.2　数学教学模式的构建[①]

随着基础教育数学课程改革的进行,数学课堂教学模式必须创新。如何根据新的课程改革要求,结合教育实践,构建多样化的教学模式,值得认真研究。

一、数学课堂教学模式的结构与特点

构建新的数学课堂教学模式先要分析数学课堂教学模式的结构与特点。

(一)数学课堂教学模式的结构

数学课堂教学模式的结构是指构成该模式的诸要素及其相互关系,主要包括以下方面:

1. 理论基础。如前所述,教学模式处于教育理论与实践操作的中介,每一种数学教学模式是在一定的数学观、教育学、心理学、哲学、数学教育理论指导下建立起来的,新的数学课堂教学模式应满足素质教育的六个基本特征:一是教学对象——面向全体学生,二是教学目标——发展学生整体素质,三是师生关系——民主合作互动,四是教学过程——主动生动活泼,五是教学方法——启发内化转化,六是教学环境——和谐愉悦共振。

2. 教学目标。任何教学模式都是为完成一定的教学目标而创立的,

---

① 参见赵雄辉:《教学教育改革论》,湖南大学出版社,2003 年,第 276~290 页。

数学教学目标要促使学生的数学素质获得全面、充分、和谐的发展,综合地完成认知、发展和情感态度等方面的任务。

3. 操作程序。数学课堂教学模式的操作程序说明每一步步骤所要完成的任务,要明确指出教师先做什么,后做什么,学生分别做什么。操作程序不是一成不变的,而是依具体情况不同可以变更顺序或增减程序的。

4. 实施条件。教学模式的实施条件一般包括教师、学生、教学内容、教学设备、教学时间与空间等因素。

5. 教学评价。教学评价包括评价方法、标准。它是及时调节教师教学行为和学生学习行为的重要手段,也是对教学模式进行阶段性评估的重要依据。

(二)数学课堂教学模式的特点

1. 简约性。数学教学模式要求用精练的语言、图式、符号表述。它比抽象的理论明确具体。

2. 开放性。数学教学模式随着教育理论和教学实践的变化而发展,它不是一个封闭体系,而是一个开放的系统。

3. 完整性。一个数学教学模式要反映模式结构的各个要素,不只是一个操作程序。

4. 独特性。数学教学模式应有其某种特色,与特定的目标、条件、适应范围、内容相关联。

二、数学课堂教学模式的构建方法与程序

研究数学课堂教学模式的方法主要有理论演绎法、经验归纳法和综合法三类基本方法。

理论演绎法研究教学模式主要是从理论出发提出假说,设计出模式,使用演绎法得到的教学模式,其起点是科学假说,模式的形成过程就是验证假说的过程,查有梁在《教育模式》一书中,从发生认识论演绎出4种基础教育模式,从发展认识论演绎出4种创造教育模式,从科学课程论演绎出5种学科教育模式,从教学论演绎出5种教育模式,等等,就是采用的演绎研究法。

用经验归纳法研究教学模式主要是经验概括,即在实践经验基础上概括出共性,使之规范化、系统化、程序化,从而整理成教学模式。上海青浦县的"尝试指导、效果回授教学模式"主要是从调查实验得到的经验基础上构建的。

在数学课堂教学模式的建立过程中,常常不是严格意义上的演绎建构或经验归纳,很多时候是演绎、归纳并用,采用综合研究的方法。贵州省吕传汉教授等人提出的"情境－问题数学教学模式"就属于这种类型。

选择何种方法研究数学课堂教学模式,应根据研究者自身素质和研究的条件等多种因素综合考虑加以决定。

构建数学教学模式还要遵循一定的实施程序。以经验归纳法为例,其基本程序为:

(1)建模目的。明确课堂教学模式所达到的目的。

(2)典型实例。在实践的基础上总结提炼出较好的典型的课例。

(3)抓住特征。将案例上升到理论,分析概括出基本特征和基本过程。

(4)确定模式名称。进行概括总结,确定表述模式的名称。

(5)简要表述。对确定的教学模式给出简要的定性表述。

(6)具体实施。在课堂教学中具体实施这一模式,要充分体现出模式的特征和过程。

(7)建模评价。将设计与实践进行归纳总结,从而获得建模成功与否的结论,以便改进。

三、数学教学模式探索的趋势

随着我国素质教育、创新教育、课程改革的深入开展,数学课堂教学模式的研究正在不断深入,其研究具有以下新动向:

1. 对数学教学模式的理论研究更加深厚和宽广

教育理论是教学模式建立的基础,随着教学论和心理学的发展,教育模式的一般理论基础研究得到了空前的加强,自20世纪80年代以来,我国数学教育界一批专家结合数学教育实际积极宣传教育学和心理学理论(如认知学习理论、建构主义理论等),直接参与国际数学教育交流,促进了我国数学教育模式理论水平的提高,使更多的经验型模式得到了理论的升华。

建构主义对教学模式的构建指导作用在不断加强。它强调以学生为中心,强调情境和协作学习对意义建构的重要作用,强调学习过程的最终目的是完成对数学知识的意义建构。在建构主义指导下,倡导多个新的教学方法,如:

（1）"自上而下"的教学。即教师首先提出整体性的学习任务，让学生自己尝试着将整体任务分解为若干个子任务，自己发现完成各级任务所需的相应知识技能，并通过自己的思考或小组讨论，在掌握这些知识技能的基础上，使问题得到解决。

（2）支架式教学。即为学生建构对知识的理解提供一种观念框架。教师先要根据学习主题，为学生的学习搭建支架，将学生引入问题情境，通过支架逐步把管理调控学习的任务转移给学生自己，然后逐步撤去支架，让学生独立探索学习，最后小组交流，协作学习，效果评价。在学生学习中，教师是学习伙伴和"指导者"，而不是"专家"的姿态。

（3）抛锚式教学。这种教学建立在引起学生认知冲突的数学问题的基础上。在课堂上提出的数学问题被形象地称为"抛锚"，问题一旦确定，整个教学内容和教学过程就被确定了。学生在问题情境中，通过自身体验，解决问题。一般由提出问题、创设情境、自主学习、协作学习、思维发展训练 5 个环节组成。

2. 模式探索中更加注重学生的主体地位

由于现代学习理论要求教师成为学生学习活动的指导者、组织者，学生成为发现者、探索者、主动建构者，因此教学模式的构建应该充分体现以学生为主体。

正在探索的"研究性数学学习"教学模式就是以学生的自主性和研究性为基础，让学生以个人或小组合作的方式，通过数学研究课题的探索来学习数学的。它具有综合性学习的特征，不一定局限在课堂上，通常是一种开放式的学习环境，教师为学生提供多渠道获取知识、并将学到的知识加以综合应用于实践的机会，培养创新性和实践能力。

3. 数学教学模式构建走向多样化和综合化

数学教学模式的构建由传统的单一课堂教学模式向新型的课内外相结合的综合化方向发展。数学教学模式构建方式、种类越来越多，新的模式不断涌现。

无锡市徐沥泉提出的"数学方法论的教育方式"（简称 MM 方式）近年来在全国产生了广泛影响。这一方式是指在数学教学过程中，教师遵循数学本身的发现、发明与创新等发展规律，遵循学生的身心发展和认知规律，力求使它们同步协调，并引导学生不断地自我增进一般科学素养、社会文化修养，形成和发展数学品质，全面提高学生素质。

　　MM 方式首先是对数学教学进行了返璞归真的改革,把数学从一些法则的汇编,回归到它原有的生动活泼的创造活动的形式。应用 MM 方式教数学,就是把数学置于发现问题解决问题的情境中,通过师生们共同活动来对所发现的现象和规律进行形式化表述,用数学语言来概括和描述,用猜想与证明的方法来建立数学的概念、定义与法则。

　　MM 方式蕴含了两条基本原则,即"教学、研究、发现"同步协调原则和"既教证明又教猜想"的原则。其目的就是把知识的传授放在不断探索、试验、总结、回顾和不断完善的过程中进行,这就使得数学中的许多难懂的概念、抽象的形式有了产生、发展和完善的过程,取得化难为易的效果。

　　4. 现代教育技术为数学教学模式探索提供新思路

　　多媒体技术和计算机网络正在逐步进入数学教学活动之中,它打破传统数学教学的束缚,为学生提供丰富的、生动的、图文并茂的数学教学资源,在某些教学、训练、习题解答、个别指导等方面给数学教学带来了较理想的效果。于是,如何利用多媒体技术和网络构建新的数学教学模式引起数学教育界的重视,与技术相适应的"以学生为中心"的网络教学模式必将应运而生。

　　数学教学模式的构建总是沿着继承、引进—探索、创新的路子不断深化,简单的否定不是可取的态度,但没有扬弃就没有创新,必须处理好否定与创新的辩证关系。

§10.2　备课[①]

　　课堂教学前的一切准备工作,统称为备课。备课的主要任务包括钻研教学大纲(或课程标准),钻研教材和参阅有关资料,了解学生情况,制订学期和单元教学计划,设计与编写教案等。整个备课工作一环扣一环,各项工作相互联系,相互促进,形成整体的环链。每个教师都要以正确的态度对待备课的全过程,做到环环落实,只有这样,我们才能把课备

---

　　① 本节和下节内容大部分摘自李玉琪主编《中学数学教学与实践研究》(高等教育出版社,2001 年 6 月)第六章教案设计。

好、备精。对刚从大学毕业的新教师来说,备课的过程,也是学习的过程,是学习、分析、研究和处理教材的过程,是迅速提高业务水平和教学能力的过程,因此,对待备课工作更应高度重视,切切不可忽视。

这里我们不详谈备课的全过程,只对其中的几个重点问题进行论述。

10.2.1 钻研教学大纲(课程标准)与教材并了解学生

一、研究教学大纲(课程标准)

国家教育部颁布的各种数学教学大纲(或数学课程标准)是法令性文件。它以纲要(或标准)的形式界定基础教育中数学课程的地位、作用和数学内容体系,规定数学课程的总目标及各章教材的具体目标或具体要求和教学时数,并对教学、评价及教材编写等提出指导性意见或建议。数学教学大纲(或数学课程标准)集中体现了国家的培养目标,具有教学的法律和法规的性质,因而不仅是教师制订具体的教学计划和编制教案的依据,也是评价教师的教学水平和学生的学习效果的重要标准。因此,教师在备课时要深入研究大纲(或标准),深刻领会大纲(或标准)的精神,把其中的各项要求贯穿于课堂教学的全过程。

无论是学期备课、单元备课还是课时备课,研究教学大纲(或课程标准)都要包括下述两个方面的内容:

1. 研究教学目标

大纲(或标准)规定的数学教学总目的(或课程总目标)具有宏观的性质,体现着教学的方向。教学目的是依据党和国家的教育方针、基础教育的培养目标、数学学科的特点,以及学生的心理和思维特征制订的,是对数学教学在教养和教育两方面应完成的任务作出的界定。这个总目的和任务显然不可能在哪一个学段或哪一个章节的教学中完成,而要靠每一章、每一节和每一课时的教学去体现和落实。

为了帮助广大教师正确理解和落实教学目的,大纲(或标准)在列出每一章教材的教学内容之后,都明确给出了该章的具体教学目标(或教学要求)。这些具体目标是由教学总目标分解而来的,由于与具体知识点密切联系,因而具有微观的性质。尤其值得注意的是,大纲在各章的具体目标中采用的了解、理解、掌握、灵活运用等表述用语,既是对各知识点教学广度和范围的描述,也是对教学难度和深度的刻画。无论教师对教材的加工整理和呈现方式的设计,还是对例题、习题的选择与编排,都只能以大纲中的教学目标为标准,而不能有任何的随意性。此外,数学课程标准中还对过程与方法以及情感、态度与价值观两个方面的目标采用了相应的行为动词表示应达到的水平,教师在教学中也同样应该严格以此为落实的标准。

2. 研究大纲(或标准)对数学课堂教学的要求

在1996年颁布执行、2000年修订的现行数学教学大纲中,以"教学中应注意的几个问题"的形式对高中数学课堂教学提出了明确的要求。在全日制义务教育数学课程标准(2001年7月)和普通高中数学课程标准中,同样以"教学建议"的形式对数学教学提出要求。这些要求既涉及现代教学思想和重要的数学教学原则的具体贯彻,也涉及教学方法的选择和现代化教学手段的运用,不仅内容十分丰富,而且指明了数学课堂教学改革的方向。因此,研究大纲中提出的教学要求或标准中提出的教学建议,并在教案中落实各项要求的精神,是教师备课的重要内容。

二、研究教材

教材是师生实施教学的重要依据。研究教材,也包括研究教学参考书及其他资料,如与中学数学教学有关的刊物和数学教育类的书籍等。研究教材要解决如下几个方面的问题:

1. 掌握教材的基本结构

布鲁纳的结构主义理论认为"无论教什么学科,务必使学生理解该学科的基本结构",这是现代教学思想的一个基本点。学科的基本结构是指该学科的基本概念、基本原理及内部规律,其中基本原理是构成该学科理论的基本的定理、公式和法则;内部规律不仅包括基本概念之间的联系和基本原理之间的联系,也包括学科的基本思想和基本方法。

对于数学教师来说,掌握教材的基本结构有三个方面的要求:

第一,明确一个章节、一个单元或一节课教材内容中重要的基本概念和基本原理。一般来说,数学教学大纲中规定的教学内容都属于基本概念和基本原理的范畴,这是一种广义的理解。在严格的意义上,只有那些在数学的各个分支学科中具有基础作用,在其他学科和社会生产和生活的各个领域中应用十分广泛,而且在学科教材体系结构中起同化作用的概念和处于下位的原理才具有广泛的迁移性,才是重要的数学基本概念和基本原理。例如,函数的概念与函数值的概念相比较,显然函数是重要的基本概念;两角和与差的余弦公式与正切公式比较,显然余弦公式是重要的基本原理。只有区分出重要的基本概念和基本原理,才能把握住教材的重点,课堂教学才有主次之分。

第二,掌握基本概念之间与基本原理之间的联系,从内在的逻辑关联出发构建整个教材的知识体系。

第三,明确基本的数学方法与数学思想。第八章已经谈到,数学思想方法是数学基础知识的重要组成部分,它比具体的数学概念和原理具有更高的抽象度和更大的概括性,是数学基础知识的核心和灵魂。因此,明确教材中基本的数学思想方法,是教师钻研教材的重要任务。

2. 明确教材的地位与作用

明确教材的地位,是指明确某一章、某一单元或一节课的教材在整个教材知识体系中所处的位置,从与前后知识的关联中区分其地位之主次,明确教材的作用,不仅包括教材在后继知识学习中的作用,而且包括教材在其他学科和社会生产与生活中的应用,这样就为把握教学的深广度和科学地组织例题、习题奠定了基础。

3. 掌握教材内容的科学性、实践性与思想性

一般来说,掌握教材内容的科学性有三个方面的要求。其一,对教材内容的逻辑性进行考察。例如,概念的定义项与被定义项是否相称,是否符合定义的规则;定理的表述是否严谨,条件与结论之间有无必然的逻辑导出关系,论证是否严谨;例题的深度与难度是否具有与教学目标的一致性等等。其二,挖掘教材内容潜在的科学性。例如,研究概念的内涵与外延,以及概念的形成与发展过程;探讨定理、公式等命题的发现过程,以及证明思路的获得过程;明确数学思想方法的归纳与应用过程,揭示教材中蕴涵的数学思想等等。其三,把握教材的逻辑结构。数学教材的内容是具有一定逻辑结构的体系,其概念和定理、公式等原理分别形成了具有逻辑关联的概念序列和命题序列。教师不仅要研究各种数学概念之间的关系和各种数学定 理、公式之间的关系,明确教材中的概念序列和命题序列,而且要构建各单元、各章节和整个教材的知识体系,只有这样,才能保证教学的科学性,提高教学质量。

数学来源于实践,又反过来作用于实践,这种辩证关系应当在教材中得到完美的体现。从这种实践性出发,教师在钻研教材时应着重研究两个问题:其一,考察教材内容的呈现方式,如果知识的呈现与学生的生

活实际和社会生产实际缺乏密切的联系,则须选择实际的问题创设问题情景;其二,考察作为范例的例题及学生课后的习题与社会实践的相关性,并采取适当措施强化数学教学的应用性。

掌握教材的思想性有两个方面的含义:第一,要通过研究教材发现教材中的辩证唯物主义因素,以便结合课堂教学进行辩证唯物主义基本观点的教育,使学生形成科学的世界观;第二,要挖掘教材中的育人因素,教学中运用新颖且富有挑战性的智力问题以及丰富的数学史料,激发学生学习数学的兴趣和积极性,陶冶学生的情操,培养学生坚忍不拔的意志、实事求是的科学态度和勇于创新的精神。

三、了解学生

学生既是教学的对象,又是学习活动中认识的主体。因此,深入了解学生是教师备课中一项重要的工作,对于提高教学效率有着直接的影响。

1. 了解学生的思想实际

学生的思想实际包括对学习的认识和学习目的,学习的自觉性、积极性和学习态度,班级的学风等。教师要通过深入班级与学生谈心,以及作业批改、课堂提问、观察等方式,对学生的思想状况有一个基本的了解与把握,以便准确设定教学目标、选择教学模式和教学方法。

2. 了解学生的学习实际

学生的学习实际包括知识基础与知识结构、学习能力与智能结构、学习方法和学习习惯等,研究以上情况是确定教学难点、选择教学方法和实施学法指导的重要依据。

3. 了解学生的心理特征

学生的心理特征包括思维品质与思维方式,学生的个性差异及每个学生的兴趣、爱好和特长等,了解这些情况,就可以为实施个别化教学与合作学习奠定基础。

10.2.2 教案设计与编写

教案设计包括教学要素设计和教材处理。

一、教学要素设计

1. 确定教学目标

课堂教学必须有明确的教学目标。为此,教师在备课中要根据数学教学大纲(或课程标准)中对各章教学目标的要求,把每节课的教学目标具体化。我国现行高中数学教学大纲规定的目标可以归纳为认知目标、能力目标和情意目标三个方面;全日制义务教育数学课程标准规定的目标分为知识与技能、数学思考、解决问题、情感与态度四个方面;普通高中数学课程标准规定的目标则又分为知识与技能、过程与方法以及情感、态度与价值观三个方面。教师进行教学设计时,应根据所采用的大纲或标准作相应的分解与划分。

2. 确定教学的重点和难点

一般来说,每一章节、每一单元和每一课时的数学教学都有其教学的重点和难点。显然,最重要、应用最广泛的基础知识与基本技能应当是教学的重点。教学难点则指的是学生认识的难点。在教学设计时必须准确确定教学重点和难点,这对于顺利地组织课堂教学活动和提高教学质量具有重要意义。

3. 确定教学模式与教学方法

根据教学内容与学生的实际情况,结合概念课、命题课等新授课以及练习课、复习课等不同课型,设计不同的教学模式和教学方法是十分必要的。例如,概念课与命题课等新授课可以采用引导发现模式、自学辅导模式或合作教学模式,复习课则宜采用开放性教学模式或合作教学模式。

从数学学习心理的角度来说,当新知识在学生的原认知结构中没有固着点时,教学往往需要先提供学习新知识的背景材料,并采用引导发现的方法和归纳的方法,以便实施概念的形成方式或定理、公式的上位学习方式;当新知识在学生的原认知结构中有相关旧知识作为固着点时,教师则应创设问题情景,以问题启发方式激活相关旧知识,以探究模式分析知识联系,实施概念的同化学习或定理、公式的下位学习。

4. 学生的学法指导

现代教学论认为,学生应该实现从"学会"到"会学"的转变,教师不能仅仅满足于在45分钟的课堂教学中提高效率,而应着眼于学生未来的发展,使他们学会学习。因此,教师在研究教法的同时,要更加关注学生的学法,力求达到以学生为主、以自学为主,实现由教向学的转化。

在设计学法指导时,引入元认知策略是十分重要的。这里有三方面的要求:第一,使学生认识自己的认知规律、思维方式和思维习惯,以便突破现有的思维模式,从教师的教学中领悟有成效的学习方法;第二,使学生对自己的学习方法进行自我监控和调节,加强元认知体验;第三,引导学生运用元认知的反思理论,通过活动前反思、活动中反思和活动后反思,对自己的学习方法进行评价,并不断改进学习方法。在设计学法指导时,教师要从上述要求出发,设计导思导学的方法,并对导学的步骤和时机作出恰当的规划。

5. 教学手段设计

现代教育技术的迅速发展,对学校教学产生了巨大的影响。在进行数学课堂教学设计时,教师应当充分考虑如何发挥现代教育技术的作用。例如,利用多媒体技术直观形象地描述数学抽象对象的性质;借助计算机进行数学实验,探索数学内部规律或者建立数学模型;等等。为此,教师在备课时就必须准备好相应的数学课件。

二、教材处理

教材处理是指教师依据设定的教学目标、教学重点与难点、教学模式与教学方法,以及学生的学法指导策略,把教材内容加工转化成教学实践行为的创造性活动。教材处理主要包括三个方面的内容,即教材的呈现方式与序列,知识的获得与意义建构,例题与习题的选择与处理。在教材处理中,建构主义理论有着重要的作用。

建构主义强调情景、协作、会话、意义建构的作用,主张以学习者为中心设计课堂教学活动,重视情景和合作学习对意义建构的作用。建构主义强调对学习环境的设计,主张利用各种信息资源支持学生的学,以最终实现意义建构,即使学生深刻理解学习的内容并纳入自己的认知结构。

1. 创设问题情景

情景是指引起学生对学习内容感兴趣和激发认知冲突的背景。问题情景则是由与教学目标、教学内容相符的问题或问题系列构成。数学教学中的问题情景,其问题一般来自于现实生产与社会生活,也可以是与教学内容有关的数学问题。通过设计问题情景,编拟包括初始问题和后继问题的层次递进的问题序列,形成认知冲突,激发学生的求知欲望和学习动机,是呈现教材的重要途径之一。

2. 信息资源与自主合作学习设计

在课堂教学中教师主导作用的表现之一就是为学生提供学习的信

息资源,包括课本、教具、图表、教学材料和各种教学媒体,以利于学生的自主学习和探索。教师需要为学生设计并提供大量的观察、实验、操作、独立思考、发现问题、提出猜想、论证或反驳猜想的空间,并引导学生相互讨论,实行小组合作学习,通过相互交流和相互帮助,使整个学生群体共同完成对所学知识的意义建构。其中,拟定学生的自学提纲,设定观察、演示与实验的素材,设计导学、导思及讨论的问题等,都是教材处理的重要内容。

3. 精讲与点拨设计

课堂教学中教师的主导作用,不仅表现在为学生创设适宜的问题情景和学习环境,以及提供学习的素材和信息资源方面,更为重要的是要通过精讲和点拨,引导学生运用数学的方法展开思维活动,帮助他们排疑解难,顺利地发现和掌握知识,实现知识的意义建构。显然,对于精讲与点拨的内容、方式及介入学生活动的时机都要作出周密的设计。

4. 评价与归纳设计

这是指对学生学习效果的评价方式,校正的补充教材和练习,以及对数学内容的归纳与认知结构的整理等,都应当在教材处理中作出规划和安排。

5. 例题与练习的选择和处理

例题教学与学生练习属于数学知识的应用,不仅有利于培养应用数学的意识和分析、解决实际问题的能力,对于学生巩固所学知识与发展思维能力也是一种有效的途径。因此,科学地组织例题教学与习题训练是数学教学及教材处理中一项不容忽视的工作,一般来说,例题、课内练习与课外习题的选择处理要遵循三项要求:其一,与教学目标的一致性,例题与习题涉及知识的难度要适当,应有利于落实教学目标和培养数学应用的意识;其二,选择的题目不仅应具有典型性、启发性、创造性与审美性,以利于发挥习题的各种功能,而且要研究题目的目的性、针对性、多样性及梯度安排,以利于学生巩固知识和循序渐进地发展思维能力;其三,严格控制题量,杜绝题型套路的训练和题海战术。

三、编写教案

教案是教师课堂教学的具体实施计划。在完成了研究教学大纲和教材、了解学生、教学设计和教材处理等项工作的基础上,就进入编写教案的阶段。一般来说,由于每堂课的任务不同,课型不一,教学过程千差万别,因此没有一个统一的教案格式。但无论何种教案,都必须反映出一堂课教学的全过程概貌。教案一般包括如下一些内容:教学课题、教学目标、教材分析、教学重点与难点、教学模式与方法、教学手段与教具、教学过程、作业布置等。

教案的编写可详可略。一般来说,新教师要写详案(实习教师写成讲稿),这样,一方面可以促使自己把课备得更精,更仔细,另一方面有利于积累经验和资料,特别是那些有教学后记的详案,对以后教学同一内容很有参考价值。有经验的老教师的教案可以简略,但所担负的试验课和示范课的教案要详尽,以便于研究和学习。

§10.3 说课

近些年来,在数学教学研究、数学教学观摩比赛、学校考察、引进新教师等活动中,出现了一种新颖的形式——说课。目前,说课已成为数学教学研究活动的一种重要形式。本节将扼要阐述说课的意义、内容和要求,并介绍典型说课案例。

10.3.1 说课的意义

说课,是教师在充分备课的基础上和没有学生参与的场合下,分析教学任务和学生的认识基础,阐述教学目标、教学设计和教学过程的活动,是一种有计划、有目的、有组织、有理论指导的教学研究与交流的形式。

教师的说课与上课虽然都属于教学的范畴,但又有着本质的不同。其一,实施对象不同,上课的对象是学生,说课的对象则是同学科的教师、教学专家及学校的领导;其二,实施时间不同,上课是在课内完成的,说课则既可以在课前进行,也可以在课后进行;其三,活动的性质不同,上课是师生共同参与的课堂教学活动,说课则是教师之间的教学研究和教学交流活动。开展说课的意义主要有以下三个方面:

一、有利于加强教育理论的学习研究

长期以来,我国的教学是以"传道、授业、解惑"为根本宗旨,以传授知识为根本目的,这种教学思想在世代沿袭中形成,又由于凯洛夫"三中心"的教学思想和应试教育的影响而变得十分稳固。在当前的数学课堂教学中,这种传统教学思想仍然有着较为广泛的市场。例如,课堂教学活动以教师和教材为中心,把教学过程设计为"传授 + 接受"的形式,只注意教师的教法而不研究学生学习数学的心理规律,表现出抹杀学生主体地位的重教轻学倾向。又如,片面强调智育,特别是片面强调知识教学,在片面追求分数和升学率的思想指导下,形成了以讲、练、考为基本步骤的课堂教学程序,表现出重知识轻能力,特别是轻创新意识与创新能力培养的倾向。再如,把数学教学停留在现成知识即数学活动结果的教学上,既不注意展现知识的发生过程和师生的思维活动过程,也不注重归纳、揭示教材中的数学思想方法,形成了重结果轻过程的"概念 + 例题"、"定理公式 + 例题"的数学教学模式。至于教学中无视非智力因素对学习活动的定向、激励、维持和强化作用,以分数、名次、纪律等外在手段代替激发学生内在的学习动机等问题则不一而足。凡此种种,不仅与现代教学思想相去甚远,而且严重背离了党的教育方针和教学促进发展的原则。

在说课活动中,教师不仅要依据学生认知发展的水平和数学学习的心理规律阐述教学目标、分析教材的重点与难点,还要从现代教学思想和教育理论出发,科学地设计教学过程、教学模式和教学方法,特别要对学生的学法进行周密的安排,这一切都需要以先进的教育理论和现代教学思想为指导。为了说好课,教师不仅要研究教学大纲(或课程标准)、教材和了解学生,更需要学习和研究现代教育理论,以更新教育观念和教学思想,因此,说课活动的开展必将促使教师加强教育理论的学习和研究,从而提高广大教师的教育理论水平。

二、有利于推动数学教学的改革

近些年来全国各地开展说课活动的经验证明,说课活动有效地推动着数学教学的改革。事实上,自 1996 年举办全国初中数学说课观摩比赛以来,迅速掀起了初中与小学数学课堂教学改革的热潮。不仅大众数学思想、建构主义理论、问题解决策略、强化数学应用和计算机辅助教学等先进的教学思想和教育理论得到了迅速的推广和普及,而且广大教师在运用现代教学思想指导说课的实践中创立了许多新的教学模式和教学方法,大大推动了初中和小学数学教学的改革。2000 年举办全国首届高中数学说课观摩比赛,又开创了我国高中数学教学改革的新局面。

三、有利于推动教研活动的开展

在应试教育的影响下,多年来我国许多中学的教学研究活动基本流于形式,教研组、学校甚至教育行政部门下属的教学研究室不搞教研的问题也大量存在,这种现象已严重制约了中小学教育教学质量的提高。进一步更新教育观念与教学思想,从我国基础教育向素质教育转变的实践中充实研究内容,改革研究方法与形式,无疑是突破这种困境的重要途径。

说课是当前学校教学研究工作的重要内容。通过开展说课活动,研究改革教学模式和教学方法,确立以学习者为中心,构建以学生活动为主的课堂教学环境,对于实施素质教育和创新教育以及从根本上提高教学质量都具有重要的作用。

说课也是当前学校教研工作的重要形式。通过开展说课活动,不仅有利于调动广大教师从事教学研究的积极性,有助于提高教师的业务水平和教学能力,而且通过说课及评课形式的互相交流,可以培养互帮互学、相互切磋、共同提高的研究风气和优良的校风。

10.3.2　说课的内容与要求

一、说课的内容

说课的时间一般限定为 20 分钟,由于时间的限制,只要求简要而概括地就教材的地位与作用、教学对象、教学目标、教学过程、教学方法、教学评价等内容作出阐述,并说明各项设计的指导思想与理论依据。

1. 教材的地位与作用

包括两个方面的内容:

(1)阐述教材内容在本章、本单元乃至整个教材中的地位,说明该内容在学科知识体系及前后逻辑关联中的作用,剖析教材编写的意图与特点。

(2)从学科知识体系及逻辑结构的分析中明确教材的教学重点,从学生的学习基础及心理规律的研究中找出教材的教学难点,并明确突破难点的关键。

2. 教学对象

首先,要分析学生的认知基础,即与学习教材内容相关的知识的清晰性、稳定性和可利用性,以及学生的能力、思维方式等;其次,分析学生的生理与心理特征,即教材内容与学生的年龄及生理、心理特征是否匹配,以及教学中拟采取的措施;第三,分析学生群体的个体差异,阐述分层教学或个别化教学的策略。

3. 教学目标

阐述教学大纲(或标准)对本节教材教学的要求,以及结合学生与教材的实际确定的教学目标,包括大纲(或标准)中规定目标的各个方面,要求尽可能具体化。

4. 教学过程

一方面,要说明整个教学方案的设计思想;另一方面,要说明教学过程的设计程序,包括问题情景的创设,新课的引入与呈现,知识的探究与深化等教学步骤。同时,要阐述教学方法的选择与学生学法指导的安排。

对于重要的教学环节,诸如操作、实验、探究、讨论等要说明其价值取向和理论依据。对于例题与课内练习,要说明其选择的必要性与实践价值。

5. 教学评价

要阐述课堂信息反馈与调节的措施,说明对学生学习效果进行评价的手段及补偿教学的方法。

二、说课的基本要求

1. 说课要具备科学性

说课的科学性要求包括四个方面:

(1)教材分析要科学,不仅对教材的地位与作用的阐述要符合数学学科内在的逻辑体系,教学重点与教学难点的确定也要符合教材与学生的实际。

(2)教学目标的设计要全面和准确,符合数学大纲(或标准)的方向和其中关于教学目标的规定。

(3)教学模式与教学方法应当体现"教为主导、学为主体"的教学思想,并适合学生的认知特点和心理发展水平。

(4)教材的呈现与例题、习题的选择要具有与教学目标的一致性。

2. 说课要有理论性

理论性是指无论教材分析和教学目标的认定,还是教学方案的设计和教学方法的选择,都要以现代教学思想和教育理论为依据。其中,教材分析要遵循数学科学的严谨性;教学目标的认定和教学重点、难点的分析要依据数学教学大纲(或标准)和学生的实际情况;教学过程的设计与师生双边活动的安排要有教育学和数学学习心理学的依据;教学模式的设计与教学方法的选择要以数学教学论为其理论指导等等。

3. 说课要有实践性

实践性是指说课应当对指导当前的数学教学改革具有示范意义,其理论能接受实践的检验。具体要求包括三个方面:

(1)教学过程的设计要具有可操作性,可以付诸于课堂教学实践;

(2)正确处理教与学、知识与能力的关系,注重培养学生的创新精神与实践能力,可以指导数学教学改革;

(3)要重视现代化教学手段的运用。

10.3.3　典型说案　直线与平面垂直的判定[①]

一、教材分析

1. 教材的地位和作用

本节教材是在学生学习了空间直线的垂直关系的基础上,研究空间直线与平面垂直关系的重要内容。判定定理既是线线垂直关系的应用之一,又可以为以后学习三垂线定理、两个平面垂直以及研究空间距离等知识奠定基础。这节教材对于培养学生的空间想象能力和逻辑思维能力也具有重要的意义。

2. 教学内容及教材处理

本节课的主要内容是直线与平面垂直的概念、判定定理及其应用。通过创设问题情景,让学生直观上感受线面垂直的概念,激发求知欲望。然后,让学生通过观察和演示明确线线、线面的垂直关系并归纳出线面垂直的概念与判定定理,在此基础上用多媒体辅助教学突破定理证明的难点。这样处理教材既体现了数学与社会生活及生产的关系,也可以在探索发现的过程中,使学生感受成功的喜悦。

3. 教学目标

根据教学大纲的要求,结合本节教材的内容和学生的认知结构的特点,本节课的教学目标确定为以下三个方面:

(1)知识目标　理解直线与平面垂直的概念,掌握直线与平面垂直的判定定理,以及由线面垂直向线线垂直转化的思想方法。

(2)能力目标　培养学生观察、实验、猜想的意识,培养逻辑推理能

---

① 说案设计与执教人是全国高中数学说课二等奖获得者、兖州一中沈云老师,本书录入时有改动。

力和空间想象能力。

（3）情意目标　培养追求新知、独立思考的创新意识和探索精神,培养学生学习数学的兴趣、信心和毅力。

4. 教学重点、难点和关键

（1）教学重点　直线与平面垂直的定义和判定定理。

（2）教学难点　直线与平面垂直的判定定理的证明思路的形成。

（3）突破难点的关键　把线面垂直问题转化为线线垂直问题。

二、教法分析

1. 教学策略

本节课的教学策略是"创设情景,启发引导,猜想论证,发展能力"。具体说来,首先从学生的生活经验出发,通过实验和观察,使他们直观感受直线与平面垂直的关系。第二步,通过演示,让学生猜想线面垂直的判定定理,探索证明定理的思路,并论证命题。第三步,应用定理解决社会生产与生活中简单的实际问题。

2. 教学思想

贯彻启发式教学原则,在数学教学中既注重提供知识的直观素材和背景材料,又为激活相关知识和引导学生思考探究创设生动有趣的现实问题情景。教学的各个环节均从提出问题开始,在师生共同分析、讨论和探究中展开学生的思路,把启发式思想贯穿于教学活动的全过程。

3. 教学模式

本节课采用师生合作教学模式。以师生之间、生生之间的全员互动关系为课堂教学的核心,以合作学习小组为基本形式,使学生共同达到教学目标。教师要当好"导演",让学生当好"演员"。从充分尊重学生的潜能和主体地位出发,课堂教学以教师的"导"为前提,以学生的"演"为主体,把较多的课堂时间留给学生,使他们有机会进行独立思考、相互切磋,并发表意见。

三、教学过程

1. 概念引入

（1）创设情景,观察体验

问题1　一根直尺随意放置,它与地面有几种位置关系?

问题2　操场上的一根旗杆与地面是什么位置关系?

（学生思考,举手回答）

（2）自主探索,形成概念

问题3 书脊折线与书页底边边线是什么位置关系?

问题4 当书页底边都在桌面内,书脊折线与书页的底边边线是什么位置关系? 与桌面是什么位置关系? 由此可以得出什么结论或猜想?

（教师引导,让学生分组实验、观察、讨论,小组的代表发表各组的见解。教师引导学生认识:"只有当一条直线与平面内的任何一条直线都垂直的时候,才说这条直线与这个平面互相垂直。"然后引导学生给出直线与平面垂直的定义,并利用多媒体再现线面垂直的有关概念,同时利用题组1的正例和反例使学生明确概念的内涵和外延,巩固概念。）

题组1

①若直线 L 垂直于平面 α 内的无数条直线,则 $L \perp$ 平面 α（   ）。

②若直线 $a \parallel$ 平面 α,直线 $b \perp$ 平面 α,则 a 与 b 的位置关系是（   ）。

③过一点（   ）直线和一个平面垂直。

④过一点（   ）平面和一条直线垂直。

③、④可作为重要结论,直接应用。

2. 判定定理的探索与证明

（1）创设情景,引导猜想

问题5 你知道木工师傅是怎样检查一根立柱是否与板面垂直的吗? 用数学语言描述你的结论,并用数学符号表示出来。

（教师投影问题5及实物图形,让学生分组研究检查的方法和其中的道理,分组发表意见。在教师的引导下,使学生形成关于直线和平面垂直的判定定理的命题猜想）

（2）验证猜想,形成判定定理

首先,引导学生分析已知条件和要证明的结论,并画图表示。然后引导学生思考怎样用定义证明直线 L 与平面 α 垂直,分组讨论证明的思路与方法,在学生思维受阻的情况下,教师利用多媒体引导学生把线面垂直转化为线线垂直,把立体几何问题转化为平面几何问题。

这时要充分调动学生学习的积极性和创造性,尽量引导学生作出必要的辅助线,构造出等腰三角形,在思路分析完成后,由学生写出证明的详细过程。

3. 实际应用,迁移升华

例 1 在一个工件上同时钻很多孔时常用多头钻,多头钻杆都是互相平行的。在工作时,只要调整工件表面和一个钻杆垂直,工作表面就和其他钻杆都垂直,为什么? 用数学语言描述这段话,用数学符号表示这段话,并证明这个命题。

(教师让学生根据题意写出已知和求证,并画出图形。然后引导学生用线面垂直的判定定理加以证明。最后指出例 1 的结论可作为定理直接应用,因此例 1 也可以作为本节的定理 2。)

题组 2

(1)已知平面 α、β 相交于 l,P 是 α、β 外一点,过 P 分别作 $PA \perp \alpha$,$PB \perp \beta$,则 l 与平面 PAB 的位置关系如何? 为什么?

(2)课本 $p_{31}6$

4. 小结(由学生小结)

5. 布置作业

①阅读一 $p_{22\sim25}$

②$p_{26}2$, $p_{30}2,5$

③思考:直线 l 垂直于平面 α,P 是 α 内一点,则过点 P 而与 l 垂直的直线 a 和平面 α 的位置关系是什么?

四、两点说明

1. 板书设计(略)

2. 时间安排

复习引入 2 分钟,直线与平面垂直的概念 8 分钟,直线与平面垂直的判定定理 16 分钟,例题与练习巩固并得到定理 2 用 15 分钟,小结及作业 4 分钟。

§10.4 数学教学技能

教学技能是教师的职业技能,掌握基本的教学技能是教师实施教学的基础。一个优秀的数学教师一定能够深刻地理解教学技能的意义,并能娴熟地、创造性地运用。

数学教学技能是教师在数学教学过程中为完成某项教学任务而采

取的一系列教学引导方式,是形成数学教学能力的重要组成部分。数学教学技能的形成要以数学专业知识、教育学、心理学及数学教育学的理论为基础,也是教师思想风范、职业道德和教学艺术的综合体现。

教学技能具有明显的实践性、可观察性和可操作性,因而教学技能可以通过培训逐步形成,能为广大教师所掌握和利用。

10.4.1　教学技能的分类

根据国家教育部颁布的《高等师范学校学生的教师职业技能训练大纲》,教学技能可以划分为如下类型:

导入技能　是指在新的教学活动开始时,教师引导学生进入学习的行为方式。导入技能有直接导入、旧知识导入、实例导入、直观导入、故事导入、问题导入和实验导入等多种形式。

提问技能　是指教师以提出问题让学生回答的方式,检查学生的学习效果,或帮助学生巩固知识的教学行为。提问技能包括回忆提问、理解提问和运用提问等多种形式。

讲解技能　是指教师运用语言及各种教学媒体,引导学生理解事实和形成概念、原理、规律的教学行为方式。讲解技能有事实性知识讲解和抽象性知识讲解等形式。

板书、板画技能　是指教师利用黑板以凝练的文字语言和图表等形式传递教学信息的行为方式。板书、板画技能有提纲式、语词式、表格式、线索式、图示式和简笔画等多种形式。

演示技能　是指教师运用各种教学媒体把事物的形态、结构和变化过程进行示范性演示,以帮助学生理解知识、传递教学信息的行为方式。演示技能有实物、标本、模型演示、幻灯、投影演示、电视演示和实验演示等多种形式。

反馈与强化技能　反馈技能是指教师获得学生的有关信息反映的教学行为方式,强化技能是指教师增强学生动机,促进学生的行为向最佳方向发展的教学行为方式。反馈技能有观察、提问、考查和实践操作等形式;强化技能有语言强化、符号强化、动作强化和活动强化等。

结束技能　是指通过知识的归纳和总结,帮助学生巩固知识并形成知识系统的教学行为方式。结束技能有归纳式、比较式、活动式、练习式和拓展延伸式等多种形式。

组织教学技能　是指教师组织学生的注意力、管理纪律、引导学习、建立和谐的教学环境,以及指导学生进行学习的行为方式。包括管理性组织、指导性组织和诱导性组织等形式。

变化技能　是指教师利用表情、动作等体态语言,辅助口头语言传递信息和表达情感的教学行为方式,包括动作变化、表情变化、眼神变化、声调变化等。

下面结合数学教学的特点,着重介绍几种数学课堂教学的技能。

一、数学教学语言技能

课堂教学语言是教师在课堂教学中阐明问题、传授知识、组织学生学习、激发学生学习热情所运用的语言。数学教学语言技能是教师在完成数学教学任务过程中运用教学语言的行为方式,是数学教师应该掌握的最基本的教学技能。

教学语言包括口头语言、书面语言(主要指板书)和体态语言等三个方面,这里专讲口头语言,其他的后面再涉及。

教学语言应该具备如下一些个性特征:

教学语言的教育性。这是指教学语言在计划安排表述的内容和方式时,要受控于教育目标,使教学信息传输过程中的每一个语言信息都应带有鲜明的教育性。

教学语言的专业知识性。这是指数学教学必须使用数学专门术语和数学符号语言,由于数学教材中的每个概念、符号、定理、公式以及各种数学表达式,都有准确的含义,因此,对于数学专业教师的教学语言的第一位的要求,就是准确与规范。

教学中,有些教师"除"和"除以"不分,"约去"与"消去"混淆,将"a^x"读成"ax",将"$\dfrac{1}{x-y}$"念成"x,减 y 分之一"等等,这些都是表达错误或不准确的表现。有的教师把分式的分子和分母说成"上面"与"下面",当 $a \in (-\dfrac{\pi}{2}, 0)$ 时,称 a 为"负锐角",将"对于一切 x 均使 $A(x)$ 真"写成"$\forall \times A(x)$",诸如此类用生活语言代替数学术语,生造概念,随便引用教材系统中没有定义的概念和符号等行为,都是语言不规范的表现。

数学教学语言还要注意叙述的连贯性和严谨性,做到讲述时层次清楚,说理充足,词简意明。教学中出现的"大边对大角","两直线平行,则斜率相等","这个定理的逆定理不成立"等等说法,都是不严谨、不科学的表现。

教学中,语言不准确、不规范、不严谨、不科学,都会人为地造成学生概念模糊、思维混乱,严重影响学生对教学内容的理解和接受。

教学语言的针对性。对于不同的教学对象,不同的年龄特征,不同的知识水平心理状态,教学语言应有所不同。如低年级学生对于生动形象的语言易于接受,教学语言应当具体、明朗、亲切;高年级学生的抽象思维能力增强,他们追求对事物的理性把握,因此教学语言应带有更多的理性色彩,应注意语言的深刻性和哲理性。

教学语言的启发性和灵活性。教学语言要启发学生思维,调动学生学习的主动性和积极性。同时,要根据教学内容、教学方法和思维规律,合理安排表述的方式,排列语言的程序,采用分析讲解、点拨提示、质疑问难等多种方法,使用灵活多变的教学语言,不断点燃学生智慧的火花。

教学语言除要把握它的上述个性特征外,还要反映它的审美特征,注意它的形象美、科学美、情感美和语声美。即教师要用生动形象的语言去激发学生思考;把自己的情感融会于对教材内容的深入理解之中,与学生产生情感的交流;发挥思维美和逻辑美的强大说服力,使学生掌握事物的内在规律;讲究语音的旋律和节奏,使学生的优势兴奋中心随着教师教学语言的声波与音调不断转移和强化,使学生深入理解和掌握知识的同时,受到美育教育,获得美的享受。

二、板书技能

板书是一种视觉语言符号,它运用文字、图形、线条和色彩等构成图文并茂的空间语言信息,它是与口头语言密切配合传递教学信息的媒介。

板书对突出教学重点,强化直观形象,启发学生思维,帮助他们理清教材脉络,加深记忆,都有重要作用。板书是教师应该具备的基本功,每个教师都要重视板书技能,使自己的教学板书具有:

合理性。做到布局合理,主次分明,详略得当,脉络清楚,并使板书的结构与讲课内容大体一致,这样就能起到提纲挈领,揭示知识内在规律的作用。

启发性。从便于学生观察和探索知识的内在联系出发,安排板书,比如把容易混淆的概念并列,把有联系的知识串在一起并以恰当的形式表达出来,这样就有利于启发学生思维。

示范性。教师的板书,对学生影响很大。教师要严格要求自己,板书时字迹工整、绘图正确,数学符号和解题、证明格式规范,论证推理过程严谨,板面整齐清洁,美观大方,给学生以良好的示范。

三、导入技能

无论新授课、复习课或习题课,都有一个如何导入的问题,好的导入不仅可以引起学生的认知冲突,激发学生学习的兴趣,而且可以使学生从中获得情感体验和美的享受。

数学课堂教学中用于导入的方法很多,比如:

直接导入。开门见山直接介绍课题,阐明学习目的和要求,提示各部分的主要内容及教学程序。这种方法适合于学习能力较强、有一定意志力的高年级学生。

复习导入。以旧知识的复习为基础,将问题发展、深化,从而引入新的教学内容。这是教师在教学中常用的一种导入方法。

直观演示导入。在讲授新知识之前,利用直观,让学生观察实物、模型、教具和观看投影、录像、电脑动画等,引起学生学习的兴趣,并从观察中提出问题,使学生从解决问题入手,自然而然地过渡到新课题的学习。

问题导入。这里的问题可以是实际问题,也可以是数学问题。

实际生活和生产实践中有许多现象、问题,学生一般能够感觉到但不能够很好地理解、认识它们,一旦把它们上升到理论的高度,使其得到科学的解释,便能引起学生浓厚的兴趣。教师利用学生的这种心理因素,许多问题都可以从身边讲起,通过对实际问题的解释,问题中所含量之间关系的分析,建立数学模型,从而引出新的数学教学内容。

通过纯数学问题也可导入新课,与新的教学内容相关的数学问题可以直接给出,也可以从学生已有知识入手,逐步深入思考而得出,还可以从简单的个例出发,通过观察、归纳、猜想其一般性结论而将问题引入。

类比导入。有些新知识与旧知识在结构和特征上有共同点或相似之处,在讲授这些新知识时,则可采用与旧知识类比的方法引入。

数学故事引入。数学发展史中有许多动人的故事,适当地选讲其中与教学内容相关的某些故事或片段,不仅有助于创设良好的学习情境,还可以引起学生学习的兴趣。

活动导入。教师先讲清活动的形式、步骤、所需材料和活动目标,然后让学生进行相应的数学活动,通过活动使学生探求规律,概括结论,进一步发现问题,从而进入新的学习内容。

不管采用以上哪种导入方式,一般来说,都要满足以下要求:

目的要明确。导入是为了使学生顺利而自然地进入新知识的学习,应根据新课内容确定导入的目的,导入方法要与教材内容和学生特点相适应。

要有趣味性。设计导入要做到引人入胜,讲究关联性和趣味性,使学生以主动、积极的心理状态投入学习活动。

要有启发性。任何导入方式都应启发学生思维,引导他们去发现问题,激发学生解决问题的强烈欲望。

四、提问技能

提问在数学教学中有十分重要的作用。通过提问,不仅有利于培养学生的思维能力,发展学生智力,有助于培养学生的语言表达能力,有利于发挥学生的主体作用,有利于增强学生学习的自信,而且有利于教师及时获得教学的反馈信息。

提问的类型大致有如下几种:

回忆性提问。要求学生回忆所学过的数学知识或生活中的现象、事实等,对问题作简单的思考、回答。

理解性提问。要求学生用自己的语言对概念、事实、结论或解题过程等进行叙述或解释说明。

应用性提问。建立一个简单的问题情境,让学生运用学过的知识和技能解决新问题。

分析性提问。要求学生识别条件与原因,或找出条件之间、因果之间的关系,能有效地组织自己的思想和已有的知识,对问题进行分析。

创造性提问。要求学生根据已有的知识,对问题进行分析综合、推理论证,提出创新的见解或预见事物的发展方向。

评价性提问。要求学生对结论或解决问题的思想、方法作出评价,对有争议的问题给出自己的观点。

一般来说,提问应该满足下述要求:

提问要有目的性。要围绕引入新知、分散与解决难点或训练思维等目标进行。

提问要注意对象。课堂提问要符合学生的认知特点,用不同层次的问题提问不同水平的学生,提问的难度和信息量应与学生的认知水平相适应。

提问要有启发性。提问中要注意学生的心理特点,通过诱导性材料和启发性语言给学生以引导和启迪,鼓励他们通过积极思维回答问题。

提问要给学生以思考时间。

10.4.2 微格教学

微格教学是近些年来由国外引进的一种新的培训教师教学技能的方法,限于条件,目前国内还未能真正普遍采用。本节只作简要概述。

一、微格教学概念

微格教学是通过缩减的教学实践,培训师范生和在职教师教学技能的系统方法,其主要程序如下面框图所示:

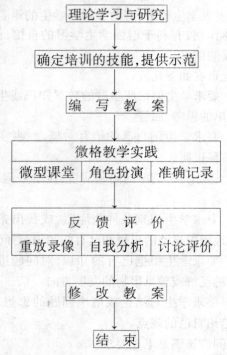

二、微格教学的特点

1. 微观性。微格教学的课堂规模小,由教师、学生的扮演者与导师、摄像师组成训练小组,每组学生一般为 5~8 人,一堂课的时间一般为 5~10 分钟,故称为微型课。

2. 针对性。在一堂课的微格教学中，一般是对一两种教学技能进行训练，具有较高的针对性。

3. 反馈的时效性。受训者通过重放录像，可以及时观察自己的教学行为，反馈及时，效果明显。

三、微格教学的设计

利用微格教学专题训练某项或某几项教学技能时，对教学过程中相互联系的各个要素作出计划和安排，并对预期的结果进行分析，这种用系统方法设计微型课的过程叫做微格教学设计。微格教学教案设计的基本内容有下述六个部分，教案格式如表 10 - 1 所示：

1. 教学目标。这是课堂设计的出发点。

2. 教师的教学行为。指教师运用的教学技能和相关的教学活动，在教案中要把教学进程、提问的问题、演示的实验、师生的活动及教师的行为作出简要设计和说明。

3. 应用的教学技能。教案要明确指出使用的教学技能，以及运用技能的方法和步骤。

4. 学生的学习行为。教师要结合学生的实际对学生的学习行为作出分析和预测。

5. 设计教学媒体。依据具体的教学内容和运用的教学技能，设计需要的教学媒体，并简述使用方法。

6. 时间分配。

表 10 - 1　微格教学教案格式

主讲人_____　课题名_____　实习年级_____　训练的技能_____　日期_____

教学目标				
时间分配	教师的授课行为	授课技能	学生的学习行为	备　注

§10.5 数学教学中的现代教育技术

现代教育技术指的是 20 世纪 50 年代以来在学校教育和数学中陆续使用幻灯、投影仪、音像设备、计算器、计算机等新型手段的技术。有关幻灯、投影仪、音像设备等技术,近几十年中小学已经普及,计算机技术正在推广使用,本节只简略介绍计算机技术在数学教学中的应用。

10.5.1 计算机技术在数学教学中的作用

作为现代教育技术的计算机技术,包括多媒体计算机和网络技术,将它们运用到数学教学中,至少在以下几方面发挥了作用。

一、充分体现数学源于实践,源于生活

现实生活中的数学问题总少不了繁杂的计算。过去,由于手工计算能力的限制,数学题的编制者不得不把数学应用题中的数字人为地设计成易于计算的数字。例如,把炮弹的发射角设定为 30°或 45°,把银行利率设定为 10% 等等。这样的处理虽然有时也能达到基本的教学要求,但久而久之,学生无法适应真正的实际情境,其计算能力也会受到影响,计算器允许进入课堂和考场,可以化解繁杂计算的困难,让学生更多地接受现实。

例如,当前的贷款买房涉及到一类数学问题:当你知道了自己的可贷款额度和贷款利率,应如何计算每月的还贷数额,并根据自己的经济实力来设计贷款方案? 这类问题非常贴近生活,贴近大众,同时也是培养中学生应用数学和数学建模能力的极好课题。但是其中涉及的数字很复杂,如贷款年限可以是 0 ~ 30 年不等;不同的贷款年限、贷款种类,其贷款利率也不同;贷款利率用十进制小数表示时,要用四位小数或五位小数,如果用传统的手工计算,费时太多,会影响主要的教学目标。有了计算器的帮助,可以让学生把更多的时间和精力放在如何建立数学模型等重要的学习目标上。

计算器进入课堂和考场是一项重要的改革举措,它将会在教学的各个环节上引起改变,过去较受重视的内容和技能,如求特殊角的三角函

数值;已知 lg2 和 lg3 的值,求 lg45 的值;已知 $0 < a < b < 1$,比较 a^a,a^b,b^a,b^b 的大小等问题,在使用了计算器以后,就没有太大的价值了。而对于一些计算量较大的问题,如上面提到的应用题,过去常常回避,现在就不必回避了。

二、充分体现"以学生发展为本"

以学生为主体,让学生积极参与,自行探索,获得亲身体验,对数学的概念与内涵有更为深入的理解,从而达到可持续发展的要求。例如在研究三角函数 $y = A\sin(Bx + C)$ 的图象性质时,一般都要用系数 A、B、C 的不同取值代入函数表达式,分别讨论相应的图象变化情况,然后再归纳出函数 $y = A\sin(Bx + C)$ 的图象性质。在这个过程中,至少要画四五个函数图象才能说明问题,且每个图象都要画得相当准确才能说明系数 A、B、C 与图象的振幅、周期和位置特征的关系,这对教师与学生来说都是相当困难和费时的,如果运用计算机(器)技术,那么这些工作就变得相当简便快捷。例如,应用数学软件"Mathematica",只要一句命令

$$\text{Plot}[\sin[x]\{x, -2Pi, 2Pi\}]$$

就可以准确地画出 $y = \sin x$ 在区间 $(-2\pi, 2\pi)$ 的图象;如果输入命令 $\text{Plot}[\sin[x], 2\sin[x], 3\sin[x], \{x, -2Pi, 2Pi\}]$,就可显示出系数 A 对图象振幅的影响;如果输入命令 $\text{Plot}[\sin[x], \sin[2x], \{x, -2Pi, 2pi\}]$,就可显示出系数 B 对图象周期的影响;如果输入命令 $\text{Plot}[\sin[x + \frac{\pi}{6}]$,$\sin[x - \frac{\pi}{3}], \{x, -2Pi, 2Pi\}]$,就可显示出系数 C 对图象位置的影响。

借助于计算机技术,我们可以很容易地得到丰富的函数图象。这样,学生就很容易通过自己的参与、探索与归纳,深刻理解各个系数对其图象的影响,大大地增加了教学容量,活跃了课堂气氛,提高了教学效率,为进一步研究其他函数图象的性质,打下了扎实的基础,学生的主体地位得到了较好的体现。

三、具体实现"数学教学是数学活动的教学"

借助计算机(器),使数学教学过程有可能完全展现数学知识的形成以及建立模型、探索规律的过程。

例如研究轿车的耗费问题。假定市场上某进口轿车的售价约 36 万元,一辆轿车一年的养路费、保险费、汽油费、驾驶员工资等约需 6 万元,同时车辆的年折旧率约为 10%,大约使用多少年后,花费在该车上的费

用也达到 36 万元?

分析 若设 x 年后花费达 36 万元,则有

$$6x + 36(0.1 + 0.1^2 + \cdots + 0.1^x) = 36$$

即 $6x + 36 \cdot \dfrac{0.1(1 - 0.1^x)}{0.9} = 36$

化简得 $2 \cdot 0.1^x = 3x - 16$。

利用图解法可大致确定方程的解 $x \in (5, 6)$,若使用计算器,用迭代法就可求出近似值为 5.3333364。因此,大约 5 年零 4 个月在该车上的花费就达 36 万元。

这类试验和探索型的教学模式对于学生创造性能力的培养和对知识的全面理解大有益处,学生在试验和探索中开阔眼界,发展思维,增长能力。

四、深入理解"数学的内涵实质"

运用计算机与绘图型计算器等现代技术工具,在探索数学概念,论证数学事实以及解决数学问题的过程中,学生可以运用动态方法,通过动与静的不同方式、宏观与微观的不同视角,尤其是在数学事实与其他学科、现实背景的紧密联系中,树立起更为全面、正确的数学观。

许多数学概念和数学思想都是在"运动"的情景中表现出来的,例如几何中的不动点问题、点共线问题、线段的定比问题,函数中的定值和极值问题等,传统的教学手段难以实现动态情景,只能抓取运动过程中的某个状态讨论有关性质,如果借助于计算机技术,这类问题的教学会有很好的效果。

例如,三角形有如下重要性质:它的重心、垂心和外心共线,且垂心到重心的距离与重心到外心的距离之比为 2。这个性质可以借助计算机软件"几何画板"进行动态演示。首先,利用"几何画板"任意画一个 $\triangle ABC$ 及其外心 O、重心 G 和垂心 H,然后随意拖动该三角形的边或顶点,使学生看到,随着三角形的形状变化,外心、重心和垂心的位置也作相应的变化,但这三个点始终位于一条直线上。再测量出 HG 和 GO 的长度,计算出 HG 和 GO 长度的比值,并把这些数字显示出来,然后再随机地拖动三角形的边或顶点,使学生看到随着三角形的形状变化,所显示的 HG 和 GO 的长度在作相应变化,但它们的比值始终保持定值 2。

通过这样的动态演示过程,可以使学生直观地看到这个性质对任意

三角形都是成立的,从而使学生对这个结论深信不疑,并激发学生证明该命题的兴趣。

10.5.2　数学教学中使用多媒体技术的若干问题

目前,多媒体技术在学校学科教学中已经频繁使用,并且取得了较好的效果。为了进一步发挥多媒体技术在数学教学中的作用,以下几个问题值得重视。

一、课件的设计要有先进的理论作指导

多媒体 CAI 课件(以下简称“课件”)的教学功能与质量除受课件的教学目标及制作方法的制约外,还受到课件设计所依据的理论的影响。为了提高多媒体课件的教学成效,要避免教材搬家、教案搬家和资料搬家,应在现代教育思想、现代教育理念、现代学习理论和教育传播理论及教学设计理论等指导下,做好教学设计和课件系统结构设计等工作,并在教学过程中反复使用、不断修改,才能使制作出来的课件符合教学规律,成为体现现代教育思想的课件精品。

首先,多媒体课件的设计和制作要符合素质教育的要求。在课件选题和技术应用方面应注意调动学生的学习积极性和主动性。在教学内容的安排、多媒体素材的选择、教学策略和教学方法的设计上,既要重视学生总体的发展性需要,也要重视学生个体的差异性需要。在设计中重视对学生认知方法和学习能力的培养,有利于体现素质教育思想。

其次,用建构主义学习理论指导课件设计,使课件为学生提供真实的问题情境,提供可以进行协作学习的环境,提供大量资源支持学生学习,以问题驱动学习,强调学生意义建构的学习过程和自主学习。

第三,发挥现代影视心理学理论对课件设计的指导作用。为了给学生提供一个学习的大环境,创设一种学习的整体情境,让学生产生各种空间和层次的感知,设计者应当注意利用有关空间、场景和活动画面的理论,设计多媒体课件中的各种情境、各种空间和创意形象等,使得课件能通过多空间、多层次的各种场景来带动学生,让他们为课件所吸引,顺利进行各个级别的信息加工活动。

二、课件选题要适当

选题是决定课件质量和价值的关键,课件选题宜注意四个方面:

一是必要,即所选的内容应该是教学中的重点,又是比较抽象,难以理解的内容。

二是可行,即所选内容是学校现有的多媒体硬件和软件环境能够实现的,并且开发出的课件可以在常规的教学环境中演播与使用,同时能发挥出多媒体计算机集图象、文字、动画、声音和视频于一体的特长。

三是产出与投入比要高,有好的经济效益,凡用常规方法能够讲清的内容,就没有必要浪费人力和物力。

四是所选的内容应能在学生学习心理的兴奋期、高峰期、强化期三个"关键期"起到显著的优化作用。

三、课件制作工具的选择要从实际出发

当前,常用的课件制作软件很多,如 PowerPoint、Authorware、课件大师、方正奥思、几何画板等。

几何画板是公认的辅助数学教学的优秀软件,在几何画板上画出的图形是动态的并可保持设定的几何关系不变,为教师和学生提供了一个在动态中观察几何规律的图板,不仅能帮助学生直观地去理解教师指定的图形或问题,而且为学生提供一个培养创造能力的实践园地。

利用几何画板这个工具,有些教学内容可以在教师的指导下让学生独立或者分组进行观察和分析,开展数学实验,实现了既充分发挥教师的主导作用,又使学生成为学习的主体的效果,是一个让学生自主进行探索性学习的直观环境,能创造出一种新型的课堂教学模式。

开发课件有时会用到几种制作工具,选择制作工具要遵循经济高效、简单易行、兼容通用等原则。

随着网络技术的发展,开展网络教育成为现代教育技术的又一个热点。为了实现课件的网络化,以及网络教学的开放性、非线性、交互性,应该实现课件的小型化。在开发工具的选择方面,注意向共享的方向发展。

四、课件制作要讲究效果

首先是要求内容形式不可牵强附会,以免偏离教学的主要目标。多媒体课件的表现形式虽然丰富多样,但其应用的目的是服务于教学,而不能喧宾夺主,冲淡教学主题。比如有的内容,只要用计算机的平面动画演示,就可让学生弄清楚来龙去脉,则没有必要再去制作三维动画,否则,将会使学生的注意力放在计算机多媒体的神奇上,而忽视认知对象的空间形式和数量关系。

其次,表现形式要简单明了,呈现信息的容量要适当,表现形式的花哨,虽然刺激了学生的感官,但会导致学生注意力分散,以致主次颠倒;信息容量过多,也会分散注意力,造成重要信息选择困难,使容量有限的信息加工系统超载。

五、课件开发最好采取"三结合"的合作方式

数学教学课件单靠第一线的数学任课教师开发是不现实的,宜提倡数学教师、计算机技术人员和教研人员三结合的合作方式开发课件。

数学教师熟悉学科特点,了解教材的重点、难点,知道所教学生的情况,懂得教学规律,可以根据教学目标、内容、学生基础、认知规律编制脚本;计算机专业技术人员了解计算机性能,懂得开发原理,在明确脚本的意图、充分理解脚本设计内容后,能与教师共同研制出 CAI 课件;教研人员可以对课件进行评价,提出修改意见。三个方面的人员结合起来,优势互补,可以大大提高课件的质量。

思考题

1. 什么是教学模式? 谈谈你学习后的理解。
2. 讲解－传授模式是否有理论依据? 试对其优缺点作出评价。
3. 引导－发现模式有何理论根据? 试对其优缺点作出评价。
4. 试述自学－辅导模式的基本操作程序,并分析其优缺点。
5. 目标教学模式中的教学目标如何确定? 活动－参与模式依据的教学思想是什么?
6. 试述数学课堂教学模式构建的方法。
7. 教师备课中研究教学大纲(标准)和教材的具体要求有哪些?
8. 试述备课中教学要素的设计要点和教材处理的要点。
9. 试述说课的意义、主要内容和要求。
10. 试述课堂教学技能的分类体系。
11. 试述计算机技术在数学教学中的作用。

第十一章　中学数学教学评价

中学数学教学评价是数学教学活动过程中一个必不可少的组成部分,评价的结果无论对教师还是学生、对学校还是家长都会产生很大的影响。因此,认识评价的意义和功能,掌握正确评价教学过程和教学行为的方法,对于每一位数学教师都是十分必要的。就目前来说,数学教育评价理论和实践还不能适应数学教育发展的需要,在很大程度上影响着数学教育改革的进程,还须进行大力的专门研究。本章只就数学教学评价的意义与作用、学生数学学习与教师数学教学的评价方法作一些初步的讨论。

§11.1　数学教学评价概述

一、数学教学评价的意义

评价是指对某事物或行为作价值判断的过程。站在教育的角度来看,"没有评价就没有教育"。人们在日常生活中,经常有意或无意地使用评价。例如,某学生在数学学习中有自己独到的见解,能经常提出一些问题和老师、同学讨论,平常喜欢解数学难题,思维活跃,经常出现些奇思妙想,数学考试成绩在班上总是名列前茅等,据此,人们认为该生很有数学才能,是个好苗子。这样的判断过程就是评价。

由于教育的复杂性,教育评价受到时间、空间、背景的制约。到目前为止,教育评价还没有统一的完整的定义,因而数学教学评价也就无统一定义可言。

从发展的观点看,我们不妨对数学教学评价作出这样的理解:数学教学评价是在数学教学活动过程中有目的、有计划地通过观察,测定师生在教学活动中的种种变化,广泛而系统地收集信息,对照数学教学目标作出对教学效果、学生的学习质量、学生数学学习个性发展水平、教师的教学质量等的科学的价值判断,从而分析产生这些变化、发展的主客观原因,进而调整、优化教学过程,提出教改建议,改进教学方法的一整套数学教学的实践活动。

根据这一含义,数学教学评价有三个基本组成部分:一是评价的目标。评价必须遵循数学课程标准所规定的教学目标和各章节具体的教学要求,应结合数学教学的具体内容来进行,评价的目标是评价的基准和依据。二是评价的方法(也称为评价的手段)。评价应合理地运用教育测量和统计的各种有效方法,对数学教学中不可缺少的重要的教学环节,最大限度地收集教学信息,评价的方法是评价结论准确性的重要保证。三是评价的结论。将收集的各种信息进行科学处理,对师生的行为变化进行价值判断,从中获取有益的反馈信息,为调节教学活动过程和科学决策提供依据。

数学教学评价是一项实践性很强的工作,是有强大影响作用的教育活动。在评价活动中必须遵循下列基本原则:

目的性原则。教学评价要有目的有计划地进行,其目的应有利于引导师生朝着提高数学教学质量的方向努力。

科学性原则。教学评价的手段、方式方法和评价程序必须合理,有一定理论根据,能经受实践检验。

教育性原则。教学评价作为数学教育的一个组成部分,应在促进数学教学质量的提高、树立数学教学的正确态度和动机等方面起到良好的作用。

可行性原则。教学评价的内容和指标体系要明确、具体,应为教师所理解和接受,方法和程序要可以操作。

在《数学课程标准》中,强调建立合理、科学的评价体系,包括评价理念、评价内容、评价形式和评价体制等方面。并提出评价的主要目的是为了全面了解学生的数学学习历程,激励学生的学习和改进教师的教学;应建立评价目标多元、评价方法多样的评价体系;对数学学习的评价要关注学生学习的结果,更要关注他们数学学习的过程,要关注学生学习数学的水平,更要关注他们在数学活动中所表现出来的情感态度的变化。评价的手段和形式应多样化,要将过程评价与结果评价相结合,定性与定量相结合,充分关注学生的个性差异与潜能的发展,发挥评价的激励作用,保护学生的自尊心和自信心,教师应善于利用评价所提供的大量信息,适时调整和改善教学过程。

数学教学评价的手段有课内观察、个别谈话、问卷调查、建立成长记录袋、考试测验等多种形式,它们各有自己的特点和长处,评价时应结合评价内容与教学特点加以选择。

数学教学评价直接和最终指向的对象是学生个人。而对学生学习与发展的评价又必然要涉及到对教师的课堂教学评价。因此,数学教学评价应包括对学生数学学习的评价和对教师数学课堂教学的评价。

二、数学教学评价的作用

数学教学评价的重要作用主要体现在以下几个方面:

1. 诊断作用

诊断作用是指评价在发现并确定数学教学的成就与错误,诊断成功与失败的原因,鉴别错误的性质,诊断学生数学学习的基础、能力、知识结构上的缺欠和状态,诊断教学计划措施的可行性程度等方面所具有的作用。

对数学教学的诊断性评价,一般用在两个不同时期,一是数学教学开始之初,一是在数学教学某一阶段结束之后。前者主要是诊断教学计划的可行性及学生是否具备学习下一阶段内容所需的数学基础知识和能力,若不具备则应在教学计划中列入采取的相应补救措施;后者主要是诊断教学计划的实施效果,学生通过这一阶段的学习取得的成绩和发展、存在的问题和不足,为教师总结教学经验和教训提供依据。

2. 反馈作用

反馈作用是指评价在教学过程中,通过反馈信息使教师知道自己的教学效果,学生知道自己的学习成绩,师生都知道教学过程的结果以调节教与学的活动,使教学能够始终有效地进行下去所发挥的作用。数学教学评价的信息反馈的作用有两方面:一是对教师教学工作的调节作用,通过反馈信息可以及时调节教师的教学工作,改进教学方式方法使之有效地提高教学效果;二是对学生以自我控制为目的的调控作用,学生通过反馈信息加深对自己的了解,从而可以调整自己的学习方法,确定适合于自己基础与能力的短期学习目标,并使之逐渐与教师要求的学习目标统一,完成学习任务。通过师生双方共同努力,积极调控各自的教和学的行为活动,保证教学质量的提高,达到预期教学目标。

3. 鉴别作用

鉴别作用是指评价具有考察、鉴别教学质量和水平的作用。通过对学生数学学习的评价,能对学生在掌握知识和能力发展上的程度加以区分,列出等级或排出名次序号。例如在教学过程中教师根据学生平时成绩、学习态度等因素把学生区分为优等、中等、下等,在毕业会考中对学生区分出"合格"、"不合格",在高考中更是严格区分出各类高校招收的学生。通过对教师教学活动的评价,能揭示教学程序所具有的价值与效果,考察和鉴别教师的教学能力和效果,例如在赛课活动中,对参赛教师区分出一等奖、二等奖、优胜奖获得者。

4. 激励作用

激励作用是指评价具有激发师生教与学的积极性,促进他们积极开展教学活动的作用。通过对学生数学学习的评价,根据教学目标来说明学生达到目标的程度,表彰优秀、鼓励后进学生奋起直追达到学习目标。通过对教师教学活动的评价,能使教师了解自身的长处与不足,认识差距,明确今后努力的方向,促进教师的健康成长。一般地说行为主体受到好的评价(奖赏、肯定的评价)时,教与学的积极性就会提高;受到不好的评价(惩罚、否定的评价)时,教与学的积极性就会低落,自尊心受挫,情绪不安定。因此,要充分发挥数学教学评价的激励作用,必须在评价方法上注意使用肯定评价,对于后进生,应使学生认识"差距",利用差距的压力,化压力为动力,防止压力带来的消极影响,充分发现每个学生的长处、潜力,以增强学生的自信心,使他们充满希望地投入学习。

5. 导向作用

导向作用是指评价在引导学生集中学习注意力,鼓舞和督促学生勤奋学习,改变学生学习兴趣、学习情感倾向等方面所具有的作用。评价后的反馈为教学的决策和改进指明了方向,获得肯定的做法,将会在教学中得到强化;被否定的做法,将会得到改变和纠正。我们常常讨论高考的"指挥棒"作用,正是反映高考这一数学教学评价的重要导向作用。高考考什么,中学就教什么,高考怎样考,中学就怎样教,已成为许多中学教师的教学准则。对教师的教学评价也明显地具有导向作用,近些年,赛课评价中将多媒体教学视为一个重要指标,这对引导教师们使用现代教学技术具有重要作用。

三、数学教学评价的一般过程

数学教学评价是一项复杂的工作,就进行一次教学评价而言,一般包含以下四个环节:

1. 依据教学目标确定评价目的

评价是一个有计划、有目的过程,确定评价的目的是数学教学评价的起点,对于评价起着确定方向和定调的作用。针对学生数学学习的评价常从知识的积累、能力的发展和对待数学的态度三个方面去进行,针对教师数学教学的评价常从数学知识、数学教学实施能力和数学教学研究三个方面去进行。

2. 采用多样化的方法收集资料和数据

数学教学评价应针对数学教学的不同方面,采用多样化的方法来收集不同方面的有关资料和数据。收集评价资料是一项测量性的工作,常用的方法有测验考试法、观察法、谈话法、问卷调查法、个案研究法等。

3. 分析和处理有关数据并划分等级

当我们通过各种方法获得了大量评价资料之后,为了作出评价结论,必须对这些资料加以整理分析,对结果划分级别。整理分析的常用方法有经验归纳法、数据处理的统计分析方法、比较法等。

4. 使用评价结果并对结果作出解释

对数学教学评价不仅包括对评价结果的正确处理,也包括对评价结果的正确利用。正确利用有助于教师对学生的学习状态或课堂教学计划做出合理的解释和评估,从而改进数学教学。

四、数学教学评价的基本方法

1. 依据评价的价值标准进行分类,有绝对评价、相对评价和个体内部差异评价。

(1)绝对评价。绝对评价是在被评价对象群体之外预先确定一个评价标准,这种标准被称为绝对标准或客观标准,评价时把被评价个体和这个客观标准作比较,以确定被评价对象是否达到标准及其与标准的距离。如中学的毕业会考评价,就是以考试成绩能否达到 60 分这一客观标准而确定评价对象能否达到毕业标准。

(2)相对评价。相对评价是在被评价对象群体之内确立一个评价标准,评价时把每个成员与这个标准作比较,从而确定其在这个集体中的相对地位。如高考评价,就是根据所有考生的考试情况设定一个各类高校的录取分数控制线,分数在控制线以上的学生有资格进入相应高等学校学习,分数在控制线以下的学生则没有入学资格了。

(3)个体内部差异评价。个体内部差异评价是把被评价对象中的每个成员自己的某些侧面特征和他自己的另一些侧面特征进行比较,从而判断该成员各侧面因素的差异。如,现在的学习成绩与过去的学习成绩的差异;代数运算能力与几何论证能力的差异等。个体内部差异评价有利于学生正确地认识自我,合理地规划自己的发展方向。

2. 依据评价的功能标准进行分类,有诊断性评价、形成性评价和终结性评价。

(1)诊断性评价。诊断性评价是指在某项数学教学和学习活动之前,为排除学生从事相应数学活动的障碍,保证这些活动计划能有效实施进行的评价,如通常的"摸底测验"就是为摸清学生的学习基础(包括预备性知识和技能等)和学生之间的学习差异,以便于开展后续的教学工作。

(2)形成性评价。形成性评价是在数学教学和学习活动中,确定学生数学学习所达到的程度,及时发现存在的问题,明确教学活动的效果而进行的评价。它的关键在于及时反馈。平常的练习讲评、测验讲评、对学生的听课指导都是形成性评价的手段。形成性评价对教师、学生、教材编写、教法改革都有重大意义。

(3)终结性评价。终结性评价是在一个教学阶段结束时了解学习结果是否达到数学教学目标的要求而进行的评价,如通常的期中考试、期末考试。

3. 依据评价的对象标准进行分类,有对学生学习活动的评价和对教师教学工作的评价。

(1)对学生学习活动的评价。这是对学生获得知识、经验、技能及个性发展的评价,它侧重于学生自我心理活动方面的评价。如为了解学生的数学学习情感方法而作的调查分析就属于这类评价。

(2)对教师教学工作的评价。这是对教师的数学基础知识、教学技能、教学方式方法、教学效果、课后辅导、教学科研等教学工作的评价。如经常开展的检查教案、听课、评课等都属于这类评价。

数学教学评价方法还可以有许多类型,例如依据评价的性质标准分类有定性评价和定量评价,依据评价的实施者标准分类有自我评价和他人评价等。各种评价方法之间不能简单地判定其优劣,运用时必须根据不同的目的、不同的场合、不同的时机等加以合理选择,适当搭配,综合运用。

§11.2 学生数学学习的评价

学生数学学习的评价是数学教学评价中最核心、最基本的活动,在传统的数学教学中,虽然也有教师给学生的评语,但数学学习评价主要是考试成绩,凭成绩决定学生是升级还是留级,凭成绩学校选择与淘汰学生,这种单一的评价方式显然不能适应数学教育形势发展的需要,与义务教育和素质教育的要求相差甚远。新课标中指出:数学学习评价,既要重视学生知识、技能的掌握和能力的提高,又要重视其情感、态度和价值观的转变;既要重视学生学习水平的甄别,又要重视其学习过程中能动性的发挥;既要重视定量的认识,又要重视定性的分析;既要重视教育者对学生的评价,又要重视学生的自评、互评。总之,应将评价贯穿于数学学习的全过程,不忽视评价的甄别与选择功能,更突出评价的激励与发展功能。在新一轮课程改革的大潮中,人们越来越认识到改革评价系统和评价模式的重要性。应逐步实现评价功能的转化,评价指标的多元化,评价方法的多样性,评价主体的多元性,实现评价重心的转移。

11.2.1 评价的内容

对学生数学学习的评价,常从知识的积累、能力的发展和对待数学的态度等方面去进行评价。

一、评价学生的数学基础知识和基本技能

课程标准指出:"学生对基础知识和基本技能的理解和掌握是数学教学的基本要求,也是评价学生学习的基本内容,评价要注重对数学本质的理解和思想方法的把握,避免片面强调机械记忆、模仿以及复杂技巧。"

对数学基础知识的评价包括对知识的记忆、理解、应用等方面。其核心是对基础知识的理解。例如,对概念理解的评价,可将学生对概念的理解划分成几个不同层次的水平进行评价。联系水平:学生能将实际问题与概念进行一些简单的联系;方法水平:将概念的应用上升为解决一类问题的方法;策略水平:能在相近概念中进行选择,在不同概念间进行区分,进而形成解决问题的策略;数学水平、理解概念在数学体系中的

地位和作用,能在不同数学分支中正确运用概念;探究水平:对学过的概念有着较深的理解,能通过探究获得一些新的结论。另外,学生能否独立举出一定数量的用于说明问题的正例和反例,能否在分类上准确把握概念,能否准确地运用数学语言表述或对其做出直观描述,能否在归纳和类比中理解概念等都可作为评价的内容。

应该注意,数学基础知识包括数学思想方法在内,学生挖掘、理解应用数学思想方法应作为数学学习评价的重要内容,这一点在这几年来的高考中已非常突出地表现出来。

对数学基本技能的评价包括对技能的认识、技能的形成过程、技能的选择以及技能的熟练运用的评价,其核心是技能的选择与熟练运用。例如,对学生解题技能的评价包括:解决数学问题的导向结构的合理性、完整性;使用技能技巧解决问题时的明确性和对其价值的理解;运算与推理的速度和准确性;分析题意,揭示问题的本质,抓住有用的信息等方面的内容。

在评价学生数学基础知识和基本技能时,学生数学语言的形成过程也是评价的内容,包括恰当地运用自然语言和数学语言进行表达与交流,使用数学语言的精确性、简约性、形式化等内容。

无论是对数学基础知识的评价,还是对数学基本技能的评价,很重要的一点是评价学生是否真正理解这些知识或技能操作背后所隐含的数学意义。

二、评价学生的数学基本能力

数学教学最重要的任务就是发展学生数学能力,评价对此应有正确导向。而能力是通过知识的掌握和运用水平体现出来的,因此,对于能力的评价应贯穿学生数学知识的建构过程与问题的解决过程。

对于学生数学地提出、分析、解决问题能力的评价,新课程标准提出了如下评价内容:

在日常的数学学习、尤其是数学探索与建模活动中,是否具有问题意识,是否善于发现和提出问题,是否能选择有效的方法和手段收集信息、联系相关知识、提出解决问题的思路,建立恰当的数学模型,进而尝试解决问题;是否在解决问题过程中,既能独立思考,又能与他人很好地交流与合作;是否能对解决问题的方案进行质疑、调整和完善;是否能将解决问题的方案与结果,用书面或口头等形式比较准确地表达并进行交流,根据问题的实际要求进行分析、讨论或应用。

对于数学能力的核心部分——数学思维能力——的评价可重点关注如下方面:

思维活动的自觉性。学生能否对外来的信息予以充分的考虑,并从本身的经验和错误中学习,根据错误校正自己的活动。

思维活动的智力品质。包括思维的深刻性:思维活动的抽象程度和逻辑水平;敏捷性:思维活动的反应速度和坚持程度;灵活性:思维活动的灵活程度;独创性:思维活动的创新程度;批判性:思维活动中独立分析和批判的程度。

思维活动中对帮助的感受性。学生是否在自己碰到不能独立解决的问题时对接受他人的帮助敏感,即通常讲的接受能力。

三、评价学生的数学学习过程

新课程标准指出:"相对于结果,过程更能反映每个学生的发展变化,体现出学生成长的历程。因此,数学学习的评价既要重视结果,也要重视过程。对学生学习过程的评价,包括学生参与数学活动的兴趣和态度、数学学习的自信、独立思考的习惯、合作交流的意识、数学认知的发展水平等方面。"

评价学生的数学学习过程,可重点关注如下方面:

关注学生的学习动机。学生是否积极主动地参与数学学习活动;是否愿意和能够与同伴交流数学学习体会、与他人合作探究数学问题;是否能约束自己的学习行为,乐于与他人合作交流,与他人一起确立目标并努力去实现目标;是否能尊重并理解他人的思路,理解并接受他人的正确观点,并在与他人的交流中获益。

关注学生学习数学的思考方法与对数学的理解。学生是否肯于思考、善于思考、坚持思考,并不断地改进思考的方法与过程;是否能通过独立思考获得解决问题的思路;是否能理解并有条理地表达数学内容。

关注学生应用数学知识解决实际问题的能力与创新能力。学生是否能从实际情境中抽象出数学知识;是否能找到有效地解决问题的方法,尝试从不同角度去思考问题;是否能应用数学知识解决问题;是否能创造性地解决问题。

关注学生学习数学的情感态度。学生是否有浓厚的学习数学的兴趣;是否有学好数学的自信心、勤奋、刻苦以及克服困难的毅力等良好的意志品质;是否有主动地参与学习活动、积极认真的学习态度;是否能不断反思自己的数学学习过程,并改进学习方法。

11.2.2　评价的方法

现代评价理念强调评价方式的多样化,追求在传统的考试之外拓展出更多的评价方法和工具,通过这些新的评价方法和工具,使学校和教师更多地关注学生多方面的数学发展。

评价学生数学学习的方式有日常检查、纸笔测验和表现性评价几类。纸笔测验就是我们很熟悉的测验法。日常检查是指通过口头提问、板演、作业、课堂练习或检查、课堂观察等形式了解学生掌握和运用知识等方面的学习情况。表现性评价是让学生通过实际任务来表现知识和技能成就的一种评价方式。

关于数学学习评价的具体方法,我们从收集评价资料的角度来进行考察。常用的收集评价资料的传统方法有测验法、观察法、谈话法、问卷调查法、个案研究法。数学新课程改革倡导的新的评价方法有调查与实验、数学日记、档案评估、开放性作业等。

测验法:包括教师自编测验考试和标准化考试及其评卷给分。

观察法:包括自然观察法和控制条件观察法及记录观察信息。

谈话法:包括设计谈话中心问题和谈话气势,事后记录谈话收获。

问卷调查法:包括设计问卷题目、答案选择支,统计问卷答案情况。

个案研究法:包括跟踪对象观察、综合对象各方面的资料并进行归纳、研究。

调查与实验法:包括为学生选定调查与实验的课题或背景材料,收集并分析学生的调查实验报告。

数学日记与数学小论文:包括对学生写作数学日记或数学小论文的指导,收集并分析学生的数学日记或小论文。

档案评估法:包括建立档案袋,设计成长记录袋的内容,记录学生的成长过程,分析成长记录袋的作品。

开放性作业法:包括设计开放性作业,收集并分析学生的作业。

下面选择其中的几种略加阐述。

1. 测验:自编测验的核心工作是编制试题,编制测验试题(卷),要求教师对课程标准(原称教学大纲)、教材有深刻的理解,对所教学生及同等程度的学生的认知规律、心理发展水平有足够的认识,此外还要有一定的教育测量的知识。

自编测验应遵循以下原则:

目的性原则。即测验应有明确、具体的目标,测验目标应与课程标准、教学计划规定的教学目标相配合,使测验在教学过程中具有教育意义。

一致性原则。即测验内容应与课程标准要求,与课程标准规定的教学内容一致,所使用符号、术语与所用教材一致。

科学性原则。即试题本身是正确无误的,答案不能有引起争议的不确定的内容,试题不偏不怪,试卷兼顾多层次的认知水平。

适度性原则。即试卷难度适宜,完成测卷的时量适当。

明确性原则。即测验项目必须是测量学生的数学科目的知识与能力,试题措词应明确,指导性语句必须通俗通顺,清楚完整。

自编测验一般工作程序为以下几项:

熟悉本单元(测验范围)的教学目标,本单元教学在整个数学教学过程中的地位,以及与其他单元教学内容的联系。最好是绘制相关教学内容的知识网络图,以明确各知识点间的关系。

编制认知目标与学习行为要求的双向细目表。双向细目表根据测验的需要不同也有不同的形式,例如表 11 - 1,是 2002 年普通高校招生全国统一考试数学科试卷设计时的双向细目表。

根据学习行为要求命题(列出待选试题)并组合成试卷。为使评分工作公正、准确、客观,要合理设计评分标准,并使分数尽量分布在知识要点、解题关键步骤上。

实施测验,即考试。

评卷并登记分数。

进行试卷分析,作出评价结论(必要时,还需对试题进行统计分析,有关试卷、试题的统计分析方法,请参看教育统计学)。

2. 问卷法。问卷法主要用来获取学生数学学习方法、习惯、风格、兴趣以及差生的学习困难等方面的资料,其核心工作是问卷题的设计。问卷设计同样要求教师有一定的教育测量知识。

问卷调查法首先应确定调查的目的,根据调查目的设计调查题。调查题应经过反复推敲,或请名家审定,以保证调查到所需要的真实情况,制卷同时,应设计好测量结果统计表。

表 11-1　2002 年高考命题双向细目表（现行课程卷）

分科	内容		理科				文科			
			了解	理解、掌握	应用	比例	了解	理解、掌握	应用	比例
代数	幕函数、指函数、对数函数	题号	5,13	9,10,21	21,16	102分 68%	6,20	4,9,10,13,14	20	88分 59%
		分值	5,4	5,5,4	8,4		5,2	5,5,5,4,4	10	
	三角函数	题号	4					5,17	17	
		分值	5					5,4	8	
	两角和与差	题号		17						
		分值		12						
	反三角与三角方程	题号								
		分值								
	不等式	题号	3		22		3			
		分值	5		5		5			
	数列极限数学归纳法	题号		20,22	12,20,22		18	18		
		分值		4,4	5,8,5		6	6		
	复数	题号	2				2			
		分值	5				5			
	排列组合二项式定理	题号		11,15				12,15		
		分值		5,4				5,4		
立体几何	直线和平面	题号	18	18		22分 15%		19	22	29分 19%
		分值	4	8				5	2	
	多面体和旋转体	题号	7,8				8,19	22		
		分值	5,5				5,7	10		
解析几何	直线	题号	1			26分 17%	1,21	21	21	33分 22%
		分值	5				5,4	5	5	
	圆锥曲线	题号	14,19	19				7,11,16		
		分值	4,4	8				5,5,4		
	参数方程和极坐标	题号	6							
		分值	5							
总　计		分值	56	59	35	150	34	83	33	150
		比例	37%	40%	23%	100%	23%	55%	22%	100%

例如,某城市为调查中学生数学学习方法,首先把学习方法分解成10个方面:自学习惯,自学方法质量,听课注意力,课堂学习方法,复习习惯,复习方法,完成数学作业情况,思维方法,课外学习情况,学习环境。然后对每一方面都设计了四个层次的问题,并按10,7,4,1的分值分别赋以统计数值。如关于听课注意力的四个问题是:①不论在什么情况下都以极大的自控力,始终保持高度集中注意力;②不习惯于教师的讲课方式,或课堂纪律不好等客观原因,有时注意力不能集中;③对不感兴趣的数学教学内容或学习起来有困难的数学题,就不想听,注意力集中不起来;④对数学课根本不感兴趣,不如做其他事或其他课程的作业。

接下来的工作是施测,施测时应先做好相应的准备工作,必要时应培训调查操作人员,动员调查对象,以使调查者能真实填写问卷。施测时,应当场发卷,当场填写、收卷,舍去不合要求的问卷。

最后是填写问卷测量结果统计表,并进行分析评价。

3. 课堂观察。课堂观察法不仅可了解学生知识、技能的掌握情况,而且可了解学生其他方面的表现。课堂观察可采取随时记录一些重要信息的方式,也可运用观察检核表对学生进行比较系统的观察。课堂观察必须有目的有计划地进行。运用观察检核表进行观察时,必须先根据需要制定好检核表,例如表11-2,观察时应注意及时做好记录,观察后要及时做好分析评价。

表11-2　课堂观察检核表

学生姓名:

观察项目	因素	1	2	3	说　明
知识和技能的掌握情况	数与代数				1 = 真正理解并掌握;
	空间与图形				2 = 初步理解;
	统计与概率				3 = 参与有关的活动。
	解决问题				
是否认真	听讲				1 = 认真;2 = 一般;
	作业				3 = 不认真。
是否积极	举手发言				1 = 积极;
	提出问题并询问				2 = 一般;
	讨论与交流				3 = 不积极。
	阅读课外读物				

续表 11 - 2

观察项目	因素	1	2	3	说　明
是否自信	提出和别人不一样的问题				1 = 经常;2 = 一般;
	大胆尝试并表达自己的想法				3 = 很少。
是否善于与人合作	听取别人的意见				1 = 能;2 = 一般;
	积极表达自己的意见				3 = 很少。
思维的条理性	能有条理地表达自己的意见				1 = 强;2 = 一般;
	做事有计划				3 = 不足。
思维的独创性	善于用不同的方法解决问题				1 = 能;2 = 一般;
	独立思考				3 = 很少。
总　评					

4. 数学日记。数学日记可用于评价学生掌握的数学知识,也可用于评价学生的数学思维方式。同时,写数学日记为学生提供了一个反思与自我评价的机会,提供了一个用数学语言或自己的语言表达数学思想、方法和情感的机会。

在学生开始写数学日记时,教师应进行具体的指导,或提供一些指导性语言,让学生写一些简单的内容,或提供一个写数学日记的格式,规定写些什么,如表 11 - 3 所示。

表 11 - 3　数学日记表

```
日期:
姓名:
今天数学课的课题:
所涉及的重要数学概念:
你理解得最好的地方:
你不明白或还需要进一步理解的地方:
所学的内容能否应用到日常生活中,举例说明:
```

写数学日记宜在低年级开始,随着学生年级的升高,特别是到了高中,可逐步要求学生写作数学小论文。

对于学生写出的数学日记或数学小论文,教师应及时检查,作出评价。

5. 档案评估法。档案评估就是给学生建立档案袋(也叫成长记录袋),根据成长记录对学生的数学学习进行评估。档案袋中可以选入如下内容:

作业(包括错误记录与分析);对于开放性问题的解答过程,尤其是具创造性的解题方法;小组评价报告,包括个人对小组的贡献;教师评价表;学生提出来的新问题,或设计出的作品;甚至是学生解决复杂数学问题时的草稿、图解、图画等;教师对学生学习活动(如理解数学概念或关系)的描述等。

成长记录袋的建立是一项长时期的艰巨的工作。应从简单开始,征得学生同意和家长的支持,逐步整理完善起来,当内容较多时,应指导学生对自己的作品进行分类和选择,并建立内容目录。在建档过程中,应定期让学生对成长记录袋进行维护,引导学生对自己的作品进行反思甚至评级,并分享其他同学的作品,教师也应给学生作出相应评价。

6. 开放性作业。开放性作业评价的核心工作是设计或选择有用的作业,设计开放性作业应根据课程标准,并针对学生的学习实际来进行。开放性作业的形式多种多样,如数学开放性问题的解决,包括让学生根据教师提供的背景材料自己编制问题;数学课题的研究性学习(可让学生自行设计一些问题或研究专题);数学建模;写数学读书报告;撰写数学小论文等。

写读书报告。有点类似做作文,报告的标题可以由教师命题,也可由学生自己拟定,内容可结合学生的课堂学习内容,涉及到数学史、数学文化、数学建模或数学本身等多个方面。例如,有理数(或实数、复数)的历史;中国数学的传统;透视图;生活中的几何体;证明的类型;决策过程中的数学模型等,都是可行的报告标题。

通过各种方法获得了大量评价资料后还必须对这些资料加以整理分析,作出评价结论。

整理分析评价资料,可根据评价的目的要求选择不同的方法。如经验归纳法,即以评价人的经验为基础,由经验而抽象出的规律为依据而作出评价结论。这种方法的优点是直接易行,不用演绎手段,但所得评价结论与评价者的经验有关,因而不够客观。数据处理的统计方法,这是建立在统计原理或其他数学工具的基础上,对资料作定量分析的方法。其优点是减少了经验的主观因素,相对客观、可靠,但对数据资料要求严格,评价过程费时费力。比较法,这是常用方法,但结论只是相对评价的结论。

至于评价结论,可用百分制成绩表示,也可用等级制(通常分五个等级或四个等级)表示,还可用素质报告单和操行评语的方式表示。至于用何种形式,也应根据评价的目的要求以及采用的方式来确定。对于评价资料的分析处理,一定要慎重对待,作任何结论都要谨慎思考、细致分析,以便得出正确的评价结论。

§11.3　教师教学工作的评价

在数学教学过程中,教师起着主导作用。教师的教学水平直接影响着教学效果,影响着学生的学习质量和身心发展质量。对教师的教学工作进行评价,能获得教学情况的有效信息反馈,逐渐地把握数学教学的规律,改进教学工作,提高教学质量,能促进教师之间进行数学教学交流和教师的自我反思,激励教师提高教学水平、教学能力。能鉴别数学教师的教学水平,使之明确自己努力的方向,极大地调动教师工作的积极性。

教师的教学工作包括:课堂教学前的准备工作,课堂教学工作和课后指导工作,以课堂教学工作为核心和主体,课前准备工作和课后指导工作都能在课堂教学中得到反映。因此,对教师教学工作的评价主要针对数学课堂教学来进行。

11.3.1　数学课堂教学评价的指标体系

评价教师的课堂教学质量,关键是要确定评价的标准。由于影响数学课堂教学的因素多,涉及面广,而且对数学认知、情感因素的评价也没有完善的标准和办法,所以到目前为止,国内外还没有一个统一的评价数学课堂教学质量的标准。随着人们长时期的研究和不断探索,已认识到影响课堂教学质量的一些主要因素,并由此而建立了一些教师教学质量评价的指标体系。有人认为,教师教学质量评价指标体系应包括:教学目的切合实际、使学生积极参与教学、重视学生能力的培养、重点突出难点准确、教学方法合理有效、注重概念原理教学、不忽视系统知识传授、语言表达流畅简洁。有人则认为,从教学效果上看,教学活动有记忆水平、理解水平和探索水平三种不同层次,据此可建立评价系统。各种观点有不同的评价标准,侧重点不同,各有各的合理性。

评价数学教师的课堂教学质量,应以课程标准为依据,主要考查教师在教学过程中:是否面向全体学生,进行全面的素质教育;是否进行层次性教学,使上中下学生都得到较好的发展;是否发挥教师的主导作用和学生的主体作用,让学生参与教学过程;是否重视数学基础知识的教学与学生基本技能的形成;是否重视学生数学能力特别是创新意识和获取知识的能力的形成和培养;是否能充分挖掘教材内在的教育因素,有机地发展学生的情感因素水平。这些都是课堂教学改革的重点,应作为课堂教学评价的重要指标。

在确定具体的教学评价标准过程中,必须树立正确的评价观,重结合实际,认真研究课堂教学工作的特点,使所确定的标准确实有利于反映课堂教学的实际,有利于从课堂教学的各个方面搜集信息,获得必要的评价资料。

一、数学课堂教学评价指标体系的建立

评价指标体系是将评价的目标具体化、层次化、可操作化,每一个细节和层次都反映评价目标的一个侧面。这些具体的、便于评价的层次和水平就是评价指标。一般的评价指标体系如图 11 - 1。

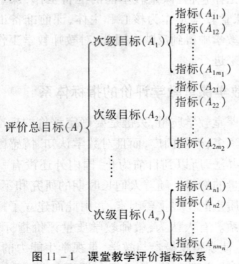

图 11 - 1　课堂教学评价指标体系

这里,每一个 $A_{ij}(i=1,2,\cdots,n,j=1,2,\cdots,m_i)$ 都是一个子系统,它们在整个体系中的地位和权重可能不同,而总和构成评价的总目标。评价指标的建立是为了将高度概括的教学目标化为评价需要的较为具体的、可测量的目标。

数学课堂教学评价指标必须反映出下列基本内容。

1. 教学目标。课堂教学质量首先要看教学目标,教学目标不但要写在教案上,而且要充分体现在课堂教学的过程中。评价时可注意教学目标的制定是否确切合理,教学中是否达到等方面。

2. 教学内容。教学内容包括内容的选择和安排。评价时可注意选择的内容及知识的深广度、系统性是否符合课程标准,是否切合教学目标和学生实际,教学内容的安排是否重点突出、突破了难点,是否重视了知识的发生发展过程,渗透了基本的数学思想方法,是否遵循了学生的认知规律和心理发展规律等方面。

3. 教学方法。教学方法包括教学方法的选择和使用。评价时可注意教学方法的选择是否合理,教学是否具有启发性,对学生学习的指导是否恰当等方面。

4. 教学技能。教学技能包括教学艺术和使用教学手段的技能。评价时可注意教学的语言艺术、板书艺术、现代化教学手段的使用等方面。

5. 教学效果。教学效果包括课堂教学目标是否达到,学生在课堂上的接受和参与程度。评价时可关注学生在课堂上是否集中精力投入学习,学生对讲授内容的领会程度,是否圆满完成教学任务等方面。

对于这些内容的进一步的丰富与完善就可以形成一个较为详细的评价指标体系,表 11-4 给出了一个评价指标体系的基本结构。

表 11-4 课堂教学评价分级指标体系基本结构

评价指标			评分选择			
A 级指标	B 级指标	权重	很同意 (85 分以上,含 85)	同意 (70~85,含 70)	不同意 (55~70,含 55)	很不同意 (55 分以下)
A_1 教学目的	B_1 体现大纲要求,教育与教学相统一					
	B_2 切合学生实际,明确具体					

续表 11 - 4

A_2 教学 内容	B_3 教学量、速度适当					
	B_4 知识准确、熟练、讲解清楚					
	B_5 重点突出、系统性强					
	B_6 容易接受、掌握					
	B_7 数学思想方法渗透					
A_3 教学 方法	B_8 能注意启发、促进思维、培养 能力					
	B_9 精讲巧练、讲练结合					
	B_{10} 指导学习方法、课堂活跃					
A_4 教学 技能	B_{11} 使用教学手段恰当有效					
	B_{12} 语言简明、生动、有逻辑					
	B_{13} 板书工整					
	B_{14} 处理问题灵活					
A_5 教 学态度	B_{15} 讲解熟练、耐心、工作认真					
	B_{16} 严格要求，严格管理					
A_6 教学 效果	B_{17} 注意教书育人工作					
	B_{18} 学生课堂纪律好、注意力集 中、气氛活跃					
	B_{19} 学生能领会掌握讲授内容					
	B_{20} 按计划圆满完成教学任务					
其他		评分结果				

二、数学课堂教学评价量表

关于数学课堂教学的评价，其指标体系难以统一，因各评价者所站角度不同、所强调的侧面不一样，对同一教师的课堂教学的理解与解释也会不尽相同，但这不影响课堂教学评价指标体系的建立，毕竟评价标准要确定的是数学课堂教学中最基本的、共同的方面。下面介绍几份有关教研人员设计的"数学课堂教学评价量表"以供参考。

表 11 – 5　北师大曹才翰、蔡金法的评价数学教师教学效果的指标体系

教学目的确切性	是否符合大纲所规定的要求 教学目的是否切合学生实际 教学目的能否具体化,并让学生了解 教学目的能否达到
学生学习积极性的促进性	是否激发了学生学习的积极性和自觉性 是否注意学生学习的独立性 是否有意识地教会学生学习 是否注意培养学生的非智力因素
对学生数学能力培养的重视性	是否在教学中有意识地培养学生的数学能力 是否让学生按照自己的思维学习 是否重视学生基本技能的训练 是否重视概括和推理
教学方法的有效性	教学是否具有启发性 教学方法运用得是否合理
语言表达的流畅性	语言表达是否简洁、明了 语言表达是否确切、形象、生动、准确 语言表达是否流畅、有节奏
传授知识的系统性	知识的概括性是否强 知识的整体性是否强 知识间的系统性、连贯性是否强
寻找重点、难点的准确性	重点是否突出 难点是否准确 重点、难点的处理是否得当

表 11-6 上海市有关教研人员设计的指标体系(刊《上海教育》)

	评课各种因素	评课因素权重	评价集	评价值
内容 讲解	目的要求明确	5	(1,2,4,5)	
	讲课正确清楚	10	(4,6,8,10)	
	抓住重点难点	10	(4,6,8,10)	
	难度密度恰当	5	(1,2,4,5)	
教学 方法	教师善于引导	10	(4,6,8,10)	
	学生主动积极	10	(4,6,8,10)	
	及时反馈调节	6	(2,3,5,6)	
	讲评善于鼓励	4	(1,2,3,4)	
教学 效果	思维容量较大	8	(3,5,7,8)	
	动手动口面广	6	(2,3,5,6)	
	堂练正确率高	6	(2,3,5,6)	
	能力得到训练	5	(1,2,4,5)	
教师 素质	教态自然和蔼	4	(1,2,3,4)	
	语言准确生动	4	(1,2,3,4)	
	板书规范醒目	4	(1,2,3,4)	
	应变能力较强	3	(0,1,2,3)	
综合 评价	好 (90~100)	较好 (80~89)	一般 (60~79)	较差 (50~59)	差 49 以下	评价值和

表 11 – 7　北京市中学数学课堂教学评价试行方案(湖北《中学数学》)

评 价 内 容	优	良	中	差	得分
	5	4	3	2	
教学目标 15%					
1. 知识的范围和深度的确定,学生达到水平的程度					
2. 技能和技巧训练、能力培养、思维训练的确定,学生达到水平的程度					
3. 辩证唯物主义观点教育、爱国主义教育、个性品质方面教育的要求,学生达到要求的程度					
教学内容 20%					
1. 概念的形成过程					
2. 定理、公式、法则的发现、推导过程,应用的方法及范围					
3. 例题教学,练习的选配					
4. 数学思想和方法的渗透					
教学方法 35%					
1. 教学过程设计合理、层次清楚,面向全体学生					
2. 重点突出,难点突破,主线贯穿,教材处理恰当					
3. 全力诱导学生参与,信息反馈及时,几种教学方法优化组合					
4. 环环紧扣,衔接自如,节奏起伏,步步深入					
5. 不讲偏离大纲、教材的知识,教学时间分配合理					
6. 分层训练、分层指导、分层评价,课堂作业当堂完成					
7. 双边活动实而不死,活而不乱,学生兴趣沿着抑制—兴奋—高亢—抑制的曲线运动					
教学基本功 20%					
1. 应变能力					
2. 语言、板书、教态					
3. 辅助教学手段					
4. 课堂气氛					

续表 11 - 7

评 价 内 容		层次和分值				得分
		优	良	中	差	
		5	4	3	2	
教学效果 10%	1. 各层次学生思维状况的反映					
	2. 各层次学生接受程度的观察或测试					
教学特色	在全部或基本达到以上要求的基础上,在某个方面具有突出的特色,有创造性,富有新意					
简要评语		总 分				
	等 级					

表 11 - 8   江苏王少华中学数学课堂教学质量评价标准

（西安《中学数学教学参考》）

表(1)中学数学课堂教学质量评价标准

一级指标	权重	二 极 指 标	权重	等级	百分制评价表					
					权重分值	评分标准				总计
						好	较好	一般	差	
教学目标	0.10	1. 目标是否明确,兼顾能力培养和思维教育	0.25		2.5	2.5	2	1.5	1	
		2. 目标是否符合大纲要求	0.35		3.5	3.5	3	2.5	1	
		3. 目标是否符合学生实际	0.20		2	2	1.5	1	0	
		4. 目标能否在课内落到实处	0.20		2	2	1.5	1	0	
教学内容	0.25	1. 内容是否具有科学性、思维性、教育性	0.30		7.5	7.5	6	5	2	
		2. 内容的讲授是否具有启发性、层次性,详略是否得当	0.35		9	9	7	5	3	
		3. 内容的深浅是否符合学生实际,分量是否适中	0.25		6	6	5	4	2	
		4. 内容是否围绕目标、反映目标	0.10		2.5	2.5	2	1.5	1	

续表 11－8（1）

一级指标	权重	二极指标	权重	等级	权重分值	好	较好	一般	差	总计
					百分制评价表					
						评分标准				
教学方法	0.30	1. 是否体现启发教学原则和学法指导	0.20		6	6	5	4	2	
		2. 主体作用是否发挥得当	0.15		4.5	4.5	4	3	1	
		3. 是否因材施教，面向全体学生	0.20		6	6	5	4	2	
		4. 课堂结构是否设计合理,讲练时间安排是否恰当	0.10		3	3	2.5	2	1	
		5. 教学重点突出，新旧知识衔接自然	0.15		4.5	4.5	4	3	1	
		6. 反馈及时，方法有特色	0.20		6	6	5	4	2	
教学能力	0.20	1. 是否有较强的应变能力	0.20		4	4	3	2	1	
		2. 课堂组织管教管导是否恰当	0.30		6	6	5	4	1	
		3. 是否直观教具或电化设备使用适时，演示方法正确	0.20		4	4	3	2	1	
		4. 是否教态自然，语言清晰、简练、生动，富有启发性	0.20		4	4	3	2	1	
		5. 板书是否合理工整、有计划性	0.10		2	2	1.5	1	0	
教学效果	0.15	1. 达到教学目标程度	0.25		4	4	3	2	1	
		2. 课堂气氛是否活跃，学生注意力是否集中	0.25		4	4	3	2	1	
		3. 学生当堂课知识掌握合格率是否在80％以上	0.50		7	7	6	4	2	

表（2）　定性评价及教学特色分表

定性评价	对于本堂课您的总体评价是：				好
					较好
					一般
					差
教学特色	特色描述：				
	特色加分（不超过5分）	1	2	3	4	5

11.3.2　数学课堂教学评价的方法

　　课堂教学评价的方法多种多样,根据不同的划分标准可分为不同的类别。根据是否采用数学方法可分为定性评价法和定量评价法;根据评价的范围可分为分析评价法和综合评价法;根据评价的基础可分为相对评价法和绝对评价法;根据评价的主体可分为自我评价法和他人评价法。评价的方法受到评价的目的和内容等因素的制约。在实施教学评价的过程中,应当根据本地或本校教学工作的性质和特点来确定采取何种教学评价的方法或评价方法的组合。无论采用何种评价方法,都应以有利于优化课堂教学,大面积提高教学质量,有利于推进素质教育为前提。

　　下面介绍几种教学实践中比较常用的基本方法。

　　一、评语评价法

　　评语评价法就是针对课堂教学中的某些方面或内容用简洁的评语来判定教学质量优劣的方法。这种方法一般没有专门的评价指标和评价标准,主要依赖于评价人员的学识与经验,是一种典型的定性评价法。

　　在日常教学活动中,听课的领导、同行或专家在观摩教师的教学活动后,凭着自己对教学目标、教学原理的理解以及有关经验积累,分析教师教学的优点和缺陷,常用评语法。教师在授课后对自己的教学工作进行分析,总结成功之处,寻找薄弱环节,也常使用评语法。

　　评语评价法简便易行,能突出主要问题和特点,既可用于他人评价,又可用于自我评价。但因评价标准不够明确,易受主观因素的影响,规范性较差。因此评语评价法主要适用于日常以改进教学工作为直接目的的课堂教学评价,不宜用于规范的以评定等级为主要目的的管理性的教师教学质量评价。

　　二、等级评价法

　　等级评价法是指教学评价者依据教学评价指标体系的要求,把教学质量分成几个等级,然后再把评价对象的教学工作质量归结到某一个等级之中,依此来比较和判断教学质量的高低的方法。在当今的教学评价实践中,等级的划分主要有五级制(优秀、良好、中等、合格、不合格或者好、较好、一般、较差、差)和四级制(A、B、C、D 或者优、良、中、差),也有三级制(优秀、合格、不合格)或其他划分的。

使用等级评价法又可分成几个不同层面。一种是直接对评价对象划分等级,这种方式比较粗糙。一种是先对次级目标划分等级,然后综合得出评价对象的等级,这种方式较为合理最为适用。更细致的做法是对次级目标的各项指标划分等级如表 11-8,再逐步综合得出评价对象的等级。这种方法比较麻烦,若对各次级目标加权并把等级数量化,则可将评价结果进行量化处理。

等级评价法作为一种传统的定性评价方法,简单易行,比较好操作,但评价指标过于笼统空泛时,评价指标难以掌握,受评价者主观因素的影响较大。加上评价结果的等级少,不能有效地区分被评价对象。因此,等级评价法一般用于对教师教学工作的学年评价或达标评价等,不宜用于带有区分性质的教学质量评价。

三、综合量表评价法

综合量表评价法是指综合运用专门编制的数学课堂教学质量评价表,用数值表示和刻制评价对象的教学工作质量高低的方法,这是比较精细的数量化的评价方法。运用综合量表评价法的基本程序是:编制课堂教学评价量表;评价者在听课的基础上进行评定给分或给等级;汇总所有评价者的评价量表进行数据处理,得出每个被评价教师的总得分或等级。综合量表评价法在实践中的应用有简有繁,这取决于量表本身的精细程度、评价人员的数量以及统计方法的选择。其中应用得最多的是采用加权计分(也叫定项记分)的方法:如用表 11-6、表 11-7、表 11-8中的量表来测量,直接计算总分。若不用加权,即让每个评价指标的权重都一样,便是累积计分的方法。

综合量表评价法的评价指标具体,标准一致,注重量化处理,主观因素干扰较少,结果较准确,但量表中指标权重的确定有些困难,很难保证标准的充分合理。在施测评分过程中,评价人员对标准的理解会受个人经验的影响。在数学教学实践中,这种方法应用得非常广泛,是为广大教师认可的评价数学教学质量的有效方法。

四、调查评价法

调查的常用方式有两种:问卷调查与座谈调查。问卷调查的一般程序是:设计调查问卷,向有关人员(如所教学生、同校教师)发放问卷进行调查,统计和整理问卷中的相关数据或定性分析材料,作出定量或定性评价。座谈调查的一般程序是:设计座谈问题,召集相关人员(学生或教师)开座谈会,整理座谈会记录,作出定性评价。

调查评价法能了解教师在一个较长时间范围内的教学情况,并能对某些重要指标作深入分析。因此,调查法适用于对教师的综合教学水平的管理性评价,适用于了解学生对教师的教学意见,以帮助教师改进教学工作。

五、模糊综合评价法

模糊综合评价法是利用模糊数学的思想方法,依据某些要素对评价对象作出不同等级的量化评价方法。运用模糊综合评价法的基本程序是:

1. 定出评价因素集,即确定授课质量的因素集,并建立权因子集合,如:因素集

$$U = \{教学目的,教学内容,教学方法,教学技能,教学效果\}$$
$$= \{u_1, u_2, u_3, u_4, u_5\}$$

对各项目加权,如教学目的20%,教学内容15%,教学方法25%,教学技能25%,教学效果15%,则得权因子集

$$A = \{a_1, a_2, a_3, a_4, a_5\} = \{0.2, 0.15, 0.25, 0.25, 0.15\}$$

2. 建立评语集合并赋值,如果用五等级评语,则可视90分以上为优,80~89分为良,70~79分为中,60~69分为合格,60分以下为不合格,赋值时取中值95、85、75、65、55,即

$$V = \{优,良,中,合格,不合格\}$$
$$= \{v_1, v_2, v_3, v_4, v_5\} = \{95, 85, 75, 65, 55\}$$

3. 进行单因素评价,确定评价矩阵,对每个评价因素,每位评价者给出一个等级(或分数),然后统计各个等级上人数的百分比(或者平均分)得到评价矩阵(也称模糊矩阵或隶属矩阵),如:

$$R = \begin{bmatrix} r_{11} & r_{12} & \cdots & r_{15} \\ r_{21} & r_{22} & \cdots & r_{25} \\ \vdots & \vdots & & \vdots \\ r_{51} & r_{52} & \cdots & r_{55} \end{bmatrix}$$

4. 计算模糊综合评价结果,对模糊矩阵 A、R 进行模糊运算得:

$$B_0 = A_0 R = [a_1, a_2, \cdots, a_5] \begin{bmatrix} r_{11} & r_{12} & \cdots & r_{15} \\ r_{21} & r_{22} & \cdots & r_{25} \\ \vdots & \vdots & & \vdots \\ r_{51} & r_{52} & \cdots & r_{55} \end{bmatrix}$$

$$= [\overset{5}{\underset{i=1}{V}}(a_1 \wedge r_{i1}), \overset{5}{\underset{i=1}{V}}(a_2 \wedge r_{i2}) \cdots \overset{5}{\underset{i=1}{V}}(a_5 \wedge r_{i5})]$$

$$= [b'_1, b'_2 \cdots b'_5]$$

其中"$\wedge$"表示取小运算,即在"$\wedge$"前后两个数中取较小的一个为运算结果,"V"表示取大运算,即在"V"前后两个数中取较大的一个为运算结果。

对 B_0 作归一化处理,$B = \left[\dfrac{b'_1}{\sum b'_i}, \dfrac{b'_2}{\sum b'_i} \cdots \dfrac{b'_n}{\sum b'_i} \right] = [b_1, b_1 \cdots b_5]$。

5. 计算综合评价值,将 B 中各元素分别乘以 V 中相应值后相加,即得模糊综合评价的得分:

$$N = v_1 b_1 + v_2 b_2 + v_3 b_3 + v_4 b_4 + v_5 b_5$$

例如,对一堂公开课的测评。取因子集元素 u_1:目的性;u_2:科学性;u_3:启发性;u_4:教学效果;u_5:教态。相应权因子集 $A = \{0.15, 0.30, 0.25, 0.20, 0.10\}$。评语集元素 v_1:好;v_2:较好;v_3:一般;v_4:差。相应赋值集为 $v = \{95, 80, 65, 50\}$,参评人员 20 人,测评初始意见如表 11-9。

表 11-9　测评初始意见表

R V (人数) U	v_1	v_2	v_3	v_4
u_1	11	5	3	1
u_2	10	8	2	0
u_3	6	8	4	2
u_4	5	12	3	0
u_5	14	6	0	0

根据以上数据易求得模糊矩阵:

$$R = \begin{bmatrix} 0.55 & 0.25 & 0.15 & 0.05 \\ 0.50 & 0.40 & 0.10 & 0.00 \\ 0.30 & 0.40 & 0.20 & 0.10 \\ 0.25 & 0.60 & 0.15 & 0.00 \\ 0.70 & 0.30 & 0.00 & 0.00 \end{bmatrix}$$

$$\therefore \quad B_0 = A \cdot R = (0.30, 0.30, 0.20, 0.10)$$

归一化得 $B = (0.3158, 0.3158, 0.2105, 0.1053)$。

所以总分数为

$N = 95 \times 0.3158 + 80 \times 0.3158 + 65 \times 0.2105 + 50 \times 0.1053 = 74.2125$。

结论,总分在"较好"与"一般"之间,所以是一堂中等水平的课,从评价的五个因素看,教态得分最高,科学性、目的性较好,启发式教学方法运用得不太好,教学效果欠佳。

这种方法评价课堂教学质量相对客观一些,但实际操作起来比较麻烦,有些问题还需要进一步地探索与研究。因此,实际应用还较少。

值得注意的是,教师的课堂教学工作是一种具有创造性、迟效性、交叉性等特点的复杂劳动,在对课堂教学质量进行评价时,采用任何一种孤立的方法都难免失之偏颇,通常需要将多种评价方法结合使用,才能作出较为公正的评价结论。

思考题:

1. 怎样理解数学教学评价? 进行数学教学评价有哪些作用?

2. 诊断性评价、形成性评价和终结性评价有什么不同? 若采用测验的方法来收集评价资料,它们对测验题的编制有什么不同要求?

3. 绝对评价和相对评价的作用有什么不同? 若采用测验的方法来收集评价资料,它们对测验题的编制有什么不同要求?

4. 以一个单元教学为例,编制一份时量为 60 分钟的单元教学测试题(包括双向细目表和评分标准)。

5. 请为七年级学生数学学习设计一个"成长记录袋"的评价方案。

6. 走访和请教有关专家、教师,编制一个数学实习生课堂教学评价量表,能在课堂试教中用来评价你们小组的同学吗?

第十二章　数学教师与数学教学研究

数学教学工作是一项极富挑战性和创造性的工作。中学数学教学质量的高低在很大程度上取决于数学教师的水平。随着社会的发展,对数学教师的要求也将不断提高,因此,我们每一位数学教师和即将步入这个行列的大学生们都要特别重视提高自己的职业素质,必须不断学习,积极地开展教学研究,努力提高自己的教学和教研水平,以适应数学教师职业的要求。

数学教师应具有高尚的思想道德情操;应具有扎实的学科专业功底、宽厚的学科教学知识和丰富的一般文化知识;应具有较强的教学管理能力和教学研究能力。本章就数学教师应具备的职业素质做些概述,对数学教育研究的方法及数学教育论文的撰写做些简要介绍。

§12.1　数学教师的素质

数学教师职业素质包括思想道德素质、科学文化素质,教育教学能力与科研能力素质等多个方面。

一、良好的思想道德素质

数学教师的工作是教育人、培养人的工作。育人的工作是最复杂、最精细的事业,教师劳动的复杂性和示范性特别强调教师应具有良好的思想道德素质。数学教师在教书育人过程中,应该做什么,不应该做什么,必须遵循一定的道德规范,按一定的道德要求来待人、处事、接物。1997 年原国家教委颁发的《中小学教师职业道德规范》中明确提出教师职业道德的时代要求:依法治教.爱岗敬业,热爱学生,严谨治学,团结协作,尊重家长,廉洁从教,为人师表。对数学教师思想道德要求主要强调

以下几方面:

首先,教师要有较高尚的人品,要有积极的人生观、价值观和事业心。要从国家和民族的高度来看待自己的工作,认识自己工作的价值,热爱教育工作,增强事业心和责任感。社会、学生、家庭对数学教师寄予厚望,社会的各种因素不断地影响着教师,数学教师经常会面临着矛盾的选择。数学教师只有对教育事业产生了深厚的感情和炽热的追求,才能在金钱的诱惑面前不动摇,在歪风冲击面前不气馁,在困难面前不灰心,以充沛的精力从事数学教学,提高教学质量,引导学生健康成长。

其次,教师要言传身教,以身作则,力求成为学生的楷模。教师的思想境界、道德风貌,对学生来说就是一种活教材,一言一行,一举一动,每时每刻都给学生以示范性影响。因此,教师应努力培养和树立高尚的职业道德和职业理想,应努力培养良好的工作态度和工作作风,以对教师职业的满腔热情,对数学教学的满腔激情和创新精神来感染学生、教育学生。

其三,教师要加强自我教育,不断进取。对待教学要有严格的科学态度,要有勇于探索和锐意改革的精神,对待同事要有团结合作的团队精神,对学生要有平等信任的学生观,关心爱护全体学生,尊重学生的人格。社会在不断地前进,数学在不断地发展,学生在不断地变化,数学教师只有不断地学习,才能跟上时代的步伐,实现自己的人生追求。

二、宽厚的科学文化素质

数学教师肩负着继承、传播和创造人类文化,为国家和民族培养能够参与社会生产、创造和变革的一代新人的重任,本身必须具备宽厚的科学文化素质。我国现阶段正积极推进教师专业化进程,道理就在于此。

1. 足够的扎实的数学专业知识

数学教师教的是数学,他向学生传授数学的基础知识、基本技能技巧、基本的数学思想和方法,把数学知识转化为学生个体的认知结构,因此,数学专业知识是数学教师知识结构的核心,是进行数学教学的根本。没有足够的、扎实的数学专业知识的教师,要完成数学教学任务是不可能的。苏霍姆林斯基指出:"关于学校教学大纲的知识对于教师来说,应当只是他知识视野中的起码知识。只有当教师的知识视野比学校教学大纲宽广得无可比拟的时候,教师才能成为教育过程的真正的能手、艺术家和诗人。"波利亚也明确指出,中学数学教师应该"熟知自己的科目"。这种熟知意味着教师应掌握远远超过中学数学教材本身的数学知识。如果一个教师对大学的数学内容理解得既广泛又深刻,那么他就能做好充分准备,以精确和有趣味的并且对每个学生来说都是有用的教学方式去教中学数学。

就专业知识内容而言,中学数学教师的专业知识应包含如下几方面:

(1)掌握高等数学的基础知识,了解数学学科的新成就。通过高等数学的学习,可使人受到一种严格的高层次思维和高能力水平的专业训练,并掌握现代的思想方法,形成合理的数学观,提高数学素养。掌握了一定的现代数学的思想方法的数学教师,可以居高临下的态势去洞察中学数学教学的现状,了解中学数学在现代数学中的地位,理解中学数学教学改革的方向。利用高等数学的思想方法和知识,可解决教师应该掌握而初等数学又无法或较难解决的中学教材中的某些问题。如 π 值的计算方法、无理指数幂的有关定理及递推数列求解、祖暅原理的证明等。从而深刻地揭示中学数学的渊源与实质,深刻理解和吃透教材,提高研究处理中学数学问题的能力,达到深入浅出地进行教学的目的。

(2)熟练地掌握初等数学内容。中学数学教材的主要内容是初等数学,因此,作为中学数学教师必须有扎实的初等数学的功底。在中学数学教学中,初等数学的问题只能用学生能够接受的初等数学的方法去解决,而不能用高等数学的方法包办代替。因此,中学数学教师必须对初等数学进行深入的学习和研究,要掌握这些知识的理论体系与知识结构,通晓学生掌握知识的重点、难点和关键,熟悉基本的数学思想和方法,了解各种解题策略与解题途径。

(3)掌握竞赛数学知识。随着数学竞赛的开展,竞赛数学或称奥林匹克数学这一新概念已被越来越多的人所接受,竞赛数学已作为一项培养学生数学能力,启迪学生智力的重要内容进入了中学数学课外活动。竞赛数学所涉及的数学知识理所当然地成为中学数学教师必须掌握的内容,其中包括初等数论、初等组合、函数方程、数列、多项式、不等式、几何等内容,以及构造、映射、递推、染色、分类、极端、一般化、特殊化、数学化、有序化、不变量、整体处理、奇偶分析等解题技巧。竞赛数学不能简单地并入高等数学,因为它的内容并不超出中学生所能接受的范围,它用的完全是初等数学的解法；它也不能直接归为初等数学，因为它有较多的高等数学的背景，采用了较多的高等数学的思想和方法，这是一种"中间数学"。没有掌握竞赛数学知识的教师只能成为有缺陷的中学数学教师。

（4）掌握与教材有关的数学史。数学史料是现行中学数学教材的一个重要组成部分，常以课文、习题、注释、附录等形式出现，涉及数学家、数学名著、数学成就、数学方法等近五十个方面的内容。普通高中数学课程标准中更是直接将数学史选讲单独列为一个选修专题，数学史已成为数学教师用于数学教学的必备知识。

数学史在数学教学中有很多作用。结合课堂教学和课外数学活动，教师应经常向学生介绍一些数学家的趣闻轶事，著名数学问题的历史典故，数学概念的起源，已经解决或尚待解决的数学难题或猜想，似是而非的数学论辩，古今数学方法的简单对比等，我国古代数学家的辉煌成就和现代数学家的优秀成果，这样，能大大增强教师教学的感染力，激发学生极大的兴趣和旺盛的求知欲望。通过数学史知识的学习也有利于启发学生思维，开发学生智力，有利于拓宽学生的知识视野，培养学生全方位的认知能力，让学生了解数学的多元文化意义，对学生人格成长产生重要的启发作用。

因此，基本的数学史，特别是中国数学史应该是中学数学教师专业知识结构中一个不可缺少的部分。

（5）掌握数学应用方面的知识，强调数学在解决实际问题中的应用价值是中国古代数学的一大特色，又是现代数学教育十分强调的一个重要目标，数学应用题早已在高考试题中占有重要的位置，数学建模已进入中学数学课本。中学数学教师必须掌握相应的知识方法，才能完成发展学生的数学应用意识，提高实践能力的教学目标。

2. 丰富的教育教学知识

教育既是一门科学，又是一门艺术。数学教师要完成教育教学任务，单有专业知识是不够的，还必须掌握教育科学的基本理论。既要熟悉一般的教育科学的基本理论，又要掌握数学教学的基本知识，并随着科学的发展不断更新。

数学教师的工作是育人的工作。数学教师必须把握正确的教育方向，了解我国现行的教育体制、教育目标与任务，懂得教育的基本规律。

必须熟悉教育的内容、原则、途径和方法。必须了解教育的对象,掌握学生的年龄特征,掌握学生获得知识技能的心理过程、能力形成与发展的规律。必须掌握学生的思想品德的形成与发展规律。因此,一般教育科学理论是数学教师知识结构中不可缺少的组成部分。

数学教师的工作是教学生学习数学的工作,数学教师必须完成把人类长期积累的数学基础知识、经验转化为学生个体的知识经验和智慧的相当复杂的过程,必须掌握这个过程的规律。必须掌握数学教学的课程知识——关于包括技术在内的数学材料和资源的知识,数学教学的内容知识——关于表达数学概念和过程的方式的知识和数学教学的方法知识——关于教学策略和课堂组织模式的知识。因此,数学教育科学的基本知识是数学教师必须掌握的。

需要指出的是,无论是一般教育科学的基本理论还是数学教育科学的基本理论都有一个不断更新的问题,各种教育理论都有其深刻的时代背景,它随着时代的发展而发展。作为中学数学教师应不断学习,不断研究,掌握现代教学理论的特点和现代教学方法特色以及发展的趋向,把握住教学改革的大方向,促进教学工作的科学化。

3. 一般文化科学知识

所谓一般文化科学知识,就是指通常所说的"常识性"知识,如语言文学常识,计算机相关知识,物理、化学、生物常识,天文地理、历史知识,哲学逻辑、美学知识,文体艺术社交管理知识等,这些知识是数学教师的背景知识,也是不可缺少的。

知识是智能的基础、创造的原料。数学教师的知识面越宽,相关知识越多,吸收新信息、解释新情况、解决新问题的能力就越强。当今的中学生思想活跃,见多识广,求知欲很强,他们要求数学教师有渊博的学识、多方面的兴趣、多样的特长和高尚的品德修养。知识面广的教师与学生有较多的共同语言,容易与学生沟通交流,获得学生的尊敬与信赖,树立良好的教师形象,提高身教与言教的效果。

三、高水平的能力素质

教师的职业劳动是一种复杂的、艰巨的、创造性的和综合性的劳动,这就要求数学教师应具有高水平的能力素质,包括基本的智能和创造力、数学能力及教育教学能力。

1. 智能素质和数学能力

数学教学的一个重要目标是在传授知识的过程中开发学生智力,发展学生的数学能力,尤其是创造力。这一目标的实现,教师的主导作用是非常重要的客观条件。这就要求教师本身具有较高的智能素质和创造能力。只有具有高水平能力素质的教师,才能深刻认识到开发学生创造力的重要意义,自觉把开发学生的智力作为教学工作的最高目标,才能正确评价、引导和影响学生,才能从自身的体会中掌握创造力形成和发展的规律,用科学的方法,教会学生学习、思考、创造。如果教师本身能力水平低下,那就很难引导学生创造力的发展,很可能会埋没才华出众的学生,造成"误人子弟"的后果。

数学教师的主要智能因素是观察力、记忆力、思维力和想像力,数学能力的核心是数学问题解决的能力和创造力,数学教师必须努力提高这几个方面的能力。

2. 数学教育教学能力素质

数学教师作为一种职业,当然有职业能力的特殊要求,由于教师职业的复杂性,数学教育教学能力涉及的面很宽,如教育预见能力、教育指导能力、获取信息能力、语言表达能力、教育研究能力、使用信息技术的能力、社会活动能力、心理承受能力、心理调节能力、应变能力、控制能力等等,还可列举很多,但我们认为数学教师最重要最基本的教育教学能力素质是语言表达能力、使用信息技术的能力、教育研究的能力和活动能力。

(1)语言表达能力

苏霍姆林斯基说过,"教师高度的语言修养,在极大的程度上决定着学生在课堂上脑力劳动的效率"。教学语言是教师教学的最基本最主要的手段。中学数学教师着力提高自己的语言表达能力,讲究教学语言艺术,是赢得教学成功的先决条件。

教学语言是教师教学的一种行业交际用语,它包括口头语言、书面语言(主要指板书)和体态语言等三个方面。

关于教学语言应具备的一些基本要求,在第十章中已有论述,这里从略。

(2)使用信息技术的能力

科学技术的飞速发展使得信息技术成为了人类文化的一个十分重

要的部分,人们已越来越离不开计算机,信息技术的知识与能力水平已经成为一个能不能得到满意的工作的重要因素与条件之一。因此,中学数学教师应具有在自己工作中应用信息技术的能力,包括应用软件工具组织教学活动与教学管理的能力,应用多媒体进行教学活动的能力,为开发课件进行教学设计的能力,修改课件以至利用课件开发工具进行课件开发的能力等等。

(3)教育研究的能力

随着社会的飞速发展和教学改革的不断深入,人们越来越认识到了教育科学研究对于提高教学质量和教师业务素质的重要作用。离开教育研究,教学工作便难有突破、难有建树。具有一定的教育研究能力已成为当代教师的必备素质。因此,中学数学教师应具有结合自身的教学实践开展教育科学研究的能力,包括:开展专项课题试验研究的能力,开展教育调查和进行试验教学的能力,整理教学资料撰写学术论文的能力等等。

(4)活动能力

教书育人是学校一切工作的出发点和归宿。围绕育人这个总目标,学校除了教学工作外,尚有大量的经常性的其他重要工作,如班主任工作,团、队工作,课外活动的组织工作等。因此,作为合格的中学教师,除要具备较强的教学能力外,还必须具备一定的活动能力,包括带班的能力、活动的组织和指挥能力、社交能力等等。

§12.2　数学教学研究的方法

随着社会的前进,数学教育理念、教学内容、教学方法和手段都在不断地变革。这就需要数学教师积极投入到数学教学研究中去。去研究、去解决数学教育过程中出现的各种问题,去寻求进一步提高数学教学质量的途径和方法。苏霍姆林斯基也曾说过,"如果想让教师的劳动能够给教师带来乐趣,使天天上课不至于变成一种单调乏味的义务,那就应当引导每一位教师走上从事研究的这条幸福的道路上来"。因此,数学教师应该积极投身于数学教育研究,应该掌握数学教学研究的方法。在这里,我们简要介绍数学教育研究的几种常用方法。

一、观察法

观察法是人们用自己的感觉器官和辅助工具,在自然的、不加控制的条件下,有目的、有计划地从自然的或社会的角度对数学教育现象进行深入细致、完整客观的集中考察的一种科研方法。它可以使研究者亲自获得充分的第一手材料,其真实性能够保证以此材料为依据而得出的理性认识的可靠性。数学教育科学中的许多问题可以通过观察进行研究。例如研究教师的教学特色或某种教法的有效性,可以进行课堂教学观察获得第一手重要材料。又如研究学生的解题思维过程,可以要求学生"出声想"思考问题,研究者同时对解题过程进行认真仔细的观察,这样事后就可以利用观察记录进行分析研究。

要取得良好的观察效果,必须注意以下几点:

(1)观察前必须有明确的观察目的和周密的观察计划。如果目标不明确,准备不充分,观察不认真,就不可能取得良好的观察效果,甚至有可能产生种种观察误差。

(2)对所观察的对象,观察者必须掌握相当的科学知识,具有良好状况的观察工具,并具备一定的实践经验和观察技能,否则就不可能敏锐地看出问题,分辨是非。

(3)观察应在被观察对象处于自然状态下进行,否则通过观察所得的材料缺乏真实性,就会失去观察的意义,甚至有可能导致错误的结论。

(4)要坚持观察的客观性。在观察过程中,观察者不要掺杂个人的任何成见和偏见,不能按照自己的好恶增减或歪曲客观事实,更不能凭主观想象臆造根本不存在的事实。

(5)观察一定要深入透彻,必须坚持长时间的全面的观察,尽量获得有价值的数据。如果观察者采取走马观花、浮光掠影式的观察或是带着厌倦情绪去观察,就有可能作出片面的,甚至错误的观察结论。

(6)观察者必须遵守法律和道德准则。

教育观察法一般按下列步骤进行:

(1)根据研究的课题选择观察的对象、环境、时间和场合。教育现象具有多层次、多方面的特点,其形成又与周围环境有着密切联系,因此,应选择那些典型环境中的典型对象作为观察的重点,选择最佳观察时间和场合以保证观察结果的真实、具体、准确,使研究得出的结论能加以推广。

(2)制订观察计划。观察计划包括观察的目的、重点、范围以及要搜集的材料,观察的次数、对象、时间和场合,以及采用什么仪器,制订哪些表格,每一观察阶段的观察提纲、观察程序等。

(3)制作观察记录工具。观察记录工具主要有观察表和卡片等,这要根据观察的需要进行设计,有了观察记录的工具,才能提高观察记录的速度和质量,防止发生遗漏某些观察项目的现象。

(4)按照观察计划实施观察。观察时应努力减少观察活动对被观察者的影响,确保观察对象的自然状态。应把观察与思考紧密地结合起来,在观察中思考、比较,在思考、比较中观察,防止视而不见、听而不闻的现象产生,捕捉有价值的观察材料。

(5)认真做好观察记录。记录的方法最好是同步记录,即在现场观察的同时记录下观察到的内容,如果不宜于现场作记录就应在观察之后尽快作追记。记录应做到准确真实、全面完整、周详系统,以便于从记录中找出研究对象内部的联系和规律,得出真实可靠的研究结论。

(6)观察材料的整理分析。整理工作包括:检查记录材料,看是否有遗漏和差错,必要时应设法补作和修正错误或是延长观察时间继续观察,直到所需材料基本齐全;如果观察项目较多,则要对其分类以便于查阅;对需要说明的材料要加以详细说明,以免发生疑问。

二、调查法

调查法是按照一定的目的、采用一定的方式、使用一定的工具,了解、描述研究对象的某一个或者某几个方面的历史或现状,从而认识教育的现状、趋势和规律的研究方法。数学教育调查的任务就是要从大量复杂多变的偶然事件中揭示出数学教育现象的本质及其发展规律来。与观察法相比较,教育调查法更适合于对大面积分散对象的研究,而且收集资料的速度也比较快。在调查工作中经常使用访问、座谈、问卷、测试等调查方式以及问卷表、访谈提纲、测试题等调查工具。在数学教育研究中,调查法被广泛地使用。例如,学生数学学习的心理特征,优秀数学教师的经验,数学教师队伍的结构等,都可以运用调查法加以研究,我国著名的数学教育改革模式——青浦模式,就是在教育调查基础上建立起来的。

要取得准确可靠的调查结果,须注意以下几点:

(1)调查前应根据目的制订一个调查计划,包括调查课题、对象、方式、工具、步骤,收集和分析资料的方法等项内容。

(2)调查对象的选取应符合调查的目的和内容,应有科学性,选取的对象应有代表性。

（3）尽可能采用多种方式进行调查，从不同角度获取更多的信息。

（4）调查环节和调查工具的选取必须保证调查所获取的资料的客观性和可靠性。

（5）资料分析和处理的方法及工具必须具有科学性。

教育调查可根据调查对象的数量分为全面调查、抽样调查、典型调查和重点调查四类。

全面调查是在某一范围内，对所有被调查对象无一遗漏地都做调查。它常用于较小范围的调查，其特点是所获材料精确度高但比较浮浅，对有些问题无法深入了解，由于数据多，材料处理也困难。

抽样调查是从被调查总体的全部单位中，随机抽取一部分单位作为样本进行研究，并以样本特征值推断总体特征值的调查方法。它是一种比较可靠、简便、易行、省时、省力的调查方法。但样本的大小很难决定，样本太小会影响研究结果的可靠度，样本过大又不利于进行工作，且会产生浪费现象。

典型调查是从调查范围内的所有对象中选择几个具有代表性的例子来进行调查。它是从个别事物中认识客观事物共同本质的一种方法，它容易组织，方法灵活多样，所得材料生动具体，但典型的选取应具有代表性和目的性，是选择突出典型、异常典型还是全面典型，应根据实际研究工作的需求而定。

重点调查是从调查范围内所有对象中选择一部分重点单位所进行的调查。它没有全面调查那样全面，没有抽样调查那样有代表性，也没有典型调查那样深入，只适合当任务要求较快地取得近似的全面统计资料且资料精确度要求不高时的情形。

教育调查在具体程序上大体可分为准备、调查、研究、总结四个阶段。

准备阶段的主要任务是：确定调查任务，包括选择调查课题，进行初步探索和提出研究假说等项工作；设计调查方案，包括调查指标的设计和调查整体方案的设计并对调查方案进行可行性研究；组建调查队伍，包括调查人员的选择、培训等工作。

调查阶段是采取各种调查方法按照调查设计的要求对教育现象的考察和了解，是获取第一手材料的现场实施阶段。

研究阶段的主要任务是:鉴别、整理资料,进行统计分析和开展理论研究。

总结阶段的主要任务是:撰写调查报告,总结调查工作和评估调查结果。

教育调查的具体方法很多,常用的主要有以下几种方法:

(1)访问调查法。访问调查法就是访问者通过口头交谈的方式向被访问者了解情况的方法。实施访问调查,应了解访谈的一般程序,熟练掌握各种访谈技巧,应做好充分的准备工作,包括设计与编排好访问提纲和问题,选择访谈对象,确定访谈的具体时间地点,必要时还要设计谈话记录的代码表示等,还要注意及时准确地做好记录。

(2)问卷调查法。问卷调查法是调查者运用统一设计的问卷向被调查者了解情况或征询意见的方法,实质上是访问法的延伸和发展。问卷调查要得到较高的回复率、有效率、回答的质量,关键在于科学地设计问卷。

问卷一般包括前言、主体和结束语三部分。前言是对调查的目的、意义及有关事项的说明,以争取被调查者的支持和合作;主体包括调查的问题及回答的方式等;结束语是简短地对被调查者的合作表示感谢。

问卷问题的选择必须符合实际情况,必须是调查课题和研究假设中最必要的问题,必须符合被调查者回答的能力和意愿。问题的表述应注意内容具体单一,用词通俗准确、易于理解,文字简短明了,提问态度客观,不用有诱导性或倾向性的词。问题的数量不宜过多,一般以不超过28 个为好,答题时间最好在 15 ~ 25 分钟内。问题的排列要充分考虑应答者的心理,便于被调查者顺利回答,便于调查后的资料整理和分析。一般应把同类性质的题安排在一起,先易后难,由浅入深,先事实行为方面的问题,后观念情感态度方面的问题,先一般性质的问题,后特殊性质的问题。容易引起应答者逆反心理的问题应放在最后。问题的回答方式大多采用封闭型(包括是否式、选择式、排列式、填空式和量表式)回答,也可用少量的开放型回答。为提高问卷回复率,要争取知名的权威机构的支持,挑选恰当的调查对象,选择有吸引力的课题,提高问卷设计的质量,采取回复率高的调查方式。

(3)集体访谈法

集体访谈法又称座谈法,是访问调查法的延伸和扩展。是通过开调查会进行教育调查的方法。要取得集体访谈的成功,调查者要有熟练的访谈技巧和驾驭调查会议的能力,要做好充分的准备工作并及时地做好会议记录。

(4)测验法

测验法是用测验(测试或考试)题对被调查对象进行有关测验,然后对所获得的数据进行统计处理作出评价的教育调查方法。测验在数学教学中是使用得最多最广的调查方法,既可用作教学前的调查(如摸底测验),也可用于教学过程之中(如诊断性测验),又可用在教学后(如形成性测验、达标测验),还可用于对学生进行某一知识学习的单项调查。要收到测验的良好效果,关键是选题,选题应具有明确的目的性、代表性、典型性和针对性。一般不应选取偏题、怪题来作测验。另外,测验的组织实施与数据的统计处理也是影响测验效果的重要因素。

三、实验法

教育实验法是在严密控制的条件下,有计划地改变一些实施因子,从中获取与此实验因子相伴随的现象的变化资料,并利用这些资料来确定条件与现象之间因果关系的一种研究方法。其主要优点在于能根据需要改变实验因子,而对每一实验因子又可以重复实验,这样就可以较容易地查明每一实验因子所起的作用,取得比较可靠的研究成果。它比较便于测量,适用范围广泛,发展性研究、改革性研究、验证性研究、预测性研究等领域都经常运用。例如我国的数学新课程改革就对新教材进行了广泛的教学实验研究。

要收到预期的教育实验效果,必须注意以下几点:

(1)应设计既周密又可行的实验方案。

(2)实验对象的选择必须具有代表性,对实验过程中无关变量的控制措施应得力,以保证实验结果的可信度。

(3)实验的选题应该是实验者主观条件能胜任的,实验的组织形式应该从实验目的和要求出发,是实际条件所允许的。

(4)实验结果的解释和评价必须科学化,必须经过严格的科学的检验。

(5)实验者必须掌握实验问题的有关信息,了解实验问题的解决情况,必须掌握相应的实验方法和技术,具有较高的业务水平,必须具有良好的实验态度和意愿。

教育实验一般按下列步骤进行：

（1）准备工作。准备工作主要有：其一，选择教育实验的问题。所选问题应有价值和意义，同时，实验者自身条件、相关知识能力对承担和完成实验应具有可能性，环境和条件应具有可行性。其二，决定教育实验的形式和时间。教育实验有单组实验、等组实验和轮组实验三种基本组织形式，具体选用哪种形式应根据实际问题的性质来决定。实验时间则应适中，太长或太短都难以保证实验结果的正确。其三，选定教育实验的参与人员。参与人员包括实验的教师和实验的对象，选择的人员要有一定的代表性和数量。其四，准备实验材料。实验材料包括实验时所用的教材、教具、仪器、记录表格和测量材料等，测量材料必须准确。其五，制订教育实验计划。计划应包括：实验动机、目的，参加教师、班级，实验形式、时间、材料、经费及应注意事项等。

（2）假说的提出。假说就是对要研究的问题所预先赋予的答案，也可以说假说是论述事物间的相互联系的某种推测。提出假说应注意用语的明确性、可验证性和充分性。假说的形成既有经验基础，又有逻辑联系，它是在科学观察和经验归纳的基础上所作的合乎逻辑的推测。

（3）实验的实施。实验的实施包括实验前测与分组、实验的控制、实验的记录与实验的后测等，这是教育实验的主体工作。

（4）实验的检验。实验研究结果的确认需要通过检验，一般可用下面几种方法进行检验：其一是从测试的效度和信度来检验；其二是用实验系数进行检验；其三是用重复实验来检验；其四是理性分析检验；其五是用对照性检验；其六是用教育实践检验，即用推广的方法检验。

（5）实验报告的撰写。实验报告是对所做实验的总结，是研究成果的客观记录，应反映实验的全过程和实验结果。实验报告的具体内容包括：实验名称，实验目的，实验原理，实验材料和方法步骤，实验的结果及分析，结论等内容。

实验方案的设计主要是实验对象的配置以及与其密切相关的实验程序的编排，基本形式有三种：

单组设计。单组实验法是向一个或一组研究对象施加某一个或数个实验因子，然后测量所产生的一种或数种变化，借以确定实验因子的效果的方法。单组实验法因没有作为实验组对比的控制组，缺乏与接受处理的实验组相对比的信息，因此使用时应具备一定的条件。其一是实验因子在实验对象中所产生的变化,不受其他实验因子的影响;其二是由非实验因子产生的影响对各实验因子应该是一样的或无关重要的;其三是测验必须准确。

等组设计。等组实验法是以不同的实验因子分别施行于两个或几个情况基本相同或相等的组,然后分析比较其发生的变化的方法。等组法的优点是避免了几个自变量在单组实验中可能出现的混淆现象。其最重要的条件是各组必须尽量均等,即各组除实验因子外,所有能影响实验的其他因素,特别是实验对象的原有水平必须基本相同或相等。常采用的分组分配方法有随机分配的抽签法和排列法、均衡分配和逐个分配,但配组要严格达到等质较为困难。

轮组设计。轮组实验法是把各实验因子(不管几个)轮换施行于各组(各组不必均等),然后根据每个实验因子所发生的变化的总和来决定实验结果的方法。轮组法要在自然条件下进行实验,避免了实验者和被试群体变量中的无关因子对实验结果的干扰,但轮组的自变量之间和前测、后测之间可能产生干扰,且所花时间和精力要比前两种方法多。

四、经验总结法

经验总结法是在不受控制的自然形态下,依据教育实践所提供的事实,分析概括教育现象,使之上升到教育理论高度的一种研究方法。总结经验的过程就是分析教育工作获得良好成绩的原因和条件,找出工作中的错误和缺点,在不同经验中找出共同的规律。教师通过总结教育教学经验,既能够充实自己的感性认识,增强判断的能力,又能够开阔视野,扩展研究范围,在理论与实践的结合上提高研究水平,产生出优良的研究成果。综观古今中外教育史的发展,有深远影响和重大建树的教育家都是通过总结教育实践经验来探索教育发展规律的。

要有效地使用经验总结法,必须注意如下几点:

(1)选择总结对象要有代表性,具有典型意义。应该深入实际,接触现实的、内容丰富的先进事例,提出带有普遍性、倾向性的重大问题,这样的经验才有现实价值。

(2)要以客观事实为依据,定性与定量相结合。总结经验应实事求是地进行,不能先入为主,夹杂任何偏见,接受任何暗示。应重视事实的定量分析,用数据来说明问题,应避免统计分析中的疏漏和误差,提高经验总结的可信度。

（3）要全面考察,注意多方面的联系。在经验总结过程中,既要了解数学教育的外部联系,即纵向与横向之间的相关因素的依赖与制约,又要把握数学教育的内部结构,即各层次之间的协调一致,合理布局,使经验总结产生良好的社会效果。

（4）要正确区分现象与本质,得出规律性的结论。总结经验应分析现象、分清主流、抓住本质的东西,应克服和避免主观片面性与随意性,杜绝弄虚作假、文过饰非的做法,确保经验的准确性。

（5）要有创造革新精神,不受因循守旧思想观念的束缚,总结经验应开阔视野,放开眼界,以创新精神去发现和研究新问题,以提出新颖的符合教育发展规律的经验。

经验总结法大致包括如下步骤:

（1）确定总结课题和对象。课题的确定与对象的选择应从实际出发,慎重从事,不能盲目地随意决定。首先应认真分析课题的现实意义,其次应权衡总结对象本身所提供的主要内容的价值,另外应从实际效果来估计经验的代表性和典型性。

（2）掌握有关文献资料。在研究课题和对象确定之后,应围绕中心内容广泛收集、翻阅有关研究对象的文献资料,以便进一步明确总结经验的指导思想、目的任务和方法步骤,为总结经验提供可靠的依据。

（3）搜集有关具体材料。搜集具体材料是总结经验的主要工作,应深入实际,直接掌握第一手材料。

（4）分析和综合经验材料。对已掌握的大量材料,应采用分析和综合的思维方法进行加工,包括区别真伪,核实数据,查对引证实例,提示具体事实的内在本质联系,分析其普遍意义和社会效果,抽象概括出一般结论,最后写出研究报告。

§12.3　数学教育论文的撰写

数学教育科学论文是数学教育科学研究成果的一种书面表达形式。它反映了论文作者所从事研究的内容、所讨论的某种问题及其获得的结论,是研究工作的阶段性总结,是评价数学教师学术水平科学研究能力和创造能力的重要标尺。撰写数学教育论文,既是时代的需要,又是信息交流的需要,更是教师评审、晋级、聘任制度的需要。对于一个数学教育工作者来说,通过撰写数学教育论文,能够不断提高自身素质,优化知识结构,为进一步发展自己的专业提供机会。

数学教育论文质量的高低决定于研究工作本身的质量,决定于研究者分析综合的能力、逻辑推理能力、专业知识的深广度以及对数学教育实践的了解,决定于作者的写作能力。对于初入门者,还必须掌握教育论文撰写的基本知识。

12.3.1 数学教育论文的特征与结构

数学教育论文包括学术论文、调查报告、实验报告、经验总结等多种类型。虽每种类型的论文有各自的特征和结构,但还是具有整体的基本特征和一般的形式结构。

一、数学教育论文的基本特征

好的数学教育论文应具有如下基本特征:

1. 理论性。理论性指论文对所论及事物的本质特征进行抽象、概括,要透过表象看本质,要揭示所讨论或所研究问题的内在规律。以理论为主要材料的学术论文,其核心和重心自然是理论。以实验为主要材料的实验报告,其所论实验应有某种理论依据,对实验的规律性的认识和评价也要突出理论性。以大量事实为主要内容的调查报告、经验总结等也应从事实、数据中找出规律,提炼出理论观点。总之,只有具体例子、事实、数据的堆砌而没有抽象概括提炼的论文不能算作好论文,也达不到撰写论文的目的。

2. 新颖性。新颖性指与同一学科领域中已发表的其他论文相比较,具有某种程度的新意,或者是内容方面的,或者是方法方面的,或者是观点或层次方面的。学术论文要能够提出新认识、新思想、新理论,研究报告类论文应揭示出典型的、新颖的内在规律。缺乏新颖性的文章也就失去了撰写论文的价值。

3. 科学性。对于数学专题研究的论文,科学性指其内容论证的逻辑性、正确性。而数学教育论文主要是采用思辨的方式,广泛运用分析、综合、比较、抽象概括等思维方式进行论述,其科学性是指论文要论点明确,论据充分,论证合理,即观点鲜明,言之成理。实验论文还包括实验方法的科学性,实验数据的准确性,实验结果的可靠性、客观性以及重复实验时具有再现性。缺乏科学性的文章,其结果不可靠,再多的成果也是没有价值的。

4. 针对性。针对性就是有的放矢。数学教育论文应切合教育学科理论建设的需要和数学教育改革实践的需要。具有针对性的数学教育论文或者对数学教育学科建设做出了贡献,填补了某一空白,充实了某一尚未完善的理论;或者对数学教育改革中遇到的尚未很好解决的某个实际问题有一定的指导意义,提供了一种可以操作的有效方案。缺乏针对性的论文是没有实际价值的。

二、数学教育论文的一般形式结构

数学教育论文一般由头,包括论文题目、作者署名和摘要;主体,包括前言、正文、结论(或讨论);尾,包括致谢、参考文献和附录等几个主要部分构成。

1. 题目。题目又称标题,它既能概括整个论文的中心内容,把握论文的基本论点和立意,又能引人注目,使读者可以初步判断有无阅读的价值。因此,题目要求确切、恰当、鲜明、简短,用词要精炼、中肯、醒目,一般不超过20个字。

有时为了便于更充分地表现主要内容,引申主题,或者对某一事实必须在标题中加以说明,还可以在题目后面加上副标题。

2. 署名。在论文上必须签署作者的姓名及工作单位、邮政编码,这样做,既表明作者文责自负的态度,又反映研究成果的归属,也便于读者的联系与交流。有多名作者时,署名先后以贡献大小为序。

3. 摘要。摘要是论文内容不加注释和评论的简短陈述,是论文基本思想的缩影,可作为论文的简要介绍,包括课题的意义、目的、方法、成果和结论的高度"浓缩"。

摘要的写作要求是:要写得完整、准确和简炼;必须对原文作客观介绍,一般不加评论;要短小精炼,一般不超过300字,要独立成文。

摘要的下方还应列出3～8个关键词:关键词是为了文献标引工作(便于计算机检索)从论文中选取出来用以表示全文主题内容信息的词组或术语。关键词应尽量采用《汉语主题词表》提供的规范词。

短文可省略摘要和关键词。

4. 前言。前言又称引言、序言,在学位论文中也称综述,它是论文的开场白,一般包括:课题研究的背景,选题的缘由和重要性;对本课题已有研究情况的述评;本课题研究的目的、方法、要解决的问题;概述研究的意义和价值等。

前言的撰写应开门见山,不拐弯抹角,文字要简洁,词意要朴素,特别要注意实事求是,恰如其分不夸张。

5. 正文。正文是作者思想的集中体现,是论文的主体和核心。正文部分必须对研究内容进行全面的阐述,包括整个研究过程中的调查分析材料及所得结论和形成的观点、理论等。必须充分展示论文中的论点、论据、论证。

正文的撰写应完整,有材料、有观点、有论述,应概念清晰,论点明确,论据充分,论证严密而合乎逻辑,应叙述条理清楚,文字通顺流畅,用词准确、鲜明、生动。

6. 结论。结论是论文的总结,是作者研究成果的集中反映,它表明作者对所研究课题的见解和主张。结论部分可概述作者的研究成果,提出尚待解决的问题;可把研究结果与别人已有的同类研究结果进行比较,提出可供深入研究的问题;对一些教育教学问题提出不确定的看法或推测,引发进一步的讨论。结论必须起到总结全文、深化主题、揭示规律的作用。

结论的撰写应十分谨慎,文字要简明具体,措词要严谨,语句要明确,应前后呼应,逻辑严密。

有些论文的结论部分是可以省略的。如正文中已明确突出了结论的论文,验证性论文,对某文提出商榷、反驳或补充的论文以及结论不言自明的关于新理论、新方法、新概论等方面的论文等。

7. 参考文献,附录和致谢。参考文献是指作者在撰写论文时利用了的别人的资料,包括参阅或直接引用的材料、数据、论点、语句而必须在论文中注明出处的内容,如中外文书籍期刊上的论文等。注明出处体现出作者严肃的科学态度和尊重他人成果的高尚文风,同时也为读者提供研究同类问题可以参阅的一些资料。附录是指因内容太多、篇幅太长而不便于写入论文但又必须让读者了解的一些重要材料。如调查问卷、座谈会提纲、测试题与评分标准、各类图表等。致谢是指对撰写论文时提供指导和帮助的人的感谢,一般放在文末。

论文中引用参考文献一般采用顺序编码的方式,即在引文处,对引用的文献按它们在论文中出现的先后用阿拉伯数字连续排序,将序号置于方括号内,并视具体情况把序号作为上角标或者作为语句的组成部分。作为上角标时一般放在引用部分的句子之后或放在引文作者姓名后,而整段内容须注明参考文献时则放在第一句话后。

在文后参考文献表中,各条文献按在论文中的文献序号排列,项目应完整,内容应准确,各个项目的次序和著录符号应符合规定的格式。

著作的著录格式为:

顺序号 编著者(多人时用逗号隔开). 书名. 版本. 其他责任者(如译者). 出版地:出版者,出版年. 文献数量(选择项)

外文引文著者姓名应把姓放在前,紧接逗号,名字可用首字母缩写,复姓通常用最后姓记入。

示例:

1. 刘兼,黄翔,张明. 数学课程设计. 北京:高等教育出版社,2003. 37~41

2. 莱斯利 P 斯特弗,杰里·盖尔. 教育中的建构主义. 高文,徐斌燕,程可拉等译. 上海:华东师范大学出版社,2002

3. Mousley J, Marks G. Discourse in Mathematics . Victoria:Deakin University Press,1991

论文集中的文献的著录格式为:

顺序号 作者(多人时用逗号隔开). 题名. 见:编者. 文集名. 出版地:出版者,出版年. 在原文献中的位置

示例:

4. 罗楠,郭有文. 中学数学教学与优化非智力因素. 见:陈钧主编. 素质教育论丛. 长沙:湖南师范大学出版社,2000. 258~263

期刊中的文献的著录格式为:

顺序号 作者(多人时用逗号隔开). 题名. 其他责任者(如译者). 刊名,年,卷(期):在原文献中的位置

示例:

5. 吴群志. 数学课程改革中的过程性知识及其实践问题. 数学教育学报,2004,13(1):52~55

12.3.2 撰写数学教育论文的一般步骤

撰写数学教育论文可分为准备阶段和写作阶段。

一、准备阶段

论文正式写作前的准备工作包括理论和素材的准备,论文题目的确定和论点的形成,撰写工作计划的制定等。做好准备工作是顺利完成论文写作的关键,是提高论文质量的关键,必须认真对待。

1. 收集文献资料或其他素材。撰写论文,一般都离不开查阅、收集有关文献资料,并加以合理的利用。在准备阶段查阅、收集的文献资料范围广泛,不一定集中于某一个专题。目的在于去发现和继承前人的成果,了解前人在相关领域做了哪些研究工作,进展如何,还存在哪些尚待进一步研究的问题,有哪些问题还没有人研究过,以便选择自己的研究课题。

查阅文献资料时应做好适当的记录,最好用卡片做摘录,这样便于将资料分类整理,便于撰写论文时的查找和利用。

2. 确定研究课题和论文题目。有些论文题目随着研究课题的确定而确定,有些论文题目是在查阅、收集文献资料的基础上进行分析,并结合个人的实际情况而确定的,对于后者,我们也称之为确定研究课题。

选题是数学教育研究的首要环节,是撰写数学教育论文的关键性步骤。人们常说"科学论文题目选择得当,等于完成论文的一半",是很有道理的。在选择和确定研究课题时,一般应遵循下列基本原则:

必要性原则。必要性是指课题的现实意义和价值,选择的课题应该具有一定程度的某种理论价值或者应用价值或者发展价值,应该是与数学教育密切相关的,适应数学教育实践需要和本学科发展需要的课题。

创新性原则。创新性是指所选课题具有新颖性、先进性,学术水平应有所提高,能推动某一学科方向向前发展。选择的课题必须有某种程度的新意,或者是探索前沿,突破禁区;或者是勇于开拓,填补空白;或者是补充前说,有所前进;或者是纠正通说,正本清源。

可行性原则。可行性是指符合主客观条件实际,是经过主观努力能完成的。选择的课题应该是在一定时间内可以完成的,不能好高骛远,贪大求全。选题时既要考虑自身的研究能力和经验,扬长避短,选择自己感兴趣的课题,又要考虑客观条件是否允许,特别是时间和经费是否有保障,是否有所需的文献资料。

就大多数中学数学教师的实际情况而言,选题还应讲究如下策略:题目宜小不宜大,见地宜新不宜旧,内容宜熟不宜生,论题宜重不宜轻。

　　寻找研究课题有这样几条途径:其一是到文献资料中寻找课题。在大量查阅文献资料,掌握了大量信息的基础上,系统地研究已有成果,寻找前人刚刚开始接近而没有提出的问题,或提出了而未解决的问题,或在争论中的问题,或前人研究过但自己有不同看法的问题等。其二是到自己所学专业或所担任课程的范围内寻找课题。面对大量的教学现象,多问几个为什么,就会发现许多值得研究的新问题。其三是到社会实践、教育实践中去寻找研究课题。注意观察教育现象和对象,特别是注意在自己的学科专业中容易被人忽视的地方,这往往可以发现、找到研究课题。也可积极申报社会课题或参加他人申报主持的大型课题,从大课题中找子课题。

　　选题的具体方法又有这样几种:其一是对比。即将收集到的材料进行对比,从中发现差异,找出课题。其二是追溯。即在文献中寻找事物在发展过程中的痕迹和线索,从而提出课题。其三是捕捉。即捕捉自己在阅读过程中突然出现的新观点、新见解,捕捉文献中独有的新观点、新材料,这些有创见的对象可作为自己研究的课题。其四是寻找。即在文献中寻找已经提出的而没有解决的疑问,或者感到论据不充分的课题。

　　当研究课题取得了阶段性成果或最终完成时,就可以确定论文题目了。

　　3. 制订撰写计划。相当于学位论文的开题报告,主要包括拟订撰写提纲,即论文的目的意义、主要组成部分等,工作步骤、内容和进展规划,要切实可行,便于自行检查。

　　二、撰写阶段

　　撰写阶段的主要任务就是完成论文的写作,具体工作有以下几方面:

　　1. 查阅文献资料。在确定论文题目后,应有针对性地重新查阅搜集补充资料,对某些方面缺少的资料,如果是尚未查阅的应从新的文献中继续查找,对已有的资料应重新有目的、有重点地精读,并进行去粗取精、去伪存真的分析研究。通过对资料的综合、比较、分析、概括、浓缩,取其精华,并结合自己的研究所得形成不同于他人的独特见解和论点。提炼、确立正确的论点并不是一件容易的事,有时需要反复地阅读和仔细地思索;有时需要把别人的意见经过自己的消化理解重新构思,用不同的材料说明自己的观点;有时需要改变论述的角度重新组织材料形成自己的观点。

2. 利用文献资料。在撰写论文初稿时,需引用一些材料来证明或加强自己阐述的观点。这些材料的引用切忌简单地抄录、搬迁、堆砌和拼凑,应对材料进行再加工。被选作论据的理论材料应符合可靠性(力求与原作一致,能直接引用的就不转引),正确性(要全面理解,正确运用,不生搬硬套,牵强附会),权威性要求。被选作论据的事实材料应符合真实性(包括情况、性质、程度乃至具体数字的全面真实)、典型性、浓缩性、新颖性(最新的事实和典型)要求。

值得注意的是,引用或评价他人的观点时,应全面、准确地反映原作者的基本观点,不能断章取义,否则,据此作出的评价和得出的结论就难免偏颇,有失公允准确。

3. 进行必要的补充实验研究。有些论文需要用到某种实验或测验结果,如果事先没有现成的资料可以利用,则需要在撰写论文期间补做微型的短期实验或测验,并进行相应的统计分析,取得所需结果。

4. 写出论文初稿。撰写论文初稿时,一般情况下可以按提纲的思路顺序写下去,但提纲也并不是一成不变的。随着思路的不断发展,问题的不断深入,认识的不断深化,提纲也将随之调整。如果发现提纲有不妥之处,则应随时修改提纲,若发现提纲完全不适用,则需重新拟定提纲。然后再按修改后的提纲继续写下去,最终完成初稿。

5. 修改、补充、完善论文。初稿完成后,一般还须反复推敲、修改、补充,使之完善。修改工作可在相隔适当时间后反复进行,遇到特殊情况,还可能要重新构思,动大手术。论文最后定稿后,便可打印出来了。若向某期刊投稿,最好按相应期刊要求的格式打印,以提高投稿的命中率。

思考题

1. 数学教师的职业素质主要包括哪些方面? 你觉得自己是否已具备了这些素质? 如果有缺陷,打算怎样努力?

2. 为了了解学生在使用某种新教材后对数学的情感体验,请你制订一个调查计划,你能实施你的调查计划吗?

3. 写一篇数学教育小论文,体会一下数学教育论文撰写的全过程。

参考文献

[1]李求来,马伯准,章光裕.中学数学教学论.长沙:湖南师范大学出版社,1992

[2]曹才翰.中学数学教学概论.北京:北京师范大学出版社,1990

[3]曹才翰,蔡金法.数学教育学概论.南京:江苏教育出版社,1989

[4]十三院校协编组.中学数学教材教法(第2版).北京:高等教育出版社,1987

[5]李求来.中学数学教材教法.长沙:湖南教育出版社,1987

[6][苏]A·A·斯托利亚尔.数学教育学.丁尔升等译.北京:人民教育出版社,1984

[7][苏]克鲁捷茨基.中小学生数学能力心理学.李伯黍等译.上海:上海教育出版社,1983

[8]王子兴,宋秉信,昌国良.中学数学教育心理研究.长沙:湖南师范大学出版社,1999

[9]李求来.初中数学课堂教学研究.长沙:湖南师范大学出版社,1999

[10]邵瑞珍.教育心理学.上海:上海教育出版社,1988

[11]中华人民共和国教育部.全日制义务教育数学课程标准(实验稿).北京:北京师范大学出版社,2001

[12]中华人民共和国教育部.普通高中数学课程标准(实验).北京:人民教育出版社,2003

[13][美]贝尔.中学数学教与学.许振声,管承仲译.北京:教育科学出版社,1990

[14][美]G·波利亚.怎样解题.阎育苏译.北京:科学出版社,1982

[15][美]G·波利亚.数学的发现(第二卷).刘远图,秦璋译.北京:科学出版社,1987

[16]王子兴.数学教育学导论.桂林:广西师范大学出版社,1996

[17]沈文选. 中学数学建模方法导引与解题技巧. 长沙:湖南师范大学出版社,1999

[18]李俊. 中小学概率的教与学. 上海:华东师范大学出版社,2003

[19]张奠宙,宋乃庆. 数学教育概论. 北京:高等教育出版社,2004

[20]赵雄辉. 数学教育改革论. 长沙:湖南大学出版社,2003

[21]李玉琪. 中学数学教学与实践研究. 北京:高等教育出版社,2001

[22]唐瑞芬. 数学教学理论选讲. 上海:华东师范大学出版社,2001

[23]张奠宙. 数学方法论稿. 上海:上海教育出版社,1996

[24]鲁正火等. 数学教育研究概论. 北京:教育科学出版社,1998

[25]周学海. 数学教育学概论. 长春:东北师范大学出版社,1996

[26][荷兰]弗赖登塔尔. 数学教育再探. 上海:上海教育出版社,1999

[27]周小山等. 新课程视野中的数学教育. 成都:四川大学出版社,2003

[28]张楚廷,李求来,刘振修. 数学教学原则概论. 桂林:广西师范大学出版社,1994

[29]李建才,连四清. 基础教育现代化教学基本功(中学数学卷). 北京:首都师范大学出版社,1997